HISTOIRE GÉNÉRALE DE PARIS

LES JETONS
DE
L'ÉCHEVINAGE PARISIEN

DOCUMENTS

POUR SERVIR À UNE HISTOIRE MÉTALLIQUE DU BUREAU DE LA VILLE
ET DE DIVERSES INSTITUTIONS PARISIENNES

RECUEILLIS

PAR FEU A. D'AFFRY DE LA MONNOYE

AVEC UNE TABLE ANALYTIQUE ET DEUX SÉRIES DE PIÈCES JUSTIFICATIVES

RÉUNIES, COORDONNÉES ET ANNOTÉES

PAR LE SERVICE HISTORIQUE DE LA VILLE DE PARIS

Jeton parisien du XVe siècle.

SUR : TOUTES : CITES : PARIS : PRISE
CAR : SA : NEF : FIGURE · LEGLISE

PARIS
IMPRIMERIE NATIONALE
—
M DCCC LXXVIII

HISTOIRE GÉNÉRALE DE PARIS

COLLECTION DE DOCUMENTS

PUBLIÉS

SOUS LES AUSPICES DE L'ÉDILITÉ PARISIENNE

LES JETONS
DE
L'ÉCHEVINAGE PARISIEN

L'Administration municipale laisse à chaque auteur la responsabilité des opinions développées dans les ouvrages publiés sous les auspices de la Ville de Paris.

TOUS DROITS RÉSERVÉS.

INTRODUCTION
A L'ÉTUDE DES JETONS.

I.

Les jetons, ces petits monuments si peu importants en apparence, deviennent, pour l'antiquaire qui les examine avec soin, l'objet d'une étude des plus attachantes. Les jetons, en effet, mentionnent des faits historiques; ils donnent des renseignements sur le clergé, les églises, les confréries religieuses; ils rappellent les diverses branches de l'ancienne administration française, les corporations de métiers, les compagnies savantes; ils conservent la mémoire d'un grand nombre de personnes qui ont occupé des postes plus ou moins importants près de la maison royale, dans l'État, dans l'armée, dans la magistrature, qui ont rempli dans les provinces et dans les villes les fonctions d'intendant, de prévôt des marchands, de maire ou d'échevin, qui ont été à la tête des facultés, des académies, etc. Les jetons fournissent en outre à l'héraldiste des matériaux précieux et introuvables partout ailleurs; enfin ils font connaître l'état de la gravure pendant une période de près de six siècles.

Les jetons ne doivent donc pas être laissés de côté dans l'étude de l'histoire et de l'archéologie.

Dès lors, il n'est pas sans intérêt de réunir en corps les documents que l'on possède sur cette branche de la numismatique. On constate ainsi l'état actuel de la science, et l'on rend plus facile le travail de recherche, toujours pénible, surtout pour l'amateur qui débute.

Mais, préalablement, il est une question qu'il importe d'examiner avec quelques détails.

INTRODUCTION À L'ÉTUDE DES JETONS.

On a paru disposé à considérer l'étude des jetons comme appartenant exclusivement à l'époque actuelle. Sans aucun doute, cette étude n'avait pas autrefois le développement qu'elle a pris depuis quelques années; mais, comme l'ont fait remarquer MM. Rouyer et Hucher, dans leur savant ouvrage [1], on ne peut dire que les jetons aient été, jusqu'aujourd'hui, dédaignés par les numismatistes. La magnifique collection de la Bibliothèque nationale, qui, en 1670, s'élevait déjà à plus de deux mille pièces, suffirait pour établir le contraire [2]. On sait, d'un autre côté, qu'une suite de jetons se trouvait à la bibliothèque de l'abbaye de Sainte-Geneviève. En outre, sans parler des Pays-Bas, où ces monuments ont été recueillis avec soin depuis de longues années, on doit se rappeler qu'il existait en France des collections particulières, à dater du xviie siècle au moins. C'est ce qu'il est facile d'établir, comme on va le voir.

Dans son *Introduction à la science des médailles*, ouvrage dont la première édition remonte à 1665, Charles Patin consacre un chapitre tout entier, le quatorzième, aux «gettons.» Il fait ressortir l'intérêt que présentent ces petites médailles, dont il évalue à deux mille le nombre existant à son époque; il nous apprend que quelques particuliers en ont des bourses remplies et recherchent avec soin les plus beaux; il ajoute qu'on fait cas de ceux qui représentent des portraits ou qui ont une double devise, particulièrement quand ils sont historiques [3]. Ces détails prouvent évidemment qu'il y avait, dès lors, des «curieux» de jetons.

Sauval, qui mourut en 1670, rapporte que Clapisson, contrôleur général de l'artillerie, avait réuni jusqu'à dix-huit cents jetons d'argent, tous différents [4].

Dans sa *Science des médailles*, publiée pour la première fois en 1695, le P. Jobert, en appelant l'attention des curieux sur les jetons, nous dit que M. de Gaignières en avait fait un «ramas» de plus de trois mille [5], depuis Philippe VI (de Valois), qui commença à régner en 1328. Dans l'édition de cet ouvrage donnée en 1739 par Bimard de la Bastie, on ajoute que

---

[1] *Histoire du jeton au moyen âge*, Paris, 1858, p. 6.
[2] Sauval, *Histoire des recherches et antiquités de la Ville de Paris*, 1724, t. II, p. 345.
[3] Ch. Patin, *Introd. à la science des médailles*, édit. de 1667, p. 116.
[4] *Op. cit.* t. II, p. 346.
[5] Édit. de 1695, Paris, p. 20.

INTRODUCTION À L'ÉTUDE DES JETONS.

M. de Gaignières, mort en 1715, «avoit fait faire les dessins de tous les «jetons de nos rois qu'il avoit pu rencontrer,» et ces dessins se trouvaient à la Bibliothèque royale[1]. Il n'est peut-être pas inutile de rappeler ici que, le 6 avril 1702, le duc de Bourgogne, visitant les collections de ce célèbre antiquaire, regarda divers jetons, et que, «par le jugement qu'il «en fit, il fut aisé de remarquer qu'il connaissoit tout le prix de cette cu-«riosité[2].»

Une suite considérable de médailles et de jetons avait été réunie par Alexandre Leroy[3], clerc du diocèse de Paris et prieur commendataire de Montlhéry, qui mourut le 24 avril 1738.

En 1739, M. de Blégny[4], bourgeois de Paris, annonçait qu'il était disposé à vendre une collection de plus de trois mille cinq cents jetons de cuivre, qu'il avait formée depuis plusieurs années avec beaucoup de soins et de recherches. Cette suite, dont les pièces les plus anciennes remontaient à près de quatre cents ans, comprenait les rois, les reines, les princes et les princesses de France, les pairs, les officiers de la maison du roi, les chanceliers, les ministres d'État, les cours supérieures, les prévôts des marchands de Paris et de Lyon, les maires des différentes villes, les divers services de trésorerie, etc. Elle renfermait aussi des jetons appartenant aux souverains étrangers.

Antoine Moriau, procureur et avocat du roi et de la ville de Paris, de 1722 à 1758, mort le 20 mai 1759, possédait une suite de médailles et de jetons qu'il légua à cette ville, en même temps que sa bibliothèque[5].

Un collectionneur, qui ne se fait connaître que par les initiales D. N., déclarait, en 1763, qu'il avait rassemblé les jetons des rois de France frappés depuis le commencement de la monarchie jusqu'à cette époque[6]. Cet amateur eût été, je crois, fort embarrassé de fournir la preuve de ce qu'il avançait.

La collection Poulhariès, dont le catalogue a été publié à Lyon en 1767, contenait des jetons en assez grand nombre. Cette collection provenait en

---

[1] *La science des médailles*, édit. de 1739, Paris, p. 39.
[2] *Mercure*, avril 1702, p. 310.
[3] *Mercure*, mai 1738, p. 1026.
[4] *Mercure*, juin 1739, p. 1372.
[5] *Histoire générale de la Ville de Paris*, 1866, introd. p. 157.
[6] *Mercure*, mars 1763, p. 88.

partie du maréchal d'Estrées, mort en 1737, qui lui-même l'avait achetée d'un amateur dont le nom est resté inconnu.

MM. de Cotte, qui, pendant trois générations successives, ont cultivé la numismatique tant ancienne que moderne, avaient réuni une quantité notable de jetons, la plupart fort curieux, dont la description manuscrite se conserve à l'Hôtel des Monnaies de Paris; ces pièces figurent en bloc, par lots, dans le catalogue dressé, en 1810, pour la vente des collections du dernier de ces savants, Jules-François, mort le 22 janvier de ladite année.

Enfin, au commencement de ce siècle, nous voyons M. C.-N. Amanton recueillir les jetons des villes de Dijon, de Beaune et d'Auxonne, et faire graver, de 1813 à 1820, seize planches qui contiennent les renseignements les plus intéressants.

On peut supposer, sans crainte de se tromper, qu'il a existé chez nous d'autres amateurs de jetons, dont le souvenir est perdu; et, suivant toute probabilité, si la matière n'avait pas intéressé nombre de personnes, le *Mercure* n'eût pas donné, à compter de 1680, et pendant une longue période de temps, les jetons frappés pour le 1er janvier de chaque année.

Il ne faut pas non plus perdre de vue que, depuis le XVIIe siècle, plusieurs auteurs de mérite ont utilisé les jetons dans leurs travaux numismatiques. MM. Rouyer et Hucher [1] ont cité Meteren, Bizot, Félibien des Avaux, le P. Ménestrier, Van Loon, Van Miéris, Snelling, Fauris de Saint-Vincens; M. de Longpérier a rappelé les travaux d'Argelati [2]. On peut ajouter encore quelques noms à cette liste déjà importante.

Dans sa *France métallique* [3], Jacques de Bie donne la figure d'un grand nombre de jetons appartenant aux séries royales, aux grands personnages, aux cours souveraines. A la vérité, l'auteur, à qui cette remarque avait été faite avant la publication de son ouvrage, avance que tous ses dessins ont été pris sur des médailles d'or et d'argent de grand module. Il prétend avoir laissé de côté les *monilles* [4] de cuivre (c'est ainsi qu'il nomme les jetons), dont le vulgaire se sert pour compter, et il ajoute qu'il n'y a rien de singulier

[1] *Op. cit.* p. 6 et suiv.
[2] *Revue numism.* 1859, p. 205.
[3] Paris, 1636.
[4] Avant-propos, p. 5.

à rencontrer les mêmes types sur des pièces de diverse nature, attendu que les rois ont voulu mettre toutes les classes à même de posséder les monuments de notre histoire. Ces assertions ne sont pas fondées. Bien que les pièces soient toutes gravées de même grandeur, on voit, par l'échelle des modules jointe à l'ouvrage, que les trois séries les plus faibles mesurent 24, 26 et 30 millimètres de diamètre, ce qui est la dimension des jetons. D'un autre côté, lorsqu'il a été frappé, à la même occasion, une médaille et un jeton, les deux pièces offrent toujours une différence notable; si bien qu'en plusieurs cas J. de Bie a cru devoir publier l'une et l'autre. En définitive, malgré sa négation, qui n'a d'autre but, évidemment, que de donner plus d'intérêt à son œuvre, cet auteur a reconnu la valeur et l'utilité des jetons. Quelles que soient les justes critiques dont son travail est susceptible, il nous a conservé le souvenir de bien des pièces difficiles à retrouver aujourd'hui.

En 1711, le P. Hugo, sous le pseudonyme de Baleicourt, publiait divers monuments métalliques, à la suite de son traité sur l'origine de la maison de Lorraine[1], et il ne laissait pas les jetons dans l'oubli.

Dom Calmet a fait de même dans le mémoire sur la numismatique de cette province, mémoire qu'il a placé en tête du deuxième volume de son histoire[2]. De son côté, M. de Mory d'Elvange, en composant l'ouvrage qu'il a intitulé *Recueil pour servir à l'histoire métallique des duchés de Lorraine et de Bar*, ouvrage qui est resté manuscrit[3], n'a pas hésité non plus à y comprendre les jetons. Ce mémoire, couronné en 1780 par l'Académie de Nancy, est déposé à la bibliothèque de cette ville, où il est consulté avec fruit par les numismatistes de notre époque.

II.

Le jeton, abstraction faite des différences de forme et de nom qu'il a subies, est un des instruments d'utilité domestique dont l'usage remonte à l'antiquité la plus reculée. Lorsque l'homme, sortant de l'état primitif, reconnut la nécessité de compter, il se servit, comme nous le voyons encore faire aux nations sauvages, de cailloux, de coquillages, de noyaux. Ce mode

[1] Berlin, p. CCLXXVII. — [2] Nancy, 1728, t. II, col. XVII et suiv. — [3] *Notice sur ce recueil.*

de calcul, que sa simplicité met à la portée des gens les moins éclairés, a été pratiqué par les Hébreux, par les Égyptiens, par les Grecs et par les Romains. Peu à peu, à raison du développement de l'industrie et du luxe, les produits naturels ont été remplacés par des disques de pierre, de corne, d'os et même d'ivoire. Les anciens ne semblent pas avoir employé le métal pour cet usage particulier [1]. Ce n'est qu'au xiiie siècle, peut-être un peu plus tôt, qu'on voit apparaître les jetons de cette matière.

L'emploi des cailloux (*calculi*), comme instruments de compte, a donné naissance au mot *calcul*. La manière dont on comptait, au moyen âge, a donné naissance au mot *jectoir*, terme dont l'orthographe a beaucoup varié avant d'arriver à sa forme actuelle.

On nous saura gré de donner ici un aperçu de la manière dont on comptait avec les jetons.

Le calculateur était muni d'une tablette nommée comptoir, divisée dans sa hauteur par des lignes horizontales. La zone supérieure était affectée aux milliers, la seconde aux centaines, la troisième aux dizaines, la quatrième aux unités, soit la livre; la cinquième et la sixième aux fractions, le sou et le denier.

On voulait, par exemple, additionner les produits d'une journée: à chaque somme que l'on appelait, on plaçait sur les diverses zones les jetons nécessaires pour établir cette somme. Supposons, pour commencer, un chiffre de 46 livres 3 sols 2 deniers; on *jetait* quatre pièces sur la zone des dizaines, six sur celle des unités, trois sur celle des sous, et deux sur celle des deniers; on procédait de même pour les autres recettes. Lorsqu'on avait terminé son appel, le comptoir se trouvait chargé de jetons représentant, si l'on veut, 60 l. 47 s. 14 d., ce qui n'était pas une somme régulièrement exprimée. Il fallait *déjeter :* on faisait cette opération en commençant par la rangée inférieure du comptoir affectée aux nombres les plus faibles. Les quatorze deniers équivalant à un sou et deux deniers, on enlevait douze jetons et l'on en reportait un sur la ligne des sous, qui se trouvaient ainsi élevés à qua-

---

[1] *Histoire de l'Académie des inscriptions et belles-lettres*, t. V, p. 388 et suiv. Extrait d'un mémoire de Mahudel.

rante-huit. Ce chiffre représentant deux livres et huit sous, on ôtait quarante jetons et l'on en plaçait deux sur la ligne des livres ; le total se trouvait ainsi arrêté, d'une manière normale, à 62 l. 8 s. 2 d.

La soustraction se faisait d'après les mêmes principes : on jetait les pièces indiquant le nombre principal ; on levait ensuite la quantité représentant la somme à soustraire, et le résultat était donné par les jetons restant sur le comptoir.

La multiplication était plus simple encore ; il suffisait, après avoir posé le multiplicande, de l'augmenter dans la proportion indiquée par le multiplicateur.

La division offrait quelque complication lorsque, le dividende n'étant pas un multiple exact du diviseur, il fallait le convertir en somme de l'ordre inférieur, fait qui se présentait également dans la soustraction ; mais l'opération était toujours très-facile [1].

Aux époques plus modernes, le calcul par les jetons a été modifié : on ne se servait plus de comptoir ; les divers nombres étaient indiqués par une ligne de jetons rangés perpendiculairement, que l'on appelait arbre de numération. En outre, le travail n'était pas purement mécanique, comme par le passé ; les jetons servaient moins à faire le calcul lui-même qu'à constater le résultat des opérations d'arithmétique, d'une manière plus sensible aux yeux que ne l'est l'inscription en chiffres [2].

On comprend très-bien le motif de l'emploi des jetons, tant qu'on a écrit les sommes en lettres numérales, ou en chiffres de finance, comme on disait encore au siècle dernier. Ce système présente, en effet, pour le calcul, des facilités assez grandes. Mais il aurait dû, ce semble, disparaître bientôt après l'introduction des chiffres arabes, qui a eu lieu, en France, dans la seconde partie du XVe siècle.

Il n'en a cependant rien été, et l'usage des jetons a persisté longtemps encore, même en dehors de la classe illettrée. Dans une lettre du mercredi

---

[1] Consulter l'ouvrage de G. Van Loon (*Inleiding ter de heed endaagsche penningkunde*, Amsterdam, 1717, p. 57 et suiv.).

[2] F. Legendre, *L'Arithmétique en sa perfection*. Paris, 1753, p. 499 et suiv.

10 juin 1671, Mme de Sévigné s'exprime ainsi[1] : «Nous avons trouvé, avec «ces jetons qui sont si bons, que j'aurai eu cinq cent trente mille livres de «bien, en comptant toutes mes petites successions.» Il existe une Arithmétique de Legendre qui contient, à la fin, «l'arithmétique par les jetons.» L'auteur fait remarquer que ce sont les femmes surtout qui emploient ce mode de calcul; mais il ajoute que plusieurs fonctionnaires, tant dans les finances que dans plusieurs autres juridictions, continuent à s'en servir avec beaucoup de succès[2].

III.

Les jetons de métal sont d'origine toute française, et l'usage s'en est répandu promptement dans les pays voisins[3]. Les plus anciens, ainsi que je l'ai dit plus haut, semblent remonter au XIIIe siècle; ils appartiennent aux services royaux et princiers; ils sont muets; ils portent d'ordinaire, au revers, des types spéciaux indiquant l'office auquel ils s'appliquent. En même temps, les armoiries, placées au droit, font reconnaître le personnage dans la maison duquel ces pièces étaient employées. Bientôt après, ces désignations furent exprimées par des légendes.

L'usage des jetons s'introduisit, presque à la même époque, dans l'administration : les services comptables, le Trésor, la Chambre des comptes, les généraux des monnaies, paraissent l'avoir adopté les premiers, ce qui est une conséquence toute simple de la nature de leur travail. Également muets en commençant, ces jetons n'ont pas tardé à porter des légendes.

Plus tard, au XVe siècle, les villes font frapper des jetons à leurs armes[4], et peu à peu cette pratique s'étend aux états des provinces, aux diverses compagnies d'officiers royaux ou autres, aux corporations de métiers, etc. Enfin, vers le milieu du XVIIe siècle, chaque corps, en quelque sorte, veut avoir ses «comptoirs» spéciaux.

Les jetons ont d'abord été banaux, c'est-à-dire qu'ils servaient indistinctement à tous les membres d'une chambre, d'une compagnie. On fabriquait, en outre, presque dès l'origine, un grand nombre de jetoirs à types variés,

---

[1] Édit. de 1823, Paris, t. II, p. 96.
[2] F. Legendre, op. cit. p. 497.
[3] Hist. de l'Acad. loc. cit. — Hist. du jeton.
[4] Hist. du jeton, p. 20.

INTRODUCTION À L'ÉTUDE DES JETONS.

soit muets, soit portant des légendes de diverse nature, religieuses ou autres; ils étaient à l'usage des particuliers[1].

Mais, à ce système, la vanité humaine ne trouvait sans doute pas son compte; il vint un moment où chacun désira laisser des traces de son importance, plus ou moins réelle, et rappeler soit des alliances honorables, soit des circonstances intéressant l'amour-propre[2]. A partir du xive siècle, on voit des membres de la Chambre des comptes, des maîtres de la Chambre aux deniers, des trésoriers de France, avoir leurs jetons spéciaux. Des secrétaires du roi en frappent également au xve siècle. Le besoin de se faire connaître se remarque surtout chez les membres de la bourgeoisie arrivés au maniement des affaires publiques. Aux époques anciennes, en effet, on trouve peu de jetons appartenant à la haute noblesse, aux personnes occupant de grandes charges[3]. Il n'en est pas de même à compter du xvie siècle : le nombre des jetons privés s'étend dans une énorme proportion; ce ne sont plus seulement les comptables qui ont leurs coins à eux; les pairs, les grands officiers de la couronne, les secrétaires d'État, les membres du clergé, des cours souveraines en font frapper aussi. Les prévôts des marchands, les maires et les échevins des villes[4] suivent cet exemple, auquel se laissent entraîner les conseillers d'État, les maîtres des requêtes et jusqu'à des agents souvent bien inférieurs. Cet usage se continue pendant tout le xviie siècle, et même pendant le xviiie, quoique sur une échelle bien moins étendue. Il est un fait digne de remarque : les nombreux jetons de jeu, appartenant au siècle dernier, ne font, pour la plupart, que continuer les errements anciens; ils rappellent, avant tout, les charges occupées par les personnes dont ils portent les armes et même quelquefois l'effigie.

D'un autre côté, pendant les règnes de Louis XIV et de Louis XV, on voit disparaître peu à peu les séries de jetons banaux et officiels, dont quelques-unes remontaient à une époque ancienne (Grand Conseil, Chambre des

---

[1] *Hist. du jeton*, p. 18.
[2] *Hist. du jeton*, p. 20. — Cl. Rossignol, *Des libertés de la Bourgogne, d'après les jetons de ses États*, Autun, 1851, p. 54. — Comte de Laborde, *Notice des émaux du Louvre*, 1853, t. II, p. 328.
[3] Nous laissons en dehors, comme on le voit, les princes et les grands feudataires, dans les maisons desquels le jeton a pris naissance.
[4] Remarquons que, dès 1431, Jean, bâtard de Saulx, vicomte maïeur de Dijon, a mis son nom sur le jeton de la ville, pratique qui n'a pas pris immédiatement d'extension.

comptes, Chambre aux deniers, Bâtiments, Ordinaire des guerres, Trésor, Parties casuelles, Extraordinaire des guerres, Cour des monnaies). Les dernières de ces séries s'arrêtent entièrement, presque aussitôt après l'avénement de Louis XVI.

IV.

La composition des devises qui, depuis le xvie siècle surtout, occupent le revers de la plupart des jetons, était l'objet d'un soin tout particulier. Cela se comprend d'autant mieux que les jetons royaux, lors de leur émission, avaient souvent une véritable valeur politique.

Ainsi que nous le voyons dans les « Mémoires des sages et royales économies d'Estat, » Henri IV se préoccupait du sens que devaient avoir les devises inscrites sur les jetons de l'année, et Sully tenait à honneur de faire lui-même ce travail[1]. Charles Patin nous signale, de son côté, le jeton de 1626, à la légende HIC TAGVS ET GANGES, qui est une réponse à Philippe IV, roi d'Espagne[2].

En 1663, Colbert chargea quatre membres de l'Académie française de préparer les dessins de tapisseries, les projets de médailles et d'inscriptions, et de composer les devises des jetons. Cette Commission, qui fut désignée sous le nom de petite Académie, devint plus tard l'Académie des inscriptions. Il existe cependant plus d'une devise faite par des personnes étrangères à la compagnie. Le P. Ménestrier nous apprend que l'auteur dont on choisissait le travail recevait une bourse de jetons d'argent[3]. Cette sorte de rétribution était également allouée à l'Académie; tous les ans, les trésoriers généraux des divers services envoyaient chacun une bourse que les membres de la compagnie se partageaient entre eux[4]. Cet envoi n'ayant pas eu lieu en 1693, M. de Pontchartrain prescrivit le retour à l'ancien usage.

Aux époques modernes, la devise fait souvent allusion à des faits historiques, conquêtes ou victoires, naissances ou mariages de princes, etc. Ici,

---

[1] Voir la curieuse notice publiée par M. Adr. de Longpérier, *Revue numismatique* de 1863, p. 425.

[2] *Op. cit.* p. 119.

[3] *La science et l'art des devises*, Paris, 1668, p. 13 de la préface.

[4] *Nouvelles annales de la marine*, 1854, 1er sem. p. 229. Article de M. Guichon de Grand-Pont.

INTRODUCTION À L'ÉTUDE DES JETONS.

une remarque est à faire : c'est que l'événement signalé n'est pas, d'ordinaire, rapporté à sa date réelle. Les jetons officiels, étant l'objet d'un service régulier et se distribuant au mois de janvier, se frappaient à une époque déterminée ; d'un autre côté, ils devaient porter le millésime de l'année à laquelle ils étaient afférents : toute concordance de date devenait dès lors impossible. Du reste, le fait mentionné se rapporte habituellement à l'année précédant l'émission.

Il ne faut pas oublier, toutefois, qu'en dehors des services réguliers il se fabriquait une grande quantité de jetons ; ces pièces, véritables médailles de petite dimension, ne présentent pas, en général, la différence de date qui vient d'être signalée.

Pour en finir ici avec les singularités que nous offre cette branche de la numismatique, il faut remarquer qu'à partir du règne de Louis XV, on rencontre fréquemment des jetons qui proviennent surtout des corporations de métiers ; ces jetons ont au revers des dates ne se rapportant pas avec l'effigie royale du droit, qui est d'une époque plus récente. Voici quelle est la cause de cette anomalie : lorsqu'une nouvelle émission était nécessaire, on se bornait à changer le coin de tête ; on indiquait ainsi, jusqu'à un certain point, la date de la frappe, et l'on évitait les frais de gravure d'un revers. Le même système a été suivi sous Louis XVI, où quantité de jetons, même officiels, ont des revers appartenant au règne précédent. De pareilles anomalies ne doivent pas étonner ; on en trouve d'analogues dans les monnaies.

V.

La gravure des jetons était généralement confiée à des gens habiles : c'est ce que l'on reconnaît au plus simple examen. Ce travail était anciennement exécuté, soit par les tailleurs des monnaies, soit par les orfévres. Ainsi, un fragment des comptes de Marie d'Anjou, reine de France, pour l'année 1456, nous apprend que le tailleur de la monnaie de Lyon grava une pile et deux trousseaux destinés à « monnoyer les gectouers » de cette princesse [1]. D'un autre côté, l'on sait que les jetons d'or offerts à Louis XII, en 1498, par la ville de Tours, ont été faits par Jean Papillon, orfévre, d'après les dessins

[1] *Moniteur* du 5 octobre 1854, article de M. Vallet de Viriville.

de Michel Colombe[1]. En 1537, c'est Pierre Potart, graveur à Paris, qui exécute les jetons de Jean Grolier, trésorier de France[2]. Mais les documents sur les graveurs anciens sont peu nombreux; ils n'offrent pas, en outre, il faut le reconnaître, un degré de précision suffisant; car, de ce qu'un orfévre a fait une fourniture de jetons, il n'en résulte pas, d'une manière absolue, qu'il ait gravé lui-même les coins de ces pièces. Le dépouillement des registres des Monnaies donnerait, suivant toute probabilité, des renseignements précieux sur cette intéressante question, surtout en ce qui concerne les jetons appartenant aux particuliers; c'est un travail de longue haleine, qu'il serait utile d'entreprendre.

En nous rapprochant de l'époque actuelle, nous sommes mieux renseignés. Nous voyons même que les artistes les plus éminents se chargeaient volontiers de la gravure des jetons. Mariette, dans son *Abecedario*[3], nous indique diverses pièces de cette nature, exécutées par Étienne de Laulne, de 1553 à 1570. Nicolas Briot, du temps de Henri IV, Jean Warin, sous Louis XIII, nous ont laissé des échantillons de leur talent. Le règne de Louis XIV nous a donné des coins de Fr. Chéron, de T. Bernard, de H. Roussel, de Jean Mauger, de Joseph Roettiers, de Jean-Baptiste Dufour, d'Aury, de Claude Balin, de Lebreton, de Leferme. Celui de Louis XV nous en a laissé de J. Leblanc, des Roettiers, de Jean et de Benjamin Duvivier. Pour l'époque de Louis XVI, nous avons, outre ce dernier, J.-P. Droz, Nicolas-Marie Gatteaux, Lorthier, H.-J. Gamot. Nous ne citons que les principaux de ces artistes, dont on pourrait facilement augmenter la liste.

Les jetons ne sont, d'ordinaire, marqués que d'initiales, et au droit seulement. Cette indication, dont on ne connaît pas d'exemple antérieur à Charles IX, ne devient pas habituelle avant Louis XIV; elle manque souvent, surtout lorsque ce côté de la pièce n'est pas occupé par une tête. Quelques revers sont également signés; mais c'est l'exception.

La fabrication des jetons n'était pas libre. Au xv⁰ siècle, les graveurs

---

[1] *Rev. num.* 1856, p. 130, art. de M. Dauban.
[2] Le Roux de Lincy, *Recherches sur Louis Grolier*, Paris, 1866, p. 75. — [3] Paris, 1854-1856, t. III, p. 78 et suiv.

étaient reçus par les généraux des monnaies, et ils ne pouvaient, sans l'autorisation de ces fonctionnaires, « tailler et graver des fers à monnoyer des « getons. » Toute contravention les rendait passibles d'amendes et même de peine corporelle. Constans[1] cite une sentence des généraux des monnaies, du 2 septembre 1424, prononçant une amende contre un graveur qui s'était mis dans ce cas.

Un règlement dans le même sens fut édicté en 1628; un arrêt de la Cour des Monnaies, en date du 15 mai[2], porta « défense aux maistres graveurs de « Paris, aux tailleurs général et particulier des monnoyes, aux maistres et « conducteurs de la monnoye du moulin de faire ni graver fers, poinçons, « pilles, trosseaux ny carrés à faire jettons, pièces de plaisir ou médalles, « pour qui que ce fust, sur les devises et desseins qui leur en pourroient estre « baillés; mesmes aux ouvriers et monnoyeurs d'en ouvrer et marquer, sans « en avoir au préalable la permission de ladite cour. » L'arrêt prononçait, en outre, contre les contrevenants, une punition sévère : pour les graveurs, amende de cinq cents livres; pour les tailleurs, ouvriers et monnayeurs, suspension de leur charge et amende arbitraire.

Des lettres patentes, du mois de mai 1631, érigèrent en maîtrise et jurande l'art et métier de graveur à Paris, et approuvèrent les statuts de cette communauté. Les compagnons graveurs, qui dépendaient des orfévres, avaient sollicité cette faveur dès 1623. Des lettres patentes du 10 mars 1629 avaient renvoyé l'examen des statuts proposés à la Cour des monnaies, qui, par arrêt du 10 septembre suivant, les avait approuvés et avait ordonné, sauf l'homologation royale, la création d'une corporation spéciale. Les maîtres, au nombre de vingt, pouvaient seuls graver les sceaux, cachets, chiffres, et généralement tous les ouvrages concernant leur art et profession[3]. Les pièces dites de plaisir ne sont pas dénommées ici; mais la communauté, par son jeton daté de 1718, fait connaître que la gravure de ces pièces rentrait dans ses priviléges.

Dès lors, il n'appartint plus qu'aux tailleurs des monnaies, ainsi qu'aux membres de la nouvelle maîtrise, de faire les coins des médailles et des jetons.

---

[1] *Traité de la Cour des monnoyes*, Paris, 1658, p. 1670. — [2] *Ibid.* p. 439.

[3] Abot de Bazinghen, *Traité des monnoies*, Paris, 1764, t. I, p. 554.

L'édit de juin 1696, portant création d'un office de directeur du balancier du Louvre, pour la fabrication des médailles et des jetons, défend de frapper ces pièces ailleurs qu'à ce balancier; il interdit l'entrée des jetons étrangers, dont il ordonne, le cas échéant, la saisie et la confiscation; il fait enfin défense à tous marchands d'acheter et de vendre des pièces fabriquées en tout lieu autre que le Louvre[1]. Ces dispositions, renouvelées par arrêt du Conseil du 9 décembre 1702 et par lettres patentes du 5 mai 1703, remontaient à 1672[2].

On vient de voir que l'entrée des jetons étrangers était interdite en France. Il existait, en effet, au dehors, des fabriques de jetons de pacotille qui, pouvant livrer à bas prix leur marchandise, devaient faire à notre industrie une concurrence redoutable. Saint-Omer, Tournay, étaient, au moyen âge, des centres importants de fabrication. Il en était de même de Nuremberg, qui a inondé l'Europe de ses produits jusqu'à une époque presque contemporaine. Dans cette dernière ville, on ne faisait pas seulement des jetons banaux; on imitait aussi les pièces françaises et autres. Il est bien peu de collectionneurs qui, en commençant, n'aient laissé pénétrer dans leurs tiroirs quelques-unes de ces imitations; elles se reconnaissent toutefois tant par leur mauvais travail que par leur peu d'épaisseur. Quelques jetons de Tournay portent un nom; ceux de Nuremberg indiquent, d'habitude, l'atelier d'où ils sortent. Mais, généralement, c'est bien moins le graveur que le marchand que l'on a ainsi désigné. Cela ne veut pas dire, néanmoins, que les deux industries ne fussent pas réunies dans la même main, comme on peut en citer plusieurs exemples.

Il faut observer que l'on trouve en France, à diverses époques, des jetons qui se font remarquer par leur style allemand, et qui, cependant, semblent rentrer dans nos séries nationales. Signalons d'abord plusieurs pièces appartenant aux règnes de François II et Charles IX, et quelques-unes remontant peut-être même à Henri II. L'influence allemande s'explique ici jusqu'à un certain point. Étienne de Laulne, qui a gravé en France de 1553 à 1570, ainsi que je l'ai dit, avait travaillé longtemps à Strasbourg,

[1] Abot de Bazinghen, *Traité des monnoies*, t. I, p. 82. — [2] *Ibid.* t. II, p. 246.

ainsi qu'à Augsbourg.[1]. On peut croire qu'il a amené chez nous des artistes, des élèves, qui n'ont pas su abandonner complétement le faire national.

Ce faire se remarque également sur des jetons du temps de Louis XIV. Plusieurs coins sont signés L G L, ce qui semble indiquer le Nurembergeois Lazare Gottlieb Lauffers, fabricant bien connu. Ces pièces sont la reproduction, généralement dans un plus petit module, de jetons banaux appartenant aux services de trésorerie; elles ne portent pas de date, contrairement à ce qui se pratiquait pour les originaux. Il est sorti des mêmes mains, outre plusieurs autres banalités, une série de jetons copiés en grande partie sur les médailles de Louis XIV. Ces jetons se font également remarquer presque tous par l'absence de date et par cette singularité, qu'ils portent au droit la tête du roi, d'un âge déjà mûr, quelle que soit l'époque à laquelle ils se rapportent. Ils sont d'un travail beaucoup moins mauvais que ceux qui sortent certainement des ateliers de Nuremberg; on les reconnaît surtout aux têtes, car les revers sont satisfaisants. Le commencement du règne de Louis XV donne aussi quelques pièces d'un burin analogue. Il y a ici à résoudre une question qu'aucun document n'est encore venu éclaircir.

VI.

Les jetons les plus anciens ont un diamètre qui ne dépasse guère 22 millimètres; ils s'agrandissent bientôt et atteignent 27 à 30 millimètres; on en rencontre cependant, à toute époque, de module supérieur ou inférieur. A compter de la fin du xviie siècle, apparaissent les jetons à pans, qui, d'ordinaire, mesurent de 32 à 36 millimètres d'un angle à l'autre. Cette forme était principalement affectée aux « marques de jeu, » pour me servir des termes de l'arrêt précité de 1702. A cette occasion, on peut remarquer qu'Abot de Bazinghen[2] définit le jeton une petite pièce ronde de métal.

L'épaisseur du jeton, qui est toujours fort médiocre, est d'autant plus faible que son antiquité est plus grande. A l'époque la plus reculée, il arrive fréquemment que l'empreinte d'une face se fait sentir sur l'autre. Il se rencontre toutefois, pour ce temps, des pièces relativement épaisses; cela tient à ce que les lames de métal employées à la fabrication, étant planées au

[1] Mariette, loc. cit. — [2] Op. cit. t. I, p. 598.

marteau, se trouvaient forcément assez irrégulières. Selon toute probabilité, on n'ajustait pas le poids des flans, ainsi que cela se pratiquait pour les monnaies.

Quelques jetons ont été frappés en pieds-forts; ils sont très-rares.

Fabriqués d'abord au marteau, les jetons ont été faits ensuite au balancier; on a également, dans le siècle dernier, employé le mouton, machine qui ménage les coins et qui permet de donner aux flans une moindre épaisseur. C'est ce qu'a bien voulu nous apprendre M. Voillemier, alors qu'il était conservateur des médailles.

VII.

Les jetons ont été frappés, en général, sur argent et sur cuivre; il en a aussi été fait en or, dès une époque très-ancienne. Les auteurs de l'*Art de vérifier les dates*[1] disent que Charles VII, roi de France (1422-1461), fut le premier qui fit fabriquer des jetons d'or et d'argent pour servir à ses officiers d'instruments de compte dans leurs calculs. Olivier de la Marche[2], dans « l'Estat de la maison du duc Charles de Bourgogne, » écrit en 1474, nous apprend que ce prince comptait avec des jetons d'or. Louis XII, comme nous l'avons vu plus haut, en possédait qui lui avaient été offerts par la ville de Tours, en 1498. Plus tard, de nombreux jetons d'or étaient émis par les services royaux de trésorerie[3], par des états de province[4], par des villes[5], par des facultés, etc. C'était, du reste, un luxe que tout particulier pouvait se permettre, les règlements ne contenant aucune interdiction à ce sujet. La fabrication de ces pièces était nécessairement très-soignée; pour les rendre plus agréables à l'œil, on allait quelquefois jusqu'à les émailler[6].

A raison de sa valeur intrinsèque, l'or a presque entièrement disparu; on ne le trouve plus guère que dans les collections publiques ou dans les familles, où on le conserve, avec raison, comme une relique précieuse.

---

[1] Paris, 1783, t. I, p. 619.
[2] Édition du *Panthéon littéraire*, Paris, 1836, p. xvii.
[3] *Mercure*, janvier 1680, janvier 1682, janvier 1683.
[4] Rossignol, *Op. cit.* p. 146, 164.
[5] *Mercure*, janvier 1680.
[6] Adr. de Longpérier, *Revue numism.* 1843, p. 441.

INTRODUCTION À L'ÉTUDE DES JETONS.   XVII

Il est probable que ces jetons, qui, en général, n'étaient présentés qu'aux rois et aux princes, étaient d'un usage fort restreint, et qu'ils étaient promptement employés à quelque ouvrage d'orfévrerie. Ce qui donne lieu de le penser, c'est que Barbier, dans ses Mémoires [1], rapporte que, du temps de Louis XV, les jetons d'or offerts au roi pour étrennes servaient à faire des assiettes; on en fabriquait ainsi tous les ans une demi-douzaine.

Les jetons d'argent sont beaucoup moins rares, bien que la cupidité, les terreurs de la Révolution, l'ignorance, en aient fait détruire un grand nombre [2]; mais on n'en trouve guère qui soient antérieurs au XVIe siècle; ceux même qui appartiennent à cette époque sont peu communs, et cependant l'emploi de ce métal date de fort loin. L'assertion des auteurs de l'*Art de vérifier les dates*, que nous avons rapportée plus haut, et qui peut être exacte en ce qui touche l'or, est contredite par les faits en ce qui concerne l'argent. Ce métal apparaît un siècle plus tôt que ne le disent les Bénédictins : c'est ce que prouve la pièce appartenant à M. Rouyer, frappée au nom de Clarin de Paulmier [3], clerc des comptes de 1322 à 1345, puis maître de cette dernière époque à 1346. L'argent est toujours recherché par les collectionneurs comme rareté : il est, d'ailleurs, à remarquer que les exemplaires de ce métal ne sortent pas toujours des mêmes coins que ceux en cuivre. Cette différence s'explique. Aux termes de l'édit déjà cité, de juin 1696, art. 23, les «quarrés» servant à la fabrication des jetons d'or et d'argent devaient être payés aux graveurs, en sus de la valeur du métal et du droit de façon attribué au directeur du balancier; tandis que, pour les jetons de cuivre, ce directeur, moyennant l'acquittement de la façon, était tenu de fournir les coins et le métal. Il y a lieu de penser que l'on n'a fait ici que réglementer un usage déjà ancien. Dans la série des Prévôts des Marchands de Paris, la différence dont il s'agit est fréquente et se remarque depuis 1595, au moins; on peut la signaler également sur le jeton de la Chambre des comptes de 1577; peut-être même remonte-t-elle plus haut.

---

[1] Édition publiée par la Société de l'histoire de France, par M. de la Villegille, Paris, 1847-1856, t. IV, p. 43.

[2] *Revue numismatique* de 1847, p. 205, article de M. le marquis de la Grange.

[3] *Histoire du jeton*, p. 48, pl. II, n° 15.

Dans un article relatif à quelques jetons du Blésois[1], Duchalais, dont on devra toujours regretter la mort prématurée, dit que ces pièces, ainsi que les mereaux, étaient essentiellement en cuivre; il considère, en conséquence, comme essais, pieds-forts ou échantillons, les exemplaires en métal plus précieux. Quelque valeur qu'aient les travaux de Duchalais, il semble difficile d'adopter une opinion basée uniquement sur le petit nombre de jetons anciens, en argent, arrivés jusqu'à nous. Du reste, la question est tranchée par la mention, dans le compte du testament de Jeanne d'Évreux, en 1372, de quatre-vingt-trois jetons d'argent[2]. Suivant toute apparence, ce fait n'était pas connu de notre auteur, dont on ne peut mettre en doute la sagacité.

Les jetons en cuivre, sauvés de la destruction par leur peu de valeur, forment la base de toute collection moderne. Il est à regretter, toutefois, que ces pièces arrivent trop souvent jusqu'à nous dans un état d'oxydation qui en rend la lecture et, par conséquent, l'attribution excessivement difficiles.

On rencontre quelques jetons en plomb; mais il faut reconnaître que les monuments de ce métal appartiennent, pour la plupart, au système mérallique.

Enfin, l'écaille a été employée à la fabrication des jetons; c'est une véritable fantaisie; les quelques exemplaires que nous avons pu voir ont été émis par des particuliers.

VIII.

On distribuait chaque année à certains agents de l'administration, principalement aux comptables, une quantité de jetons qui était fixée à cent, dès une époque assez reculée, et qui, d'ordinaire, était renfermée dans une bourse plus ou moins riche. Dans les Pays-Bas, on se servait plutôt de boîtes cylindriques de métal.

Le point de départ de cette coutume, devenue ensuite un droit, ne nous est pas connu; on ne connaît pas davantage les principes servant de base à la distribution; on est donc réduit, à cet égard, aux suppositions.

Il y a lieu de penser que, dans leur munificence, nos rois ont d'abord fait

---

[1] *Revue numismatique* de 1847, p. 47. — [2] Comte de Laborde, *op. cit.* p. 329.

INTRODUCTION À L'ÉTUDE DES JETONS.

donner aux agents comptables les jetons nécessaires à leur travail[1]; peu à peu, cette délivrance, toute bénévole, aura été considérée comme un des émoluments attribués aux charges, puis comme un droit; on y aura de plus attaché des idées de privilége, d'honneur, qui lui auront fait prendre une véritable importance et une grande extension : on sait, en effet, combien les questions de prérogative étaient sérieuses pour nos aïeux. Ces idées, passées à l'état de principe, auront plus tard amené le maintien de la distribution, lorsque rien ne la justifiait plus, le mode de calcul qui l'avait motivée ayant cessé d'être mis en pratique.

Le droit s'est établi fort promptement et d'une manière assez complète pour donner ouverture à des débats judiciaires. Ainsi que nous l'apprend Constans[2], les contestations étaient portées «d'ancienneté» devant les gens des monnaies. Parmi les nombreux arrêts existant à ce sujet dans les registres de la cour, cet auteur en cite particulièrement un, du 20 juin 1519, rendu sur la requête d'un trésorier de France à Bordeaux. Ce fonctionnaire prétendait que «la bourse de jetons» qui lui était due à cause de son «dit office» lui devait être payée par le receveur des boîtes des monnaies et sur le fonds de ces boîtes.

Il est à remarquer que le droit de jetons figurait au nombre des droits utiles, ou honorifiques, attribués aux cours souveraines. Comme telle, la Cour des monnaies, par ordonnance de la Chambre des comptes, du 12 mars 1565, fut reconnue devoir jouir de cette prérogative; elle y fut maintenue par les lettres patentes de 1613 et du 4 décembre 1614, ainsi que par les édits de mars 1645, juin 1646 et mars 1719, portant confirmation ou extension de ces priviléges[3]. Ce droit se percevait quelquefois en argent[4].

A Paris, le droit de jetons existait pour le Prévôt des Marchands, les Échevins et les autres officiers formant le Bureau de la Ville. Ce droit, à l'origine duquel on ne peut remonter, fut confirmé par le roi en 1537[5]. Les con-

---

[1] *Histoire du jeton*, p. 24.
[2] *Traité de la Cour des monnoyes*, p. 238.
[3] *Traité de la Cour des monnoyes*, p. 238. — *Traité des monnoyes*, t. I, p. 225, 242 et suiv.
[4] Robert, *Recherches sur les monnaies et les jetons des maîtres échevins de Metz*; Metz, 1853, p. 82. — Vanhende, *Numismatique lilloise*; Lille, 1858, p. 115.
[5] Le Roux de Lincy, *Histoire de l'Hôtel de Ville de Paris*; Paris, 1846, 1ʳᵉ partie, p. 177.

seillers, ainsi que les quarteniers, en jouissaient également, les premiers à dater de 1553, à ce qu'il semble, les seconds à partir de 1579 [1]. Les frais qui en résultaient, y compris ceux de gravure des coins, étaient acquittés sur les fonds municipaux, même lorsque le jeton portait le nom et les armes du Prévôt [2]. Il y a lieu de penser que les Échevins et autres officiers qui désiraient avoir leurs jetons particuliers payaient la dépense de leurs deniers, ainsi que cela se pratiquait ailleurs, aux États de Bourgogne, par exemple [3]. Des usages analogues existaient à Nantes, à Tours [4]. Il devait, suivant toute probabilité, en être de même dans les autres villes. A Metz, cependant, les maîtres échevins paraissent avoir frappé à leurs frais les pièces qu'ils émettaient.

En définitive, droit ou faveur, on peut dire que les officiers qui avaient le maniement des deniers, qui contrôlaient ou surveillaient les mouvements de fonds, qui avaient enfin des calculs à opérer, ne se fournissaient pas de jetons à leurs dépens : ou ils les recevaient en nature, ou ils touchaient une somme équivalente, ou ils étaient remboursés de leurs frais d'acquisition. C'est, du moins, ce qui semble résulter de quelques documents que nous allons rappeler; il est fâcheux, toutefois, que le défaut de synchronisme de ces pièces ne permette pas d'établir les faits d'une manière précise, pour une époque quelconque.

IX.

On voit figurer en dépense, au compte du roi Charles VI, du 1er octobre 1380 au 1er juillet 1381, l'acquisition de «gestouers» par les clercs des divers offices (panneterie, échansonnerie, cuisine, fruiterie, écurie, fourrière) et par ceux de la Chambre aux deniers. Une dépense semblable est portée au compte de la reine Isabeau de Bavière, du 1er janvier au 30 juin 1401, ainsi qu'à celui de Charles VII, du 1er octobre 1450 au 31 mars suivant [5].

Une somme de 5 sous tournois est mentionnée au compte de Marie d'An-

---

[1] Le Roux de Lincy, *Histoire de l'Hôtel de Ville*, 1re partie, p. 167, 177.
[2] *Ibid.* 2e partie, p. 93, 348 et suiv.
[3] Rossignol, *op. cit.* p. 54.
[4] Dauban, *Jetons des maires de Nantes*, 1858.
— *Hist. des maires de Tours par les jetons*, 1859.
[5] *Comptes de l'hôtel des rois de France aux XIVe et XVe siècles*, publiés par la Société de l'histoire de France, par M. Douet d'Arcq. Paris, 1865, p. 64, 67, 150, 332.

jou[1], année 1457, pour l'achat d'un cent de «gectouers» destinés aux clercs de la cuisine.

Dans un passage du travail déjà cité, Olivier de la Marche[2] nous dit qu'à la cour de Bourgogne les maîtres d'hôtel, le maître de la Chambre aux deniers et le contrôleur reçoivent tous les ans «un marq de jets d'argent aux «armes et devises du prince.»

Parmi les extraits qu'il donne de l'inventaire des titres de la Ville de Paris, du Breul[3] cite des lettres de Henri II, du 27 avril 1557, ordonnant qu'il sera remis à chaque conseiller, une fois en sa vie seulement, un demi-cent de jetons d'argent du poids de 10 onces, ainsi qu'une bourse de velours, et que la dépense sera prise sur les deniers des aides, dons et octrois, ainsi que cela se pratique pour le Prévôt des Marchands et pour les Échevins. Il y a ici défaut de concordance entre les divers auteurs; en effet, on a vu plus haut que les conseillers de ville devaient prendre part aux distributions de jetons, dès 1553; mais il n'est pas facile d'établir la réalité du fait : d'ailleurs, la première disposition prise en faveur de ces officiers peut n'avoir pas été exécutée. Il résulterait même des deux citations qui suivent, que les décisions relatives aux conseillers de ville et aux quarteniers seraient demeurées sans effet, au moins jusqu'en 1581.

Le dix-septième compte de François de Vigny[4], receveur du domaine de la Ville de Paris, dressé pour une année commençant le 24 juin 1572 et finissant à pareil jour de 1573, fait connaître qu'il a été délivré au Prévôt des Marchands deux cents jetons d'argent et deux cents jetons de laiton aux armes de la Ville; aux Échevins, Procureur, Greffier et Receveur, un cent de jetons de chaque métal, «le tout pour leur droit en la manière accoutu-«mée.» Chaque centaine était renfermée dans une bourse de velours vert, ou de cuir blanc, selon la nature de la distribution.

La quantité de jetons délivrés au Bureau de la Ville était la même en 1581[5].

[1] Vallet de Viriville, loc. cit.
[2] P. xviii.
[3] Le Théâtre des antiquitez de Paris, 1612, p. 1010.
[4] Sauval, Histoire des recherches et antiquités de la Ville de Paris, t. III, p. 637.
[5] Le Roux de Lincy, Histoire de l'Hôtel de Ville, 1re partie, p. 166. — Voir, pour plus amples détails sur les usages et droits de jetons, les Ordonnances concernant l'autorité et la juridiction de la Chambre des comptes de Paris, 1728, t. II, p. 237 et suiv.

A partir de la fin du xviie siècle, comme nous l'apprennent les états de dépense de la cour, les jetons sont quelquefois remplacés par une somme fixe en argent. Par exemple, en 1694, le premier maître d'hôtel et le maître d'hôtel ordinaire reçoivent à ce titre soixante livres par année, et les maîtres d'hôtel de quartier, soixante-quatre livres; cette dernière somme est également payée au maître de la Chambre aux deniers et aux deux contrôleurs de ce service. Il en est de même pour les années suivantes.

En 1712, la duchesse de Saint-Simon, dame d'honneur de S. A. R. Mme la duchesse de Berry, touche cent quarante-huit livres pour jetons et tapis. Il est à remarquer qu'aux mêmes époques les contrôleurs de l'Extraordinaire des guerres reçoivent chaque année, au mois de janvier, une bourse de jetons d'argent, qui leur est délivrée par le trésorier général entrant en exercice. De ce fait, rapproché du dispositif de l'édit de 1696, art. 22, on peut conclure, avec assez de vraisemblance, que la fourniture des jetons aux agents des services comptables était à la charge des trésoriers généraux. Cet article s'exprime ainsi : «Les matières nécessaires pour la fabrication des «médailles et jetons d'or et d'argent pourront être fournies au directeur, «soit qu'elle se fasse pour nous et par nos ordres, pour les gardes de notre «trésor royal ou autres trésoriers, receveurs et particuliers.»

Le droit de jetons ne s'appliquait pas seulement aux délivrances qui se faisaient au commencement de l'année; on avait su donner à cet usage une extension importante. Ainsi la reddition des comptes par les services de la trésorerie entraînait, entre autres frais, une distribution de jetons, qui, pour la maison du roi, par exemple, coûtait neuf cents livres. Cette dépense était acquittée soit sur un fonds spécial mis à la disposition des trésoriers, soit sur les taxations attribuées à ces officiers. C'est ce qui résulte des divers édits rendus, de mai à décembre 1717, pour l'exécution de l'édit de décembre précédent, portant modification de l'administration financière[1].

Les jetons dont il s'agit semblent avoir appartenu aux membres de la Chambre des comptes. En effet, les édits de mai et de juin 1717, relatifs aux trésoriers des troupes de la maison du roi et au receveur des revenus casuels, avaient omis de mentionner les jetons au nombre des frais de red-

---

[1] *Ordonn. concernant l'autorité et la juridiction de la Chambre des comptes de Paris*, t. II, p., 250, 263.

dition des comptes; la Chambre, en enregistrant ces actes, eut soin de stipuler que les comptables seraient tenus de satisfaire, comme par le passé, aux droits de bourse et de jetons, qui devraient être fournis en la manière accoutumée[1].

Nous ignorons si tous les agents des finances justiciables de la Cour des comptes étaient astreints à pareille fourniture, qui semble bien abusive.

X.

En dehors des distributions de droit, les jetons étaient donnés comme gratification, comme rémunération de travaux extraordinaires ou de missions spéciales, comme hommage de gratitude. Nous citerons quelques exemples.

Pour reconnaître les bons services qui leur étaient rendus, les États de Bourgogne, à compter de la seconde partie du XVIe siècle et jusqu'à la Révolution, distribuaient, chaque triennalité, une certaine quantité de bourses d'argent[2]. Comme on doit bien le penser, le nombre des personnes honorées de cette distinction alla toujours croissant.

Le règlement arrêté en Conseil du roi, le 21 novembre 1577, pour la police générale du royaume, enjoignait[3] « aux juges de police d'avertir le « Roy ou M. le chancellier de toutes les contraventions et de leurs diligences « pour les faire cesser. Cela fut exactement exécuté à Paris. M. le comte de « Chiverny, chancellier de France, étoit averti tous les jours de ce qui s'y « passoit, et y donnoit ses ordres comme chef de la police. Un arrêt du Conseil « nous rend témoignage de cette vérité. Voicy ce qu'il contient :

« Le Roy en son Conseil, en considération et pour reconnoissance des « peines et du travail que prennent journellement le sieur comte de Chiverny, « chancellier de France, chef de la police, le lieutenant civil et le procureur « de Sa Majesté au Châtelet, ordonne qu'ils auront chacun cent jettons par « an, à prendre sur les amendes dudit Châtelet. Ordonnant que, sur les man« demens et acquits qui en seront expédiez et signez par lesdits lieutenant « de police et procureur de Sa Majesté audit Châtelet, au receveur desdites « amendes, la dépense qu'il aura faite pour ce regard lui soit allouée en

---

[1] *Ordonn. concernant l'autorité et la juridiction de la Chambre des comptes*, édit de mai 1717.

[2] Rossignol, *op. cit.* p. 37. — [3] Delamare, *Traité de la police*, Paris, 1722, t. I, p. 136.

«compte. Fait au Conseil du Roy tenu à Paris, le 27 septembre 1594.
« Signé FAYET. »

M. Perraut, président à la Chambre des comptes, mort en 1681, fonda, par un testament, en mémoire de Henri II, prince de Condé, un service solennel qui devait être suivi d'une oraison funèbre. Il fit en même temps les fonds nécessaires à la fourniture annuelle de quatre bourses de jetons, de quatre-vingts livres chacune, qui seraient données, trois aux administrateurs de l'Hôtel-Dieu assistant au service, et la quatrième au prédicateur ayant prononcé l'oraison funèbre [1]. Des jetons spéciaux ont été frappés pour cette fondation.

En 1747, M. Le Normand de Tournehem, directeur général des bâtiments, chargea les membres de l'Académie de peinture s'occupant d'histoire de faire chacun, pour le roi, un tableau dont le sujet leur fut laissé. A cette occasion, il envoya six médailles d'or et six bourses de jetons destinées aux artistes qui auraient été jugés avoir le mieux réussi. Les académiciens ne voulurent pas faire de choix et se partagèrent cet envoi [2].

Nicolas de la Pinte de Livry, chanoine prémontré, évêque *in partibus* de Callinique, coadjuteur de Mâcon, avait fait de nombreux dons à la bibliothèque de la Ville de Paris; il avait, en outre, laissé au bibliothécaire une somme de six cents livres destinée à l'acquisition d'ouvrages sur l'histoire naturelle. Le Bureau de la Ville, désireux de reconnaître ces libéralités, décida, par délibération du 1er février 1787, qu'il serait écrit à l'évêque et qu'il lui serait fait hommage d'une bourse de jetons. Le prélat, ainsi qu'il résulte de sa lettre du 21 mars suivant, considéra ce présent comme très-flatteur [3].

XI.

On remplaçait quelquefois par des jetons certaines distributions auparavant faites en nature. Ainsi les conseillers de ville, à Paris, jouissaient, dès avant 1537, du droit d'hypocras, épices, torches, cierges et bougies. A une époque qui n'est pas précisée, entre 1581 et 1583, suivant toute apparence,

---

[1] *Mercure*, avril 1681, p. 364. — [2] *Mercure*, octobre 1747, p. 122. — [3] *Introduction à l'histoire générale de Paris*, p. 192.

il fut décidé que le droit d'hypocras et d'épices seulement serait remplacé par un demi-cent de jetons d'argent, du poids de dix onces, qui, le premier jour de l'année, serait délivré aux conseillers, avec une bourse de velours vert[1]. L'hypocras, qui était du vin préparé avec du miel et des aromates[2], se distribuait aux Prévôt des Marchands, Échevins et autres membres du Bureau, ainsi qu'aux conseillers de ville et quarteniers, six fois par année, aux époques suivantes : Toussaint, Saint-Martin, Noël, Rois, Chandeleur et Carême-prenant[3].

Par une conséquence naturelle de cet ordre d'idées, le Bureau de la Ville décida, le 24 août 1579, qu'il serait alloué vingt-cinq jetons à chacun des quarteniers qui réclamaient la jouissance de certains droits[4].

XII.

Dans quelques circonstances, comme on va le voir, la remise de jetons semble devoir être considérée comme une sorte d'hommage prenant sa source dans les anciens usages féodaux.

Chaque année, les secrétaires du roi donnaient au chancelier une bourse de jetons, le jour de la Saint-Jean-Porte-Latine (6 mai). Cette bourse fut présentée à Louis XV, pendant tout le temps qu'il tint les sceaux lui-même[5].

L'ordre de Saint-Louis offrait une bourse au roi lorsque cet ordre rendait ses comptes; en 1752, cet hommage fut également fait au dauphin[6].

La Société royale de médecine de Paris présentait au roi les volumes de ses Mémoires, aussitôt qu'ils paraissaient; elle lui remettait en même temps, comme protecteur et fondateur de l'établissement, un jeton d'or[7].

XIII.

La délivrance de jetons constituait parfois un véritable droit de bienvenue, ainsi que l'établissent les exemples suivants :

A Paris, dans le siècle dernier, le quartenier entrant était tenu de remettre

---

[1] Du Breul, *Le Théâtre des antiquitez de Paris*, loc. cit.

[2] Le Grand d'Aussy, *Histoire de la vie privée des Français*, Paris, 1815, t. III, p. 66.

[3] Sauval, *op. cit.* t. III, p. 633.

[4] Le Roux de Lincy, *op. cit.* 1re partie, p. 167.

[5] *Mercure*, juin 1757, IIe volume, p. 189.

[6] *Mercure*, avril 1752, p. 188.

[7] Poncelin de la Roche-Tilhac, *Mémorial de l'Europe*, 1785.

cent cinquante jetons au doyen, et cent seulement à chacun de ses autres confrères; en outre, le jour de la Saint-Laurent (10 août), il devait faire une seconde distribution de jetons, s'élevant, pour le doyen, à soixante et douze, et, pour les autres, à soixante. Il faut signaler ici une habitude singulière qui s'était introduite dans la compagnie : celui qui se mariait devait, comme droit de chevet, une bourse de vingt jetons à chacun de ses collègues. Ces bourses remplaçaient un repas qui avait été supprimé [1].

Lors de leur réception, les monnayeurs, ajusteurs et tailleresses de la monnaie de Paris distribuaient des jetons à tous les membres de la compagnie; pour les premiers, cette distribution s'étendait aux directeurs général et particulier, aux juges-gardes et aux greffiers de la Cour [2].

XIV.

Comme moyen de stimuler l'esprit d'exactitude, les jetons ont été employés dans les diverses sociétés savantes : Académies française, des sciences, de chirurgie, ainsi que dans plusieurs assemblées. A chaque séance, un exemplaire était remis aux membres présents; quelquefois même les assistants se partageaient les jetons destinés aux absents : aussi l'on avait donné le nom de *jetonniers* aux académiciens qui se faisaient remarquer par leur assiduité aux réunions. Cet usage s'est continué jusqu'à nos jours, pour la plupart des sociétés savantes. Il est également suivi par les sociétés industrielles, où souvent le jeton a une valeur fictive assez élevée. Il est aussi pratiqué par les administrations, surtout pour les commissions qui renferment dans leur sein des personnes étrangères au service.

Les jetons des corporations de métiers étaient essentiellement rémunératoires. Les aspirants à la maîtrise, devant justifier de leur capacité, étaient astreints à passer un examen et même à exécuter un travail, qui portait généralement le nom de chef-d'œuvre. Il parut, dès lors, convenable d'allouer une indemnité aux membres de la corporation chargés de la réception, parce qu'ils devaient nécessairement y consacrer un temps assez long.

L'indemnité se payait en argent, ou en jetons, quelquefois sous les deux formes à la fois.

[1] Le Roux de Lincy, *op. cit.* 1re partie, p. 203. — [2] *Traité des monnoies*, 2e volume, p. 317.

Parfois aussi des jetons étaient donnés aux maîtres présents, lors des assemblées qui avaient lieu dans l'intérêt de la communauté.

XV.

Nous ne croyons pas devoir passer sous silence une série de pièces qui ne s'expliquent guère à première vue, et qui, sans être des jetons proprement dits, rentrent cependant, jusqu'à un certain point, dans cette catégorie, au moins comme apparence.

Les fruitiers de Paris désignaient les lots de beurre, œufs et fromages, qu'ils achetaient sur les halles d'approvisionnement, au moyen de marques arbitraires, pièces de monnaie, jetons, etc. Il résultait plus d'un inconvénient de cette habitude, car la même marque pouvait être employée par diverses personnes. L'administration pensa, dès lors, que, dans l'intérêt du bon ordre, il convenait de réglementer ce service. Une ordonnance de police du 11 avril 1698 [1] disposa, en conséquence, que tous les maîtres fruitiers mettraient, sur chacun des paniers et parts qui leur écherraient, une marque de cuivre égale, où seraient inscrites les deux premières lettres de leur nom; elle interdit en même temps l'usage de tout autre signe distinctif, sous peine de perte du lotissement et de cent livres d'amende. Plus tard, une note, mise à la suite d'une sentence de police du 9 mars 1703, modifia cette mesure : elle prévint ceux qui voudraient acheter, sur le carreau, du beurre et d'autres denrées, de se munir, pour le lotissement, de pièces de cuivre de la largeur d'une pièce de 18 sous, un peu plus épaisse, portant, d'un côté, le nom du maître et, de l'autre, l'année.

Les pièces fabriquées pour satisfaire à ces dispositions sont tantôt frappées, tantôt gravées au burin, tantôt marquées au moyen de poinçons. Leur usage a été reconnu si commode, qu'il est encore en pratique aujourd'hui sur les marchés en gros.

XVI.

En dehors des données générales qui précèdent, il est un point sur lequel

[1] Delamare, *op. cit.* t. II, p. 289.

nous ne croyons pas inutile de dire quelques mots : il s'agit du mode à suivre pour la description des jetons.

En décrivant une médaille grecque ou romaine, on dit que la tête dont elle est empreinte est tournée à droite, par exemple, quand elle est tournée vers la droite de la personne qui la regarde.

Cette méthode, qui, naturellement, s'est étendue à tous les monuments métalliques, ne devrait pas, à notre sens, être appliquée à des pièces chargées fréquemment de la représentation d'armoiries. En effet, pour l'héraldiste, l'écu est, en réalité, un personnage animé, dont la droite fait face à la gauche de son vis-à-vis. Cette manière d'envisager la position relative des choses, qui est une des règles fondamentales du blason, nous semble devoir être rigoureusement suivie lorsqu'il s'agit de jetons. N'est-il pas, en effet, quelque peu singulier d'employer le mot *droite,* ou *dextre,* dans un sens tout à fait opposé, suivant que l'on décrit la face d'une pièce portant une effigie, ou son revers empreint d'un écusson armorié? Ne peut-il pas résulter de ce système des erreurs, des ambiguïtés toujours fâcheuses? En conséquence, pour la description des jetons, nous proposerons d'employer, exclusivement, dans le sens héraldique les mots *droite* et *gauche.* Ce système, que nous avons mis en avant il y a longtemps déjà, a été accueilli par plus d'un collectionneur.

Malgré la longueur qu'on lui reprochera peut-être, ce travail est encore bien incomplet. En effet les diverses questions qu'il soulève sont loin d'être toutes résolues; elles appellent donc l'attention des hommes sérieux et se recommandent d'elles-mêmes aux recherches des érudits.

A. D'AFFRY DE LA MONNOYE.

LES
JETONS DE L'ÉCHEVINAGE
PARISIEN.

PREMIÈRE PARTIE.
JETONS BANAUX.

N° 1.

COMPTZ ✻ BIEN ET PAIEZ : BIEN ✻

Vaisseau rond, avec châteaux crénelés de prouc et de poupe, voguant à droite : le mât unique, sommé d'une fleur de lys, est orné d'une banderole ; la voile est chargée de trois fleurs de lys rangées ; dans le champ, au-dessus de chacun des châteaux, est placée une fleur de lys. — Double grènetis.

℞. VIVE : LE ROY ✻ ET ✻ SES AMIS

Croix longue fleuronnée, mouvant d'un perron de quatre marches : le champ est occupé par un treillis dont les interstices sont remplis de fleurs de lys. — Double grènetis.

Conf. Collection d'Affry, au musée de l'Hôtel de Cluny.

Le type du sceau de 1412 est reproduit de la manière la plus complète sur le droit de ce jeton, qui, dès lors, ne peut appartenir qu'à une époque à peu près contemporaine.

Ce ne sont pas des armoiries qui figurent sur cette pièce ; comme Le Roy, comme D. Félibien et D. Lobineau, il faut voir ici purement et simplement la nef, devise de la Ville, symbole déjà ancien de son important commerce par eau ; quant aux fleurs de lys, elles indiquent le dévouement de la cité à la Maison royale.

Le revers donne la représentation du calvaire qui, pendant plusieurs siècles, a existé sur la place de Grève. On ne sait ni quand ce monument a été élevé, ni à quelle époque il a été détruit; quelques rapprochements permettent toutefois d'en fixer approximativement la durée.

La croix existait dès 1357, époque à laquelle Charles de France, régent du royaume, harangua le peuple parisien du haut de ses degrés; elle était encore debout vers 1670, ainsi que nous l'apprend Sauval en rapportant le fait qui précède. D'un autre côté, d'après Piganiol, la fontaine de la Grève, dont Louis XIII posa la première pierre en 1624 et dont on fit la reconstruction en 1638, fut transportée à la place Maubert vers 1674. Cette date est à noter. En effet, la création du quai Le Peletier, qui eut lieu de 1673 à 1675, devait nécessairement rendre la place de Grève beaucoup plus fréquentée; or la croix qui se trouvait au droit de l'arcade Saint-Jean et la fontaine qui était placée devant l'arcade du Saint-Esprit devenaient une gêne réelle pour la circulation. Leur suppression était la conséquence naturelle du nouveau percement : elle dut, suivant toute apparence, avoir lieu à peu près en même temps. Il est, du reste, à remarquer qu'en 1679 un arrêt du Conseil ordonna l'élargissement de la rue du Mouton, laquelle, ainsi que la rue du Martroy, n'avait pu tarder à devenir un débouché important.

On n'est pas d'accord sur la hauteur du perron qui servait de base à cette croix. Bonamy, dans son mémoire sur l'inondation de 1740, dit qu'il était composé de douze degrés; M. Le Roux de Lincy ne lui en donne que huit, et avec raison, car, d'après la vue de l'Hôtel de Ville dessinée en 1613 par l'architecte Cl. Chastillon et gravée par Mérian, le calvaire est monté sur sept marches et un piédestal.

Le calvaire, ainsi qu'on peut le voir dans les vues de l'Hôtel de Ville publiées par Asseline, par Rigault, a été remplacé par une croix de fer posée sur un piédestal et placée à l'extrémité du mur du quai qui séparait le port de la Grève de la place du même nom.

La légende qui accompagne cette représentation est remarquable par sa naïveté. La France était dans un état de commotion politique excessivement grave : le Bureau de la Ville ne savait s'il devrait crier vive Bourgogne ou vive Armagnac; il se tire d'embarras en inscrivant sur son jeton une banalité. La légende, COMPTZ BIEN ET PAIEZ BIEN, qui se lit au droit, se rapporte à l'usage des jetons employés par les marchands et les banquiers pour les calculs d'arithmétique.

Voir Le Roux de Lincy, *Histoire de l'Hôtel de Ville de Paris*, 1re partie, p. 59; Le Roy, *Dissert. sur l'origine de l'Hôtel de Ville*, p. XLI et XLVI; D. Félibien et D. Lobineau, *Hist. de la Ville de Paris*, t. I, p. 627; Sauval, *Hist. et rech. des antiq. de la Ville de Paris*, t. II, p. 92; Piganiol de la Force, *Descript. de Paris*, t. IV, p. 90, 92; G. Brice, *Descript. de la Ville de Paris*, t. II, p. 20; *Mémoires de l'Académie des inscriptions*, t. XVII, p. 700, note n.

N° 2.

Mêmes type et légende qu'au précédent.

℞. VIVE ⁚ LE ROY ET SES ⁚ AMIS •

Croix longue tréflée, à fût cannelé, mouvant d'un perron à quatre marches et côtoyée de deux fleurs de lys couronnées. — Double grènetis.

Conf. Collections Jules Rouyer, à Nancy, et d'Affry.

N° 3.

✿ ⁚ SVR ⁚ TOVTES ⁚ CITES ⁚ PARIS ⁚ PRISE⁚ ⁚

Type des précédents, avec ces différences que le mât du vaisseau est surmonté d'une hune crénelée et que la voile est chargée de fleurs de lys sans nombre. — Double grènetis.

℞. CAR ⁚ SA ⁚ NEF ⁚ FIGVRE ⁚ LEGLISE ⁚

Type du numéro précédent. Il est à remarquer que les quatre bras de la croix sont fleuronnés, contrairement à ce qui se pratique d'ordinaire pour les croix longues, dont on orne seulement la partie supérieure et les croisillons. — Double grènetis et filet.

Conf. Collection Rouyer.

Cette pièce est d'une date un peu plus moderne que les précédentes; elle semble être de 1430 environ.

La légende rimée qui occupe les deux faces de ce jeton n'est pas facile à interpréter : on ne peut guère faire ici que des conjectures; voici la plus raisonnable : l'Église, nom donné à la société de ceux qui font profession de la foi catholique, a été souvent comparée à un vaisseau; par analogie, Paris considère sa nef comme la personnification de la France, et s'enorgueillit ainsi de son titre de capitale.

N° 4.

✿ SVR : TOVTES : CITEZ : PARIS : PRISE ✥

Armes de la Ville de Paris remplissant tout le champ. Le vaisseau, muni de châteaux crénelés de poupe et de proue, n'a qu'un mât, surmonté d'une hune simple, autour duquel la voile est enroulée; le chef est chargé de trois fleurs de lys seulement, rangées sur la même ligne.

Ces armoiries doivent se blasonner : de gueules, au vaisseau vêtu d'argent, voguant sur des ondes de même; au chef cousu d'azur chargé de trois fleurs de lys rangées d'or. — Double grènetis, filet intérieur.

℞. CAR : LA : NEF : FIGVRE : LEGLISE : ✥ : ✥

Croix formée de deux tiges fleuries et feuillées passées en lacs d'amour et se terminant chacune, d'un côté, par un lis de jardin et, de l'autre, par un bouton de rose. — Double grènetis et filet intérieur.

Conf. Collection Duleau.

La collection d'Affry possède deux exemplaires en cuivre de ce jeton, dont le revers est varié : dans l'un, la légende est terminée par deux points et une quartefeuille de chaque côté; après la légende se trouve une quinte-feuille tigée et feuillée.

Les fleurs de lys placées au droit de cette pièce sont dignes de remarque : tandis que le sceau de 1426 porte un chef semé de France, le jeton, évidemment plus moderne, ne donne que trois fleurs de lys. Divers documents constatent cette différence, qui ne laisse pas que d'être assez importante : ainsi, les *Mémoires pour servir à l'histoire de France et de Bourgogne* rapportent que, lors de l'entrée à Paris du roi Henri VI d'Angleterre, le 2 décembre 1431, la porte Saint-Denis était ornée d'un écu de très-grande dimension, qui « estoit à moitié de rouge et le dessus « d'azur semé de fleurs de lys, et ou travers de l'escu avoit une nef d'argent..... » De son côté, le héraut Gilles Le Bouvier, dit Berry, dans son armorial, qui a été terminé vers 1455, charge le chef des armoiries parisiennes de trois fleurs de lys rangées seulement.

Ces armes n'étaient donc pas encore fixées d'une manière bien certaine au milieu du xve siècle; peut-être aussi ne doit-on voir là qu'une de ces erreurs de peintre qui se rencontrent si fréquemment en matière héraldique, et qui, en se renouvelant, ont amené la modification de plus d'un écu.

JETONS BANAUX.

Paris affectionnait les fleurs qui ornent le revers de ce jeton : en 1430, Mahiet Biterne avait peint la chambre attenante au Bureau, dans la Maison aux piliers, de fleurs de lys et de rosiers entremêlés et rehaussés des armes de France et de la Ville.

MM. Rouyer et Hucher attribuent cette pièce à l'extrême fin du xv° siècle. Elle est probablement un peu plus ancienne : le type, dont on connaît plusieurs variétés gothiques, semble appartenir au règne de Louis XI; il s'est maintenu pendant un temps assez long, jusque sous François Ier.

Voir *Histoire de l'Hôtel de Ville,* planche des sceaux; *Mémoires pour servir à l'histoire de France et de Bourgogne,* p. 144; *Armorial du héraut Berry,* publié par Vallet de Viriville, 1866, p. 54, 61; Sauval, t. II, p. 483; Rouyer et Hucher, *Histoire du jeton,* 1858 p. 165.

N° 5.

✾ SVR : TOVTES : CITEZ : PARIS : PRISE ✾ ✾

Armes de la Ville, comme au numéro précédent. — Double grènetis et filet.

℞. ✾ DNS : PROTECTOR : MEVS : NON : TIMEBO

Croix semblable à celle du numéro précédent. — Double grènetis, filet.

Conf. Bibliothèque nationale.

N° 6.

✾ SVR : TOVTES : CITEZ : PARIS : PRISE : ✾ ✾ ✾

Armoiries remplissant tout le champ et disposées comme aux numéros précédents. — Double grènetis, filet.

℞. ✾ : CAR : LA : NEF : FIGVRE : LEGLISE : ✾

Type pareil au précédent : toutefois, le lacs d'amour est rangé en barre au lieu d'être posé en bande. — Double grènetis, filet.

Conf. Collection d'Affry.

Le droit de ce jeton est de la fin du xv° siècle ou du commencement du xvi°, tandis que le revers est d'une époque un peu plus ancienne; cette pièce a été frappée avec deux coins qui ne devaient pas se rencontrer.

N° 7.

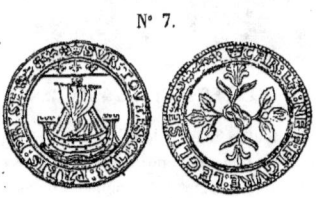

✿ SVR : TOVTES : CITEZ : PARIS : PRISE : ✿ ✿ ✿

Armes de la Ville remplissant tout le champ. — Double grènetis, filet.

℞. ✿ CAR : LA : NEF : FIGVRE : LEGLISE : ✿ ✿ ✿

Type pareil au précédent; le lacs d'amour est posé en bande. — Double grènetis, filet.

Conf. Collection d'Affry.

N° 8.

✿ SVR : TOVTES : CITEZ : PARIS : PRISE : ✿ ✿ ✿

Même type qu'au précédent.

℞. ✿ : CAR ✿ LA ✿ NEF ✿ FIGVRE ✿ LESGLIZE :

Type des précédents; mais la fleur de lis de jardin est remplacée par un lys héraldique; le lacs d'amour est en barre. — Double grènetis.

Conf. Collections de la Ville et d'Affry.

Le droit de ce jeton est du temps de Louis XII, tandis que le revers appartient à l'époque de François Ier.

N° 9.

⚜ ✤ SVR ✤ TOVTES ✤ CITEZ ✤ PARIS ✤ PRISE ✤

Armes de la Ville remplissant tout le champ; le vaisseau, encore gothique, est à deux mâts, dont l'un, celui d'artimon, est garni d'une flamme; les châteaux ne sont plus crénelés: le chef est semé de fleurs de lys. Désormais, ces armes se blasonnent : de gueules, au vaisseau vêtu d'argent voguant sur des ondes de même; au chef semé de France. — Double grènetis.

℞. - ⚜ ✤ CAR ✤ LA ✤ NEF ✤ FIGVRE ✤ LEGLISE ✤

Croix formée de quatre bouts de sceptre fleurdelysés et ornée de rinceaux mouvant d'un annelet, cantonnée de quatre fleurs de lys dont les fleurons latéraux sont bifidés. — Double grènetis.

Conf. Collection d'Affry.

Dans la collection Duleau se trouve une variété de cette pièce : des deux côtés, les mots sont séparés les uns des autres par deux annelets; en outre, au droit, la première quinte-feuille est remplacée par une croisette.

Bien que le type de la croix de revers n'apparaisse sur les monnaies qu'à partir du règne de Henri II, ce jeton semble appartenir, ainsi que le suivant, à l'époque de François Ier, car la couronne qui commence les légendes est ouverte.

N° 10.

Type et légende du précédent.

℞. ⚜ ✤ LA ✤ NEF ✤ REPRESENTE ✤ LEGLISE ✤

Même type qu'au précédent. — Double grènetis et filet.

Conf. Collections de la Ville et d'Affry.

Une variété appartenant à la collection d'Affry porte au droit : CITES.

N° 11.

✤ TVMIDIS VELIS AQVILONE SECVNDO •

Armes de Paris remplissant le champ tout entier. Le vaisseau, toujours de forme gothique, a trois mâts; celui d'artimon est garni d'une flamme. — Grènetis, filet.

℞. ✤ SACRA • PARISIORVM • ANCHORA • 1548

Croix composée de quatre ancres posées en sautoir, la trabe en dehors, et de quatre fleurs de lys. — Grènetis.

Conf. Collections de la Ville et d'Affry.

La Ville témoigne ici de la confiance qu'elle a, tant dans le Roi qui vient de monter sur le trône, que dans ses propres forces.

N° 12.

✤ • BONA • POSTERITAS • PVPPIM • SIGNAVIT • IN • ÆRE

Armes de la Ville remplissant tout le champ. — Grènetis, filet.

℞. ✤ HOSPITIS • ADVENTVM • TESTIFICATA • DEI

Croix formée de quatre bouts de sceptre fleurdelysés mouvant d'un annelet, derrière laquelle sont passées en sautoir une palme et une branche de laurier. — Grènetis.

Conf. Collections de la Ville et d'Affry.

Dans cette dernière collection se trouve une variété où la légende se termine au droit par un point, tandis qu'au revers chaque mot est suivi d'un meuble ressemblant beaucoup à une *bouterolle*, ou à un 8 ouvert par le haut.

Henri II, parvenu à la couronne le 31 mars 1547, ne fit son entrée solennelle

JETONS BANAUX.

à Paris que le 16 juin 1649; la Ville déploya, à cette occasion, une grande pompe. Le jeton semble frappé pour conserver le souvenir de cette cérémonie.

Voir D. Félibien et D. Lobineau, t. II, p. 1021, 1030, 1032.

N° 13.

Type et légende du n° 11.

℞. ✥ ✥ SACRA ✥ PARISIORVM ✥ ANCHORA 1551

Type de revers du même numéro.

Conf. Collection d'Affry.

N° 14.

✥ QVI · IMPERAVIT · VENTIS · ET · MARI · 1556

Armes de Paris remplissant le champ : le vaisseau, de forme gothique, n'a qu'un mât; son bordage, près du château de poupe, est garni de pavois ou grands boucliers. — Grènetis et filet.

℞. ✥ CHRS · VINCIT · CHRS · REGNAT · CHRS · IMPE

Croix formée de quatre bouts de sceptre fleurdelysés, mouvant d'une croisette et cantonnés de quatre ancres, la trabe en dehors. — Grènetis.

Conf. Collections de la Ville et d'Affry.

Ce jeton a été gravé par Étienne de Laulne, qui, après avoir travaillé en Allemagne, vint, vers 1553, à Paris, où il fut attaché au service de la monnaie. Cet habile artiste composait lui-même les dessins de ses coins : il avait le défaut d'être un peu maniéré.

Le vaisseau de la Ville ne redoute ni les vents ni les flots. C'est une idée de puissance que l'on verra exprimée sous bien des formes. La légende du revers est celle qui figure sur les monnaies d'or, depuis le XIII° siècle jusqu'à la révolution de 1789.

N° 15.

Mêmes type et légende qu'au précédent.

R̥. ✠ CHRS · VINCIT · CHRS · REGNAT · CHRS · IMPE ·

Variété du type qui précède : la stangue des ancres est ornée de petits appendices. — Grènetis.

Conf. Collections de la Ville et d'Affry.

N° 16.

Type et légende du n° 14.

R̥. ✠ CHRS · VINCIT · CHRS · REGNAT · CHRS · IMPE

Grand H (initiale de Henri II) accompagné de quatre ancres, la trabe en dehors, posées en croix, et de quatre fleurs de lys rangées en sautoir. — Grènetis.

Conf. Collections de la Ville et d'Affry.

C'est la première fois que le nom du Roi est rappelé sur les jetons parisiens : cet usage prendra peu à peu de l'extension; à partir de Louis XIV, la plupart des jetons banaux et même quelques jetons des Prévôts porteront au droit l'effigie royale.

N° 17.

ALMA • VRBS LVTETIA •

Vaisseau gothique voguant à droite; son mât unique est orné d'une banderole; son bordage est garni de pavois; au-dessous se trouvent, à gauche, un Fleuve; à droite, une Rivière (la Seine et la Marne), à demi couchés et appuyés sur une urne répandant leurs eaux; ils tiennent d'une main une rame et de l'autre une corne d'abondance. — A l'exergue, sous un trait : FLVMINA. — Grènetis.

℞. ✠ SACRA PARISIORVM ANCORA 1560

Croix en forme d'étoile vidée et fleurdelysée, remplie de la lettre F couronnée (initiale de François II) et cantonnée de quatre ancres, la trabe en dedans. — Grènetis.

Conf. Collections de la Ville et d'Affry.

La Seine et la Marne, ces deux cours d'eau nourriciers de Paris, sont ici représentées comme elles l'étaient sur la face principale de l'arc de triomphe élevé devant Saint-Jacques-l'Hôpital, lors de l'entrée de Henri II. Il existe, dans la Collection de la Ville, un exemplaire assez bien conservé de ce jeton, portant la date de 1559.

Voir D. Félibien et D. Lobineau, t. V, p. 369.

N° 18.

Type et légende du précédent. A l'exergue : le mot FLVMINA entre deux points.

℞. ✠ • ✠ • SACRA • PARISIORVM • ANCORA • 15..

Type du précédent : la croix est remplie de deux C enlacés et couronnés (chiffre de Charles IX). — Grènetis.

Conf. Collection d'Affry.

Cette pièce est mal conservée; le revers, à peu près effacé, ne permet de déchiffrer qu'imparfaitement la date. Les deux premiers chiffres 15.. apparaissent à peine; aussi est-ce sous toutes réserves, et seulement à cause de la conformité du revers avec celui du jeton précédent, que nous lui assignons cette place.

N° 19.

Type du numéro 17.

℞. ✠ SACRA · PARISIORVM · ANCORA · 1562

Croix composée de quatre ancres aboutées, la trabe en dedans, et cantonnée de quatre fleurs de lys rangées en sautoir; la stangue des ancres est ornée et garnie de rinceaux; en cœur est placé un C surmonté d'une couronne ouverte (initiale de Charles IX). — Grènetis.

Conf. Collections de la Ville et d'Affry.

N° 20.

ALMA LVTETIA

Vaisseau gothique, armé d'un seul mât, voguant à droite sous un chef fleurdelysé; au-dessous, un Fleuve, vu de dos et à demi couché, s'appuie sur une urne versant ses eaux et tient dans sa main gauche une corne d'abondance. À l'exergue, sous un trait : SEQVANA. — Grènetis.

℞. ✠ SACRA · PARISIORVM · ANCORA ·

Croix formée de quatre ancres aboutées, dont les organeaux sont en cœur et accompagnés de quatre fleurs de lys posées en sautoir. — Grènetis.

Conf. Collections de la Ville et d'Affry.

JETONS BANAUX.

N° 21.

ALMA VRBS LVTETIA •

Type du numéro 17. A l'exergue, sous un trait : • FLVMINA •, et sous ce mot la sigle AB. — Grènetis.

℞. ✠ CHRS • VINCIT • CHRS • REGNAT • CHRS • IMPE •

Type du revers du numéro 15. — Grènetis.

Conf. Collections de la Ville et d'Affry.

Le monogramme inscrit sur le droit de cette pièce, dont le faire semble appartenir à l'école allemande, est la marque de graveur la plus ancienne que nous ayons encore rencontrée sur les jetons français. Il se trouve sur plusieurs pièces appartenant au règne de Charles IX.

N° 22.

Mêmes type et légende qu'au précédent.

℞. PIETATE . ET • IVSTITIA

Cartouche chargé d'un écu aux armes de France, surmonté de la couronne royale et flanqué de deux colonnes couronnées; le tout soutenu de deux C enlacés et entouré de deux branches de laurier. (Devise composée pour Charles IX par le chancelier de L'Hôpital.) A l'exergue : deux palmes passées en sautoir. — Grènetis.

Conf. Collection de la Ville.

N° 23.

Type et légende des précédents.

℞. ✻ PIETATE ✻ ET ✻ IVSTITIA ✻

Écu aux armes de France, couronné et entouré du collier de l'ordre de Saint-Michel, ayant pour tenants deux femmes vêtues de robes qui leur laissent le buste découvert, le tout mouvant d'une terrasse. — Grènetis.

Conf. Collection d'Affry.

La même collection renferme une variété de ce jeton ayant pour revers le type du Grand Conseil, les armes couronnées de France, entourées du collier de l'Ordre du Roi, avec la légende : NIL NISI CONSILIO. C'est le résultat d'un rapprochement de coins étrangers l'un à l'autre, fait qui se rencontre fréquemment.

N° 24.

ALMA VRBS LVTETIA

Type varié des précédents. A l'exergue : FLVMINA. — Grènetis.

℞. PIETATE ET IVSTITIA ✻

Écu en cartouche aux armes de France, surmonté de la couronne royale et soutenu de deux C enlacés, derrière lesquels deux branches de laurier sont passées en sautoir, le tout accosté de deux colonnes et placé sous un dais duquel pendent deux trophées formés, celui de droite, des tables de la loi et d'une branche d'olivier, celui de gauche, d'une massue, d'un arc et d'un carquois. A l'exergue, sous un trait : 1567. — Grènetis.

Conf. Collection d'Affry.

Pièce de faire allemand, mais qui semble appartenir à la série française. Il est très-probable que des artistes allemands, venus à la suite d'Étienne de Laulne, ont travaillé à Paris.

N° 25.

✠ NAVEM · IACTANTIBVS · VNDIS ·

Armes de la Ville remplissant tout le champ; le vaisseau est contourné : il a trois mâts; bien qu'il ne soit plus de forme gothique, il a encore ses châteaux de poupe et de proue; on voit une ancre attachée à son avant. A l'exergue, sous un trait : 1572. — Grènetis.

℞. ✠ DENTE · TENACI · ANCHORA · FVNDAVIT

Croix composée de quatre ancres appontées, la trabe en dehors et cantonnée de quatre fleurs de lys posées en sautoir. — Grènetis.

Conf. Collection d'Affry.

La légende, qui se continue sur les deux côtés de la pièce, exprime, comme celle du jeton de 1556, la foi que la Ville a en elle-même : sa nef est assez solidement ancrée pour résister à tous les efforts des flots.

N° 26.

Même légende qu'au précédent. Comme on le voit, le vaisseau offre une variante sensible. A l'exergue, sous un trait : 1573. — Grènetis.
Revers semblable en tout au précédent.

Conf. Collection d'Affry.

N° 27.

Même légende. Variété de coin. A l'exergue, sous un trait : 1574. — Grènetis.

℞. ✠ DENTE • TENACI • ANCHORA • FVNDAVIT •

Type des précédents. — Grènetis.

Conf. Collections de la Ville et d'Affry.

———⋄⋄⋄———

N° 28.

✠ NAVEM • IACTANTIBVS • VNDIS

Type des précédents, mais varié de coin; l'ancre, que l'on voyait à l'avant du vaisseau, a disparu. A l'exergue, sous un trait : 1576. — Grènetis.

℞. ✠ DENTE • TENACI • ANCHORA • FVNDAVIT

Même type. — Grènetis.

Conf. Collection d'Affry.

———⋄⋄⋄———

N° 29.

✠ NAVEM • IACTANTIBVS • VNDIS

Type varié des précédents. A l'exergue, sous un trait : 1577. — Grènetis.

℞. ✠ DENTE • TENACI • ANCHOR • FVNDAVIT

Type semblable aux précédents. — Grènetis.

Conf. Bibliothèque nationale; Collection de la Ville.

———⋄⋄⋄———

N° 30.

✠ NAVEM • IACTANTIBVS • VNDIS

Type varié de coin des précédents. A l'exergue, sous un trait : 1579. — Grènetis.

℞. ✠ DENTE • TENACI • ANCHOR • FVNDAVIT

Type semblable aux jetons qui précèdent. — Grènetis.

Conf. Collection d'Affry.

N° 31.

✠ NAVEM • IACTANTIBVS . VNDIS

Le champ est rempli par les armes de la Ville; le vaisseau, qui vogue à droite, est de forme antique; il est armé d'éperons à son avant et il est garni de pavois; son seul mât est surmonté d'une hune crénelée, à laquelle est attachée une flamme à double queue, chargée de trois fleurs de lys. A l'exergue, sous un trait, se trouvent deux branches de laurier passées en sautoir et réunies par un nœud. — Grènetis, filet.

℞. PRVDENTIA SVSTINET VRBES

Minerve debout, la tête casquée, vêtue d'une longue robe qui ne la couvre qu'à partir de la ceinture et d'un manteau passant sur l'épaule gauche; de la main droite elle tient une hallebarde enlacée d'une branche de laurier, et de la gauche la représentation d'une ville, au-dessous de laquelle se trouvent le mot grec ΠΟΛΙΟΥΧΟΣ, inscrit en dedans de la légende latine, avec laquelle il est concentrique. A l'exergue, sous un trait : 1580. — Grènetis.

Conf. Collections de la Ville et d'Affry.

Il existe une variété de cette pièce, sur laquelle, au revers, les mots des légendes sont séparés par un point.

Ἀθήνη πολιοῦχος (Minerve protectrice de la ville). La légende du revers fait peut-être allusion à l'ordonnance de Blois, rendue en 1579.

N° 32.

✠ H.ÆC ·⋅CAPIT · VNITOS · NAVIS · PELLITQ · REBELLES

Écu aux armes de Paris, renfermé dans une couronne formée de deux branches de laurier. Le vaisseau est contourné. — Grènetis.

℞. VNVS · DEVS · VNVS · REX · VNA · FIDES · VNA · LEX

Femme ailée, soutenant de la main droite une couronne à l'antique, et de la gauche une lyre, assise sur des nuages et environnée d'étoiles : au-dessus se trouve un œil rayonnant, au-dessous le mot VNIO. — A l'exergue, sous un trait : 1581. — Grènetis.

Conf. Collections de la Ville et d'Affry.

Voilà des déclarations de fidélité que les faits ne tarderont pas à démentir.

N° 33.

✠ FLVCTVAT · AT · NVNQVAM · MERGITVR

Vaisseau voguant à droite; battu par les quatre vents du ciel, il est soutenu par une main sortant des nuages. — Grènetis.

℞. ✠ OPPRESSA · SVRGO

Palmier avec des rejetons. À l'exergue : 1581. — Grènetis.

R. Bibliothèque nationale.

1580. Des maladies épidémiques avaient décimé la Ville pendant l'été; mais l'automne fut magnifique, et d'ailleurs la population se consolait de toutes ses misères, en voyant le succès des armes du Roi contre les religionnaires. (Voir D. Félibien, t. II, p. 1142.)

JETONS BANAUX.

N° 34.

Mêmes type et légende qu'au numéro précédent.

℞. ✠ RERVM · PRVDENTIA · CVSTOS

Tête de Méduse. — Grènetis.

Æ. Bibliothèque nationale.

———>◊<———

N° 35.

✠ NAVEM · JACTANTIBVS · VNDIS ·

Type du n° 31.

℞. ARGENTEA · PALLADIS · ÆTAS ·

Minerve plongée dans les eaux jusqu'à mi-corps; elle tient de la main droite une hallebarde entourée de lauriers; elle a un bouclier au bras gauche; au-dessus d'elle est un nuage d'où s'échappe une pluie d'argent. A l'exergue : 1583. — Grènetis.

Æ. Bibliothèque nationale.

———>◊<———

N° 36.

Mêmes type et légende qu'au n° 32.

℞. ✠ FIDE · ERGA · REGEM

Char traîné par deux licornes revêtues de housses; dans ce char est la représentation de la

3.

Ville, derrière laquelle est assise, sur un siége élevé, une femme demi-nue, tenant dans la main droite une couronne et dans la main gauche une palme. — A l'exergue : 1583. — Grènetis.

<blockquote>Conf. Collections de la Ville et d'Affry.</blockquote>

La Ville veut témoigner sa fidélité au Roi, au milieu des passions furieuses qui se déchaînaient contre ce prince.

N° 37.

Mêmes types et légende qu'au n° 32.

℞. REMIGIO · FLVCTVS · SVPERANS

Armes de la Ville remplissant le champ entier : le vaisseau, qui est contourné, est muni de trois mâts ; il a une dunette fort élevée et un grand éperon. A l'exergue, sous un trait : LVTETIA. — Grènetis.

<blockquote>Conf. Collection d'Affry.</blockquote>

N° 38.

Droit semblable au revers du jeton qui précède.

℞. ET · FLOREBIT · QVASI · LILIVM

Femme assise, soutenant par la trabe une ancre posée sur un cube, dont la stangue est enlacée de deux branches de lis fleuries ; elle lève les yeux vers un soleil rayonnant au-dessus d'elle. A l'exergue : 1585 — Grènetis.

<blockquote>Conf. Collections de la Ville et d'Affry.</blockquote>

La légende du revers n'est autre chose qu'une prière, insérée dans quelques rituels, pour obtenir que Dieu donnât un fils à Henri III (1584).

N° 39.

· FLVCTVAT · NEC · MERGITVR ·

Armes de la Ville remplissant tout le champ : le vaisseau vogue à gauche. A l'exergue, sous un trait : LVTETIA. — Grènetis.

Même revers qu'au précédent, avec cette différence que la légende commence et finit par un point. — Grènetis.

Conf. Collections de la Ville et d'Affry.

Il existe de ce revers différentes variétés sans importance.

Cette devise, qui, depuis 1853, a été adoptée par la Ville, a été l'objet de diverses notes insérées dans une revue périodique, et ayant pour but d'en rechercher la date et l'origine.

A cette occasion, M. l'abbé V. Dufour a rappelé que, selon M. Petit de Julleville, les mots *Fluctuat nec mergitur* auraient accompagné l'écu municipal depuis le xvi° siècle. Cette assertion n'est pas neuve; déjà, en 1757, le président Durey de Noinville, dans son travail sur les fleurs de lys, attribue cette devise à Paris. Mais l'attribution n'est pas exacte : on ne connaît, du moins, aucun document qui la justifie. Si, à l'Hôtel de Ville, dans le tympan intérieur de la porte principale, on voyait, au-dessus d'une inscription datée de 1608, l'écu parisien accompagné de la devise qui nous occupe, il ne faut point perdre de vue que cet ornement était tout moderne et postérieur à 1853.

D'un autre côté, M. Le Roux de Lincy a fait remarquer que l'on ne rencontre rien de semblable ni sur les sceaux, ni dans les descriptions officielles des armes parisiennes, observation qui n'a pas échappé non plus à M. Ch. Read. Il a exprimé dès lors l'opinion que la devise en question est particulière à l'un des Prévôts des Marchands qui ont exercé pendant le xvi° siècle; il a ajouté qu'une solution définitive serait, suivant toute probabilité, fournie par les jetons.

Les conjectures de M. Le Roux de Lincy se sont confirmées.

La Ville de Paris, comme l'établit surabondamment le présent travail, n'avait pas autrefois de devise fixe, pouvant figurer ainsi dans ses sceaux et dans son blason; mais, sur les jetons qu'elle faisait frapper, elle accompagnait ses armoiries d'une légende essentiellement variable, se rapportant d'ordinaire aux événements contemporains; toutefois cette idée, que la Cité était assez forte pour résister à tous les orages qui pouvaient fondre sur elle, a été exprimée à plusieurs époques et sous des formes diverses.

La formule *Fluctuat nec mergitur*, qui apparaît, pour la première fois, sur le jeton banal de 1585, semble avoir été fort goûtée des Parisiens; elle a été adoptée par plusieurs magistrats municipaux; vingt ans après, elle est rappelée par l'auteur de stances présentées, le 1er janvier 1605, à François Miron, sur son élection à la Prévôté des Marchands. Cet auteur, s'adressant à la Ville, s'exprime ainsi :

> Vostre belle devise est ores à son poinct;
> Tousjours, sans submerger, vostre navire flotte;
> Vous naviguez au port..........

Jacques de Bie a publié le jeton banal ci-dessus décrit, n° 33, qui présente une variante de notre devise. Il l'explique de la manière suivante :

La devise est empruntée de ce qui fut escrit en la chaleur des grands différens d'entre Frédéric II et le Pape (Grégoire IX ou Innocent IV), qui soustenoit avec raison que la nacelle de l'Église pourroit bien estre agitée, mais non pas mise à fonds.

Il est difficile d'établir la parfaite authenticité des paroles attribuées au Souverain Pontife; toutefois on peut considérer comme résolues les questions auxquelles a donné lieu la devise : *fluctuat nec mergitur*.

Voir : l'*Intermédiaire des chercheurs et des curieux*, année 1866, p. 136, 190, 341 ; *Annales archéologiques*, t. I, p. 251 ; *Dictionnaire généalogique*, 1757, t. III, p. cxxvii ; J. de Bie, *Les familles de France illustrées par les médailles*, 1634, p. 220. On peut aussi consulter l'ouvrage intitulé : *Les Armoiries de la Ville de Paris*, t. I, p. 189 à 192.

N° 40.

Type et légende du n° 37.

℞. ✿ SERVATI ✿ GRATIA ✿ CIVIS ✿

Couronne formée de deux branches de chêne réunies par un nœud, dont chaque bout est terminé par une houppe; dans la couronne est placée la date : ✿ 1588 ✿ ; au-dessous, entre les deux bouts du nœud, se trouve une quinte-feuille. — Grènetis.

Conf. Collections de la Ville et d'Affry.

La légende du revers fait allusion aux victoires de Vimori et d'Aulneau, remportées par les troupes royales en 1587.

Il existe, dans la collection d'Affry, un jeton qui offre, au droit, le Roi à cheval, portant une lance à pennon fleurdelysé, et suivi des six pairs laïques à cheval. A l'exergue, on lit : E · PARE · VI · PAX ·

℞ SERVATI · GRATIA · CIVITAS ·

Couronne de chêne, au centre de laquelle se lit la date : 1588. Au-dessous, une quarte-feuille.

Ici vient se placer un jeton que renferme la collection Duleau, et qui peut être attribué à la Ville de Paris.

HIC · VERTEX · NOBIS · SEMPER · SVBLIMIS ·

Vaisseau voguant à droite; au-dessus, un soleil dont les rayons entourent l'écu de France. A l'exergue : 1603. — Grènetis.

℞. SEV · PACEM · SEV · BELLA · GERAS ·

Le Roi debout au milieu d'une plaine. Il porte la couronne et est revêtu du manteau fleurdelysé; d'une main il tient un glaive, et de l'autre une branche d'olivier. A l'exergue : 1603. — Grènetis.

Æ. Collection Duleau.

Autre avec la date de 1604. Voir plus loin, sous le n° 102, le jeton de Martin de Bragelongne.

N° 41.

HENRICVS · IIII · FRANCORVM · ET · NAVA · REX ·

Écus accolés de France et de Navarre, surmontés de la couronne royale et entourés des colliers des ordres de Saint-Michel et du Saint-Esprit : entre les pointes des deux écus sont placées deux H enlacées, couronnées et flanquées de deux branches de laurier. — Grènetis.

℞. LVTETIA · PARISIORVM

Écu orné, aux armes de la Ville, renfermé dans une couronne de laurier : le vaisseau, à un seul mât, affecte la forme gothique. A l'exergue, sous un trait : · 16№08 · — Grènetis.

Conf. Collections de la Ville et d'Affry.

Le monogramme qui coupe la date est la marque de Nicolas Briot, le célèbre graveur.

N° 42.

PERRVMPE • PROCELLAS • 1608 •

Écu aux armes de Paris (vaisseau contourné), renfermé dans une couronne de laurier. — Grènetis.

℞. IMPERIIS • SECVRA • MEIS •

Le Roi debout, revêtu des ornements de sa dignité. A l'exergue : 1608. — Grènetis.

Conf. Collection d'Affry.

C'est le Roi qui parle; il engage la Ville à braver tous les orages, assurée qu'elle est de sa protection.

On connaît dans la collection Duleau, récemment acquise par la Ville de Paris, un jeton représentant le buste de Henri IV, tourné à gauche et entouré de la légende : HENRICVS • D • G • IIII • FRANCORAM (sic) ET • NAV •

Revers : Vue de la Ville, au-dessus de laquelle le nom de PARIS est inscrit dans un cartel. A l'exergue : WOLF LAVFER RECHPFEN (fabrique de Nürnberg).

N° 43.

MATRE • DEA • MONSTRANTE • VIAM • 1611 •

Écu aux armes de la Ville, dans une couronne de laurier : le vaisseau vogue à gauche. — Grènetis.

℞. ✿ TE • SVRGENTE • RESVRGO ✿

Soleil levant, dardant ses rayons sur un pied de lis. A l'exergue, sous un trait : • 1611 • — Grènetis, filet.

Conf. Collections de la Ville et d'Affry.

JETONS BANAUX.

Louis XIII était monté sur le trône le 14 mai 1610; sa mère, Marie de Médicis, avait été immédiatement déclarée régente.

La collection Duleau renferme un jeton représentant le buste de Louis XIII, tourné de trois quarts à droite et entouré de la légende : LVDO : XIII : D : G : F : E : N : R •

Revers : Vue de la Ville, au-dessus de laquelle le nom de PARIS est inscrit dans un cartel. A l'exergue : MATEVS • LAVFER • IN • NVRNB • (fabrique de Nürnberg).

N° 44.

✠ LVDOVICVS • XIII • PIVS • IVSTVS • FELIX • VICTOR • AVGVSTVS

Tête, à droite, du Roi, couronné par la Victoire. — Grènetis.

℞. ✠ VRBIS • ET • FELICITATIS • PVBLICAE • AMPLIATIONI • D

La Félicité publique couronnée, tenant sous le bras droit une corne d'abondance renversée, et dans sa main gauche une branche de laurier et une palme; elle sort à mi-corps d'un ouvrage flanqué de deux bastions, devant lequel est une rivière traversée par un pont : la figure est accompagnée des mots : FEL • PVB. A l'exergue : LVTETIA. — Grènetis, filet.

Æ. Bibliothèque nationale.

Le Roi quitte Fontainebleau, le 29 avril 1621, pour combattre les Réformés; à son arrivée, les villes de la Touraine et du Poitou s'étaient déjà soumises. Saint-Jean-d'Angély fait mine de résister; mais elle est contrainte de capituler le 25 juin, après vingt-deux jours de résistance. Clairac se rend le 5 août, après douze jours de siége. Monheur en fait autant le 11 décembre. Quoique la rébellion n'eût pas été détruite, elle avait été repoussée vers les limites de la France; l'étendue du pays où l'autorité du Roi était reconnue justifiait bien le triomphe que Paris lui décerna le 28 janvier 1622. C'est à cette occasion que semble avoir été frappé le jeton qui précède.

Voir Bazin, *Histoire de France sous Louis XIII*, 1838, in-8°.

N° 45.

· · NIL NISI · CONSILIO ·

Écu couronné, aux armes de France, entouré des colliers des ordres de Saint-Michel et du Saint-Esprit. — Grènetis.

℞. HÆC · REQVIES · MEA · HIC · HABITO ·

Vue de Paris. Les tours de Notre-Dame sont surmontées d'une couronne royale. A l'exergue, sous un trait : 1650. — Grènetis, filet.

Æ. Conf. Collection d'Affry.

Ce jeton est essentiellement royal; mais il rentre d'une manière si complète dans l'histoire parisienne, qu'on ne peut l'omettre ici.

1649. Le Roi qui, par suite des premiers mouvements de la Fronde, était sorti de Paris le 6 janvier, et s'était retiré à Saint-Germain, rentra dans la Ville le 18 août suivant; le 5 septembre, il assista à la fête par laquelle le Conseil municipal célébrait l'anniversaire de sa naissance.

Voir Bazin, t. III, p. 462; t. IV, p. 68.

N° 46.

LVD · XIIII · D · G · FR · ET · NAVA · REX

Buste, à droite, du Roi, revêtu d'un manteau par-dessus son armure. — Grènetis.

℞. VRBS · ANTIQVA · RESVRGIT · ·

Fleuve assis au milieu de roseaux, le bras droit appuyé sur son urne; dans le fond, à droite, se trouve une vue assez imparfaite de la Ville de Paris; on remarque le Pont-Neuf et Notre-Dame. A l'exergue, sous un trait : 1653.

Conf. Collection d'Affry.

1652. Le 21 octobre, le Roi était rentré dans Paris qu'il avait quitté le 27 septembre de l'année précédente, par suite de la guerre civile que le prince de Condé avait rallumée. La Ville avait eu beaucoup à souffrir de cette guerre, qui, pendant les derniers temps, se faisait aux portes mêmes de Paris.

Voir Bazin, t. IV, p. 204, 208, 284.

N° 47.

LVDOVICVS · XIIII · D · G · FR · ET · NAV · REX ·

Le Roi à cheval, marchant vers la gauche. A l'exergue se trouve un fleuron. — Grènetis. Même revers qu'au précédent.

Conf. Collection d'Affry.

N° 48.

Il existe, dans la collection Duleau, un jeton sur lequel on lit, d'un côté ces mots : ESTRENNE DE LANNEE 1653, en cinq lignes, dans une couronne de lis naturels, et présentant au revers le type des n°s 46 et 47.

N° 49.

LVD • XIIII • D • G • FR • ET • NAV • REX

Buste, à droite, du Roi, revêtu d'une cuirasse et d'un manteau. — Grènetis.

℞. ERIGET • ILLE • CADENTEM •

Homme debout, vêtu à l'antique, relevant une femme qui s'est laissée tomber à terre et qui tient dans ses bras une corne d'abondance et une gerbe de blé : dans le fond, à droite, on voit une porte de ville. A l'exergue : 1653. — Grènetis.

Conf. Collection d'Affry.

N° 50.

Face semblable au revers du numéro qui précède.

℞. • NVLLÆ • CÆLESTIBVS • IRÆ •

Aigle empiétant un caducée et tenant dans son bec une branche d'olivier. A l'exergue : 1653. — Grènetis.

Conf. Collection d'Affry.

Les jetons n°s 48 et 49 font allusion à la cessation des troubles, aux victoires de Turenne, au départ des princes factieux; et la légende, *Nullæ cœlestibus iræ*, rappelle l'amnistie générale que le Roi fit publier le 21 octobre 1652.

JETONS BANAUX.

N° 51.

LVDOVICVS · XIIII · FR · ET · NAV · REX ·

Buste, à droite, du Roi, couvert d'une cuirasse et d'un manteau, la tête laurée. — Grènetis.

℞. VRBEM · FACIT · IPSE · SERENAM ·

Vue de la Ville de Paris, au-dessus de laquelle rayonne le soleil. Cette vue n'est pas très-exacte, on reconnaît cependant les quais de l'École et de la Mégisserie, le Pont-Neuf, où la Samaritaine n'est pas figurée; la statue de Henri IV; le Pont au Change avec ses maisons; les quais de l'Horloge et des Orfévres; l'église Notre-Dame, etc. A l'exergue, sous un trait : 1656. — Grènetis.

Conf. Collection d'Affry.

1655. Dans le commencement de septembre, le Roi, revenant de son armée de Flandre, séjourne quelque temps à Paris.

Voir Bazin, *Hist. de France sous Louis XIII et sous le minist. du card. Mazarin*, 1846, t. IV, p. 350.

On trouve le type de Paris, ci-dessus figuré, au revers d'une effigie de la Reine mère, avec la légende suivante :

ANNA · D · GRATIA · FR ·

Conf. Collection d'Affry.

N° 52.

LVD · XIIII · ET · MAR · THER · D · G · FRA · ET · NAV · REX · ET · REG ·

Bustes affrontés du Roi, vêtu à l'antique, la tête laurée, et de la Reine, portant une couronne à l'antique. — Grènetis.

Revers. Écu aux armes contournées de la Ville, renfermé dans une couronne formée d'une palme et d'une branche de laurier. — Grènetis.

Mêmes bustes affrontés.

FELICITAS • PUBLICA •

Deux mains jointes; à l'exergue : 1660.

Conf. Collections Duleau et d'Affry.

1660. Le 26 août, le Roi fait son entrée à Paris avec la Reine, Marie-Thérèse d'Autriche-Espagne, qu'il avait épousée en personne, à Saint-Jean-de-Luz, le 9 du mois de juin précédent.

Voir Bazin, t. IV, p. 449, 453.

N° 53.

LVD • XIIII • D • G • FR • ET • NAV • REX

Buste du Roi armé, à droite, portant sur sa cuirasse le cordon de l'ordre du Saint-Esprit. — Grènetis.

℞. • HIS • OCVLIS • LVSTRATA • REFVLGET •

Vue de Paris prise en aval du Pont-Neuf. A l'exergue, sous un trait : 1673. — Grènetis, filet.

Conf. Collection d'Affry.

1672. Le Roi vient à Paris à son retour de la campagne de Hollande.

Voir *Histoire de Louis XIV*, p. 245.

N° 54.

• LOVIS • LE • GRAND • ROY • DE • FRANCE •

Tête laurée du Roi, tournée à droite. — Grènetis.

JETONS BANAUX.

℞. VIVIMVS ASPECTV

Vue de la Ville de Paris, sur laquelle le soleil darde ses rayons. Cette vue, comme toutes celles qui figurent sur les jetons municipaux, est prise à la hauteur de la rue des Saints-Pères; elle a le mérite d'être fort jolie et fort exacte. — Grènetis.

Conf. Collection d'Affry.

Le jeton de la prévôté de M. de Pomereu, pour l'année 1682, porte le même revers.

N° 55.

LVDOVICVS • MAGNVS • REX •

Tête laurée du Roi, à droite. Au-dessous : N. — Grènetis.

℞. FERACIOR • OMNIBVS • ARVIS •

Vaisseau voguant à droite. A l'exergue : LA • VILLE • DE • PARIS • 1694 • — Grènetis.

Conf. Collections de la Ville et d'Affry.

Les mêmes collections renferment une variété de tête signée R (Roettiers).

La légende du revers fait sans doute allusion aux mesures prises pour remédier à la disette, en 1693.

Voir D. Félibien, t. II, p. 1519.

N° 56.

Mêmes tête et légende qu'au numéro précédent.

℞. PRÆSENTIA • NVMINA . SENSIT •

La Ville de Paris, tenant de la main droite un plateau chargé de fruits, et de la main gauche une palme, est assise sur un tertre contre lequel est appuyé un écu ovale à ses armes (le vaisseau est contourné; le chef porte trois fleurs de lys rangées). Dans le fond, à droite, se trouve une vue de la Ville; au-dessus, des rayons de lumière s'échappent du ciel. A l'exergue : LA · VILLE · DE · PARIS · 1695 · R. — Grènetis, filet.

<small>Conf. Collections de la Ville et d'Affry.</small>

Le même coin de revers a été employé pour la deuxième prévôté de M. Bases, en 1695.

La disette ayant continué en 1694, le Roi ordonne d'abondantes distributions de riz.

<small>Voir D. Félibien, t. II, p. 1520.</small>

Le revers de ce jeton est l'œuvre du graveur Joseph Roettiers, qui fut reçu membre de l'Académie de peinture et de sculpture le 30 janvier 1683, et qui mourut le 11 septembre 1707, à 68 ans. Cet habile artiste, originaire d'Anvers, s'était établi d'abord en Angleterre : il fut attiré en France pour travailler à l'histoire métallique de Louis XIV. La famille Roettiers a donné plusieurs graveurs de mérite.

N° 57.

TVETVR ET ORNAT

Statue équestre de Louis XIV, tournée à droite et posée sur un piédestal : le Roi, vêtu à l'antique, est vu de profil et tient le bras droit étendu; sous le pied montoir postérieur du cheval, sont placés une épée et un bouclier. A l'exergue : T · B · F. — Grènetis.

℞. LA VILLE · DE · PARIS ·

Vue de Paris; elle est limitée, à l'exergue, par un double filet dont les extrémités sont horizontales et dont le centre est courbé en quart de cercle. — Grènetis.

<small>Conf. Collections de la Ville et d'Affry.</small>

Une variété de revers, qui se trouve dans cette dernière suite, porte, à l'exergue, sous deux filets horizontaux, une guirlande de fleurs attachée à trois patères.

JETONS BANAUX.

La statue de Louis XIV, ouvrage de Girardon, fut inaugurée place Louis-le-Grand (aujourd'hui place Vendôme), le 13 août 1699.

Thomas Bernard, qui a gravé le droit de cette pièce, a été reçu à l'Académie de peinture et de sculpture le 17 mars 1700, et il est mort en 1713. Il signait généralement ses œuvres d'un monogramme formé des initiales de ses nom et prénom. On a de lui de bons ouvrages.

N° 58.

LVDOVICVS · MAGNVS · REX ·

Tête laurée du Roi à droite. Au-dessous : R. — Grènetis.

℞. AMICA · FVLGENT · SYDERA ·

Vaisseau voguant à droite sur une mer houleuse et poussé par un vent violent : près de l'extrémité de son mât, brillent les feux Saint-Elme. A l'exergue : LA VILLE·DE·PARIS 1701 R. — Grènetis, filet.

Conf. Collection d'Affry.

Ce revers a également servi pour un jeton de la première prévôté de M. Charles Boucher d'Orsay. (Voir plus loin, n° 255.)

Les coins de ce jeton sont dus au burin de Joseph Roettiers.

N° 59.

LVDOVICVS MAGNVS REX ·

Tête du Roi à droite. Au-dessous : I · M · F · — Grènetis.

℞. SECVRI • HOC • SOSPITE • CIVES

Abeilles voltigeant autour de leur reine. A l'exergue : LA • VILLE • DE • PARIS • 1702 • — Grènetis, filet.

Conf. Collection d'Affry.

Une variété, conservée dans la même collection, porte le même droit que le numéro qui précède.

La légende du revers fait allusion à la prospérité dont jouissent les citoyens sous un gouvernement stable. Ce revers a également servi pour un jeton de la première prévôté de M. Charles Boucher d'Orsay.

La tête du Roi, occupant le droit de cette pièce, a été gravée par Jean Mauger, né à Dieppe et mort à Paris, le 9 septembre 1722. Il était du nombre des artistes logés au Louvre; il a travaillé à l'histoire métallique de Louis XIV.

N° 60.

LVDOVICVS MAGNVS REX •

Buste du Roi à droite. Au-dessous : TB liés. — Grènetis.

℞. DESIDERIIS • ICTA • FIDELIBVS •

Aigle, accompagnée de trois aiglons, volant vers le soleil. A l'exergue : LA • VILLE • DE • PARIS • 1704 • — Grènetis, filet.

Æ. Conf. Collection d'Affry.

Le soleil est l'emblème du Roi. L'aigle représente Louis, dauphin. Les aiglons sont les trois fils de ce dernier : Louis, duc de Bourgogne; Philippe, titré d'abord duc d'Anjou, roi d'Espagne depuis 1700, et Charles, duc de Berry. La Ville, dans sa fidélité, souhaite que les membres de la Maison royale soient tous les dignes descendants du grand Roi. Ce revers a également servi pour un jeton de la deuxième prévôté de M. Charles Boucher d'Orsay.

C'est Thomas Bernard qui a gravé la tête du Roi.

JETONS BANAUX.

N° 61.

LVDOVICVS MAGNVS REX·

Tête du Roi à droite. Au-dessous : TB liés. — Grènetis.

℞ INTER FIDISSIMA CUNCTAS·

Tourterelle posée sur le sol, au milieu d'une forêt. A l'exergue : LA VILLE DE PARIS 1706· — Grènetis, filet.

Ce revers a également servi pour un jeton de la troisième prévôté de M. Charles Boucher d'Orsay.

Æ. Conf. Collection d'Affry.

———

N° 62.

Même droit qu'au numéro 58:

℞. NOVUM EMICAT ORSA LABOREM

L'Aurore debout dans un char traîné par deux chevaux et allant vers la gauche; d'une main elle élève un flambeau allumé; de l'autre elle répand des fleurs; au-dessous, on voit le cours d'une rivière avec la naissance d'un pont et un quai en construction; dans le fond se trouvent divers bâtiments. A l'exergue : LA VILLE DE PARIS 1708· — Grènetis, filet.

Æ. Conf. Collection d'Affry.

La construction du quai d'Orsay est ordonnée par deux arrêts du Conseil des 18 octobre 1704 et 23 août 1707; les travaux sont commencés le 12 octobre de cette dernière année; la première pierre est posée en cérémonie le 3 juillet 1708. Ce revers a également servi pour un jeton de la quatrième prévôté de M. Charles Boucher d'Orsay.

Voir Brice, t. III, p. 294; Jaillot, *Rech. crit., hist. et topogr. sur la Ville de Paris*, t. V, *Quartier Saint-Germain-des-Prés*, p. 76.

N° 63.

LVDOVICVS • MAGNVS REX •

Statue équestre du Roi, tournée à droite et posée sur un piédestal; le Roi, vêtu à l'antique, est vu de face; il tient dans la main droite son bâton de commandement qu'il appuie sur sa cuisse. — Grènetis.

Revers. Vue de Paris, comme au n° 57.

Conf. Collection d'Affry.

———>○<———

N° 64.

LVDOVICVS MAGNVS REX •

Tête du Roi à droite. Au-dessous : H • R • F • — Grènetis.

℞. LA • VILLE • DE • PARIS

Vue de la Ville : à l'exergue, sous un trait horizontal, est placée une guirlande de fleurs attachée à trois patères. — Grènetis.

Conf. Collection d'Affry.

Dans la même collection se trouve un exemplaire d'argent de ce jeton, qui porte au droit la tête et la légende du numéro 58.

La signature qui se trouve sous la tête du Roi est celle de Hiérome Roussel, qui a laissé de nombreuses œuvres : admis à l'Académie de peinture et de sculpture le 28 mars 1709, il est mort le 22 décembre 1713, à cinquante ans. On rencontre quelques jetons de lui, signés en toutes lettres.

———>○<———

N° 65.

LOUIS QUINZE ROY DE FRANCE

Buste du Roi armé, à droite, la tête laurée et vêtu d'un manteau par-dessus sa cuirasse. — Grènetis.

℞. LHOSTEL · DE · VILLE · DE · PARIS ·

Vue de l'édifice. — Grènetis.

Æ. Collection d'Affry.

N° 66.

LVD · XV · D · G · FR · ET · NAV · REX ·

Buste du Roi lauré, à droite; il est revêtu d'une cuirasse recouverte d'un manteau. Au-dessous : I · B · — Grènetis.
Revers. Légende et type du n° 57.

Æ. Conf. Collection d'Affry.

Jean le Blanc, graveur de la tête royale ci-dessus, fut reçu membre de l'Académie de peinture et de sculpture le 30 avril 1718; il mourut, âgé de 74 ans, le 22 décembre 1749. Il signait assez souvent ses jetons de son nom entier.

N° 67.

LVD · XV · D · G · FR · ET · NAV · REX ·

Buste du Roi à droite, couvert d'un manteau et la tête laurée. Au-dessous, les lettres DR enlacées. — Grènetis.
Revers. Légende et type comme au précédent.

Conf. Collections de la Ville et d'Affry.

N° 68:

LVD • XV • DG • FR • ET • NAV • REG • ✸

Tête à gauche, ceinte de la couronne royale. — Grènetis.

℞. LA VILLE • DE • PARIS •

Conf. Collection d'Affry.

Une variété de la même suite porte, au-dessous de la tête, la date 1718.

Ce jeton est, comme la variété suivante, d'un faire allemand : l'effigie du Roi est imitée du louis d'or de 1717.

———⋄✧⋄———

N° 69.

LVD • XV • REX • CHRISTIANSS •

Buste du Roi à droite, cuirassé et vêtu d'un manteau de fourrure, le cordon bleu sur la cuirasse. — Grènetis.
Revers. Comme au n° 57.

Æ. Collection d'Affry.

———⋄✧⋄———

70.

LVD • XV • REX • CHRISTIANISS •

Tête laurée à droite. Au-dessous : R. *filius*. — Grènetis.
Revers. Type et légende des précédents.

    Conf. Collection d'Affry.

La tête du Roi est de Jacques Roettiers, reçu à l'Académie le 2 octobre 1773, et mort le 17 mai 1784, à l'âge de 77 ans.

N° 71.

LVD • XVI • REX CHRISTIANISS •.

Tête à droite, les cheveux noués. — Grènetis.
Revers. Le même qu'aux précédents.

    Æ. Collection d'Affry.

N° 72.

LVDOV • XVI • REX CHRISTIANISS

Buste du Roi à gauche, vêtu à l'antique, la chevelure libre. Au-dessous : DUV • — Grènetis et filet extérieur.
Revers. Comme ceux qui précèdent.

    Æ. Collection d'Affry.

La gravure de la tête royale est due à Pierre-Simon-Benjamin Duvivier, reçu à l'Académie de peinture et de sculpture le 28 décembre 1776, puis à l'Académie des beaux-arts en 1806. Cet artiste, d'un grand mérite, mourut le 11 juillet 1816.

N° 73.

LVD · XVI · REX CHRISTIANISS ·

Tête du Roi à droite, les cheveux dénoués. — Grènetis.
Revers. Mêmes type et légende.

Conf. Collection d'Affry.

N° 74.

LVDOV · XVI · REX CHRISTIANIS

Buste du Roi à droite, en habit de ville et portant le cordon de l'ordre du Saint-Esprit. — Grènetis.
Revers. Le même qu'aux précédents.

Conf. Collection de la Ville; Æ. Conf. Collection d'Affry.

Dans cette dernière suite se trouve un exemplaire de cuivre, incus, ne portant que le type de revers.

N° 75.

LVD · XVI · FRANC · ET NAVARR · REX

Buste du Roi à droite, en habit de ville, sur lequel il porte le cordon de son ordre. Au-dessous : DV VIV · — Grènetis.
Revers. Type et légende du n° 65.

Conf. Collection Duleau.

La tête a été gravée par P.-S.-B. Duvivier.

SECONDE PARTIE.

JETONS ET MÉDAILLES DES PRÉVÔTS ET ÉCHEVINS.

N° 76.

✠ I · LE · CONTE · ESCHEVIN · ET · BOVRGOYS · DE · PARIS

Écu armorié en cartouche, flanqué de la date 1580. Écartelé : au 1ᵉʳ et au 4ᵉ, d'argent à la bande d'azur accompagnée de six roses de gueules rangées en orle; au 2ᵉ et au 3ᵉ, d'or à trois fasces d'azur, au bâton écoté de gueules posé en bande et brochant sur le tout. — Grènetis.

℞. ✠ NAVEM · IACTANTIBVS · VNDIS ·

Armes de Paris occupant le champ entier, le vaisseau voguant à droite. A l'exergue, sous un trait : · 1572 · — Grènetis.

Conf. Collection d'Affry.

N° 77.

A la Bibliothèque nationale se trouve un jeton semblable, avec le revers suivant :

℞. ✠ HÆC · CAPIT · VNITOS · NAVIS · PELLITQ · REBELLES ·

Écu aux armes de Paris, dans une couronne de laurier. — Grènetis.

Conf. Collection de la Bibliothèque nationale.

N° 78.

Dans la collection d'Affry se trouve une troisième pièce, qui, portant la même empreinte au droit, donne, au revers, la légende suivante :

℞. REMIGIO · FLVCTVS · SVPERANS ·

Armes de la Ville de Paris remplissant tout le champ; le vaisseau est contourné. A l'exergue : · LVTETIA · — Grènetis.

Conf. Collection d'Affry.

Ces trois revers ont été employés pour les jetons banaux n°ˢ 25, 32 et 37.

Borel écrit le nom de cet échevin *Le Comte*; il lui donne pour armoiries : d'azur au chevron d'or, accompagné de trois croissants d'argent; ce qui est une confusion de deux familles.

JEAN LE CONTE, deuxième fils de Charles, maître charpentier du Roi, quartinier dès 1562, remplissait encore ces fonctions en 1610, et les garda, probablement, jusqu'à sa mort. Il fut élu trois fois échevin de Paris, en 1578, en 1587 et en 1594, mourut le 3 avril 1613, à 72 ans, et fut enterré à Saint-Nicolas-des-Champs, dans une chapelle dont il avait obtenu la concession en 1587. L'épitaphe de sa femme, Catherine Desmarets, l'intitule : Noble homme, J. le Conte, vendeur de poisson de mer.

Les vendeurs de poisson de mer étaient des agents spéciaux, dont le service avait beaucoup d'analogie avec celui dont sont aujourd'hui chargés les facteurs sur les marchés en gros. Ils opéraient la vente de la denrée, qui devait toute passer par leurs mains; ils payaient comptant les mareyeurs; ils veillaient à la bonne qualité et à la bonne livraison de la marchandise, ainsi qu'à la stricte exécution des règlements édictés par l'autorité. Créés en 1254, les vendeurs ont d'abord été élus par les marchands de poisson; puis un arrêt du Conseil, de mars 1543, disposa qu'à l'avenir ils seraient nommés par le Roi, en titre d'office. Ces postes, auxquels était attribuée une redevance basée sur les quantités de poisson vendues, étaient lucratifs et recherchés.

Voir *Généalogies manuscrites; Manuscrit d'Hozier;* J. du Breul, *Le théatre des antiquitez de Paris,* p. 1029, 1030, 1033; *Ordonnances royaux,* p. 523, 524, 526; D. Félibien et D. Lobineau, t. V, p. 496, 503; l'abbé Lebeuf, t. II, p. 240; Delamare, *Traité de la Police,* t. III, p. 150 et suiv.

N° 79.

M · L · D · NVLLY · COS͞. DESTAT · PREV · D · MARCHANTS

Écu armorié, surmonté d'un casque de profil, garni de ses lambrequins et ayant pour cimier un cygne naissant. De gueules, à la croix florencée d'or, cantonnée de quatre billettes de même. — Grènetis.

℞. CONCVSSVS · SVRGO ·

Ballon qu'un dextrochère, sortant des nuages, fait rebondir sur le sol. A l'exergue : 1585. — Grènetis.

Conf. Collections de la Ville et d'Affry.

Le sens de cette devise est que, dans l'adversité, il faut faire preuve d'énergie.

ÉTIENNE DE NULLY, prévôt, 1582-1586. D'abord conseiller au Parlement de Bretagne, il fut nommé, le 28 février 1569, premier président des Aides, en remplacement de Pierre de la Place, révoqué comme suspect de faire profession de la religion réformée. Ce dernier, s'étant justifié de cette imputation, fut réintégré en décembre 1570; il n'en fut pas moins massacré à la Saint-Barthélemy (24 août 1572), et, le 3 septembre suivant, Nully reprit le poste de premier président, qu'il occupa jusqu'au 2 décembre 1591, époque à laquelle il fut pourvu, par le duc de Mayenne, d'un office de président au Parlement de Paris. Henri IV ne le maintint pas lorsqu'il réorganisa la Cour, en 1593.

Nully représenta le Tiers aux États de Blois, en 1588, et à ceux de Paris, en 1593.

C'était un ardent catholique, et il fit partie du Conseil des Quarante créé par la Ligue en janvier 1589. Il était, en outre, grand amateur de livres, et l'on recherche encore, pour leur reliure, les exemplaires qui lui ont appartenu; mais il était peu scrupuleux quand il s'agissait d'augmenter sa collection. En 1591, il s'empara de plusieurs livres et manuscrits provenant de la Bibliothèque royale, et ce ne fut pas sans peine qu'il se résigna à en faire la restitution, au commencement de 1594.

Il a fait commencer, en 1583, le grand regard des eaux de Belleville, qui n'a été terminé qu'en 1613.

Voir J. du Breul, p. 1029; *Ordonnances royaux*, p. 523; *Tablettes de Thémis*, t. III, p. 182; D. Félibien et D. Lobineau, t. II, p. 1178, 1205, 1299; t. V, p. 310; Le Roux de Lincy, *Histoire de l'Hôtel de Ville*, 2ᵉ part. p. 245; Poirson, *Hist. du règne de Henri IV*, t. III, p. 789.

N° 80.

✠ IEH • D • LOYNES • CONS • ET • ESCHEVIN • D • LA • V • DE • PARIS

Cartouche orné, chargé d'un écu armorié. Coupé, au 1ᵉʳ de gueules, à la fasce gironnée d'or et d'azur de six pièces, côtoyée de deux bâtons vivrés, contre-vivrés d'argent; au 2ᵉ d'azur, à sept besants d'or, 4, 3. — Grènetis.

℞. FLVCTVAT • NEC • MERGITVR

Armes de Paris contournées, remplissant le champ entier. A l'exergue : • LVTETIA • — Grènetis.

Conf. Bibliothèque nationale.

Type du jeton banal n° 39.

JEAN DE LOYNES, avocat au Parlement, fut Échevin de 1582 à 1584, et conseiller de Ville le 6 août 1583; il fut, en outre, premier substitut du procureur général au Parlement de Paris et capitaine de la Ville en 1585. Il mourut le 1ᵉʳ avril 1587 et fut inhumé à Saint-Séverin.

Voir *Ordonnances royaux*, g. 522; Le Roux de Lincy, *Histoire de l'Hôtel de Ville*, 2ᵉ part. p. 288; l'abbé Lebeuf, *Histoire du diocèse et de la Ville de Paris*, édition Cocheris, t. I, p. 424.

N° 81.

✠ M • HECTOR • GEDOYN • ESCHEVIN • D • L • VILLE • DE • PARIS

Cartouche chargé d'un écu armorié. D'azur, au croissant d'argent soutenu d'un besant d'or et côtoyé de deux épis de blé de même; au chef également d'or, chargé d'une rose de gueules. — Grènetis.

℞. ✠ FLVCTVAT • AT • NVNQVAM • MERGITVR

Vaisseau voguant à gauche sur une mer battue par les quatre vents : il est soutenu par une main sortant des nuages. — Grènetis.

Conf. Collection d'Affry.

JETONS ET MÉDAILLES DES PRÉVÔTS ET ÉCHEVINS.   45.

On a vu figurer ce revers sur les jetons banaux n°˚ 33 et 34.

HECTOR GEDOYN remplit les fonctions d'Échevin de 1583 à 1585; c'est lui, sans doute, qui, en 1573, était commis à la recette des deniers pour les fortifications nouvelles de Paris.

Voir *Ordonnances royaux*, p. 524; J. du Breul, p. 1029; Sauval, t. III, p. 647.

N° 82.

✠ P • LE • GOIX • S.ʳ D • LA • COVRT • D • P • YBLÕ • ECHE • D • PARIS

Écu armorié, entouré d'une couronne formée de deux branches de laurier. D'azur, à la coquille d'or accompagnée de trois grappes de raisin d'argent. — Grènetis.

℞. FLVCTVAT • NEC • MERGITVR •

Armoiries de la Ville remplissant tout le champ. A l'exergue : • LVTETIA • — Grènetis.

Conf. Collection de la Ville.

Type du jeton banal n° 39.
Chevillard et Beaumont donnent une rose au lieu d'une coquille; Borel, qui adopte cette pièce, fait, en outre, la rose de gueules.

PIERRE LE GOIX, quartinier en 1572, fut échevin du 16 octobre 1584 au 16 août 1586; il était membre de la corporation des marchands de vin et fut élu consul le 28 janvier 1574. Nous n'avons pu, malgré toutes nos recherches, trouver la terre dont il prend le nom.

Voir Beaumont, *Armorial de la Ville de Paris*, 1758; J. du Breul, p. 1029; *Ordonnances royaux*, p. 524; *Recueil de la juridiction consulaire*, 2ᵉ part. p. 15.

N° 83.

✠ Mᴱ I • LE • BRETON • ADVO • EN • PARL • ESCHEVIN • 1587

Écu armorié, orné de guirlandes de fleurs et surmonté d'un fleuron. Écartelé : au 1ᵉʳ et au 4ᵉ, d'azur à trois étoiles d'or; au 2ᵉ et au 3ᵉ, d'azur à deux fasces d'or. — Grènetis.

℞. REMIGIO • FLVCTVS • SVPERANS

Armes de Paris remplissant le champ entier; le vaisseau est contourné. A l'exergue : LVTETIA • — Grènetis.

Conf. Collection d'Affry.

Type du jeton banal n° 37.
Chevillard, Beaumont et Borel intervertissent l'ordre des quartiers.

JEAN LE BRETON, avocat au Parlement, fut élu Échevin le 23 septembre 1585, à la place de La Barre (Jean), nommé le 16 août précédent et mort peu après; il exerça jusqu'au 16 août 1587 : il était conseiller de Ville dès 1571.

Voir *Ordonnances royaux,* p. 524; D. Félibien et D. Lobineau, t. II, p. 1538; Beaumont; J. du Breul, p. 1029.

N° 84.

MES • N • HECTOR • Sʀ DE • PERREVZE • C • DESTAT • P • Dˢ MARCHĀS

Écu armorié, surmonté d'un casque de profil orné de lambrequins. D'azur, à trois tours crénelées de trois pièces d'or ouvertes et ajourées de gueules. Au-dessous de l'écu est placée la date : 1586. — Grènetis.

℞. FLVCTVAT NEC MERGITVR

Armes de la Ville remplissant le champ entier. A l'exergue : • LVTETIA • — Grènetis.

Conf. Collection d'Affry.

JETONS ET MÉDAILLES DES PRÉVÔTS ET ÉCHEVINS. 47

Type du jeton banal n° 39.

1586-1588 (14 mai). NICOLAS HECTOR, seigneur de PERREUZE.

D'abord conseiller au Parlement de Paris (1546), il fut reçu maître des requêtes en 1567, puis conseiller d'État. Il fut dépossédé de ses fonctions de Prévôt des Marchands le 14 mai 1588 et emprisonné à la Bastille; rendu à la liberté au mois de juillet suivant, il demeura banni de la Ville. Il avait été nommé conseiller de Ville en 1580, et il était aussi attaché au Roi qu'ennemi de toute cabale.

<small>Voir Blanchard, *Histoire des conseillers du Parlement de Paris*, p. 95; *Tablettes de Thémis*, t. I, p. 153; *Ordonnances royaux*, p. 524; Beaumont, *Armorial de la Ville de Paris*; D. Félibien et D. Lobineau, t. II, p. 1158.</small>

N° 85.

Même type du droit qu'au précédent.

℞. DVM • CLAVVM • RECTVM • TENEAM

Le Prévôt, vêtu d'une longue robe, la tête couverte d'un chapeau à plumet, est assis devant une table sur laquelle est posé un encrier; il soutient de la main gauche un gouvernail, et il appuie la droite sur la table; au-dessus se trouve une étoile rayonnante au milieu des nuages. A l'exergue : • N • H • P • 1587. — Grènetis.

<small>Conf. Collections de la Ville et d'Affry.</small>

Les lettres placées à l'exergue sont les initiales des noms du Prévôt.

N° 86.

Le revers du jeton qui précède forme le droit de celui-ci.

48   LES JETONS DE L'ÉCHEVINAGE PARISIEN.

℞. REMIGIO · FLVCTVS · SVPERANS

Armes de la Ville. A l'exergue : LVTETIA · — Grènetis.

Conf. Collection de la Ville et d'Affry.

Type du jeton banal n° 37.

———————

N° 87.

MES · N · HECTOR . Sᴿ D · PERREVZE · C · DESTAT · P · Dˢ MARCHĀS ·

Écu aux armes d'Hector, surmonté d'un casque de profil, garni de ses lambrequins. Sous l'écu : 1588. — Grènetis.
Revers. Légende et type du précédent.

Conf. Collection d'Affry.

———————

N° 88.

DVM · CLAVVM · RECTVM · TENEAM

Type du numéro 86. A l'exergue : · N · H · P · 1588. — Grènetis.
Revers. Comme aux deux pièces précédentes.

Conf. Collection de la Ville. (Cuivre rouge.) Collection d'Affry.

———————

JETONS ET MÉDAILLES DES PRÉVÔTS ET ÉCHEVINS.

N° 89.

DVM • CLAVVM • RECTVM • TENEAM •

Type du précédent, avec cette différence que l'exergue est occupé par deux branches de laurier passées en sautoir. — Grènetis.

Revers. Légende et type des précédents.

Conf. Collections de la Ville et d'Affry.

———

N° 90.

Type et légende du numéro précédent.

℞. ✠ STELLA • REGIT • NAVTAS • DÑI • MĀDATA • MINISTROS

Vaisseau voguant à gauche, sur la proue duquel est un marinier debout tenant une boussole et tourné vers une étoile rayonnante, accompagnée de sept autres étoiles plus petites. (L'étoile polaire et les *septem Triones*.) — Grènetis.

Conf. Collections de la Ville et d'Affry.

Une semblable déclaration de foi ne pouvait évidemment convenir aux Ligueurs.

———

N° 91.

• L • DE • SAINTYON • ESCHEVIN • DE • LA • VILLE • 1586

Écu ovale armorié, orné et garni de deux branches de laurier. D'azur, à la croix losangée d'or et de gueules, cantonnée de quatre cloches d'or, bataillées de sable. — Grènetis.

℞. • FLVCTVAT • NEC • MERGITVR •

Armes de la Ville remplissant tout le champ. Au-dessous : • LVTETIA • — Grènetis.

Æ. Bibliothèque nationale.

Type du jeton banal n° 39.

LOUIS DE SAINTYON fut Échevin du 16 août 1586 au 14 mai 1588, époque à laquelle il fut dépossédé de sa charge. Il était avocat. Il a rédigé le rapport au Roi sur le renouvellement de la coutume de Paris en 1580 ; il a laissé, en outre, une « Histoire très-véritable de ce qui est advenu en ceste ville de Paris depuis le « VII mai 1588 jusques au dernier jour de juin ensuyvant. » Ce morceau historique, mis au jour en 1588, a été réimprimé plusieurs fois.

Voir *Ordonnances royaux*, p. 524 ; *Introduction à l'Histoire générale de Paris*, p. 33.

N° 92.

M • P • LVGOLLY • C • D • ROY • L • GNAL • D • LHOSTEL • ESCHEVIN •

Écu armorié, surmonté d'un casque de profil avec ses lambrequins. Écartelé : au 1ᵉʳ et au 4ᵉ, d'azur à trois étoiles d'or ; au 2ᵉ et au 3ᵉ, d'or à trois chevrons de gueules. Au-dessous de l'écu : 1586. — Grènetis.
Revers. Comme au n° 83.

Conf. Collection d'Affry.

PIERRE LUGOLLY, lieutenant général à la Prévôté de l'Hôtel, fut élu Échevin le 16 août 1586 ; il exerça jusqu'au 14 mai 1588, époque à laquelle il fut dépossédé.

Il fut un de ceux qui empêchèrent le sac du collége des Jésuites (Clermont), lors de la tentative d'assassinat commise sur la personne de Henri IV par Jean Chastel, le 27 décembre 1594.

Voir *Ordonnances royaux*, p. 524 ; J. du Breul, p. 1030 ; Poirson, *Histoire de Henry IV*, t. I, p. 628.

N° 93.

✠ L · D · DE · SAINTYON · ESCHEVIN · DE · LA · VILLE · 1588 ·

Écu armorié, surmonté d'un casque de profil avec ses lambrequins. D'azur, à la croix losangée d'or et de gueules, cantonnée de quatre cloches d'or, bataillées de sable. — Grènetis.

℞. REMIGIO · FLVCTVS · SVPERANS

Armes de la Ville, remplissant le champ entier. Au-dessous : · LVTETIA · — Grènetis.

Æ. Bibliothèque nationale. Conf. Collection d'Affry.

Type du jeton banal n° 37.

N° 94.

✠ M⁴ N · ROLAND · G · DES · MO · ESCHEVIN · DE · PARIS

Écu chargé des armes suivantes : de..... au souci de..... tigé et feuillé de.....; au chef de....., chargé d'une coupe couverte de....., accostée de deux étoiles. — Grènetis.

℞. ✠ HÆC · CAPIT · VNITOS · NAVIS · PELLITQ · REBELLES

Écu aux armes de Paris, dans une couronne formée de deux branches de laurier. — Grènetis.

Conf. Bibliothèque nationale; Collection d'Affry.

Malgré toutes les recherches qui ont été faites, les émaux des armoiries ci-dessus n'ont pas été découverts.

Le type du revers a été employé pour les jetons banaux des années 1581, 1583 et 1588, n°ˢ 32, 36, 37, 40, et pour le jeton de l'échevin Le Conte, n° 77.

N° 95.

Le même droit a été frappé avec le revers suivant, également emprunté aux jetons banaux, n° 40.

SERVATI ❋ GRATIA ❋ CIVIS

Couronne de chêne, renfermant la date ❋ 1588 ❋. Au-dessous de la couronne, à l'exergue, est placée une quinte-feuille. — Grènetis.

Conf. Collection d'Affry.

Les membres du Bureau de la Ville ayant été dépossédés le 14 mai 1588, ainsi qu'on l'a vu plus haut, on procéda à leur remplacement, conformément aux ordres du cardinal de Bourbon, ou plutôt du duc de Guise. Le 20 de ce mois, on nomma pour Prévôt des Marchands Michel Marteau, sieur de la Chapelle, maître des comptes, et pour Échevins : Nicolas Roland, Jean Compans, François Cotteblanche et Robert des Prez.

En prêtant serment, les nouveaux élus, Roland tout le premier, protestèrent qu'ils n'acceptaient que par provision et jusqu'à ce que le Roi en eût ordonné. La Reine mère, à laquelle ils remirent leurs charges vers le 15 juillet, les invita à les conserver; bien plus, le 20 du même mois, elle les manda pour leur dire que le Roi, étant content d'eux, les maintenait en fonctions jusqu'au 16 août, et les continuait, en outre, pour deux années. Ils ne furent remplacés que le 18 octobre 1590.

Bien qu'ils aient été ainsi agréés par l'autorité, les élus de 1588 n'ont pas été portés sur les listes officielles, à raison, sans doute, du vice originel de leur nomination.

Nous avons pourtant les jetons de l'un d'eux.

Voir J. du Breul, p. 1030; D. Félibien et D. Lobineau, t. II, p. 1170, 1171.

NICOLAS ROLLAND, seigneur du Plessis, était conseiller général à la Cour des monnaies; pourvu de cet office le 24 décembre 1568, il avait été reçu le 4 mai de l'année suivante; il fut remplacé le 1ᵉʳ avril 1598; il semble, pourtant, avoir quitté plus tôt ses fonctions à la Cour. Il a publié, sur les monnaies, divers écrits qui ont été imprimés de 1609 à 1619; il s'intéressait, en outre, aux études historiques, car J. du Breul, dans sa préface des Antiquités de Paris, fait connaître qu'il lui a communiqué l'inventaire des titres de l'Hôtel de Ville dressé par Jean Poussepin, ainsi que divers mémoires sur la Cour des monnaies.

Cet Échevin se montra grand partisan de la Ligue. En apprenant, le 24 décembre 1588, la mort du duc de Guise, tué la veille, il s'empara, avec son collègue R. des Prez, des portes de Paris. Le lendemain, à l'assemblée de l'Hôtel de Ville, il prononça un discours fort séditieux, à la suite duquel il proclama le duc d'Aumale gouverneur de Paris. Après la reddition de la Ville, il fut exilé.

Voir Constans, *Liste des officiers des monnaies*, p. 260; J. du Breul, p. 1030; D. Félibien et D. Lobineau, t. II, p. 1174, 1175, 1231; *Introduction à l'histoire générale de Paris*, p. 73.

N° 96.

SVPERATA · TELLVS · COELESTIA · DONAT

Écu armorié, surmonté d'un casque avec ses lambrequins. De gueules semé de croisettes d'argent au lion rampant d'or. — Grènetis.

℞. REMIGIO · FLVCTVS · SVPERANS

Armes de Paris remplissant tout le champ; le vaisseau contourné. A l'exergue : · LVTETIA · — Grènetis.

Æ. Bibliothèque nationale.

Même revers que le jeton n° 86. Conf. les jetons n° 254 et n°ˢ suivants, portant le nom de Boucher d'Orsay.

1590 (18 octobre)-1592 (9 novembre). CHARLES BOUCHER, sieur d'Orsay. Nommé maître des requêtes le 15 décembre 1579, il fut appelé au poste de président du Grand Conseil le 18 février 1580. Il fut, en outre, nommé conseiller de Ville le 1ᵉʳ avril 1592, et fut l'un des représentants du Tiers aux États de Paris, en 1593.

Voir *Ordonnances royaux*, p. 524; D. Félibien et D. Lobineau, t. II, p. 1199; *Tablettes de Thémis*, t. I, p. 158, 219; Le Roux de Lincy, *Histoire de l'Hôtel de Ville*, 2ᵉ part. 228, 245.

N° 97.

Le Prévôt J. Luillier ne nous a pas laissé de jetons; mais nous avons de lui la médaille suivante :

IO · LVILLIER · REG · A · SECR · CONS · RAT · PRÆS · VRB · PRÆF ·

Buste à droite. Au-dessous, dans un cartouche : 1594.

℞. OMNIA · TVTA · VIDES ·

Henri IV, à cheval, armé de pied en cap; le Prévôt, à genoux, lui offre une branche d'olivier. A l'exergue, dans un cartouche : M · D · XCIIII.

Conf. Collection d'Affry.

1594. Reddition de Paris.

1592 (9 novembre)-1594. JEAN LUILLIER, seigneur d'Orville et de Visseaux.
Député du Tiers aux États généraux de Paris de 1593, il repoussa les avances de Mayenne et celles du parti espagnol. Il résolut de soumettre à Henri IV la Ville de Paris, et, dans cette difficile entreprise, il fit preuve d'activité, d'intelligence; il paya même de sa personne : assisté de Brissac, gouverneur de la Ville, il ouvrit à Saint-Luc, dans la nuit du 21 au 22 mars 1594, la porte Neuve, près des Tuileries.

On cite de ce Prévôt un mot prouvant qu'il avait son franc parler et une véritable énergie. Au moment où Henri IV entrait dans Paris, Brissac, qui venait d'être déclaré maréchal de France, ayant dit à Luillier qu'il fallait rendre à César ce qui appartenait à César, celui-ci lui répondit fièrement : « Il faut le lui rendre « et non pas le lui vendre. »

Luillier avait été reçu, le 16 novembre 1568, conseiller maître à la Chambre des Comptes, en survivance de Geoffroy, son oncle, et il avait été installé en mai

1581. Un édit de mars 1594 créa, en sa faveur, une charge de président des Comptes, dans laquelle il fut reçu le 1er avril suivant : il mourut en avril 1601.

<small>Voir *Ordonnances royaux*, p. 525; J. du Breul, p. 1033; *Histoire de l'Hôtel de Ville*, 2ᵉ part. p. 245; Poirson, *Hist. du règne de Henri IV*, t. I, p. 534, 538, 552; Mˡˡᵉ Denys (*Armorial de la Cour des Comptes*, t. II, p. 31, 126).</small>

N° 98.

✠ MART · LANGLOIS · Mᵉ · D · REQVESTES · P · D · MARCHANS

Écu armorié, surmonté d'un casque de profil orné de ses lambrequins. Écartelé : au 1ᵉʳ et au 4ᵉ, d'azur au chevron d'or, accompagné de trois molettes d'éperon de même : au 2ᵉ et au 3ᵉ, d'azur à l'aigle éployée et au vol abaissé d'or. — Grènetis.

℞. · SIC · HENRICVS · MERGENTIBVS ·

Vaisseau voguant à gauche; l'extrémité de son grand mât est côtoyée des feux Saint-Elme; à gauche, brillent deux étoiles rayonnantes. A l'exergue : 1595. — Grènetis.

Conf. Collection de la Ville. Æ. Conf. Collection d'Affry.

Dans cette dernière suite se trouve un exemplaire de cuivre, où, par erreur, les molettes d'éperon ont été remplacées par des étoiles.

Il existe diverses variétés du coin de revers; sur le cuivre, la légende ne se termine pas par un point.

D'après Chevillard et Beaumont, le vol de l'aigle ne serait pas abaissé; Borel blasonne de même.

Les feux Saint-Elme étaient considérés comme d'heureux présage par les navigateurs, lorsqu'il en apparaissait deux à la fois.

N° 99.

Le même jeton, légèrement varié, a été frappé avec la date 1598.

Conf. Collections de la Ville et d'Affry.

1594-1598 (17 août). MARTIN LANGLOIS, seigneur de Beaurepaire.

Avocat au Parlement, il fut élu Échevin, pour une année seulement, le 18 octobre 1590; continué le 16 août 1591, il fut dépossédé par les Seize peu de jours après; mais il fut réélu le 16 décembre suivant, et il exerça jusqu'au 16 août 1594, époque à laquelle il fut nommé Prévôt. Langlois fut un des représentants du Tiers aux États généraux de 1593, et il se montra dévoué à la cause nationale. L'année suivante, il contribua activement à la reddition de Paris, qu'il préparait depuis longtemps avec le Prévôt Luillier; dans la nuit du 21 au 22 mars, il s'empara de la porte Saint-Denis, et il la livra à Vitry, l'un des commandants des troupes royales. Nommé maître des requêtes, à raison de ses services, il fut reçu dans cette charge le 1ᵉʳ avril 1594.

En 1596, au mois d'août, le Roi voulait que le Prévôt Langlois et les deux Échevins qui devaient sortir de charge cette année fussent maintenus sans élection et sans nouveau serment. Après quelque résistance, la Ville donna une demi-satisfaction au Roi, en continuant Martin Langlois; mais on nomma d'autres Échevins.

Voir *Ordonnances royaux*, p. 524, 526; J. du Breul, p. 1033; *Histoire de l'Hôtel de Ville*, 2ᵉ part. p. 246; Poirson, t. I, p. 534, 552; *Tablettes de Thémis*, t. I, p. 161.

N° 100.

✥ I · LE · CONTE · ESCHEVIN · ET · BOVRGOYS · DE · PARIS ·

Écu armorié en cartouche, comme au n° 76, flanqué de la date 1595.
Revers. Comme au n° 98.

Conf. Collection d'Affry.

Jean le Conte fut Échevin, pour la troisième fois, de 1594 à 1596.

JETONS ET MÉDAILLES DES PRÉVÔTS ET ÉCHEVINS.

N° 101.

Le seul monument numismatique que nous ayons du Prévôt Antoine Guiot est la médaille ci-après :

MESIR ANTO · GVIOT S^r DE CHARMEAV ^{et} DANSAC

Buste du Prévôt à gauche, revêtu d'une soutane et d'une robe. Sur la tranche du bras : 1602. Au-dessous : G DVPRE. — Grènetis perlé.

R). Écu armorié, surmonté d'un casque de profil garni de ses lambrequins, le tout renfermé dans une couronne formée de deux branches de laurier. D'or, à trois perroquets de sinople, becqués et membrés de gueules. — Grènetis perlé.

Collection de la Ville.

Chevillard donne des oiseaux, dont il ne détermine pas l'espèce; Borel dit des tourtereaux. La médaille ci-dessus et le jeton frappé par Claude Guyot, père de notre Prévôt, qui fut reçu maître des Comptes en 1551 et président en 1573, ne laissent aucun doute à ce sujet : les oiseaux sont bien des perroquets, ou papegauts. La médaille est l'œuvre de Guillaume Dupré.

1600-1602. ANTOINE GUIOT, sieur de Charmeau et d'Ansac.

Reçu conseiller maître des Comptes le 22 décembre 1572, en survivance de Claude, son père, il fut installé le 18 juin 1573; le 8 octobre de la même année, il passa président à la même Chambre, concurremment avec son père et en survivance l'un de l'autre; il mourut vers la fin de 1602; il ne fut toutefois remplacé qu'en 1604 dans les fonctions de président.

Voir *Ordonnances royaux*, p. 526; J. du Breul, p. 1034; Mlle Denys, *loc. cit.* t. II, p. 27, 129.

N° 102.

✲ ME · D · BRAGELONGNE · Cᵉʳ DV · ROY · EN · S · CONSE · D · PRE · P · D · MARC

Écu armorié, surmonté d'un casque de profil, avec ses lambrequins. De gueules, à la fasce d'argent chargée d'une coquille de sable et accompagnée de trois molettes d'éperon d'or; un cœur de même est posé, comme brisure, entre les deux molettes du chef. — Grènetis.

℞. HIC · VERTEX · NOBIS · SEMPER · SVBLIMIS

Vaisseau voguant à droite; au-dessus de sa proue se trouvent les armes de France rayonnantes. A l'exergue : · 1603 · — Grènetis.

Conf. Collection de la Ville; ℞. Conf. Collection d'Affry.

Borel n'indique pas la brisure.

La légende du revers s'explique d'elle-même. — Voir plus haut à l'article du n° 40.

1602-1604. MARTIN DE BRAGELONGNE, seigneur de Charonne.

Il était né en 1543 : reçu conseiller au Parlement de Paris le 22 janvier 1570, il devint, en 1586, président de la première Chambre des enquêtes; il fut plus tard nommé conseiller d'État (1616), et il mourut en 1623, âgé de 80 ans. Il avait été reçu conseiller de Ville en 1595.

Voir *Généalogies manuscrites, Maison de Bragelongne*, p. 191; Moréri, t. II, 2ᵉ part. p. 225; Beaumont, *Ordonnances royaux*, p. 527; J. du Breul, p. 1034.

N° 103.

· VNVM · EST · NECESSARIVM ·

Écu armorié, surmonté d'un casque de face, avec ses lambrequins. D'argent, à l'aigle essorant de sable, allumée du champ, chargée d'un écu d'argent à trois têtes de Maure de sable, tortillées d'argent. A l'exergue : · 1603 · — Grènetis.

℞. ❊ LES · FLEVRS · DE · LIS · ONT · CHOISY · LES · CHOILLIS

Écu armorié, entouré d'une cordelière. D'azur à trois croissants d'or, qui est de Courtin. — Grènetis.

Æ. Bibliothèque nationale; conf. Collection de la Ville.

La première des deux légendes est tirée de l'Évangile de saint Luc, chap. x, verset 42.

Claude de Choilly fut Échevin du 16 août 1601 au 16 août 1603; il fut, en outre, quartinier à partir de 1587; il avait épousé Anne Courtin.
J. du Breul l'appelle à tort Chailly.

Voir *Ordonnances royaux*, p. 526; Beaumont; J. du Breul, p. 1034; l'abbé Lebeuf, t. I, p. 339.

N° 104.

DE · LA · PREVOSTE · DE · Mᴿˢ FR · MIRON ❊ 1606 ❊

Écu aux armes de la Ville, dans une couronne formée de deux branches de laurier. — Grènetis.

℞. MARMOREAM · RELINQVET ·

Vue de Paris : on voit la pointe occidentale de l'île du Palais, encore dénuée de toutes constructions; les ponts au Change et Saint-Michel; les tours du Palais; Notre-Dame; Saint-Séverin. Au-dessus se trouve un soleil rayonnant, rempli de trois fleurs de lys, entouré de nuages semés également de lys. — À l'exergue : LVTETIA · 1606 · — Grènetis.

Æ. Conf. Collection d'Affry

Cette suite contient un autre exemplaire de ce jeton, également de cuivre, dont le droit présente quelques différences.

Le Pont-Neuf, commencé en 1578, a été terminé en 1604; il est singulier de ne pas le voir sur cette pièce, qui fait allusion aux travaux exécutés par les soins du Prévôt, en rappelant le passage de Suétone relatif à Auguste : «Urbem... «excoluit adeo, ut jure sit gloriatus *marmoream se relinquere*, quam latericiam «accepisset.» (*Octav.* §. xxix.)

Voir Brice, t. III, p. 299; Jaillot, t. I, *Quartier de la Cité*, p. 180.

1604-1606. François Miron, seigneur de Tremblay, Lignières, Bonne et Gillevoisin.

Reçu conseiller au Parlement de Paris le 18 décembre 1585, il passa maître des requêtes le 2 juillet 1597 et devint ensuite conseiller d'État; il fut, en outre, président au Grand Conseil vers 1597 et chancelier du Dauphin. Dès 1596, il avait été nommé lieutenant civil, et il occupa ce poste important jusqu'à sa mort, arrivée le 4 juin 1609.

Miron s'est beaucoup préoccupé de l'embellissement et de l'assainissement de Paris; il a réalisé dans la Ville de nombreuses améliorations, auxquelles il consacrait ses propres deniers et ceux des revenus de la Prévôté qui lui appartenaient; on évalue à près de 23,000 livres les sommes qu'il a ainsi dépensées. Il a fait reprendre, en 1606, la construction de l'Hôtel de Ville, commencée dès 1533 et interrompue depuis près d'un demi-siècle. Nous avons encore sous les yeux un autre monument bâti pendant son édilité, en 1606 : c'est le pavillon affecté au service des eaux, situé à l'angle des rues Saint-Honoré et de l'Arbre-Sec.

En 1605, lorsque le gouvernement voulut soumettre à une révision les rentes existant sur l'Hôtel de Ville, ce qui aurait été préjudiciable à un grand nombre de familles, Miron protesta avec énergie, tout en contenant l'émotion de la bourgeoisie, et le projet fut modifié.

Voir Blanchard, *Histoire des conseillers au Parlement de Paris*, p. 102; *Ordonnances royaux*, p. 527; J. du Breul, p. 1033; *Tablettes de Thémis*, t. I, p. 162, 220; t. II, p. 158; *Almanach royal*, 1772, p. 168; *Remerciemens du peuple de Paris*, 1606; Brice, t. I, p. 179; Jaillot, t. I, *Quartier du Louvre*, p. 9; Poirson, t. III, p. 32.

N° 105.

Outre le jeton qui précède, on possède de François Miron les médailles que voici :

Buste du Prévôt, vêtu d'une soutane et d'une robe ouverte. — Grènetis perlé.

℞. FR · MIRON CON^{ER} DESTAT LIEVT̄N CIVIL ET · P̄VOST · DES MARCHANS
P · 1605 · F

Grènetis perlé.

∫ Conf. Collection d'Affry.

N° 106.

FR · MYRON PROP · ET PRAEF · VRB ·

Buste de face du Prévôt, revêtu d'une robe et d'une soutane. — Grènetis perlé.

℞. VIIS FONTIBVS PORTIS AEDIFICIISQVE PVBL·

La Ville de Paris, assise sur un pliant formé de cornes d'abondance et ayant à ses pieds un vaisseau, étend la main droite vers le Prévôt debout devant elle, vêtu d'une longue robe et tenant dans ses mains un miroir à pied, dont la bordure est pommetée et dont la glace reflète la figure de la Ville. Derrière le Prévôt est un pliant; dans le champ, au-dessus de la tête de ces deux personnages, se trouvent les mots : ET DECVS ET SPECVLVM. A l'exergue : LVTETIA DECORATA. — Grènetis perlé.

Æ. Bibliothèque nationale.

Les travaux exécutés dans Paris par les soins de F. Miron, outre la construction de l'Hôtel de Ville qu'il fit reprendre, sont considérables. Il n'est pas inutile de rappeler ici les principaux : il fit ouvrir la rue du Ponceau, élargir la rue de la Mortellerie, construire la fontaine devant le Palais et ramener les eaux aux fontaines du Ponceau, des Halles, Saint-Lazare, de la Croix-du-Trahoir, de Sainte-Catherine, etc., qui étaient à sec depuis plusieurs années; il donna l'ordre de refaire à neuf les portes de la Tournelle et du Temple, de réparer les abreuvoirs du Louvre, Popin, de l'Arche-Marion, etc. etc. [1]

[1] Voir D. Félibien, t. II, p. 1272.

N° 107.

FRANCISCVS MYRON PROPR · ET PRAEF · MERCATOR · VRBIS

Buste du Prévôt à gauche, revêtu d'une robe à haut collet. A l'exergue : ❀ 1606 ❀. — Grènetis perlé.

℞. Comme au précédent.

Æ. Bibliothèque nationale.

N° 108.

DE · LA · PREVOSTE · DE · Mre JACQVES · SANGVIN · 1607 ·

Écu aux armes de Paris, dans une couronne de laurier. — Grènetis.

℞. · MIRATVR · NATVRA · DVOS ·

Aigle avec son aiglon. A l'exergue : · 1607 · — Grènetis.

Æ. Conf. Collection d'Affry.

Comme presque toujours, les exemplaires de ce jeton ne sont point; pour les deux métaux, sortis des mêmes coins.

La légende fait allusion au Roi et au Dauphin. Ce dernier, né le 27 septembre 1601, fut baptisé à Fontainebleau le 14 septembre 1606.

1606-1612. JACQUES SANGUIN, seigneur de Livry.

JETONS ET MÉDAILLES DES PRÉVÔTS ET ÉCHEVINS.   63

Conseiller de Ville dès 1581 et conseiller au Parlement de Paris depuis 1582, il mourut conseiller à la Grand'Chambre.

Comme son prédécesseur, il s'attacha à réaliser dans la Ville les améliorations que réclamaient les besoins de la circulation et de la salubrité : il poursuivit activement la construction de l'Hôtel de Ville, dont il fit terminer la façade et élever le campanile.

La rue Dauphine fut ouverte en 1607; la même année, on commença l'hôpital Saint-Louis; le 2 août 1610, Marguerite de Valois, reine de Navarre, posa la première pierre du portail de Saint-Étienne-du-Mont; le 28 du même mois, le Roi procéda à une semblable cérémonie pour les nouveaux bâtiments du Collége de France; en 1611, on mit la dernière main au quai de l'Horloge, dont les premiers travaux remontaient à 1580.

Voir *Ordonnances royaux*, p. 527; J. du Breul, p. 1034; Blanchard, *Conseillers au Parlement*, p. 98; *Généalogies manuscrites*; Jaillot, 5° vol. *Quartier Saint-André*, p. 62; 2° vol. *Quartier Saint-Martin*, p. 34; 4° vol. *Quartier Saint-Benoît*, p. 91, 184; Le Roux de Lincy, *Histoire de l'Hôtel de Ville*, 1re partie, p. 24, 27.

N° 109.

DE • LA • 2 • PREVOSTE • D • Mᵉ IACQVES • SANGVIN • 1609 •

Couronne de laurier, renfermant un écu aux armes de Paris. — Grènetis.

℞. ILLO • RADIANTE • SVPERBIT •

Façade de l'Hôtel de Ville, au-dessus de laquelle rayonne le soleil. A l'exergue : • 1609 • — Grènetis.

Conf. Collections de la Ville et d'Affry.

Sur une variété conservée dans cette dernière collection, la date du droit n'est pas flanquée de points : la légende du même côté porte : • DE • Mᵐᵉ.

Encouragé par le Roi, le Prévôt s'attache à embellir la Ville.

N° 110.

DE · LA · 3 · PREVOSTE · DE · Mᴱ IACQVES · SANGVIN · 1612 ·

Écu aux armes de la Ville, chargées en cœur d'un globe terrestre; l'écu est accompagné de cette dernière légende, qui suit ses contours : · ORBIS · IN · VRBE · — Grènetis.

℞. · CONCORDES · VENERANTVR · GRANDIVS · ASTRVM ·

Étoiles entourant un soleil rayonnant au-dessus d'une ville. A l'exergue : · 1612 · — Grènetis et filet.

Conf. Collections de la Ville et d'Affry.

N° 111.

✿ DE · LA · PREVOSTE · DE · Mᴱ GASTON · DE · GRIEV

Écu aux armes de Paris, entouré d'une seconde légende concentrique avec la première : ✿ ALTIS · CIRCVMDATA · FERTVR. — Grènetis.

℞. · PATRIOS ✿ SEQVITVR ✿ AVSVS ·

Paysage au milieu duquel se trouve une aigle couronnée, s'essorant et regardant le soleil. A l'exergue : · 1613 · — Grènetis, filet.

Conf. Collections de la Ville et d'Affry.

Le nouveau Roi marchera sur les traces de son père.

1612-1614. GASTON DE GRIEU, seigneur de Saint-Aubin, Vincelles, Buré, etc. Il avait été reçu conseiller au Parlement de Paris, le 3 septembre 1577; il

JETONS ET MÉDAILLES DES PRÉVÔTS ET ÉCHEVINS.

était, en outre, chancelier de la reine Marguerite; enfin, depuis 1601, il était conseiller de Ville.

C'était un homme capable et intègre; on a conservé le discours qu'il adressa, en 1605, à Henri IV, pour défendre les intérêts des propriétaires de rentes sur l'Hôtel de Ville.

L'aqueduc d'Arcueil fut commencé pendant sa prévôté : le Roi posa la première pierre du regard de Rungis, le 17 juillet 1613.

<small>Voir *Ordonnances royaux*, p. 528; J. du Breul, p. 1034, v°; Blanchard, *Histoire des conseillers au Parlement*, p. 94; Beaumont; Poirson, t. III, p. 33; D. Félibien et D. Lobineau, t. II, p. 1298; t. V, p. 517.</small>

N° 112.

Légende et type du précédent, mais de coin différent.

℞. · HANC · VNA · MOVEBIT · AVRA ·

Vaisseau voguant à droite, poussé par un souffle de vent, dans lequel se trouvent quatre fleurs de lys et une couronne royale ouverte. A l'exergue : · 1614 · — Grènetis et filet.

Conf. Collection d'Affry.

La Ville n'aura d'autre volonté que celle du Roi.

N° 113.

GASTO · GRIÆVS · SENAT · PAR · CIVITQ · CVSTOS ·

Buste du Prévôt à droite, vêtu d'une robe à haut collet. A l'exergue : MDC · XIV. — Grènetis.

℞. • HAS • DEDVCIT • AQVAS • ET • NVBILA • PELLIT •

Pégase s'élançant du haut d'un bâtiment, auquel aboutit un aqueduc. — Grènetis.

Æ. Bibliothèque nationale.

Cette médaille a été frappée lors de la construction de l'aqueduc d'Arcueil.

N° 114.

✸ N. • POVSSEPIN • C • DV • ROY Sᴿ DE • BELAIR • Pᴿ ESCHEVIN • DE • P •

Écu armorié, surmonté d'un casque de profil, garni de ses lambrequins. D'azur, à la fasce en devise haussée d'argent, accompagnée en chef de trois étoiles rangées et en pointe d'un lion passant, le tout d'or. — Grènetis.

℞. Comme au numéro 111.

Conf. Collection d'Affry.

Chevillard, Beaumont et Borel placent la fasce dans ses dimensions et position naturelles; ce dernier fait, en outre, le champ de gueules.

NICOLAS POUSSEPIN, conseiller au Châtelet, fut Échevin de 1611 à 1613.

Voir *Ordonnances royaux*, p. 528; J. du Breul, p. 1034, v°.

N° 115.

DE • LA • P • D • MARCH • D • Mʀᴱ R • MIRON • PRESID • 1615 •

Écu aux armes de la Ville, dans une couronne formée de deux branches de laurier. — Grènetis.

℞. • DIVINA • PALLADIS • ARTE •

Le Roi armé, la tête nue, monté sur un cheval galopant à gauche et foulant aux pieds des

JETONS ET MÉDAILLES DES PRÉVÔTS ET ÉCHEVINS. 67

armes offensives et défensives; une colombe lui apporte dans son bec une branche d'olivier. A l'exergue : • ADVENTVS • AVG • E • BRIT • 1615 • — Grènetis.

Conf. Collections de la Ville et d'Affry.

1614. Au mois de janvier, le prince de Condé, les ducs de Nevers, de Mayenne, de Longueville, de Bouillon, voulant profiter de la minorité du Roi pour obtenir de nouveaux avantages, quittent la cour presque simultanément. Le duc de Vendôme veut en faire autant; il est arrêté le 11 février, s'échappe le 20 du même mois et se réfugie dans son gouvernement de Bretagne. La Régente traite avec les princes, à Sainte-Menehould, le 15 mai : mais, le duc de Vendôme ne se soumettant pas, elle se décide à marcher vers la Bretagne et pousse jusqu'à Nantes. Toutes les villes ouvrent leurs portes à la vue du Roi et, le 24 août, le duc se résout à faire sa soumission. Le Roi se remet aussitôt en marche vers Paris, où il fait sa rentrée le 16 septembre suivant, comme en triomphe.

Voir Bazin, *Hist. de la France sous le règne de Louis XIII*, t. I, p. 143, 156; D. Félibien et D. Lobineau, t. II, p. 1300; t. V, p. 519.

1614-1616. ROBERT MIRON, seigneur du Tremblay.

Conseiller au Parlement de Paris (13 octobre 1595), il fut ensuite président aux Enquêtes; puis il entra au Conseil d'État. Il présida le Tiers aux États généraux assemblés à Paris en 1614; se rendit comme ambassadeur en Suisse de 1617 à 1627; fut nommé, en 1631, intendant de police et finances en la province de Languedoc, et mourut à 72 ans, le 13 août 1641. Il était frère cadet de François.

Le 23 août 1614, on érigea, sur le terre-plein du Pont-Neuf, la statue de Henri IV, dont le piédestal avait été commencé le 2 juin précédent. Cette statue, détruite lors de la Révolution, a été remplacée, en 1818, par celle que nous voyons aujourd'hui. En 1615, on commença la construction du Palais Médicis. Le 24 juillet 1616, le Roi posa la première pierre du portail de Saint-Gervais, qui fut achevé en 1621.

Voir *Ordonnances royaux*, p. 528; J. du Breul, p. 1034, v°; Blanchard, *Histoire des conseillers au Parlement de Paris*, p. 108; *Histoire de l'Hôtel de Ville*, 2° part. p. 246; D. Félibien et D. Lobineau, t. II, p. 1299, 1301; *Annuaire historique*, 1848, p. 219; Moréri, t. VII, p. 571; *Généalogies manuscrites*; Brice, t. III, p. 304; Jaillot, t. I, *Quartier de la Cité*, p. 183; t. V, *Quartier du Luxembourg*, p. 102; t. III, *Quai de la Grève*, p. 33; Lafolie, *Mém. hist. relatifs à la statue équestre de Henri IV*, 1819.

68 LES JETONS DE L'ÉCHEVINAGE PARISIEN.

N° 116.

✿ NVNC • VNA • AMBÆ ✿

Vaisseau voguant à droite, chargé sur le flanc d'une fleur de lis : entre les deux mâts est placé le monogramme L • A surmonté de la couronne royale. A l'exergue : • DE • LA • P • DE • M • R • • MYRON • 1616 • — Grènetis.

℞. ✿ IVNCTISQVE • FERVNTVR • FRONTIBVS

Bustes conjugués de Louis XIII revêtu d'une cuirasse, la tête laurée, et de la reine, Anne d'Autriche. — Grènetis.

Conf. Collections de la Ville et d'Affry.

Ce jeton est gravé dans J. du Breul (p. 1036, addition de trois feuillets faite à l'édition de 1612).

1615. Le 18 octobre, le Roi épouse, par procuration, à Burgos, Anne d'Autriche, infante d'Espagne; il l'épouse en personne, à Bordeaux, le 25 novembre suivant.

Voir Bazin, *Hist. de la France sous le règne de Louis XIII*, t. I, p. 228.

N° 117.

✿ DE • LA • PREVOSTE • D • M • ANTHOINE • BOVCHET

Deuxième légende concentrique : ✿ SECVNDI • SPIRENT • ZEPHYRI. Écu aux armes de Paris. — Grènetis.

℞. • TELLA • FLAMMÆQVE • RECEDVNT •

Le Roi armé, à l'exception de la tête, poursuit, l'épée haute, un groupe de fuyards; le cheval sur lequel il est monté est bardé et foule aux pieds des armes de toute espèce. A l'exergue : • 1617 • — Grènetis.

Conf. Collections de la Ville et d'Affry.

Il existe, dans cette dernière suite, une variété de coin portant également la leçon fautive TELLA. Un troisième coin, appartenant à la même collection, donne la légende correcte TELA : sur ce dernier, au milieu des armes qui jonchent le sol, on remarque un tambour.

La légende du revers fait probablement allusion au départ des partisans de Condé, qui, après l'arrestation de ce prince en 1616, ne jugèrent pas prudent de rester à Paris.

Voir Félibien, *Histoire de la ville de Paris*, t. II, p. 1306.

1616-1618. ANTOINE BOUCHET, seigneur de Bouville.
Il était conseiller au Parlement de Paris, depuis le 14 décembre 1583.
La cheminée monumentale qu'on voyait à l'extrémité sud de l'ancienne salle du Trône, à l'Hôtel de Ville, avait été faite pendant sa prévôté. Le pont Saint-Michel, détruit le 30 janvier 1616, fut aussi rebâti à la même époque.

Voir *Ordonnances royaux*, p. 529; Blanchard, *Histoire des conseillers au Parlement de Paris*, p. 99; *Histoire de l'Hôtel de Ville*, 2ᵉ part. p. 79; Jaillot, t. I, *Quartier de la Cité*, p. 178.

N° 118.

✼ DE • LA • PREVOSTE : D • M • ANTHOINE • BOVCHET

Deuxième légende concentrique : • VELA • DAMVS • LÆTI • Écu aux armes de la Ville, soutenu de deux branches de laurier. — Grènetis.

℞. • QVO • NON • IVSTIOR • ALTER •

Le Roi, assis sur son trône et revêtu des ornements royaux. A l'exergue : • 1618 • — Grènetis et filet.

Conf. Collections de la Ville et d'Affry.

Louis XIII est né sous le signe de la Balance; c'est ce qui lui a fait donner le surnom de Juste, dès son avènement au trône.

N° 119.

✿ DE · LA · PREVOSTE · DE · M^re H · DE · MESMES · LIEVT · CIVIL

Deuxième légende concentrique : IONIVM · ÆGÆVMQVE · SECO. Écu aux armes de Paris. — Grènetis.

℞. REGALIBVS · IBO · PER · ALTVM · AVSPICIIS ·

Couronne royale remplie d'étoiles, au milieu d'un cercle de nuages. A l'exergue : · 1619 · — Grènetis, filet.

Conf. Collections de la Ville et d'Affry.

1618-1622. HENRI DE MESMES, seigneur de Roissy et d'Irval, etc.

D'abord conseiller au Parlement de Paris (1608), il exerça, de 1613 à 1621, la charge de lieutenant civil au Châtelet; il fit partie du Conseil d'État. Il avait été, en outre, député aux États généraux de Paris en 1614 et à l'assemblée des notables de Rouen, en 1617. En 1621, il fut nommé président à mortier et il mourut en 1650.

Voir *Ordonnances royaux*, p. 529; Blanchard, *Présidents*, p. 387 et 397; *Tablettes de Thémis*, t. II, p. 158; *Almanach royal*, 1772, p. 169; *Histoire de l'Hôtel de Ville*, 2ᵉ part. p. 246; Moréri, t. VII, p. 496; *Généalogies manuscrites*.

N° 120.

✿ D · LA · PREVOSTE : D · M^re H · DEMESME · C · DESTAT · LIEVT · CIVIL

Écu aux armes de la Ville, dans une couronne formée de deux branches de laurier. — Grènetis.

℞. SOLO · CŒLOQVE · SALOQVE

Écu armorié, surmonté d'un casque taré de trois quarts, orné de ses lambrequins et ayant pour support deux lions, le tout mouvant d'une terrasse. Écartelé : au 1ᵉʳ, d'or au croissant de sable, qui est de Mesmes; au 2ᵉ et au 3ᵉ, d'argent à deux lions passants, l'un sur l'autre, de gueules, qui est de Bigorre; au 4ᵉ, d'or à la fasce ondée et abaissée de gueules, surmontée d'une étoile de sable, qui est de Lassus. — Grènetis.

Conf. Collections de la Ville et d'Affry.

Il faut modifier le quatrième quartier de l'écu que nous venons de décrire; il doit porter d'or, à l'étoile de sable au chef de gueules et à la champagne ondée d'azur; c'est ce qui résulte d'autres jetons appartenant à la famille de Mesmes, entre autres du jeton du premier président, qui est daté de 1713. Tous les armoriaux sont, du reste, d'accord sur ce point.

N° 121.

✱ DE · LA · SECONDE · PREVOSTE : D · MESSʳᵉ H · DE · MESMES

Couronne de laurier, renfermant un écu aux armes de Paris. — Grènetis.

℞. · GAVDET · NATVRA · DIVERSIS ·

Trois grands arbres, sur la cime de chacun desquels est perché un oiseau; deux petits arbres croissent entre les grands. A l'exergue : · 1617 · — Grènetis.

Conf. Collections de la Ville et d'Affry.

Henri de Mesmes n'a été Prévôt des Marchands qu'en 1618; il y a donc ici une erreur de frappe, que rien ne vient expliquer.

N° 122.

Mêmes type et légende qu'au précédent.

℞. • DICTO • CITIVS • TVMIDA • ÆQVORA • PLACAT •

Neptune, debout dans une conque traînée par deux chevaux marins, frappe la mer de son trident. A l'exergue : • 1621 • — Grènetis.

Conf. Collections de la Ville et d'Affry.

A la suite de l'assassinat du maréchal d'Ancre, le 3 mai 1617, la Reine mère avait quitté la cour et s'était retirée à Blois; mais elle ne tarda pas à se lasser d'être ainsi tenue loin des affaires; le 22 février 1619, elle s'échappa avec l'aide du duc d'Épernon et se réfugia à Angoulême. Après de longs pourparlers, elle finit par se réconcilier avec le Roi; le 19 septembre, elle quitta Tours, où elle demeurait près de son fils depuis une quinzaine de jours, et se rendit en Anjou, dont on lui avait donné le gouvernement. Toutefois elle ne revint pas à la cour comme elle devait le faire; les princes allèrent la rejoindre et la guerre civile devint imminente. Dans ces conditions, le 7 juillet 1620, le Roi s'avança vers la Normandie, dont le duc de Longueville était gouverneur, et la soumit en quelques jours; il se porta ensuite en Anjou et enleva le Pont-de-Cé (7 août). Peu après, la Reine mère fit la paix avec son fils. Celui-ci se dirigea ensuite (octobre) vers le Béarn qui, depuis un an, était en rébellion; il y rétablit la religion catholique, en ordonna la réunion à la France (20 octobre) et, le 7 novembre, il rentra à Paris où il fut reçu par sa mère.

Voir Bazin, Histoire de la France sous le règne de Louis XIII, t. I, p. 307, 347, 354, 368, 375.

N° 123.

✿ DE • LA • SECONDE PREVOSTE • D • MESS^{re} H • DE • MESME

Écu aux armes de la Ville, surmonté de la date : • 1622 •, le tout renfermé dans une couronne de laurier. — Grènetis.

℞. Écu aux armes de Mesmes, comme au n° 120, surmonté d'un casque de face, garni de lambrequins et ayant pour supports deux lions, le tout mouvant d'une terrasse. — Grènetis.

Conf. Collection de la Ville. ℞. Conf. Collection d'Affry.

N° 124.

Comme au n° 120.

℞. ET · DE · L · ESCHEVIN · D · M · LO · DAMOVRS · C · D · R · AV · CHA · D · PAR · 1620

Écu armorié, surmonté d'un casque de profil avec ses lambrequins. D'argent, au sanglier de sable, soutenu de trois clous et accompagné en chef d'un lambel à 3 pendants de même. — Grènetis, filet.

Æ. Bibliothèque nationale. Conf. Collection d'Affry.

Borel remplace les clous par des fers de lance.

Louis Damours, conseiller au Châtelet, fut élu Échevin en 1619, et occupa ce poste jusqu'en 1621.

Voir *Ordonnances royaux*, p. 529.

N° 125.

✠ G · LAMY · C · SE^{R.E} D · R · ET · D · S · FINANCES · ET · CO^{EVR} DE · LA · CHAN

Écu armorié, surmonté d'un casque de profil orné de lambrequins. D'azur, à la fasce accompagnée en chef d'un pélican avec sa piété, et en pointe de deux gerbes, le tout d'or. — Grènetis.

℞. ✠ G · LAMY · ESCHEVIN · D · L · VILLE D · PA^S ET · MARIE · LE · COINTE

Écu armorié, entouré d'une cordelière et surmonté de la date 1621. Parti : au 1er, de Lamy, comme ci-dessus; au 2e, coupé : au 1er, de ..... au chevron de ..... accompagné de trois croissants de ..... ; au 2e, de ..... au chevron de ..... chargé de trois quintesfeuilles de ..... et accompagné de trois croissants de ..... ; au chef de ..... chargé de trois têtes de Maure de ....., qui est Le Cointe. — Grènetis.

Nous n'avons pu combler les lacunes héraldiques que présente la description de ce jeton.

Conf. Collection de la Ville.

Guillaume Lamy, seigneur de Villiers-Adam, fut Échevin du 17 août 1620 au 16 août 1622; il avait été pourvu de l'office de contrôleur à la chancellerie de Paris le 14 juillet 1598, et il fut remplacé, sur sa résignation, le 4 juillet 1641.

Voir *Ordonnance de 1669*, p. 738; Tessereau, *Histoire chronologique de la Grande Chancellerie de France*, p. 238, 392.

N° 126.

Comme au n° 122.

℞. ✱ • REGI • NECQ • DIVITI • MALEDIXERIS •

Écu armorié, dans une couronne de laurier. D'azur, au chevron d'or accompagné en chef de deux merlettes d'argent et en pointe d'un goujon de même; au chef cousu de gueules, chargé d'une grappe de raisin d'argent, côtoyée de deux étoiles d'or. — Grènetis.

Conf. Bibliothèque nationale.

Chevillard, pour ces armoiries, remplace les merlettes par des canes : il charge, en outre, le chef de trois étoiles rangées. Borel donne également des canes, et il les dit affrontées, comme l'avait déjà fait Beaumont.

La légende du revers, qu'on retrouvera plus loin (n° 135), a été inspirée par un passage de l'*Ecclésiaste* (X, 20) : « In cogitatione tua *regi* ne detrahas; et in « secreto cubiculi tui ne *maledixeris diviti*. »

PIERRE GOUJON, à qui appartient ce jeton, a exercé les fonctions d'Échevin de 1620 à 1622; il était marchand de vin; il avait été élu consul le 31 janvier 1617, et il fut nommé juge le 1ᵉʳ février 1633.

Voir *Ordonnances royaux*, p. 529; Beaumont; Borel; *Juridiction consulaire*, 2ᵉ part. p. 51, 63.

N° 127.

✱ IEH • LE • PRESTRE • Cᵉʳ D • ROY • AVDᴿ D • COMPTES • ESCHEVIN

JETONS ET MÉDAILLES DES PRÉVÔTS ET ÉCHEVINS. 75

Écu armorié, surmonté d'un casque de profil garni de ses lambrequins. D'azur, au chevron accompagné en chef de deux besants et en pointe d'une couronne, le tout d'or. — Grènetis.

℞. ✼ MAG · DALESSO · FILLE · D · M.ᵉ DAL · S.ʳ DESRAGNY · M.ᵉ D · COPTES

Écu armorié, entouré d'une cordelière et surmonté de la date · 1621 · Parti de Le Prestre et d'Alesso, qui est d'azur au sautoir d'or, cantonné de quatre limaçons de même. — Grènetis et filet.

Conf. Collections de la Ville et d'Affry.

JEAN LE PRESTRE, reçu auditeur des Comptes le 19 novembre 1594, exerça cette charge jusqu'en 1634. Il fut Échevin de 1621 à 1623.

Voir *Chambre des comptes*, manuscrit; *Ordonnance de 1669*, p. 739.

N° 128.

✼ D · L · PREVOSTE · D · M.ʳᵉ N · DE · BAILLEVL · C · DEST · LIEVT · CIVIL

Écu aux armes de Paris, dans une couronne de laurier. — Grènetis.

℞. · SVI · SEQVITVR · CÆSARIS · ASTRVM ·

Champ au milieu duquel est un tournesol, surmonté d'un soleil rayonnant. À l'exergue : · 1623 · — Grènetis, filet.

Conf. Collections de la Ville et d'Affry.

La Ville témoigne ainsi de sa fidélité au souverain.

1622-1628. NICOLAS DE BAILLEUL, seigneur de Valletot sur la mer, de Soisy-sur-Seine, d'Étiolles, etc.

Reçu conseiller au Parlement de Paris le 30 mai 1608, il passa maître des requêtes le 19 mars 1616; il fut président au Grand Conseil vers 1621, ambassadeur de Savoie, lieutenant civil à Paris (1621-1627) et conseiller d'État. Le 25 septembre 1627, il devint président à mortier au Parlement de Paris; il fut, en outre, chancelier de la reine Anne d'Autriche. Enfin, le 10 juin 1643, il fut nommé surintendant des finances, poste qu'il occupa jusqu'au 17 juillet 1647, et il mourut le 20 août 1662.

En 1622, conformément à une ordonnance du Bureau de la Ville du 8 août, on élargit le quai du Louvre créé en vertu de lettres patentes du 15 mars 1527. L'aqueduc d'Arcueil est terminé dans le courant de 1624; plusieurs fontaines nouvelles (Saint-Benoît, Saint-Séverin, Saint-Côme, Maubert, de l'Hôtel de Ville, etc.) sont établies dans le courant de cette prévôté. Des lettres patentes de janvier 1626 ordonnent l'établissement du Jardin des Plantes; elles ne reçoivent leur exécution que quelques années plus tard. Le 7 mars 1627, le Roi pose la première pierre de l'église Saint-Louis, dans la rue Saint-Antoine.

Voir *Ordonnances royaux*, p. 529; Blanchard, *Présidents*, p. 417; le P. Anselme, p. 809**; *Tablettes de Thémis*, t. I, p. 118, 220; t. II, p. 168; *Almanach royal*, 1772, p. 169; *Chronologie ministérielle*, p. 63; D. Félibien et D. Lobineau, t. II, p. 1297, 1324; t. V, p. 71, 555; Jaillot, t. IV, *Quartier Maubert*, p. 72; t. III, *Quartier Saint-Antoine*, p. 21.

N° 129.

✿ D · L · PREVOSTE · DE · M^RE NICOLAS · DE · BAILLEVL

Comme au précédent.

℞. · FLORES · NON · FVLMINA · SPARGIT ·

Aigle volant au-dessus d'une ville, sur laquelle il répand des fleurs. A l'exergue : · 1624 · — Grènetis, filet.

Conf. Collections de la Ville et d'Affry.

N° 130.

✿ DE · LA · 2 · PREVOSTE · D · M^RE NICOLAS · D · BAILLEVL

Écu armorié, timbré d'un casque de profil garni de lambrequins. Écartelé : au 1er et au 4e, d'hermine à la bordure de gueules; au 2e et au 3e, d'argent à la fasce de gueules. — Grènetis.

℞. · QVO · SYDERE · TVTIOR ·

Armes de Paris remplissant tout le champ. A l'exergue : · 1625 · —Grènetis et filet.

Conf. Collection de la Ville. ℞. Conf. Collection d'Affry.

JETONS ET MÉDAILLES DES PRÉVÔTS ET ÉCHEVINS.   77

Borel donne un parti d'hermine et de gueules, ainsi que l'avaient fait Chevillard et Beaumont : le jeton frappé en 1643 par M. de Bailleul, comme surintendant des finances, porte un écu ainsi disposé; cependant un autre jeton sans date, émis au même titre, reproduit l'écartelé ci-dessus.

N° 131.

✿ DE · LA · 2 · PREVOSTE · DE · Mre NICOLAS · DE · BAILLEVL

Deuxième légende concentrique : · NAVIS · REGIA · PARIS · Écu aux armes de la Ville, sous lequel se trouve la date de 1626. Le champ du jeton, entre la légende extérieure et l'écu, est semé de fleurs de lys. — Grènetis.

℞. · FVSA · CLASSE · REBELLIVM ·

Colonne rostrale surmontée de la statue du Roi armé à l'antique et tenant une pique dans la main droite. A l'exergue : · LVDOVIC · XIII · — Grènetis.

Æ. Conf. Collection d'Affry.

1625. Le duc Henri de Montmorency, amiral de France, bat, le 16 septembre, la flotte des Rochelois, près de l'île de Rhé.

Voir le président Hénault, p. 419.

N° 132.

✿ DE · LA · 3 · PREVOSTE · DE · Mre NICOLAS · DE · BAILLEVL

Écu armorié comme au n° 122. — Double grènetis.

℞. IMMERSABILLIS · VNDIS ·

Vaisseau à voiles fleurdelysées, voguant à droite; sur la poupe est assise la Ville de Paris tenant un sceptre dans chaque main. A l'exergue : · · 1627 · — Double grènetis et filet.

Conf. Collections de la Ville et d'Affry.

Cette dernière suite renferme une variété de coin où le premier mot de la légende du revers est écrit correctement : IMMERSABILIS.

La légende du revers est un abrégé de celle que Sully avait, pour le jeton royal de 1596, empruntée à un vers d'Horace (*I Epist.*, II, v. 2) :

.... aspera multa
Pertulit, adversis rerum immersabilis undis.

Voy. Longpérier, *Jetons composés par Sully*, dans la *Revue numismatique*, 1863, t. VIII, p. 432.

N° 133.

✠ DE · LA · 3 · P^{TE} DE · M^{RE} N · DE · BAILLEVL · PRESID^T · AV · PARLEMENT

Écu aux armes des Bailleul, comme au précédent. — Grènetis.

℞. · AQVILONE · SECVNDO ·

Vaisseau dont les mâts sont sommés d'une fleur de lys, voguant à gauche : il est poussé par un vent couronné. A l'exergue : · 1628 · — Grènetis, filet.

Conf. Collections de la Ville et d'Affry.

N° 134.

Outre les jetons qui viennent d'être décrits, M. de Bailleul a laissé la médaille que voici :

NICO · DE · BAILLEVL · PROPRÆT · VRB ET · PRÆF · ÆDIL · CVRANTE

Buste du Prévôt à droite, vêtu d'une soutane et d'une robe. Au-dessous : · 1623 · — Grènetis perlé.

℟. ÆTERNOS • PRÆBET • LVTETIA • FONTES :

Nymphe couchée dans un vallon; son bras droit, avec lequel elle soutient sa tête, est appuyé sur une urne épanchant ses eaux; à sa gauche est un arbre. — Grènetis perlé.

  Conf. Collection d'Affry.

Ainsi que nous l'avons dit plus haut, M. de Bailleul s'occupa beaucoup du service des eaux.

N° 135.

✸ • REGI • NECQ • DIVITI • MALEDIXERIS •

Couronne de laurier renfermant un écu armorié, comme au n° 126. — Grènetis.
℟. Type et légende du n° 128.

  Conf. Collections de la Ville et d'Affry.

Ce jeton appartient à Pierre Goujon.

N° 136.

DE • LA • PREVOSTE • DE • Mᴿᴱ CHRISTOPHE • SANGVIN • 1629 •

Couronne de laurier renfermant un écu aux armes de Paris. — Grènetis.

℟. • SAXIS • IN • PROCVRRENTIBVS • HESIT •

Vaisseau voguant à gauche; ses trois mâts sont surmontés chacun d'une fleur de lys; des flammes s'échappent de ses flancs : il est placé entre deux tours soutenant une chaîne et une digue flanquée de forts et ouverte par le milieu. A l'exergue : • RVP • DOMITA • 1629 • — Grènetis et filet.

  Conf. Collections de la Ville et d'Affry.

Ces collections renferment, en argent et en cuivre, une variété dont la légende porte : PREVOSTE • DE • Mᴿᴱ, tandis qu'au revers la date de l'exergue est supprimée.

1628. Le 28 octobre, la ville de la Rochelle se rend au Roi, qui y fait son entrée avec le cardinal de Richelieu, le 1er novembre. Le 2 du même mois, le chevalier de Saint-Simon apporte la lettre écrite à ce sujet par le Roi aux Prévôt et Échevins, le 30 octobre; ceux-ci lui donnent en retour une médaille d'or portant l'effigie du Roi et les armes de la Ville. La médaille, avec sa chaîne de même métal, valait 1,800 francs [1].

Le roi Louis XIII avait fait sa rentrée dans Paris en grande pompe.

Conformément au mandement du Bureau de la Ville, du lundi 30 octobre 1628, toutes les fenêtres des maisons placées sur le parcours étaient ornées d'une lanterne de papier peint, bleu, incarnat et blanc qui étaient les couleurs royales; en outre, une torche, ou un flambeau, était placé devant chaque porte.

<small>Voir D. Félibien et D. Lobineau, t. V, p. 581.</small>

1628-1632. CHRISTOPHE SANGUIN, seigneur de Livry.

Il était conseiller de Ville depuis 1607, conseiller au Parlement de Paris du 20 mars 1613; il fut plus tard président de la troisième Chambre des enquêtes et membre des Conseils d'État et privé. Il mourut le 29 septembre 1641.

L'Hôtel de Ville est terminé en 1628. Par décisions du Bureau de la Ville, des 19, 27 juin et 6 juillet 1629, les armoiries de divers corps des marchands sont réglées. La même année, on commence la construction de l'hôtel Richelieu, aujourd'hui le Palais-Royal. Le 2 septembre 1630, le duc d'Orléans pose la première pierre de l'église Saint-Jacques-du-Haut-Pas.

<small>Voir *Ordonnances royaux*, p. 530; Beaumont; Blanchard, *Conseillers*, p. 117; *Généalogies manuscrites*; *Inscription dans la cour centrale de l'Hôtel de Ville*; D. Félibien et D. Lobineau, t. V, p. 592; G. Brice, t. I, p. 195; Jaillot, t. IV, *Quartier Saint-Benoît*, p. 131.</small>

N° 137.

DE · LA · PREVOSTE · DE · Mre CHRISTOPHE · SANGVIN · 1630 ·

Écu aux armes de la Ville, dans une couronne de laurier. — Grènetis.

℞. TENET ET VIDET INFRA FVLMINA

Saint Louis debout, la tête couronnée, vêtu par-dessus son armure d'un manteau fleurdelysé,

<small>[1] Le franc de Louis XIII était une monnaie d'argent du poids de 14 gr. 188 mill.</small>

tient de la main droite un foudre et de la gauche un lis de jardin de trois branches; il est posé sur des nuages enveloppant la cime d'une montagne, au-dessous desquels la foudre éclate. — Grènetis.

Conf. Collections de la Ville et d'Affry.

Sur cette pièce, lés deux N du nom du Prévôt sont plus grands que les autres lettres; de nouveaux coins, dont il existe plusieurs variétés, ont été gravés; sur l'une d'elles, la date est précédée d'une quintefeuille.

N° 138.

D · LA · 2 · PREVOSTE · DE · Mre CHRISTOPHE · SANGVIN · 1631 ·

Écu de la Ville dans une couronne de laurier. — Grènetis.

℞. · TRITA · RESVRGIT · LÆTIOR ·

Rouleau de laboureur auprès d'un champ de blé. A l'exergue : · 1631 · — Grènetis.

Conf. Collections de la Ville et d'Affry.

N° 139.

✠ DE · LA · 2 · PRE^{TE} DE · M^R LE · PRE^T SANGVIN

Écu armorié, surmonté d'un casque de profil garni de lambrequins. D'azur, à la bande d'argent accompagnée en chef de trois glands d'or posés 2 et 1, et en pointe de deux membres de griffon de même, soutenus de trois demi-roses d'argent mouvant du bord de l'écu. — Grènetis, filet.

℞. • NEC LATVS ALTERNAT •

Vaisseau dont les voiles sont fleurdelysées, voguant à droite. A l'exergue : • 1632 • — Grènetis.

Conf. Collection de la Ville. Æ. Conf. Collection d'Affry.

Le cuivre de cette dernière collection présente une variété : au droit, les mots de la légende sont séparés par des annelets.

N° 140.

✠ DE • LA • PREVOSTE • DE • Mᴿᴱ M • MOREAV • LIEVTᵀ CIVIL

Écu armorié, surmonté d'un casque taré de trois quarts garni de lambrequins. Écartelé : au 1ᵉʳ et au 4ᵉ, d'or à trois têtes de Maures de sable tortillées d'argent; au 2ᵉ et au 3ᵉ, d'or à trois fasces de gueules. — Grènetis.

℞. ✠ QVO • NVLLA • PRIORVM ✠

Vaisseau pavillonné de France, voguant à gauche. A l'exergue : • 1633 • — Grènetis, filet.

Conf. Collections de la Ville et d'Affry.

1632-1637 (octobre). MICHEL MOREAU.

Lieutenant civil au Châtelet de Paris (1627), conseiller du Roi en ses Conseils d'État et privé, il mourut, en exercice, dans le courant d'octobre 1637.

Une déclaration du Roi, du 9 novembre de cette année, ordonna qu'à l'avenir, dans l'intérêt du service, les charges de lieutenant civil et de Prévôt des Marchands ne pourraient être cumulées sous aucun prétexte.

Des lettres patentes du 1ᵉʳ août 1634 autorisent la création de la manufacture royale des glaces; le 15 mai 1635, le cardinal de Richelieu pose la première pierre de l'église de la Sorbonne, édifice terminé en 1653.

Le nom de ce Prévôt est souvent écrit Maureau, ce qui est une erreur manifeste.

Voir *Ordonnances royaux*, p. 400, 531 ; *Almanach royal*, 1772, p. 169; D. Félibien et D. Lobineau, t. V, p. 94; Jaillot, t. III, *Quartier Saint-Antoine*, p. 113; t. V, *Quartier Saint-André*, p. 143.

JETONS ET MÉDAILLES DES PRÉVÔTS ET ÉCHEVINS.

N° 141.

Mêmes type et légende qu'au précédent.

℞. NON VELLVS AT ORBEM

Vaisseau pavillonné de France, voguant à droite. A l'exergue : • 1634 • — Grènetis.

Conf. Collections de la Ville et d'Affry.

Il y a différents revers qui présentent des variétés de coin.

N° 142.

• DE • LA • PREVOSTE • DE • M^{re} M • MOREAV • LIEVT^{nt} CIVIL

Écu aux armes des Moreau, surmonté d'un casque de profil avec ses lambrequins. — Grènetis.

℞. NON VELLVS AT ORBEM

Vaisseau voguant à droite. A l'exergue : • 1634 • — Grènetis.

Æ. Conf. Collection d'Affry.

Une variété de cuivre, de la même suite, offre au droit le mot LIEVTENANT en toutes lettres ; le vaisseau du revers ne porte de pavillon fleurdelysé ni au grand mât ni à la poupe.

La devise de ce jeton a été faite par Pierre de Marcassus, qui a reçu cinquante livres pour ce travail.

Ce n'est pas, comme Argo, la toison que doit conquérir le navire de Paris ; c'est le monde.

Arch. nat. *Compte de la Ville*, 1634-1635, Arch. nat. KK 436, fol. 572.

N° 143.

✿ DE · LA · 2 · PREVOSTE · DE · M^RE · M · MOREAV · LIEVT^NT CIVIL

Écu aux armes des Moreau, surmonté d'un casque de trois quarts avec ses lambrequins. — Grènetis.

℞. ✿ ET · QVO · FATA · VETANT ✿

Vaisseau portant le pavillon de France au grand mât et à la poupe et voguant à gauche. A l'exergue : · 1635 · — Grènetis et filet.

Conf. Collection de la Ville. Æ. Conf. Collection d'Affry.

C'est encore Pierre de Marcassus qui a composé cette devise; il a reçu la même somme que pour son précédent travail.

La devise fait suite à celle qui se lit sur le jeton de la première prévôté (n° 140) : *Quo nulla priorum, et quo fata vetant.*

Arch. nat. *Comptes de la Ville*, 1634-1635, Arch. nat. KK 436, fol. 587 v°.

N° 144.

· DE · LA · 2 · PREVOSTE · DE · M^RE · MOREAV · LIEVT^NT CIVIL

Écu aux armes des Moreau, surmonté d'un casque de profil garni de ses lambrequins. — Grènetis.

℞. CVI CESSERIT ARGO

Vaisseau voguant à gauche. A l'exergue : · 1636 · — Grènetis.

Conf. Collection de la Ville. Æ. Conf. Collection d'Affry.

Sur les exemplaires d'argent, la date de l'exergue est placée entre deux annelets. Continuation de l'allusion à la supériorité du navire de Paris sur celui de Jason.

N° 145.

· DE · LA · 3 · PREVOSTE · DE · M^re · M · MOREAV · LIEVT^t CIVIL

Écu aux mêmes armes, surmonté d'un casque de profil avec ses lambrequins. — Grènetis.

℞. · NEC SAXA NEC IGNES ·

Vaisseau voguant à gauche. A l'exergue : · 1637 · — Grènetis.

Æ. Conf. Collection d'Affry.

———⸺◇◇⸺———

N° 146.

✠ DE · LA · PREVOSTE · DE · M^re · OVDART · LE · FERON · PR^t

Écu armorié, surmonté d'un casque de trois quarts orné de lambrequins. De gueules, au sautoir d'or cantonné : au 1er et au 4e, d'une molette d'éperon d'or; au 2e et au 3e, d'une aiglette au vol abaissé de même. — Grènetis.

℞. ✠ ÆQVO MODERAMINE ✠

Vaisseau voguant à gauche. A l'exergue : · 1638 · — Grènetis.

Conf. Collection de la Ville. Æ. Conf. Collection d'Affry.

M. Borel dit que les aiglettes sont éployées.

Sur l'exemplaire d'argent de la Bibliothèque nationale, les mâts sont sommés d'un pavillon chargé d'une fleur de lys.

1637 (26 octobre)-1641 (février). OUDART LE FÉRON, seigneur d'Orville et de Louvres en Parisis.

Conseiller au Parlement du 24 juillet 1620, il avait été nommé président aux enquêtes le 19 mai 1629; il était, en outre, conseiller de Ville depuis 1624. Il mourut, étant en fonctions, dans le courant de février 1641.

En 1639, on commence la reconstruction en pierre du pont au Change, qui avait été brûlé en 1621.

Voir *Ordonnances royaux*, p. 531; Blanchard, *Conseillers*, p. 120; Beaumont; Moréri, t. V, p. 95; Jaillot, t. I, *Quartier de la Cité*, p. 161; D. Félibien et D. Lobineau, t. II, p. 1393.

N° 147.

· DE LA · PREVOSTE · DE M^RE OVDART · LE FERON · PR^T

Écu aux armes des Le Féron, surmonté d'un casque taré de trois quarts et garni de lambrequins. — Grènetis.

℞. SVRGENS STABILIVIT IVLVS

Vaisseau voguant à gauche. A l'exergue : · 1639 · — Grènetis.

Conf. Collections de la Ville et d'Affry.

Un dauphin, longtemps attendu, venait de naître. La Ville voyait, dans cet événement, un gage de stabilité et puisait dans Virgile (*Æneid.* VI, 364 et X, 524) l'expression de son sentiment.

N° 148.

Droit comme au précédent.

℞. · A · FLVCTV · DEFENDIT · ONVS ·

Vaisseau voguant à gauche. A l'exergue : · 1640 · — Grènetis.

Conf. Collection de la Ville. Æ. Conf. Collection d'Affry.

N° 149.

· DE · LA · PREVOSTE · DE · Mre OVDART · LE · FERON · PR^t

Armes des Le Féron, surmontées d'un casque de trois quarts garni de ses lambrequins. — Grènetis.

℞. TVTA · DIOSCVRIS ·

Vaisseau voguant à gauche. A l'exergue : · 1641 · — Grènetis.

Conf. Collection de la Ville. Æ. Conf. Collection d'Affry.

Une variété, appartenant à cette dernière suite, commence la légende du revers par un point.

Cette légende fait allusion aux deux fils de Louis XIII, Louis, dauphin, né le 5 septembre 1638 et Philippe, duc d'Orléans, né le 21 septembre 1640, que la courtoisie municipale comparait aux Dioscures, fils de Jupiter, divinités favorables aux nautoniers.

N° 150.

· CL · GALLAND · C · D · R · AV.DITEVR · D · COMPTES · P^er ESCHEVIN

Écu armorié, surmonté d'un casque de trois quarts garni de ses lambrequins. D'azur, au chevron d'argent accompagné de trois roses d'or et surmonté d'un croissant d'argent. — Grènetis.

℞. · TANTVS AMOR PATRIÆ ·

Cœur entouré de flammes. A l'exergue : · · 1640 · — Double grènetis.

Conf. Collection d'Affry.

Chevillard et Borel remplacent les roses par des coquilles, et donnent, en outre, un écartelé de Vivien. Mlle Denys dit que le chevron est d'or.

CLAUDE GALLAND, Échevin de 1638 à 1640, était conseiller du Roi, auditeur des Comptes, depuis le 9 août 1613; il mourut en février 1661.

Voir *Ordonnances royaux*, p. 532; Beaumont; *Manuscrit de la Chambre des comptes*, t. II, p. 186.

N° 151.

✠ · DE · LA · PREVOSTE · DE · M^RE · MACE · LE · BOVLANGER · PR^T

Écu armorié, surmonté d'un casque de face avec ses lambrequins. D'azur, à la fasce d'or accompagnée en chef de trois étoiles rangées de même, et en pointe de trois roses d'argent posées 2 et 1. — Grènetis.

℞ · CRESCIT SECVRA TRIVMPHIS

Écu aux armes de Paris; le chef chargé seulement de trois fleurs de lys rangées. — Grènetis.

Conf. Collections de la Ville et d'Affry.

Ce jeton ne porte pas de date; les armoiries de la Ville sont inexactes : il a été remplacé par le suivant.

1641 (22 avril)-1644. MACÉ LE BOULANGER, seigneur de Viarmes, Quincampoix, etc.

D'abord conseiller à la Cour des aides, il passa en la même qualité au Parlement, le 1er juin 1611; président aux Enquêtes le 6 mars 1624, il monta plus tard à la Grand'Chambre.

Le quai des Orfévres, entrepris en 1580, est achevé en 1643. Le quai de Gesvres est commencé à la même époque, conformément aux lettres patentes de février 1642.

Voir *Ordonnances royaux*, p. 532; *Mercure*, 1695, mai, p. 263; Blanchard, *Conseillers*, p. 116; *Généalogies manuscrites*; Jaillot, t. I, *Quartier de la Cité*, p. 190; *Quartier Saint-Jacques-la-Boucherie*, p. 39; D. Félibien et D. Lobineau, t. V, p. 111.

———>✧<———

N° 152.

Même droit que le précédent.

℞. CRESCIT SECVRA TRIVMPHIS

Écu aux armes de la Ville. Au-dessus : • 1642 • — Grènetis.

Conf. Collections de la Ville et d'Affry.

N° 153.

• DE • LA PREVOSTE • DE • M^{RE} MACE • LE • BOVLANGER • PR^T

Armes des Le Boulanger, surmontées d'un casque de face avec ses lambrequins. — Grènetis.

℞. ❈ MICAT • INTER • OMNES

Armes de la Ville, surmontées de la date 1643. — Grènetis.

Conf. Collections de la Ville et d'Affry.

N° 154.

• DE • LA • PREVOSTE • DE • M^{RE} MACE • LE • BOVLANGER

Armoiries des Le Boulanger, surmontées d'un casque de face, garni de ses lambrequins. — Grènetis.

℞. ❈ • PIA • REGI • FIDA • COLONIS •

Armes de Paris. Au-dessus : 1464. — Grènetis.

Conf. Collections de la Ville et d'Affry.

N° 155.

❀ SEB • CRAMOISY • DIR • DE • LIMPR • ROYALE • P^ER^ ESCHEVIN

Écu armorié, surmonté d'un casque de profil, avec ses lambrequins. D'argent, à l'ancre de sable, la trabe d'or; au chef d'azur chargé de trois étoiles rangées d'or. — Grènetis.

℟. • HÆC ❀ PONDERA ❀ IVSTI •

Main dextre sortant d'un nuage, au milieu d'un ciel étoilé, tenant une règle terminée par deux fleurs de lys, une équerre et un fil à plomb, dont le poids est fleurdelysé. A l'exergue : • 1643 • — Grènetis

Conf. Collection d'Affry.

Borel donne les étoiles d'argent.

Sébastien Cramoisy, imprimeur célèbre, fut Échevin du 16 août 1641 au 17 août 1643 : il avait été nommé directeur de l'Imprimerie royale, lors de la création de cet établissement, en 1640, par Louis XIII. Il fut, en outre, élu consul le 31 janvier 1636, juge le 30 janvier, et prêta serment le 31 janvier 1652; il mourut en janvier 1669, dans la Ville de Paris, où il était né en 1585.

Voir *Ordonnances royaux*, p. 532; Beaumont; Dupont, t. II, p. 464; *Chronologie des curés de Saint-Benoît*, p. 65, 2e partie; *Juridiction consulaire*, 2e part. p. 51 et 60.

N° 156.

• DE • LA • PREVOSTE • DE • M^RE^ IEHAN • SCARON

Écu armorié, surmonté d'un casque de face garni de ses lambrequins et cimé d'une tête contournée de chevrotin. D'azur, à la bande bretessée d'or. — Grènetis.

℞. ✷ · MATRE · DEA · MONSTRANTE · VIAM ·

Armes de Paris. Au-dessus : 1645. — Grènetis.

Conf. Collections de la Ville et d'Affry.

La régence du royaume et l'éducation du Roi avaient été données à la Reine mère, dans le lit de justice du 18 mai 1643.

1644-1646. JEAN SCARON, seigneur de Maudiné.

Il avait été reçu conseiller au Parlement de Paris le 10 février 1600, et il passa, par la suite, à la Grand'Chambre. Il mourut en exercice, dans le mois de février 1646, âgé de 72 ans.

Le 1ᵉʳ avril 1645, le Roi posa la première pierre de l'église du Val-de-Grâce ; ce monument fut terminé en 1665.

Voir *Ordonnances royaux*, p. 533; Blanchard, *Conseillers*, p. 112; *Manuscrit d'Hozier*; Moréri, t. IX, 2ᵉ part. p. 228; Jaillot, t. IV, *Quartier Saint-Benoît*, p. 161.

N° 157.

DE · LA · PREVOSTE · DE · Mʳᵉ IEHAN · SCARRON ·

Mêmes armes qu'au précédent. — Grènetis.

℞. ✷ · AVDIT · SECVRA · REGENTEM ·

Armoiries de la Ville, surmontées de la date 1646. — Grènetis.

Conf. Collections de la Ville et d'Affry.

N° 158.

✷ N · Hᵉ CLAVDE · D · BOVRGES · P · ESCHⁿ D · L · VILLE · D · PARIS

Écu armorié, surmonté d'un casque de trois quarts avec ses lambrequins. D'azur, au chevron accompagné de trois lis de jardin d'argent tigés de sinople. — Grènetis.

℞. • TOVT POVR DIEV •

Autel sur lequel est un veau offert en sacrifice : *Et imponent super altare tuum vitulos* (Psalm. L, v. 20). A l'exergue : • 1645 • — Grènetis.

Conf. Collection d'Affry.

Noble homme CLAUDE DE BOURGES, conseiller du Roi, payeur du Bureau des trésoriers de France en la généralité d'Orléans, fut élu, le 17 août 1643, Échevin de Paris, poste qu'il occupa jusqu'au 16 août 1645. Il avait été nommé conseiller de Ville dès 1631.

Voir *Ordonnances royaux*, p. 533, et Beaumont.

N° 159.

✠ DE • LECHEVINAGE • DE • Mre IEAN • GAIGNY • COV^{er} ET • COM^{re}

Écu armorié, surmonté d'un casque de profil garni de lambrequins. D'azur, à deux épis d'or posés en sautoir, mouvant d'un croissant d'argent placé à la pointe de l'écu et accompagnés de trois quintesfeuilles mal ordonnées de même. — Grènetis.

℞. Comme au n° 157.

Conf. Collections de la Ville et d'Affry.

Beaumont et Borel donnent des roses au lieu de quintesfeuilles; en outre, le dernier n'indique pas la position de ces meubles.

JEAN GAIGNY, commissaire examinateur au Châtelet, l'un des maîtres et gouverneurs du temporel de l'Hôtel-Dieu, conseiller de Ville depuis 1636, fut Échevin de 1645 à 1647; il mourut le 28 mars 1669, étant, depuis plusieurs années, doyen des commissaires.

Voir *Ordonnances royaux*, p. 533; Beaumont; l'abbé Lebeuf, t. I, p. 241.

N° 160.

• DE • LA • • PREVOSTE • DE • M^RE HIEROSME • LE FERON • PR^T

Écu aux armes des Le Féron (voir n° 146), surmonté d'un casque de profil orné de lambrequins. — Grènetis.

℞. ❋ DEVS • PVPPI • CONSEDIT • IN • ALTA

Armes de Paris, au-dessus desquelles se trouve la date 1647. — Grènetis.

Conf. Collections de la Ville et d'Affry.

1646 (26 février)-1650. JÉRÔME LE FÉRON, seigneur d'Orville et de Louvres-en-Parisis.

Conseiller au Parlement de Paris du 9 juillet 1627, puis président à la seconde Chambre des enquêtes, il mourut le 8 septembre 1689. C'était un homme de mérite comme magistrat; mais, dans les fonctions de Prévôt des Marchands, il ne sut pas se maintenir à la hauteur des circonstances politiques. Il était frère cadet d'Oudard Le Féron.

Voir *Ordonnances royaux*, p. 533; Blanchard, *Conseillers*, p. 123; Moreri, t. V, p. 95; Duleau, *Portraits des membres du Parlement de Paris*, n° 69; Le Roux de Lincy, *Registres de l'Hôtel de Ville pendant la Fronde*, t. III, p. 464.

N° 161.

❋ DE • LA • PREVOSTE • DE • M^RE HIEROSME • LEFERON • PR^T

Écu armorié, comme au précédent. — Grènetis.

℞. • VNA ❋ SALVS ❋ CVNCTIS •

Armes de Paris, surmontées d'un fleuron. A l'exergue : 1648. — Grènetis.

Conf. Collections de la Ville et d'Affry.

1647. Le 10 novembre, le Roi, atteint de la petite vérole, est dangereusement malade; mais il guérit par les soins assidus de la Reine.

Voir *Le président Hénault*, p. 474.

N° 162.

• DE LA • 2 • PREVOSTE • DE • M^RE HIEROSME • LE • FERON • PR^T

Armes des Le Féron, surmontées d'un casque de trois quarts avec ses lambrequins. — Grènetis.

℞. • NESCIA • MERGI •

Écu aux armes de la Ville, au-dessus duquel est placée une quintefeuille entre deux points. A l'exergue : • 1649 • — Grènetis.

Conf. Collections de la Ville et d'Affry.

N° 163.

DE • LA II • PREVOSTE • DE • M^RE HIEROSME • LE FERON • P^T

Armoiries des Le Féron, surmontées d'un casque de face garni de lambrequins. — Grènetis.

℞. •TV • NE • CEDE • MALIS•

Armes de la Ville, au-dessus desquelles se trouve la date de 1650, surmontée elle-même d'une quintefeuille entre deux points. — Grènetis.

Conf. Collections de la Ville et d'Affry.

1649. Guerre de Paris.

N° 164.

· DE · LECHEVINAGE · DE · M͜ᴱ IEAN · GAIGNY · CON͜ᴇʀ ET · COM͜ʀᴇ

Écu aux armes des Gaigny (voir n° 159), surmonté d'un casque de profil orné de lambrequins. — Grènetis.
℞. Le même qu'au n° 160.

Conf. Collection d'Affry.

N° 165.

DE · LECHEVINAGE · DE · M͜ᴱ IEHAN · GAIGNY · CON͜ᴇʀ ET · COM͜ʀᴇ

Armes des Gaigny, surmontées d'un casque de profil avec lambrequins. — Grènetis.
℞. Comme au n° 161.

Conf. Collection d'Affry.

J. Gaigny avait cessé d'être Échevin en 1647; on peut supposer qu'en sa qualité de conseiller de Ville il fut autorisé à frapper des jetons comme auparavant.

N° 166.

✱ DE·LA·PREVOSTE·DE·M͜ʀᴇ ANT͜ᴱ LE·FEBVRE·CON͜ᴇʀ D·R·EN·SES·CON͜ᴸˢ ET·PARL͜ᵀ

Écu armorié, surmonté d'un casque de face avec ses lambrequins. D'azur, au chevron d'or surmonté d'une tour d'argent, accompagnée en chef de deux étoiles et en pointe d'un souci, le tout d'or. — Grènetis.

℞. ❈ SIDERE ❈ LÆTA ❈ SVO ❈

Armes de la Ville. A l'exergue : ❈ 1651 ❈ — Grènetis.

Conf. Collection de la Ville. ⁂. Conf. Collection d'Affry.

Borel remplace le souci par une ancolie.

1650. La cour était à Paris depuis le 15 novembre; elle assista au *Te Deum* chanté à Notre-Dame pour la bataille de Réthel, gagnée sur Turenne par le maréchal du Plessis, le 15 décembre.

Voir Bazin, 4, 158, 164.

1650-1654 (17 août). **ANTOINE LE FEBVRE**, seigneur de la Barre.
Reçu conseiller au Parlement de Paris, il fut, plus tard, membre du Conseil d'État. Sa magistrature fut difficile : il fut contraint de donner sa démission le 5 juillet 1652. Pierre de Broussel, qui fut élu Prévôt le 6 juillet, quitta ces fonctions le 24 septembre suivant, et Le Febvre, conformément aux lettres royales du 5 octobre, fut réintégré le 14 de ce mois.

Le 28 mars 1653, le Roi et la Reine mère posent la première pierre de l'église Saint-Roch; cette église ne fut terminée qu'en 1740.

Voir *Ordonnances royaux*, p. 534; Blanchard, *Conseillers*, p. 131; *Mercure de 1688*, mai, p. 158; Le Roux de Lincy, *Registres de l'Hôtel de Ville pendant la Fronde*, 3ᵉ vol. p. 51 et suiv.; Jaillot, t. I, *Quartier du Palais-Royal*, p. 39.

N° 167.

❈ DE · LA · PREVOSTE · DE · Mʀᴇ ANTOINE · LE · FEBVRE · CONᴇʀ DESTAT

Mêmes armes qu'au précédent.
℞. Le même que celui qui précède.

Conf. Collections de la Ville et d'Affry.

Ce nouveau coin du droit, gravé pour 1651, fait connaître que c'est à la fin de l'année 1650, ou au commencement de l'année 1651, que le Prévôt fut appelé au Conseil d'État; cette refonte des jetons donna lieu à une dépense de 700 livres.

Comptes de la Ville, 1649-1651. Archives nationales, KK 442, fol. 507 r°.

N° 168.

✿ DE · LA · PREVOSTE · DE · Mre ANTOINE · LEFEBVRE

Écu timbré d'un casque de face, aux armes des Le Febvre. — Grènetis.

℞. MOTOS · NOVIT · COMPONERE · FLVCT9.

Armes de Paris. A l'exergue : · 1652 · — Grènetis.

Conf. Collections de la Ville et d'Affry.

Les faits ne tardèrent pas à démentir cette légende, imitée d'un vers de Virgile (*Æneid.* lib. I, 135).

N°. 169.

✿ DE · LA · 2^e PREVOSTE · DE · Mre ANTOINE · LE · FEBVRE

Écu comme ci-dessus, aux armes des Le Febvre. — Grènetis.

℞. ✿ LÆSA · SED · SALVA ✿

Armoiries de la Ville. A l'exergue : · 1653 · — Grènetis.

Conf. Collections de la Ville et d'Affry.

1652 (4 juillet). La populace, mêlée de soldats déguisés, attaque l'Hôtel de

Ville, où se tenait une assemblée réunie pour aviser aux moyens de maintenir la sûreté de la Ville; elle tire aux fenêtres et met le feu à divers endroits; puis elle entre dans l'Hôtel, le pille, tue ou blesse plusieurs personnes. Elle menaçait d'exterminer tous les membres de l'assemblée, lorsque le duc de Beaufort arriva et réussit à disperser les séditieux. Bientôt après vint Mademoiselle, qui fit sortir le Prévôt sous escorte.

Voir Le Roux de Lincy, *Registres de l'Hôtel de Ville pendant la Fronde*, 3ᵉ vol. p. 51; Bazin, t. IV, 255.

N° 170.

Même droit qu'au précédent.

℞. · SERVANDO · DEA · FACTA · DEOS ·

Vaisseau flottant à gauche, au milieu des nuages; ses voiles sont semées d'étoiles; il est surmonté d'un chef semé de France. A l'exergue : · 1654 · — Grènetis, filet.

Conf. Collection de la Ville. ℞. Conf. Collection d'Affry.

N° 171.

✿ DE · L'ECHEVINAGE · DE · Mᴿᴱ MICHEL · GVILLOIS · CONᴱᴿ ·

Écu armorié, surmonté d'un casque de profil garni de ses lambrequins. D'argent, au tournesol d'or, entortillé dans sa tige de deux pensées d'azur, le tout tigé et feuillé de sinople sur une terrasse de même. — Grènetis.

℞. Comme au n° 168.

Conf. Collection de la Ville; Musée monétaire, n° 1198.

Borel n'indique pas les fleurs.

MICHEL GUILLOIS, conseiller au Châtelet, fut conseiller de Ville en 1636 et Echevin en 1650; dépossédé le 6 juillet 1652, il fut réintégré le 14 octobre suivant et exerça jusqu'en 1653.

Voir Beaumont; *Ordonnances royaux*, p. 534.

N° 172.

❀ DE · LECHEVINAGE · DE · M^{RE} N · PHELIPPES · M^{E} DHOSTEL · DV · R

Écu armorié, surmonté d'un casque de profil avec ses lambrequins. Écartelé : au 1er et au 4e, d'argent au chevron de gueules, accompagné de trois glands et de trois olives de sinople disposés par couples, composés chacun d'un gland et d'une olive posés en sautoir et liés de gueules, au chef d'azur chargé de trois étoiles rangées d'or; au 2e et au 3e, de gueules à la croix endentée d'argent. — Grènetis.

℟. ❀ DVXIT · HONOR · POPVLVS · DEDIT · ANNVIT · AVLA

Écu aux armes de la Ville, au-dessus duquel est placée la date : · 1652 · — Grènetis.

Æ. Conf. Collection d'Affry.

Borel donne, au 2e et au 3e, de gueules au chef d'argent.

NICOLAS PHELIPPES, ancien élu de l'élection de Paris, receveur du grenier à sel de cette ville, maître d'hôtel du Roi, était quartinier depuis 1643; nommé Échevin en 1650, il fut dépossédé le 6 juillet 1652, et réintégré le 14 octobre suivant dans ce poste, qu'il occupa jusqu'en 1653.

Voir *Ordonnances royaux*, p. 534; Beaumont.

N° 173.

· DE · LESCHEVINAGE · DE · M^{RE} A · LE VIEVLX · CON^{ER} DE · VILLE

Écu armorié, surmonté d'un casque de profil garni de lambrequins. D'azur, à la fasce d'or accompagnée en chef d'un croissant d'argent, accosté de deux étoiles d'or, et, en pointe, d'un phénix éployé d'argent. — Grènetis.

℞. Comme au n° 170.

Conf. Collection Duleau.

Beaumont et Borel donnent aux Le Vieulx, d'après Chevillard, les armes suivantes : d'azur, à l'aigle au vol abaissé d'or, au chef cousu de gueules, chargé d'un croissant d'argent côtoyé de deux étoiles d'or.

ANDRÉ LE VIEULX, conseiller de Ville depuis 1639, fut élu Échevin en 1651; continué pour un an, le 14 octobre 1652, il exerça jusqu'au 17 août 1654; il était marchand drapier, et il fut nommé consul le 30 janvier 1655, puis juge le 30 janvier 1670; il remplit, en outre, les fonctions d'administrateur de l'Hôtel-Dieu et de directeur de l'Hôpital général.

Voir *Ordonnances royaux*, p. 534; *Ordonnance de 1669*, p. 744; Beaumont; *Juridiction consulaire*, 2ᵉ partie, p. 79, 90.

N° 174.

✾ DE · LA · PREVOSTE · DE · Mᴿᴇ ALEXANDRE · DE · SEVE

Écu armorié, surmonté d'un casque de face garni de lambrequins. Fascé d'or et de sable, à la bordure contre-compônée de même. — Grènetis.

℞. NEC · SAXA NEC · IGNES

Vaisseau voguant à gauche, toutes voiles dehors. A l'exergue : 1655. — Grènetis.

Conf. Collection de la Ville. ℞. Conf. Collection d'Affry.

Le vaisseau municipal ne redoute ni les écueils ni les flammes.

1654 (17 août)-1662. ALEXANDRE DE SÈVE, seigneur de Chatignonville et de Châtillon-le-Roi.

D'abord secrétaire du cabinet, il fut reçu maître des requêtes le 1ᵉʳ septembre

JETONS ET MÉDAILLES DES PRÉVÔTS ET ÉCHEVINS.

1633, puis conseiller du Roi en ses Conseil d'État et direction des finances. Il mourut le 22 février 1673.

En 1656, il fait reconstruire en pierre le pont des Tournelles. Le quai de Nesle, aujourd'hui le quai Conti, est commencé à la même époque, conformément à une ordonnance du Bureau de la Ville, du 5 novembre 1655. En 1659, on répare le Petit-Pont et le pont Notre-Dame.

Voir *Ordonnances royaux*, p. 534, 535; *Tablettes de Thémis*, t. I, p. 174; *État de la France*, 1663, t. II, p. 384; le P. Anselme, t. IV, p. 674; G. Brice, t. II, p. 191; Jaillot, t. I, *Quartier de la Cité*, p. 196, 199, 202.

N° 175.

Mêmes type et légende qu'au précédent.

℞. · NEC · TE · QVÆSIERIS · EXTRA ·

Armes de Paris. A l'exergue : 1656. — Grènetis.

Conf. Collection de la Ville. ℞. Conf. Collection d'Affry.

N° 176.

✿ DE · LA · 2ᵉ PREVOSTE · DE · Mʳᵉ ALEXANDRE · DE · SEVE

Armes des Sève, comme dessus. — Grènetis.

℞. · TANDEM · IACTATA · QVIESCIT ·

Armoiries de la Ville. A l'exergue : · 1657 · — Grènetis.

Conf. Collection de la Ville. ℞. Conf. Collection d'Affry.

Après de longues agitations, la Ville trouve enfin le repos.

N° 177.

✿ DE · LA · 2 · PREVOSTE · DE · M^{RE} ALEXANDRE · DE · SEVE

Armoiries comme aux précédents. — Grènetis.

℞. · SOSPITE · CVRSV ·

Écu aux armes de Paris. A l'exergue : · 1658 · — Grènetis.

Conf. Collection de la Ville. Æ. Conf. Collection d'Affry.

———⋅✧⋅———

N° 178.

✿ DE · LA · 3^E PREVOSTE · DE · M^{RE} ALEXANDRE · DE · SEVE

Armes des Sève, comme dessus. — Grènetis.

℞. ET · MVLCERE · DEDIT · FLVCTVS

Armoiries de la Ville. A l'exergue : · 1659 · — Grènetis.

Æ. Conf. Collection d'Affry.

Il existe un exemplaire de cuivre, présentant ce revers joint au droit du n° 174; résultat évident d'une erreur de frappe.

———⋅✧⋅———

N° 179.

Légende et type du précédent.

℞. • HANC • REX • PACE • BEAT •

Armes de Paris. A l'exergue : • 1660 • — Grènetis.

Conf. Collections de la Ville et d'Affry.

1659. La paix est conclue, le 7 novembre, entre la France et l'Espagne, par un traité passé dans l'île des Faisans; le même jour, on signe le contrat de mariage du Roi avec l'Infante.

Voir *Le président Hénault*, p. 495.

N° 180.

✿ DE • LA 4ᴱ PREVOSTE • DE • Mʳᵉ ALEXANDRE • DE • SEVE

Armoiries des Sève, comme dessus. — Grènetis.

℞. • VELLERE • SPECTANDA • NOVO •

Armes de la Ville. A l'exergue : • 1661 • — Grènetis.

Conf. Collections de la Ville et d'Affry.

1660. Le 9 juin, Louis XIV épouse en personne, à Saint-Jean-de-Luz, Marie-Thérèse, fille du roi d'Espagne.

Voir Bazin, t. IV, p. 450.

N° 181.

DE · LA · 4ᵉ PREVOSTE · DE · Mᴿᴱ ALEXANDRE · DE · SEVE

Armoiries de la Ville, surmontées de la date · 1662 · — Grènetis.

℞. · QVIS · MAGNO · MELIVS · SVCCEDET · ACHILLI ·

Dauphin couronné à l'antique, jouant sur les eaux. A l'exergue se trouve un fleuron. — Grènetis, filet.

Conf. Collections de la Ville et d'Affry.

1661. Naissance du Dauphin, fils de Louis XIV; elle a lieu le 1ᵉʳ novembre.

Voir *Le président Hénault*, p. 502.

N° 182.

ALEX · DE · SEVE · VRB · PAR · PRÆF · IIII ·

Buste du Prévôt à droite, la tête couverte d'une calotte et vêtu d'une soutane et d'une robe. — Filet.

℞. NEC DEVIAT VSQVAM

Vaisseau désemparé voguant à gauche; sa poupe est chargée d'une boussole et d'un pavillon aux armes de France, et sa proue d'un lion; il est surmonté d'une étoile brillant au milieu des nuages. A l'exergue : · 1661 · — Filets. Médaille.

Le Prévôt témoigne de sa fidélité au Roi; le vaisseau qu'il monte, quelles que soient les conditions où il se trouve, saura toujours suivre la droite voie.

N° 183.

✱ DE · LECHEVINAGE · DE · M^{RE} IVLIEN · GERVAIS

Écu armorié, surmonté d'un casque de profil garni de lambrequins. D'azur, à trois annelets d'or, accompagnés en bordure de quatorze demi-annelets de même, mouvant des bords de l'écu. — Grènetis.

℞. Semblable au n° 174.

Conf. Collection d'Affry.

D'après Chevillard, Beaumont et Borel, les demi-annelets, posés en bordure, seraient au nombre de douze seulement.

JULIEN GERVAIS, conservateur des mesures au grenier à sel de Paris, quartinier en 1634, fut élu Échevin le 16 août 1652; démissionnaire en octobre suivant, il fut choisi de nouveau en 1653, et il remplit sa charge jusqu'en 1655. Il était du corps de mercerie, grosserie et joaillerie, et il fut nommé consul le 30 janvier 1672.

Voir *Ordonnances-royaux*, p. 534; Beaumont; *Juridiction consulaire*, 2ᵉ partie, p. 98.

N° 184.

✱ D · LESCHEVINAGE · D · M^{RE} VINCENT · HERON · C^{ER} D · VILLE

Écu armorié, surmonté d'un casque de profil avec ses lambrequins. D'azur, au chevron d'or, surmonté d'un croissant d'argent et accompagné de trois grenades tigées et feuillées d'or, ouvertes de gueules. — Grènetis.

℞. Comme au n° 175.

Conf. Collection d'Affry.

VINCENT HÉRON, conseiller de Ville depuis 1640, a rempli les fonctions d'Échevin du 17 août 1654 au 16 août 1656. Il était du corps de l'épicerie; il fut nommé consul le 30 janvier 1653 et juge le 28 janvier 1668.

Voir Beaumont; *Ordonnances royaux*, p. 534; *Juridiction consulaire*, 2ᵉ partie, p. 77, 94.

N° 185.

✼ DE · LECHEVINAGE · DE · Mᴿᴱ · IVLIEN · GERVAIS

Écu comme au n° 183. — Grènetis.

℞. ✼ D · LESCHEVINAGE · DE · Mᴿᴱ · VINCENT · HERON · Cᴱʀ D · VILLE

Écu comme au n° 184. — Grènetis.

Æ. Bibliothèque nationale.

N° 186.

✼ DE · LECHEVINAGE · DE · Mᴿ · CLAVDE · DE · SANTEVL

Écu armorié, comme au n° 190. — Grènetis.

℞. ✼ DE · LA · PREVOSTE · DE · Mᴿᴱ ALEXANDRE · DE · SEVE

Écu armorié, comme au n° 174. — Grènetis.

Æ. Bibliothèque nationale.

N° 187.

✿ D · LESCHEVINAGE · DE · Mre VINCENT · HERON · C^{en} D · VILLE

Écu comme au n° 184. — Grènetis.

℞. ✿ DE · LECHEVINAGE · DE Mr CLAVDE · DE · SANTEVL

Écu armorié comme au n° 190. — Grènetis.

Æ. Bibliothèque nationale.

N° 188.

✿ DE · LECHEVINAGE · Mr IEAN · ROVSSEAV

Écu armorié, surmonté d'un casque de profil avec ses lambrequins. De sable, à trois épis de blé rangés d'or. — Grènetis.

℞. · ADHIBET · SOCIAS · GENTES ·

Vaisseau voguant à gauche, vers lequel vole une Victoire portant une branche d'olivier, le tout sous un chef semé de France. A l'exergue : · PAX · FVNDATA · CVM · ANGLIS · 1656 · — Grènetis, filet.

Conf. Collections de la Ville et d'Affry.

Chevillard, Beaumont et Borel posent les épis 2 et 1.

1655 (2 novembre). On passe avec Cromwell un traité dont la condition est que la France abandonnera les intérêts de Charles II.

Jean Rousseau était quartinier en 1638; il fut Échevin de 1654 à 1656;

consul le 30 janvier 1649, et juge le 31 janvier 1664. Il appartenait au corps de la bonneterie.

Voir Beaumont; *Ordonnances royaux*, p. 534; *Juridiction consulaire*, 2⁰ partie, p. 74, 90; *Le président Hénault*, p. 491.

N° 189.

❀ DE · LECHEVINAGE · DE · M⁺ · IEAN · ROVSSEAV

Écu armorié, comme au n° 188. — Grènetis.

℞. ❀ DE · LECHEVINAGE · DE · M⁺. CLAVDE · DE · SANTEVL

Écu armorié, comme au n° 190. — Grènetis.

Æ. Bibliothèque nationale.

N° 190.

❀ DE · LECHEVINAGE · DE · M⁺. CLAVDE · DE · SANTEVL

Écu armorié, surmonté d'un casque de profil avec lambrequins. D'azur, à la tête d'or posée de front et semée d'yeux au naturel. — Grènetis.

℞. Comme au n° 175. Le même en 1657, avec cette devise : *Tandem jactata quiescit*. (N°ˢ 176 et 193.)

Conf. Collection d'Affry.

CLAUDE DE SANTEUL, conseiller de Ville en 1631, remplit les fonctions d'Échevin de 1655 à 1657.

Voir Beaumont; *Ordonnances royaux*, p. 534.

N° 191.

Un autre exemplaire de cuivre, faisant partie de la collection d'Affry, présente le même droit, avec un revers identique au droit du n° 174.

N° 192.

✺ DE · LESCHEVINAGE · DE · Mᵉ ANT · DE LA PORTE · Pʳ ESCHEVIN

Écu armorié, surmonté d'un casque de profil garni de lambrequins. Coupé : au 1ᵉʳ, de gueules au croissant d'argent; au 2°, d'azur à la tête de lion d'argent arrachée d'or, lampassée de gueules. — Grènetis.

℟. VTRAQVE · ORBIS · MIRACVLVM ·

Femme à cheval, marchant à gauche, se dirigeant vers un vaisseau voguant dans le même sens, le tout sous un chef fleurdelysé. A l'exergue : · 1657 · — Grènetis, filet.

Conf. Collection d'Affry.

Si l'on s'en rapporte à Chevillard, à Beaumont et à Borel, l'écu ne serait pas coupé; le croissant serait placé dans un chef cousu.

1656 (8 septembre). La reine Christine de Suède vient à Paris, où on lui fait une entrée magnifique; elle refuse le dais qui lui est présenté et qui est placé devant elle.

ANTOINE DE LA PORTE, quartinier en 1634, fut Échevin de 1655 à 1657. Il était de la marchandise d'épicerie; après avoir été nommé consul le 29 janvier 1661, il fut élu juge le 30 janvier 1676.

Voir Beaumont; *Ordonnances royaux*, p. 534; *Juridiction consulaire*, 2ᵉ partie, p. 85, 105; Bazin, t. IV, p. 367.

N° 193.

✼ CRESCO • FLORESCO • DO • 1657

Écu surmonté d'un lion issant, accompagné de lambrequins. D'azur, à la tige de fèves de trois gousses, mouvant d'un croissant placé à la pointe de l'écu, et accompagnée en chef de deux étoiles, le tout d'or, qui est de Faverolles. *Je crois, je fleuris, je produis.* — Grènetis.

℞. Comme au n° 176.

Conf. Bibliothèque nationale.

JEAN DE FAVEROLLES, reçu conseiller de Ville en 1653, fut Échevin de 1657 à 1659; d'abord intendant de la maison de la reine Anne d'Autriche, il fut pourvu, par lettres du 26 décembre 1656, de l'un des offices de trésoriers généraux du marc d'or créés par édit du même mois. Il fut remplacé au mois de février 1658 et mourut le 15 novembre 1672.

Voir Beaumont; *Ordonnances royaux*, p. 535; *Catalogue des chevaliers du Saint-Esprit*, p. 524.

N° 194.

✼ JEAN • DE • FAVEROLLES • PREMIER • ESCHEVIN

Écu armorié, comme au numéro précédent, surmonté d'un casque de profil orné de ses lambrequins. — Grènetis.

℞. Comme au n° 178.

Conf. Collection d'Affry.

La légende du revers est empruntée à Virgile (*Æneid.* I, 65, 66) :

Æole, namque tibi Divûm pater atque hominum rex
Et mulcere dedit fluctus, et tollere vento.

N° 195.

✲ Mᴿᴱ IEAN · LE · VIEVX · PREMIᴿ ESCHEVIN · ET · CONSVL

Armes des Le Vieulx, comme au n° 173. — Grènetis.
℞. Le même qu'au n° 179.

Conf. Collection d'Affry.

JEAN LE VIEULX, dont le nom est ici mal orthographié, quartinier en 1640, fut Échevin de 1658 à 1660. Il était du corps de la draperie et fut élu consul en 1659. Il remplit également les fonctions de receveur général des pauvres.

Voir Beaumont; *Ordonnances royaux*, p. 535; *Juridiction consulaire*, 2ᵉ partie, p. 83.

N° 196.

✲ Mᴿ CLAVDE · PREVOST · PREMIER · ESCHEVIN

Écu armorié, surmonté d'un casque de profil avec ses lambrequins. D'argent, à trois roses de gueules. — Grènetis.
℞. Comme au n° 180.

Conf. Collection d'Affry.

CLAUDE PRÉVOST était quartinier dès 1646; il fut nommé Echevin en 1659 et exerça jusqu'en 1661. Il appartenait au corps de la draperie, et il avait été élu consul le 29 janvier 1656.

Voir Beaumont; *Ordonnances royaux*, p. 535; *Juridiction consulaire*, 2ᵉ partie, p. 80.

N° 197.

Un jeton de cuivre, faisant partie de la collection d'Affry, porte le même droit avec le revers du n° 181.

N° 198.

❀ M^{R}. M^{E} P^{RE} DE · LA · MOVCHE · AVD^{EVR} DES · COMP · PREM^{ER} ESCHEVIN

Écu armorié, surmonté d'un casque de face, cimé d'une mouche à miel, orné de lambrequins, et ayant pour supports deux taureaux furieux mouvants d'une terrasse. De gueules, à la bande d'argent chargée de trois mouches à miel de sable, posées dans le sens de la bande. — Grènetis.

℞. ❀ HOC ❀ AGMINE ❀ TVTA ❀

Vaisseau voguant à gauche, au milieu d'un essaim de mouches. A l'exergue : · 1662 · — Grènetis.

Conf. Collections de la Ville et d'Affry.

Cette désignation, « Monsieur Maître, » que l'on rencontre, du reste, assez fréquemment dans les actes, est singulière.

PIERRE DE LA MOUCHE, reçu auditeur des Comptes le 21 juillet 1650, fut Échevin de 1660 à 1662; il fut, en outre, maître d'hôtel du Roi. Suivant Moreri, il aurait été nommé conseiller d'État en 1655 et secrétaire de la Chambre du Roi en 1656; enfin il aurait rempli les fonctions de Prévôt des Marchands après le décès de M. de Sève. Cette dernière allégation est certainement inexacte; car M. de Sève, qui cessa d'être Prévôt en 1662, n'est mort qu'en 1673.

Voir *Chambre des comptes*, manuscrit; *État de la France*, *1680*, p. 442; *Ordonnances royaux*, p. 535; *Mercure*, avril 1778, p. 817; Moréri, t. IV, 2e partie, p. 79.

N° 199.

✠ DE · LECHEVINAGE · DE · Mr HELISSANT · CON^{er} DE · VILLE

Armoiries surmontées d'un casque de profil, garni de lambrequins. D'azur, au chevron d'or accompagné en chef de deux canettes affrontées d'argent, et en pointe d'un croissant du même. — Grènetis.

℞. Le même qu'au n° 180.

Conf. Collection Duleau.

JEAN-BAPTISTE HÉLISSANT, Échevin de 1660 à 1662, avait été reçu conseiller de Ville en 1651.

Voir *Ordonnances royaux*, p. 535 ; Beaumont.

N° 200.

Un exemplaire d'argent, provenant de la Bibliothèque nationale, porte le revers du n° 181.

N° 201.

· Mr VOISIN · M^e DES · REQ^{tes} PREVOST · DES · MARCHANDS

Écu armorié, surmonté d'un casque de face, cimé d'une tête de lion, orné de lambrequins et ayant pour supports deux lions. D'azur à trois étoiles d'or, accompagnées en cœur d'un croissant d'argent. — Grènetis.

℞. • STELLA • RECENS • PORTVSQVE • NOVVS • MEA • GAVDIA • 1663

Armes de la Ville. — Grènetis.

<small>Conf. Collection de la Ville. ℞. Conf. Collection d'Affry.</small>

Le Dauphin, *Stella recens*, était né le 1ᵉʳ novembre 1661.

1662. La ville de Dunkerque est rendue à la France moyennant cinq millions; on en prend possession le 27 novembre, et le Roi y fait son entrée le 2 décembre.

<small>Voir *Le président Hénault*, p. 504.</small>

1662-1668. DANIEL VOYSIN, seigneur de Cerisay, du Plessy-Voysin, de la Malmaison, etc.

Conseiller au Grand Conseil en 1640, il passa maître des requêtes le 20 avril 1646, et fut chargé de l'intendance de Champagne; il fut ensuite membre des Conseils d'État et privé. Il mourut le 22 novembre 1693.

Le 17 octobre 1665, on fait les fondations de la colonnade du Louvre; en août 1667, on commence la construction de l'Observatoire, qui est terminé en 1672.

<small>Voir *Ordonnances royaux*, p. 536; *Ordonnance de 1669*, p. 745; *Tablettes de Thémis*, t. I, p. 182; *État de la France, 1680*, t. II, p. 226; *Généalogie manuscrite;* G. Brice, t. I, p. 33; Jaillot, t. I, *Quartier du Louvre*, p. 15; t. IV, *Quartier Saint-Benoît*, p. 193.</small>

N° 202.

Mêmes type et légende qu'au précédent.

℞. NOVO • PELAGVS • SOL • FOEDERE • FIRMAT

Écu aux armoiries de Paris, surmonté de la date 1664 et soutenu d'un fleuron. — Grènetis.

<small>Conf. Collections de la Ville et d'Affry.</small>

1663. Les pirateries des Algériens sont réprimées par le duc de Beaufort.

<small>Voir *Histoire de Louis XIV*, p. 181.</small>

N° 203.

· M^R· VOYSIN · M^E· DES · REQ^{TES} PREVOST · DES · MAR^{DS} · 2 · EL^{ON}

Armes des Voysin, comme ci-dessus. — Grènetis.

℞. · CVNCTIS · RENOVAT · COMMERCIA · TERRIS

Armes de la Ville, au-dessus desquelles est placée la date · 1665 · — Grènetis.

Conf. Collection de la Ville. ℞. Conf. Collection d'Affry.

Sur l'argent, la légende du revers commence par un quintefeuille.

1664. Création de la compagnie des Indes; des colonies sont créées à Cayenne, au Canada, à Madagascar; des manufactures diverses sont établies; on commence les travaux du canal du Languedoc.

Voir *Histoire de Louis XIV*, p. 186-188.

N° 204.

M^R· VOYSIN · M^R· DES · REQ^{TES} · PREVOST · DES · MAR^{DS} · 2 · EL^{ON}

Armoiries des Voysin. — Grènetis.

℞. ✿ · DITESCET · MELIORE · VIA ·

Écu de Paris, surmonté de la date · 1666 · — Grènetis.

Conf. Collections de la Ville et d'Affry.

La légende du droit de ce jeton n'est pas très-régulière; un autre exemplaire en cuivre, faisant partie de la collection d'Affry, porte, en outre, MAR^{DS}; au revers, la date est placée entre deux points.

1665. Grands jours tenus en Auvergne contre les seigneurs et les juges, qui accablaient les vassaux et les justiciables.

Voir *Le président Hénault*, p. 507.

N° 205.

· MR VOYSIN · M^R DES · REQ^{TES} · PREVOST · DES MAR^{DS} 3 EL^{ON} ·

Armes des Voysin. — Grènetis.

℞. TVTA · ET · SINE · SORDE .

Armes de la Ville. A l'exergue : · 1667 · — Grènetis.

Æ. Conf. Collection d'Affry.

Dans la collection d'Affry se trouve une variété en cuivre, qui porte au droit : PREVOS; le chiffre 3 est, en outre, placé entre deux points.

L'autorité s'était préoccupée, de tout temps, de la sûreté de Paris et de la propreté de ses rues; mais, pendant plusieurs siècles, elle n'avait pu obtenir que des résultats fort incomplets. Louis XIV fut frappé de cet état de choses, et il pensa que la police de la Ville méritait, de sa part, une attention particulière : il confia l'étude de cette importante question à une commission composée du chancelier Séguier, du maréchal de Villeroy, et de quatorze autres personnes au nombre desquelles se trouvaient Colbert et Voysin, Prévôt des Marchands.

La commission fonctionna pour la première fois le 28 octobre 1666; elle tint de fréquentes séances, dont la dernière eut lieu le 10 février 1667. Le principal résultat de ce travail fut la création d'une lieutenance générale de police, qui fut ordonnée par un édit de mars 1667. Mais, dès le mois de décembre précédent, par un autre édit spécial, le Roi, d'une part, interdit la fabrication et le port de toutes armes courtes et cachées, telles que pistolets de poche, baïonnettes, couteaux-poignards, épées ou bâtons, etc., et, d'autre part, ordonna la stricte exécution du règlement dressé par le Parlement, le 30 avril 1663, pour le nettoyage de la Ville. La sûreté et la propreté de Paris se trouvaient ainsi assurées : c'est là ce que rappelle notre jeton.

On peut difficilement se faire une idée de ce qu'était Paris à cette époque, pendant la nuit : les rues, sauf dans des circonstances extraordinaires, restaient complétement obscures. Ce ne fut qu'au mois de septembre 1667 que M. de la Reynie, le nouveau lieutenant général de police, fit établir un éclairage régulier; encore cet éclairage était-il bien insuffisant, ainsi qu'il résulte d'un arrêt du Parlement du 23 mai 1671; il n'avait lieu que du 1er novembre à la fin de février; et l'arrêt précité ordonna qu'à l'avenir les lanternes seraient allumées du 20 octobre au 31 mars.

Voir Delamare, t. I, p. 143; t. IV, p. 225, 230; D. Félibien et D. Lobineau, t. V, p. 213.

N° 206.

· · Mʀ · VOYSIN · CONᴇʀ DETAT · ORDINAIRE · PREVOST DES · MAR · 3 ELᴏɴ

Écu des Voysin. — Grènetis.

℞. · ACCEDVNT · TERRÆ · ATQVE · VRBES ·

Armes de la Ville. A l'exergue : · 1668 · — Grènetis.

Conf. Collection de la Ville. ℞. Conf. Collection d'Affry.

1667. Le roi d'Espagne, Philippe IV, étant mort le 17 septembre 1665, le Roi songea à faire valoir par les armes les droits de la Reine. En conséquence, il entre en Flandre à la tête de 35,000 hommes. Il prend Armentières (28 mai), Charleroy (2 juin), Furnes (12), Ath (16), Tournay (26), Douay (6 juillet), Courtray (18), Oudenarde (31), Alost (4 août), Lille (27), etc.

Voir *Histoire de Louis XIV*, p. 197, 198; *Le président Hénault*, p. 510.

N° 207.

· MON · DE · MOVHERS · ADVOCAT · EN · PAR⸱ PREMIER · ECHEVIN

Écu armorié, surmonté d'un casque de trois quarts, garni de lambrequins. D'azur, à trois dextres apaumées d'argent, accompagnées en cœur d'une demi-fleur de lys faillie à senestre. — Grènetis.

℞. ✠ PATER · PORTVNVS · EVNTEM · IMPVLLIT

Armes de la Ville, au-dessus desquelles est la date · 1663 · — Grènetis.

Conf. Collection d'Affry.

Le dieu des ports a donné au navire une impulsion nouvelle.

D'après Chevillard et Beaumont, la fleur de lys serait faillie à dextre.

Ces auteurs, ainsi que MM. Le Roux de Lincy et Borel d'Hauterive, écrivent le nom de cet échevin : *Monhers*.

La légende du revers a été tirée de Virgile (*Æneid.* V, 241, 242.) :

> Et pater ipse manu magna Portunus euntem
> Impulit.....

JEAN DE MOUHERS était avocat au Parlement et quartinier dès 1645; il fut Échevin de 1661 à 1663.

Voir Beaumont; *Ordonnances royaux*, p. 535.

———>✧<———

N° 208.

· DE · LECHEVINAGE · DE · M⸱ IEAN · GAIGNY · CON⸱ᴿ ET · COM⸱ᴿ

Écu aux armes des Gaigny (voir n° 159), surmonté d'un casque de profil orné de ses lambrequins. — Grènetis.

℞. Comme au n° 202.

Conf. Collection d'Affry.

Voir la note du n° 165.

———>✧<———

N° 209.

✤ DE · LECHEVINAGE · DE Mᴿ HELISSANT · CONᴱʳ DE · VILLE

Écu comme au n° 199. — Grènetis.
℞. Le même qu'au n° 201.

    Conf. Bibliothèque nationale.

Les fonctions d'Échevin avaient cessé, pour J. B. Hélissant, en 1662; mais il était, en outre, conseiller de Ville; c'est en cette qualité qu'il frappa ce jeton.

N° 210.

✤ Mᴿ CLAVDE · PREVOST · PREMIER · ESCHEVIN

Écu armorié, comme au n° 196. — Grènetis.
℞. Comme au n° 203.

    Conf. Bibliothèque nationale.

Claude Prévost avait cessé ses fonctions d'Échevin en 1662; c'est sans doute comme quartinier qu'il continua à faire usage de son titre et des armes municipales.

N° 211.

✤ Mᴿ CLAVDE · PREVOST · PREMIER · ESCHEVIN

Écu armorié, comme au n° 196. — Grènetis.
℞. Comme au n° 204.

    Conf. Bibliothèque nationale.

Même observation qu'au n° 210.

N° 212.

✾ LAVRENS · DE · FAVEROLLES · PREMIER · ESCHEVIN

Écu armorié, surmonté d'un casque de trois quarts, avec lambrequins. D'azur, à la tige de fèves de trois gousses mouvante d'un croissant posé à la pointe de l'écu, et accompagnée en chef de deux étoiles, le tout d'or. — Grènetis.

℞. Le même qu'au n° 204.

Æ. Conf. Collection d'Affry.

LAURENT DE FAVEROLLES, reçu auditeur à la Chambre des comptes le 23 février 1661, exerça cette charge jusqu'en 1714; il fut conseiller de Ville en 1656, et Échevin de 1664 à 1666.

Voir *Chambre des comptes*, manuscrit, t. II, p. 246, 258; Beaumont; *Ordonnance de 1669*, p. 745.

N° 213.

· Mᴿ DE · LABALLE · CONᔆᴱ ESCHEVIN · ET · NOTᴵᴱ AV · CHETᴱᴸ

Écu armorié, surmonté d'un casque taré de trois quarts, garni de ses lambrequins. D'argent, au chevron d'azur, surmonté d'une foi de carnation, derrière laquelle sont passées en sautoir deux branches d'olivier de sinople, accompagné en chef de deux étoiles et, en pointe, d'un cœur traversé en sautoir de deux flèches renversées, le tout de gueules. — Grènetis.

℞. VT · DITET · SPOLIAT ·

Amour dépouillant une femme de ses vêtements. — Grènetis, filet.

Conf. Collection d'Affry.

JEAN DE LABALLE, notaire au Châtelet et conseiller de Ville depuis 1653, fut Échevin de 1664 à 1666.

Voir Beaumont; *Ordonnance de 1669*, p. 745.

N° 214.

Légende et type du précédent.

℞. NEC · MORSVS · HORRESCE · FVTVROS

Hercule, vêtu de la peau du lion de Némée et frappant de sa massue l'hydre de Lerne. — Grènetis.

Conf. Bibliothèque nationale; Collection de la Ville.

N° 215.

Légende et type du précédent.

℞. SÆCLIS · DOCTRINA · FVTVRIS ·

La Justice, assise, tournée à droite, tenant de la main droite une plume, et soutenant, de la main gauche, une tablette qui repose sur son genou.
A l'exergue : SVPREMA · REPETVNDARVM · CVRIA · 1665 ·

Conf. collection de la Ville.

Le 19 novembre 1661, le Roi avait établi une Chambre de justice pour la réforme des finances et pour la recherche des gens d'affaires qui avaient malversé.

N° 216.

· FRANCOIS · LE · FOVYN · PREMIER · ESCHEVIN ·

Écu armorié, surmonté d'un casque de profil, garni de ses lambrequins. D'azur, à trois monts d'or, issant d'ondes d'argent et soutenant une tour de même; ladite tour surmontée d'un bras de....., tenant un gonfanon de..... chargé d'un cœur surmonté d'une fleur de lys de..... — Grènetis.

℞. Comme au n° 205.

Æ. Bibliothèque nationale.

Chevillard, Beaumont et Borel n'indiquent que la première portion de ces armoiries.

FRANÇOIS LE FOING, notaire au Châtelet et greffier des commissions extraordinaires du Conseil, fut Échevin du 17 août 1665 au 16 août 1667.

Voir *Ordonnances royaux*, p. 745.

N° 217.

✱ DE · LA · PREVOSTE · DE · Mᵃ · LE · PRESID · LE · PELETIER

Écu armorié, surmonté d'un casque de face avec ses lambrequins. D'azur, à la croix pattée d'argent chargée en cœur d'un chevron de gueules, côtoyé de deux molettes d'éperon de sable et soutenu d'une rose de gueules boutonnée d'or. — Grènetis.

℞. · MAGNIS · EXPANDIT · CARBASA · FATIS ·

Armes de Paris. A l'exergue : · 1669 · — Grènetis.

Conf. Collection d'Affry.

1668. Conquête de la Franche-Comté, pendant l'hiver, en moins d'un mois, par le Roi en personne : Besançon se rend en deux jours, le 7 février; Dôle, le 14; Gray, le 19.

Voir *Le président Hénault*, p. 511.

1668-1676. CLAUDE LE PELETIER, seigneur d'Ablon, de Montmélian, de Morfontaine, etc.

Né en juin 1631 et d'abord conseiller au Châtelet, il passa, le 29 janvier 1652, au Parlement, où il devint, en 1662, président de la cinquième chambre des en-

JETONS ET MÉDAILLES DES PRÉVOTS ET ÉCHEVINS. 123

quêtes. Après la mort de Gaston, duc d'Orléans (2 février 1660), il fut tuteur des filles de ce prince. En 1667, il fut choisi pour doyen d'honneur de la Faculté de droit. Nommé conseiller d'État en 1673, il fut appelé, en 1683, après la mort de Colbert, au poste de contrôleur général des finances, qu'il occupa jusqu'en septembre 1689, et il fut, en outre, créé ministre d'État. En 1686, il acheta une charge de président à mortier, qu'il céda, trois ans après, à son fils Louis. Enfin il fut chargé de la surintendance des postes en 1671, en remplacement du marquis de Louvois. Désirant le repos, il se démit de ses emplois en 1697, et il mourut, dans la retraite, le 10 août 1711, à quatre-vingts ans.

Le 30 novembre 1670, on jette les fondations des Invalides.

La plantation des remparts, aujourd'hui les boulevards intérieurs, a été commencée pendant la magistrature de ce Prévôt, en 1671, en vertu d'un arrêt du Conseil du 7 juin de l'année précédente. Les portes Saint-Denis et Saint-Martin ont été construites, la première dans le courant de 1672 et de 1673, la seconde en 1674 et 1675. L'ouverture du quai Peletier date de la même époque. Ce travail, proposé par le Bureau de la Ville et autorisé par arrêts du Conseil des 18 mars et 15 juillet 1673, a été terminé en 1675, d'après l'inscription placée à l'entrée de la nouvelle voie, du côté du pont Notre-Dame.

Voir *Ordonnance de 1669*, p. 746; *Dictionnaire généalogique*, t. III, p. 14; *Généalogie manuscrite; État de la France, 1680*, t. II, p. 227; *Chronologie ministérielle*, p. 44; *Tablettes de Thémis*, t. II, p. 21; *Mercure, 1711*, août, p. 61; *Mémoires de Saint-Simon*, t. IX, p. 419; Jaillot, t. V, *Quartier Saint-Germain*, p. 52; t. III, *Quartier Saint-Antoine*, p. 33; *Quartier de la Grève*, p. 42; t. II, *Quartier Saint-Denis*, p. 40; *Quartier Saint-Martin*, p. 73; G. Brice, t. II, p. 26, 36.

N° 218.

De même qu'au précédent.

℞. ❀ · QVÆ · NON · MARIA · ❀

Armes de la Ville. A l'exergue : · 1670 · — Grènetis.

Æ. Conf. Collection d'Affry.

Sur les exemplaires d'argent, la légende du droit commence par un point.

N°. 219.

· DE · LA · 2 · PREVOSTE · DE M.ͬ · LE · PRESID · LE · PELETIER

Armoiries des Le Peletier comme ci-dessus. — Grènetis.

℞. · OBSTRICTIS · ALIIS · PRÆTER · IAPYGA ·

Armes de Paris. A l'exergue : · 1671 · — Grènetis.

Conf. Collections de la Ville et d'Affry.

1670. Les Algériens envoient au Roi des députés qui concluent avec lui un traité de paix au mois de février. Le Roi détache l'Angleterre de la triple alliance qu'elle avait formée, le 28 janvier 1668, avec la Hollande et la Suisse; il traite également avec l'électeur de Cologne, l'évêque de Munster, le duc de Neubourg et le prince Palatin. Il prépare ainsi son invasion dans la Hollande.

Les Hollandais se trouvaient privés du secours de tous les vents favorables, à l'exception de l'Iapyx, ou vent d'ouest, symbole de l'Espagne; cette idée a été exprimée à l'aide d'un vers d'Horace (*Carm.* I, III, 5).

Voir *Histoire de Louis XIV*, p. 209, 211.

N° 220.

Même droit qu'au précédent.

℞. · TERRAQ · EXPECTOR · AB · OMNI ·

Armes de la Ville. A l'exergue : · 1672 · — Grènetis.

Conf. Collections de la Ville et d'Affry.

N° 221.

• DE • LA 3ᴱ PREV • DE • Mʳᵉ CLAVDE • LE • PELETIER •

Armes de Paris. — Grènetis.

℞. TRVNCVM • CAPVT • ABDIDIT • VNDIS

Hercule debout, appuyé de la main gauche sur sa massue, élève de l'autre la corne qu'il vient d'arracher au taureau Achéloüs, qui va se cacher dans les roseaux. A l'exergue : • 1673 • — Grènetis, filet.

Æ. Conf. Collections de la Ville et d'Affry.

Sur l'exemplaire d'argent, la date de l'exergue n'est pas placée entre deux points. Ovide, parlant du taureau-fleuve vaincu par Hercule, avait dit (*Metam.* IX, 96, 97) :

............vultus Achelous agrestes
Et lacerum cornu mediis caput abdidit undis.

1672. Le Roi, ayant déclaré la guerre aux Hollandais par un manifeste du mois d'avril, entre aussitôt en campagne : la Hollande est bientôt conquise en grande partie. Au mois de juillet, la ville d'Amsterdam, ne se sentant pas assez forte pour résister aux armes françaises, malgré les nouvelles fortifications qui avaient été faites, se détermine à inonder son territoire : cet exemple est suivi par plusieurs autres villes.

Voir *Histoire de Louis XIV*, p. 240.

N° 222.

⚜ DE • LA • 3ᴱ PREVOSTE • DE • MESʳᵉ CLAVDE • LE • PELETIER

Armes de la Ville. — Grènetis.

℞. Mêmes légende et type que le précédent, mais d'un coin différent. — Grènetis.

Conf. Collections de la Ville et d'Affry.

N° 223.

Même droit qu'au n° 221.

℞. PERRVPIT • HERCVLEVS • LABOR •

Rempart dans lequel est ouverte une brèche, à travers laquelle s'enfuit un monstre à trois têtes chassé par les flammes. A l'exergue : TRAIECT • CAPT • 1674 • — Grènetis, filet.

Conf. Collection de la Ville. Æ. Conf. Collection d'Affry.

L'exemplaire en argent est d'un coin différent : au droit, la légende commence par une quintefeuille tigée et feuillée; le vaisseau parisien est pavillonné de France; au revers, la date n'est point flanquée de points : des deux côtés, les légendes sont en caractères plus gras.

Le monstre est Cerbère, qui s'échappe de cette sorte d'enfer; la légende est tirée d'un vers d'Horace (*Carm.* I, III, 36) :

Perrupit Acheronta Herculeus labor.

1673. Le 10 juin, le Roi arrive devant Maestricht, avec une armée de quarante mille hommes : il fait ouvrir la tranchée le 17; la ville capitule le 30, après une vigoureuse défense. Farjaux, colonel espagnol qui y commandait, fut réduit à cette extrémité par un soulèvement populaire.

Voir *Histoire de Louis XIV*, p. 251.

N° 224.

• DE • LA • 3ᵉ PREV^{TE} DE • MES^{RE} • CLAVDE • LE • PELETIER

Armes de Paris. — Grènetis.

℞. Légende et type du précédent, mais d'un autre coin. A l'exergue : TRAIECT • CAPT • 1674 • — Grènetis.

Conf. Collection de la Ville.

N° 225.

✱ DE · LA · 4ᵉ PREV · DE · MESʳᵉ CLAVDE · LE · PELETIER

Armes de la Ville. — Grènetis.

℞. VNVS · TERGEMINVM

Hercule combatant Géryon; le triple moustre est terrassé; il appuie sur le sol sa main gauche : de la droite il brandit un badelaire. A l'exergue : · 1675 · — Grènetis, filet.

Conf. Collections de la Ville et d'Affry.

1674. Le 11 août, le prince de Condé bat, à Senef, l'armée où se trouvent réunies les troupes impériales, hollandaises et espagnoles.

N° 226.

· DE · LA · 4ᵉ PREVᵀᴱ DE · MESʳᵉ CLAVDE · LE · PELETIER

Armes de Paris. — Grènetis.

℞. · VNVS · TERGEMINVM ·

Même type qu'au précédent, mais varié de coin; Géryon n'est pas encore complétement terrassé. A l'exergue : · 1675 · — Grènetis.

Æ. Conf. Collections de la Ville et d'Affry.

N° 227.

✠ DE · LA · 4ᵉ PREV · DE · Mʀᵉ CLAVDE · LE · PELETIER

Armes de la Ville. — Grènetis.

℞. RAMIS · FRONDESCET · OLIVÆ

La massue d'Hercule plantée au milieu d'une campagne. A l'exergue : 1676. — Grènetis, filet.

Conf. Collections de la Ville et d'Affry.

Pour comprendre le type de ce jeton, il faut se rappeler que Pausanias (*Corinth.* XXI, x) raconte qu'à Trézène, Hercule, ayant posé sa massue près du simulacre d'Hermès, cette massue, qui était de bois d'olivier sauvage, prit racine et poussa aussitôt des feuilles. Les victoires de Louis XIV, comparées à la massue du vainqueur d'Achéloüs, de Cerbère, de l'Hydre, de Géryon, ont pour conséquence la paix, que symbolise l'olivier.

1675. Dans le courant de décembre, le Roi désigne des ministres plénipotentiaires pour traiter de la paix à Nimègue; MM. de Croissy et d'Avaux partent de Paris à la fin de ce mois.

Voir *Histoire de Louis XIV*, p. 289.

N° 228.

✠ DE · LESCHEVINAGE · DE · Mʀ N · PICQVES

Écu surmonté d'un casque de trois quarts garni de lambrequins. D'azur, à la fasce ondée d'argent, accompagnée de trois mouches d'or, 2 en chef et 1 en pointe. — Grènetis.

℞. De même qu'au n° 217.

Conf. Collection d'Affry.

Chevillard, Beaumont et Borel d'Hauterive donnent à la famille Picques les armes suivantes : de gueules, à la porte de ville ouverte d'argent, maçonnée de sable et crénelée de quatre (*alias* cinq) pièces, à la herse levée d'or (*alias* de sable), sous laquelle se trouve un sanglier de même (*alias* un porc-épic d'argent).

NICOLAS PICQUES fut conseiller de Ville en 1664 et Échevin de 1668 à 1670.
Voir Beaumont; *Ordonnance de 1669*, p. 746.

M. HENRY · DE · SANTEVL · PREMIER · ESCHEVIN

Écu aux armes des Santeul, surmonté d'un casque de profil avec ses lambrequins. — Grènetis.

℞· · HVIC · CENTVM · DEBES · OCVLOS.

Armes de Paris. A l'exergue : · 1671 · — Grènetis.

Conf. Collection d'Affry.

HENRY DE SANTEUL exerça les fonctions d'Échevin de 1669 à 1671; il était quartinier depuis 1667.

Voir *Ordonnance de 1669*, p. 746; Beaumont.

IAC · TROIS=DAMES · ÆDIL · PAR · 1674

Buste, à droite, de l'Échevin revêtu de la robe. — Médaille sans revers.

Conf. Collection d'Affry.

JACQUES TROISDAMES, marchand, bourgeois de Paris, fut Échevin de 1674 à 1676 : il portait de gueules, à la fasce d'or, accompagnée de trois besants, ou dames à jouer, de même.

Voir Beaumont; *Ordonnance de 1669*, p. 745.

N° 231.

· DE · LA · PREVOSTE · DE · M^RE AVGVSTE · ROBERT · DE · POMEREV

Écu armorié, surmonté d'un casque de face cimé d'un vol parti d'or et d'azur et garni de lambrequins; l'écu ayant pour supports deux griffons mouvants d'une terrasse. D'azur, au chevron d'argent accompagné de trois pommes d'or. Au-dessous de l'écu : 1677. — Grènetis.

℞. · HISPANIS · ET · BATAVIS · AD · PANORMVM · DEVICTIS

Vaisseau voguant à gauche, au milieu des débris de quatre autres vaisseaux, le tout sous un chef semé de France. — Grènetis, filet.

Conf. Collections de la Ville et d'Affry.

1676. Le maréchal de Vivonne, ayant sous ses ordres MM. Duquesne et de Gabaret, bat à Palerme, le 2 juin, les escadres combinées d'Espagne et de Hollande. Ruyter, qui commandait cette dernière, était mort à Syracuse, le 29 avril précédent, des blessures reçues, le 21 du même mois, au combat naval d'Agosta.

Voir *Histoire de Louis XIV*, p. 292.

1676-1684. AUGUSTE-ROBERT DE POMEREU, seigneur de la Bretèche Saint-Nom, de Vauxmartin, etc.

Reçu maître des requêtes le 31 juillet 1656, M. de Pomereu exerça les fonctions de président au Grand Conseil en 1662; il fut successivement intendant du Bourbonnais, de l'Auvergne, de la Bretagne, province où, le premier, il exerça ces fonctions; il fut, en outre, appelé au Conseil d'État et au Conseil royal des finances; en 1680, il présida la chambre de l'Arsenal. Il mourut le 17 octobre 1702, à 72 ans.

Par acte du 24 juillet 1684, la Ville fonde un panégyrique du Roi, que le recteur de l'Université doit prononcer chaque année, le 15 mai, jour de l'avénement

JETONS ET MÉDAILLES DES PRÉVÔTS ET ÉCHEVINS. 131

au trône de Sa Majesté. Une redevance de quarante louis est attachée à cette fondation, qui reçoit son exécution dès 1685.

Voir *État de la France*, *1680*, t. II, p. 227; *id. 1686*, t. II, p. 250; *Tablettes de Thémis*, t. I, p. 185, 221; *Mercure*, *1697*, février, p. 285; *Mercure*, *1827*, juin, p. 1260; D. Félibien et D. Lobineau, t. II, p. 1513, 1541; Ménestrier, *Histoire de Louis le Grand par les médailles*, p. 68.

N° 232.

DE · LA PREVOSTE · DE · M^{RE} AVGVSTE · ROBERT · DE · POMEREV

Armes de Paris contournées. A l'exergue : · 1678 · — Grènetis.

℞. CVIVS · AD · ASPECTVM · STVPET · HOSTIS

Buste, à droite, du Roi revêtu d'une cuirasse, coupant la légende. Au-dessous : · F · C · — Grènetis.

Conf. Collections de la Ville et d'Affry.

1677. Le comte d'Estrées brûle la flotte hollandaise à Tabago, le 3 mars; mais il perd M. de Gabaret, emporté par un coup de canon. Le Roi prend Valenciennes, le 17 mars; Cambrai et sa citadelle, les 5 et 17 avril; Saint-Omer, le 20 du même mois. Le duc d'Orléans bat le prince d'Orange, à Mont-Cassel, le 10 avril. M. de Monclar s'empare de Fribourg, le 14 novembre, après cinq jours de tranchée ouverte. Le maréchal d'Humières prend Saint-Guillain le 11 décembre.

Voir *Histoire de Louis XIV*, p. 298-301; *Le président Hénault*, p. 530-531.

N° 233.

✵ DE · LA · 2 · PREVOSTE · DE · M^{RE} AVGVSTE · ROBERT · DE · POMEREV

Armes de la Ville. — Grènetis.

17.

℞. SOLIS • OPVS •

Arc-en-ciel dans un paysage. A l'exergue : • 1679 • — Grènetis.

Conf. Collections de la Ville et d'Affry.

1678. Le 10 août la paix est signée à Nimègue avec la Hollande; le 17 du même mois les Espagnols y adhèrent.

Voir *Histoire de Louis XIV*, p. 309, 310.

N° 234.

• DE • LA • 2ᴱ PREVOSTE • DE • Mᴿᴱ AVG • ROB • DE • POMEREV

Armoiries des Pomereu, comme ci-dessus; elles présentent cette variété que les supports regardent en dehors. — Grènetis.

℞. • FECIT • VICTORIA • NODVM •

Trophée composé de drapeaux, d'étendards et de diverses armes liées ensemble par une écharpe fleurdelysée. A l'exergue : • 1680 • — Grènetis.

Conf. Collections de la Ville et d'Affry.

1679. L'Empereur signe la paix à son tour, le 5 février; l'électeur de Brandebourg en fait autant, le 29 juin, et le roi de Danemark l'imite peu de temps après. La paix devient ainsi générale.

Voir *Histoire de Louis XIV*, p. 311, 312.

N° 235.

✠ DE • LA • 3 • PREV • DE • Mᴿᴱ AVGVSTE • ROBERT • DE • POMEREV

Armoiries des Pomereu, comme au numéro qui précède. Sous l'écu : 1681. — Grènetis.

℞. ✿ VNDE · OMNIA · REGIMEN

Armes de Paris. — Grènetis, filet.

Conf. Collections de la Ville et d'Affry.

Le Prévôt veille à l'approvisionnement de la cité et ne la laisse manquer de rien.

N° 236.

✿ 3 · PREVOSTE · DE · M^{RE} DE · POMEREV · CON^{ER} DESTAT · ORD^{RE}

Armoiries des Pomereu, comme dessus. A l'exergue : 1682. — Grènetis.

℞. VIVIMVS ASPECTV

Vue de la Ville de Paris en aval du pont Neuf, surmonté d'un soleil rayonnant. — Grènetis.

Conf. Collections de la Ville et d'Affry.

Ce revers, qui a été employé, comme on l'a vu, pour un jeton banal, a été gravé par Aury. Cet artiste ne manquait pas de mérite. Son nom est écrit, par le *Mercure*, tantôt Ory, tantôt Aury; le P. Ménestrier dit Hory. On a pu obtenir une orthographe certaine en consultant la signature placée sous la tête du Roi, formant le droit du jeton frappé en 1677 pour les Parties casuelles.

Paris tient du Roi sa grandeur et sa richesse.

N° 237.

✿ 4^E PREVOSTE · DE · M^{ER} DE · POMEREV · CON^{ER} DESTAT · ORD^{RE}

Armoiries des Pomereu. Au-dessous : 1683. — Grènetis.

℞. ET • AB • VNO • FLORE • QVID • AMBO

Pied de lis de jardin à trois tiges inégales, chargées, la plus grande de trois fleurs épanouies, la seconde de trois gros boutons, la dernière de trois petits boutons. — Grènetis, filet.

Conf. Collection de la Ville. ℞. Conf. Collection d'Affry.

C'est encore Aury qui a gravé ce jeton, dont la devise a été faite par le célèbre Santeul, chanoine de Saint-Victor.

1682. 6 août, naissance du duc de Bourgogne.

N° 238.

• 4 • PREVOSTE • DE • M^R DE • POMEREV • CON^{ER} DESTAT • ORD^{RE} ✻

Armoiries des Pomereu. — Grènetis.

℞. DAT • VIRES • LVSTRANDO • NOVAS

Soleil rayonnant au-dessus de trois places fortes établies sur le courant d'une rivière. A l'exergue : 1684. — Grènetis, filet.

Conf. Collections de la Ville et d'Affry.

La devise a été composée par Santeul.

1683. Le Roi, dans le courant de l'année, avait visité ses villes frontières de Bourgogne et d'Alsace.

N° 239.

M^E PHILIPPE • LEVESQVE • PREMIER • ESCHEVIN

Écu armorié, surmonté d'un casque de trois quarts orné de lambrequins et ayant pour cimier une tête de cigogne avec son cou. Parti : au 1ᵉʳ, d'azur à la cigogne d'argent, en vigilance d'or ; au 2ᵉ, d'argent à trois cœurs enflammés de gueules. — Grènetis.

℟. DAT ✤ CVRA ✤ QVIETEM ✤

Cigognes picorant : une d'entre elles, sa vigilance dans la patte droite, veille à la sûreté de ses compagnes. — Grènetis.

Conf. Musée monétaire.

PHILIPPE LÉVESQUE, secrétaire du Roi, fut Échevin de 1678 à 1680 ; il fut, en outre, administrateur de l'Hôtel-Dieu et des Incurables. Il mourut le 23 janvier 1706.

Voir Beaumont ; *Mercure*, mai 1740, p. 1041.

N° 240.

✤ MICHAEL · GAMARE · ÆDILIS · ANNIS · 1682 · 1683

Écu armorié, surmonté d'un casque de trois quarts orné de lambrequins. D'azur, au chevron d'or accompagné en chef de deux gerbes de même, et en pointe d'une cane d'argent nageant sur des ondes de ..... et flanquée de roseaux de ..... — Grènetis.

℟. · HÆC · PHARMACA · COMPLENT

Digitale au pied de laquelle sont enlacées deux vipères. A l'exergue : · 1683 · — Grènetis, filet.

Conf. Collection d'Affry.

Nous n'avons pu compléter les indications héraldiques.

Les armes de ce fonctionnaire ne sont pas, en général, données exactement ; Chevillard et Beaumont n'indiquent ni les ondes ni les roseaux de la pointe ; Borel fait de même et remplace la cane par une colombe.

MICHEL GAMARE, du corps de la marchandise d'apothicairerie et épicerie, fut Échevin de 1682 à 1684 ; il était quartinier dès 1667, et, le 30 janvier 1680, il avait été nommé consul.

N° 241.

✿ DE · LA · PREVOSTE · DE · Mᴿ LE · PRESIDENT · DE · FOVRCY

Écu armorié, surmonté de la couronne de comte et supporté par deux lévriers mouvants d'une terrasse. D'azur à l'aigle d'or, au chef d'argent chargé de trois tourteaux rangés de gueules. Au-dessous de l'écu 1 · 6 · 8 · 5. — Grènetis.

℞. VNVS · QVI · CVNCTA · SERENAT

Soleil rayonnant, dissipant des nuages qui se fondent en pluie; au-dessous, un vaisseau voguant à gauche. — Grènetis, filet.

Conf. Collections de la Ville et d'Affry.

Chevillard, Beaumont et Borel donnent l'aigle au vol abaissé.

1684. Trêve de Ratisbonne pour vingt ans, signée le 10 août entre la France et l'Espagne, et le 16 entre la France et l'Empire.

Voir *Le président Hénault*, p. 544.

1684-1692. Henri de Fourcy, comte de Chessy, seigneur de Chalifert, etc. Après avoir été conseiller au Châtelet, il entra, au même titre, au Parlement le 29 février 1652, et fut, plus tard, président de la troisième chambre des enquêtes. Nommé ensuite, vers 1686, conseiller d'État et conseiller d'honneur au Parlement, il mourut le 4 mars 1708.

Le 25 octobre 1685, on pose la première pierre du pont Royal. La place des Victoires est commencée conformément à un arrêt du Conseil du 19 décembre de la même année. En 1689, on érige, dans la cour de l'Hôtel de Ville, la statue de Louis XIV, qu'on y voyait encore avant l'incendie de 1871.

Voir D. Félibien et D. Lobineau, t. II, p. 1541; t. IV, p. 274; *État de la France*, 1680, t. II, p. 417; id. 1699, t. III, p. 38; *Mercure*, mars 1708, p. 211; G. Brice, t. III, p. 281; Jaillot, t. V, *Quartier Saint-Germain*, p. 67; t. II, *Quartier Montmartre*, p. 21.

N° 242.

LVDOVICVS · MAGNVS · REX ·

Tête du Roi à droite. Au-dessous : R. — Grènetis.

℞. ARAS · VICTO · HOSTE · TVETVR

Épée nue, posée la pointe en bas, à laquelle sont attachés l'éphod et le rational [1]. A l'exergue : PREVOSTE DE M LE PRESIDENT DE FOVRCY. — Grènetis.

Conf. Collections de la Ville et d'Affry.

Une variété en cuivre, appartenant à la collection de la Ville, porte au droit la tête à droite du Roi, vêtu à l'antique, avec la légende : LVDOVICVS · XIIII · D · G · FR · ET · NAV · REX : au-dessous se trouve la date 1686.

1685. 22 octobre, révocation de l'édit de Nantes.

Voir *Histoire de Louis XIV*, p. 338.

N° 243.

De même qu'au numéro précédent.

℞. · ARAS · VICTO · HOSTE · TVETVR ·

Type du précédent, avec cette différence que l'épée, dont le pommeau figure une tête d'aigle, n'a qu'une simple croisée, et que la légende est entre deux grènetis. A l'exergue : · PREVOSTE · DE · M · LE · PRESIDENT · DE · FOVRCY · — Grènetis, filet.

Conf. Collections de la Ville et d'Affry.

---

[1] Noms donnés à deux des ornements spéciaux au grand prêtre des Juifs.

N° 244.

· DE · LA · 2ᴇ PREVOSTE · DE · Mᴇ LE · Pᵀ DE · FOVRCY

Armes des Fourcy, comme plus haut. — Grènetis.

℞. · IAM · REDDITVR · INTEGER · ORBI · 1687

Soleil dissipant les nuages et rayonnant au-dessus du globe terrestre. — Grènetis, filet.

Conf. Collection de la Ville. ℞. Conf. Collection d'Affry.

1686. Le Roi, opéré d'une fistule, le 12 novembre, est réduit à l'extrémité; mais il revient à la santé.

Voir *Histoire de Louis XIV*, p. 342.

N° 245.

LVDOVICVS · MAGNVS · REX

Tête du Roi à droite, coupant la légende. Au-dessous : R. — Grènetis.

℞. IN · FACIE · EIVS · EXHILARITAS

Vue de l'Hôtel de Ville et de la place de Grève remplie d'une foule nombreuse; au-dessus, le soleil rayonnant. A l'exergue : DE · LA · 2 · PREVᴇ DE · Mʀ DE · FOVRCY · 1688 · — Grènetis.

Conf. Collections de la Ville et d'Affry.

Un exemplaire d'argent porte, à l'exergue du revers : · 2 · Pᵀᴇ.

1687. Le 30 janvier, le Roi se rend à Notre-Dame pour remercier Dieu de lui

JETONS ET MÉDAILLES DES PRÉVÔTS ET ÉCHEVINS. 139

avoir rendu la santé; il va ensuite dîner à l'Hôtel de Ville, où il est reçu en grande pompe; la fête se termine par un feu d'artifice. On fait faire un tableau représentant la cérémonie; des médailles sont frappées pour en consacrer le souvenir[1].

Voir *Histoire de Louis XIV*, p. 351.

N° 246.

DE · LA · 3ᵉ PREVOSTE · DE · Mᵉ LE · Pᵗ DE · FOVRCY

Armes des Fourcy. — Grènetis.

℞. VNI · CREDIDIT · ARMA

Dextrochère nu, sortant d'un nuage et tenant la foudre suspendue au-dessus d'une ville forte. A l'exergue : · 1689 · — Grènetis, filet.

Conf. Collections de la Ville et d'Affry.

1688. Le Dauphin en personne assiége et prend Philipsbourg le 29 octobre.

Voir *Histoire de Louis XIV*, p. 357.

N° 247.

LVDOVICVS · MAGNVS · REX

Tête laurée du Roi, à droite. Au-dessous : N. — Grènetis.

[1] Voir le compte rendu de cette fête et les représentations contemporaines qui en ont été faites, dans le premier volume de l'ouvrage intitulé : *Les Armoiries de la Ville de Paris*.

140   LES JETONS DE L'ÉCHEVINAGE PARISIEN.

℞. SECVRVS • AB • ALTO •

Soleil rayonnant, contre lequel sont lancées des flèches. A l'exergue : DE • LA • 3 • PREV^{te} DE • M^r. DE • FOVRCY . 1690 • — Grènetis.

Conf. Collection de la Ville. ℞. Conf. Collection d'Affry.

C'est Santeul qui a composé cette devise.

1689. L'Empereur déclare la guerre à la France; celle-ci en fait autant à l'Angleterre (25 juin), qui vient de proclamer roi le prince d'Orange, ainsi qu'à l'Espagne; l'électeur de Brandebourg, la Hollande, se mettent aussi en hostilité. La devise fait allusion aux Mèdes, qui, ennemis des Parthes adorateurs du feu, lançaient, pour les insulter, des flèches contre le soleil.

Voir *Histoire de Louis XIV*, p. 362.

N° 248.

• DE • LA • 4e PREVOSTE • DE • M^r DE • FOVRCY

Armoiries des Fourcy. — Grènetis et filet.

℞. TERROR ✽ VBIQVE ✽ 1691 •

Nuées d'où la foudre tombe sur la terre et sur la mer. — Grènetis, filet.

Conf. Collection de la Ville. ℞. Conf. Collection d'Affry.

Cette dernière collection possède une variété en cuivre où les traits de la foudre sont autrement figurés.

1690. Le 1er juillet, le maréchal de Luxembourg, auquel se joint M. de Boufflers, bat, à Fleurus, le prince de Waldeck. Le 10 juillet, M. de Tourville, vice-amiral de France, et M. de Château-Renaud, battent les flottes anglaises et hollandaises à la hauteur de Dieppe. Le 18 août, M. de Catinat bat, à Staffarde, le duc de Savoie, auquel le Roi avait déclaré la guerre le 13 juin précédent; la prise de Saluces et celle de Suze furent la suite de cette victoire.

Voir *Le président Hénault*, p. 554.

N° 249.

LVDOVICVS · MAGNVS · REX · CHRISTIANISS ·

Tête du Roi à gauche. Au-dessous, un cœur enflammé. — Grènetis.

℞. QVID · MISCERE · IVVAT · VIRES · 1692 ·

Jupiter foudroyant les Titans. A l'exergue : DE · LA · 4 · PRE · DE · M · DE · FOVRCY · CON · DESTAT · — Grènetis, filet.

Conf. Collection de la Ville. Æ. Conf. Collection d'Affry.

Une variété en cuivre de cette dernière collection porte, au droit, la tête du Roi déjà figurée au n° 242.

1691. En Italie, M. de Catinat prend Villafranca le 21 mars, Nice le 2 avril, Avigliana le 3 mai, Carmagnola le 9 juin, Montmélian le 21 décembre. En Flandre, le Roi prend Mons le 9 avril, après seize jours de tranchée ouverte; le 18 septembre, le maréchal de Luxembourg bat, à Leuse, le prince de Waldeck. En Espagne, le duc de Noailles prend la Seu de Urgel le 11 juillet; le comte d'Estrées bombarde Barcelone le 10 août, et Alicante le 22.

Voir *Le président Hénault*, p. 556.

N° 250.

✾ DE LA 1ᵉʳᵉ PREVOSTE DES MARCH · DE · MESSIRE CLAVDE BOSC ·

Écu en cartouche, armorié et surmonté d'un casque de face, garni de lambrequins. D'azur, à la fasce d'or accompagnée de trois têtes d'aigle arrachées d'argent. — Grènetis.

℞. OMNI STAT PARTE TIMENDA ❋

Tour crénelée, mouvant d'une terrasse, garnie de boucliers de diverses formes et de piques présentant la pointe. A l'exergue : 1693. — Grènetis.

Æ. Conf. Collection d'Affry.

1692. Le Roi, commandant en personne, prend Namur le 5 juin, après sept jours de tranchée, et le château le 30. Le maréchal de Luxembourg bat le prince de Wurtemberg, le 17 septembre, au combat de Pforzheim, et force le landgrave de Hesse à lever le siége d'Ebernbourg le 8 octobre. M. de Boufflers bombarde Charleroy le 19 octobre.

Voir *Le président Hénault*, p. 558.

1692-1700. CLAUDE BOSC, seigneur d'Ivry-sur-Seine.

D'abord conseiller au Parlement, il obtint, le 23 février 1672, la charge de procureur général à la Cour des aides, qu'il remplit jusqu'au 30 décembre 1702; il avait été nommé conseiller d'État dans le courant de cette dernière année et il mourut le 15 mai 1715.

C'est pendant sa prévôté, en 1699, que la place Vendôme, telle que nous la voyons aujourd'hui, a reçu ses premières constructions.

Voir D. Félibien et D. Lobineau, t. II, p. 1541; t. IV, p. 357; *Tablettes de Thémis*, t. III, p. 200; *État de la France*, 1702, t. III, p. 340; *Mercure*, octobre 1702, p. 208; id. février 1744, p. 403; Jaillot, t. II, *Quartier du Palais-Royal*, p. 43.

N° 251.

❋ DE · LA 2ᴰᴱ PREVOSTE · DES · MARCH · DE · MESSIRE · CLAVDE · BOSC

Armoiries des Bosc. — Grènetis.

℞. PRÆSENTIA · NVMINA · SENSIT ·

La Ville de Paris, tenant de la main droite un plateau chargé de fruits et de la main gauche une palme, est assise sur un tertre contre lequel est appuyé un écu ovale à ses armes : dans le fond, à droite, se trouve une vue de la Ville prise en aval du pont Neuf : au-dessus, des rayons de lumière s'échappent du ciel. A l'exergue : LA · VILLE · DE · PARIS · 1695 · R. — Grènetis, filet.

Conf. Collections de la Ville et d'Affry.

Ce revers, mentionné déjà dans la série des jetons banaux, a été gravé, comme on l'a dit, par Joseph Roettiers.

N° 252.

· DE · LA · 3ᴰᴱ PREVOSTE · DES · MARCH · DE · MESSIRE · CLAVDE · BOSC

Armoiries des Bosc. — Grènetis.

℞. SÆVAS · HIEMES · SOL · AVREVS · EGIT

Vaisseau voguant à droite; au-dessus de sa poupe brille un soleil rayonnant. A l'exergue : LA · VILLE · DE · PARIS · 1698 · R. — Grènetis.

Æ. Conf. Collection d'Affry.

Le coin de ce revers a été gravé par J. Roettiers.

1697. Traités de Ryswick. Le premier est signé avec la Hollande, le 20 septembre, à minuit; le second est passé avec l'Espagne, une heure après; le troisième est conclu avec l'Angleterre, le 21; enfin le quatrième, passé avec l'Empereur, est signé le 30 octobre.

Voir *Le président Hénault*, p. 568.

N° 253.

· DE · LA · 4ᵉ PREVOSTE · DES · MARCH · DE · MESSIRE · CLAVDE · BOSC

Armoiries des Bosc. — Grènetis.

℞. VENTOSQVE · ASPIRAT · EVNTI ·

Vaisseau voguant à gauche, surmonté d'un soleil rayonnant. A l'exergue : LA · VILLE · DE · PARIS · 1699 · — Grènetis.

Conf. Collection de la Ville.

Ce jeton a été gravé par Le Breton.

N° 254.

DE · LA · 4ᵉ PREV · DE · Mʳᵉ CLAVDE · BOSC

Armes de la Ville. A l'exergue : LA · VILLE · DE PARIS · 1700 · — Grènetis.

℞. TVETVR ET ORNAT ·

Statue équestre de Louis XIV, tournée à droite et posée sur un piédestal ; le Roi, vêtu à l'antique, est vu de profil et tient le bras droit étendu : sous le pied montoir postérieur du cheval, sont placés une épée et un bouclier. A l'exergue : T · B · F. — Grènetis.

Conf. Collection d'Affry.

On a déjà vu, parmi les jetons banaux, le type de ce revers, qui a été gravé par Thomas Bernard.

N° 255.

· DE · LA · 1 · PREV · DE · Mre CHARLES · BOVCHER · DORSAI

Cartouche chargé d'un écu ovale armorié, surmonté de la couronne de marquis et supporté par deux harpies. De gueules, semé de croisettes d'argent, au lion d'or brochant sur le tout. — Grènetis. (Voir plus haut, n° 96, les mêmes armes.)

℞. AMICA · FVLGENT · SYDERA ·

Vaisseau voguant à droite sur une mer houleuse et poussé par un vent violent; près de l'extrémité de son mât brillent les feux Saint-Elme. A l'exergue : LA · VILLE · DE · PARIS · 1701 R. — Grènetis, filet.

Conf. Collection d'Affry.

Ce revers figure également sur un jeton banal. Comme on le voit, il a été gravé par J. Rœttiers.

1700. Par son testament du 2 octobre, Charles II, roi d'Espagne, déclare son héritier Philippe de France, duc d'Anjou, second fils de M. le Dauphin.

Voir *Le président Hénault*, p. 572.

1700-1708. CHARLES BOUCHER, seigneur d'Orsay.

Reçu conseiller au Parlement le 16 janvier 1671, il fut nommé conseiller d'État en 1709 et il mourut le 5 juin 1714, âgé de soixante-treize ans.

Le nombre des quartiers de Paris est porté de seize à vingt, par un arrêt du Conseil du 14 février 1702. Le vendredi 3 juillet 1708, le Prévôt pose en cérémonie la première pierre du quai qui porte son nom; ce travail n'est terminé que longtemps après lui.

Voir D. Félibien et D. Lobineau, t. II, p. 1541; t. IV, p. 395; *État de la France*, 1686, t. II, p. 467; *Mercure*, mars 1709, p. 266; id. juin 1714, p. 140; G. Brice, t. III, p. 294; Jaillot, t. V, *Quartier Saint-Germain*, p. 76.

N° 256.

· DE · LA · 2 · PREV · DE M^RE CHARLES · BOVCHER · DORSAI

Armoiries des Boucher, comme au précédent. — Grènetis.

℞. · SERVAT · AMOREM ·

Tournesol tourné vers un soleil rayonnant. A l'exergue : LA · VILLE · DE · PARIS · 1703 · — Grènetis, filet.

Æ. Conf. Collection d'Affry.

───♦───

N° 257.

❀ DE · LA · 3 · PREV · DE · M^RE CHARLES · BOVCHER · DORSAI

Armoiries des Boucher, comme aux précédents. — Grènetis.

℞. LÆTOR · DVM · RESPICIS ·

Soleil rayonnant au-dessus d'un champ de vigne. A l'exergue : LA · VILLE · DE · PARIS · 1705 · — Grènetis, filet.

Æ. Conf. Collection d'Affry.

───♦───

N° 258.

✱ DE · LA · 4 · PREV · DE · M^{RE} CHARLES · BOVCHER · DORSAI

Armoiries des Boucher. — Grènetis.

℞. CARA`IOVI ·

Chêne. A l'exergue : LA · VILLE · DE · PARIS · 1707 · — Grènetis.

Æ. Conf. Collection d'Affry.

N° 259.

ESTIENNE PERICHON IER ECHEVIN ·

Cartouche orné, chargé d'un écu ovale armorié, surmonté d'un casque de fer avec ses lambrequins. D'azur, au chevron d'argent accompagné en chef de deux roses de même, tigées et feuillées de sinople, et en pointe d'un lion d'or. A l'exergue : 1708 · — Grènetis.

℞. LA · VILLE · DE · PARIS

Vue de Paris prise en aval du pont Neuf : elle est limitée, à l'exergue, par un double filet dont les extrémités sont horizontales et dont le centre est courbé en quart de cercle. — Grènetis.

Conf. Collection de la Ville.

Beaumont et Borel font les roses de gueules.

ETIENNE PÉRICHON, notaire au Châtelet, Échevin de 1707 à 1709, fut, en outre, conseiller de Ville de 1696 à 1713.

Voir Beaumont.

N° 260.

✠ DE · LA · PREVOTE · DE Mᴿᴱ IEROME BIGNON

Cartouche chargé d'un écu armorié en forme de cœur, surmonté de la couronne de comte et soutenu par deux palmes. D'azur, à la croix haute d'argent accolée d'un cep de vigne de sinople fruité d'or, cantonnée de quatre flammes du même et mouvante d'une terrasse de sinople. — Grènetis.

℞. ARDET AB VNO ·

Miroir placé au milieu d'une campagne et reflétant les rayons du soleil. A l'exergue : LA · VILLE · DE · PARIS · 1709 · — Grènetis, filet.

Æ. Conf. Collection d'Affry.

La Ville signale ainsi l'amour qu'elle porte au Roi.

Notre série de jetons présente ici une lacune de six années que rien ne semble motiver; le *Mercure* de 1710 en donne l'explication suivante :

« Vous avez peut-être remarqué que la Ville n'a point fait frapper de jettons cette année; mais, comme elle s'est fort préoccupée du soulagement des pauvres, le Roi a trouvé bon qu'elle appliquast à cet usage les fonds qu'elle auroit employés à faire frapper des jettons. »

Comme on le voit, par ce motif ou par tout autre, la Ville s'est abstenue de frapper des jetons pendant quelques années; et il est à remarquer qu'à partir de cette époque le service ne s'est plus fait avec la même régularité qu'auparavant.

1708-1716. JÉRÔME BIGNON.

Après avoir occupé le poste d'avocat du Roi au Châtelet, il fut reçu conseiller au Parlement, puis il passa maître des requêtes en 1689. Successivement intendant de Rouen et d'Amiens (1697-1709), il entra au Conseil d'État. Il mourut le 5 décembre 1725, à soixante-huit ans.

Une ordonnance du Roi, du 23 février 1716, prescrit l'établissement à Paris de pompes à incendie.

Voir *Tablettes de Thémis*, t. I, p. 103; *État de la France*, 1699, t. III, p. 39; *Généalogies manuscrites*; *Mercure*, septembre 1711, p. 62; décembre 1725, p. 2937; mai 1722, p. 197; D. Félibien et D. Lobineau, t. II, p. 1541.

N° 261.

✱ DE LA PREVOSTE DE Mʀᴇ CHARLES TRVDAINE CONᵉʳ D'ETAT

Cartouche chargé d'un écu ovale armorié, surmonté de la couronne de marquis. D'or, à trois daims de sable. — Grènetis.

℞. Cartouche chargé des armes de la Ville et surmonté d'un soleil rayonnant. A l'exergue : LA VILLE DE PARIS • 1716 • — Grènetis.

Conf. Collections de la Ville et d'Affry.

1716-1720 (4 juillet). CHARLES TRUDAINE, seigneur de Montigny.

Il fut d'abord conseiller au Parlement; nommé maître des requêtes en 1689, il fut pourvu de l'intendance de Lyon en 1705, et de celle de Dijon en 1710; il passa ensuite au Conseil d'État et il mourut le 21 juillet 1721, à soixante et un ans. Il avait été gratifié d'une pension de 8,000ᵗᵗ, en quittant la Prévôté des Marchands.

Des lettres patentes du 25 mars 1719 ordonnent la reconstruction des quais de l'École et du Louvre; la même année, cinq fontaines nouvelles sont construites dans le faubourg Saint-Antoine.

Voir *Tablettes de Thémis*, t. I, p. 107, 111, 197; *État de la France*, 1699, t. III, p. 48; 1708, t. III, p. 41; *Mercure*, mars 1710, p. 248; juin-juillet 1721, p. 80, juillet, p. 155; D. Félibien et D. Lobineau, t. II, p. 1542; t. IV, p. 482, 489; Jaillot, t. I, *Quartier du Louvre*, p. 7.

N° 262.

✱ DE LA • 2 • PREVOSTE DE Mʀᴇ CHARLES TRVDAINE CONᵉʳ DETAT

Cartouche chargé des armoiries des Trudaine. — Grènetis.

℞. Écu ovale aux armes de Paris, posé sur un cartouche. A l'exergue : LA VILLE DE PARIS 1718 • — Grènetis.

Æ. Conf. Collection d'Affry.

Il est à remarquer que le chef des armes de Paris ne contient qu'une seule fleur de lys complète, contrairement à ce qui se pratique d'ordinaire.

N° 263.

✿ DE LA PREVOTE DE Mʀᵉ P·A·DE CASTAGNERE MARQ·DE CHATEAVNEVF Cʳ DETAT

Cartouche chargé d'un écu ovale armorié, surmonté de la couronne de marquis. Écartelé : au 1ᵉʳ, d'azur au globe d'or croisé de même et cintré de gueules ; au 2ᵉ, d'azur au lion d'or, à la fasce brochant de gueules chargée de trois roses d'argent ; au 3ᵉ, de gueules à trois chevrons d'or ; au 4ᵉ, palé d'argent et d'azur, au chevron de gueules brochant sur le tout ; sur le tout, d'or au châtaignier arraché de sinople. — Grènetis.

℞. Même type qu'au précédent. A l'exergue : LA VILLE DE PARIS 1721 · — Grènetis.

Æ. Conf. Collections de la Ville et d'Affry.

Dans cette dernière collection est conservé un exemplaire d'argent varié : chaque ligne de l'exergue se termine par un annelet ; le chef des armes montre trois fleurs de lys complètes.

1720 (4 juillet)-1725 (25 août). Pierre-Antoine de Castagnère, marquis de Châteauneuf et de Marolles.

Son élection donna lieu à quelques difficultés, attendu qu'il était né en Savoie, à Chambéry, et que les membres du Bureau de la Ville devaient être Parisiens ; mais le Roi, par lettre de cachet, ordonna de passer outre. A raison de son grand âge, M. de Châteauneuf ne fit que la première année de sa troisième prévôté.

Reçu conseiller au Parlement le 10 mai 1675, il quitta la magistrature pour suivre la carrière diplomatique ; il fut ambassadeur à Constantinople en 1689, à Lisbonne en 1703, en Hollande en 1713 ; dans le courant du mois d'août 1719, il entra au Conseil d'État.

Par lettres patentes de mars 1721, registrées au Parlement le 21 mars de l'année suivante, le Roi donne à la Ville l'île des Cygnes pour y établir un atelier de déchirage des bateaux, ainsi qu'un port public pour les bois à brûler et à ouvrer.

<small>Voir Beaumont; Barbier, t. I, p. 33; *État de la France*, 1686, t. II, p. 470; t. IV, p. 48; *Annuaire historique*, 1848, p. 181, 245, 233; *Mercure*, mars 1722, 2ᵉ vol. p. 168; D. Félibien et D. Lobineau, t. II, p. 1542.</small>

✠ DE LA PREVOTE DE MESS • NICOLAS LAMBERT PRES • AVX REQ • DV PALAIS

Cartouche chargé d'un écu ovale armorié, surmonté de la couronne de marquis et supporté par deux licornes. Écartelé : au 1ᵉʳ et au 4ᵉ, d'azur à la licorne naissante d'argent, au chef d'or chargé de trois merlettes de sable, qui est de Lambert; au 2ᵉ et au 3ᵉ, d'azur au sautoir alaisé d'or cantonné de quatre billettes de même, qui est de L'Aubespine. — Grènetis.

℞. Écu ovale, chargé des armes de la Ville, posées sur un cartouche. A l'exergue : LA VILLE DE PARIS 1725 • — Grènetis.

Æ. Conf. Collection de la Ville. Æ. Conf. Collection d'Affry.

Une variété d'argent de cette dernière collection commence la légende par un point et porte la leçon PRES • AVX • REQ •; le cartouche portant l'écu présente, en outre, quelques légères différences.

1725 (27 août)-1729 (10 juillet). NICOLAS LAMBERT, seigneur de Vermont.

Conseiller au Parlement (1ᵉʳ septembre 1684), puis président à la seconde chambre des requêtes en 1697, il mourut en exercice le 10 juillet 1729; il s'était retiré du Parlement peu de temps auparavant.

Il fut conseiller de Ville de 1691 à 1729.

Au commencement de janvier 1728, on scelle au coin de chaque rue, à dix pieds d'élévation, des plaques de fer-blanc où le nom de la rue est inscrit en gros caractères.

Deux ans plus tard, le 3 juin 1730, une ordonnance de police enjoint aux propriétaires des maisons formant encoignure de placer dans leurs façades, lorsqu'ils les réédifieront, une pierre de liais destinée à recevoir cette indication.

A cette époque, les lanternes publiques étaient garnies de chandelles de quatre à la livre.

Voir Beaumont; *Mercure*, août 1725, p. 1899; décembre 1727, p. 2784; janvier 1728, p. 176 juillet 1729, p. 1683; juillet 1730, p. 1689; *État de la France*, 1727, t. IV, p. 256.

N° 265.

✠ DE LA PREVOTE DE M.^{RE} MICH · EST · TVRGOT PRES · AVX REQ · DV PALAIS

Cartouche chargé d'un écu ovale armorié, surmonté de la couronne de marquis et supporté par deux licornes. D'argent, fretté de gueules de huit pièces, les interstices remplis chacun d'une moucheture d'hermine de sable. — Grènetis.

℞. OPTATO SIDERE GAVDET ·

Vaisseau voguant à gauche, toutes voiles dehors; au-dessus se remarque la constellation du Dauphin. A l'exergue : URBS M · DCCXXX · — Grènetis.

Æ. Conf. Collection de la Ville. Æ. Conf. Collection d'Affry.

1729. La Reine accouche du Dauphin, le 4 septembre 1729, à trois heures quarante minutes du matin. Le Prévôt des Marchands et les Échevins s'étaient réunis à l'Hôtel de Ville, dès une heure après minuit; ils reçurent la nouvelle par le comte de Saugeon, enseigne des gardes du corps, envoyé par le Roi, et ils lui firent présent d'une tabatière d'or enrichie de diamants. La première nouvelle fut apportée par M. d'Orseval, premier page du duc de Gesvres, gouverneur de Paris; il vint de Versailles en trente-trois minutes; la Ville lui donna une pension de 1,500 francs, le duc le nomma exempt de ses gardes.

1729 (14 juillet)-1740. MICHEL-ÉTIENNE TURGOT, seigneur de Sousmons, Bons, Ussy, Brucourt, etc.

Né le 9 juin 1690, il entra au Parlement, où il devint, en 1717, président à la deuxième chambre des enquêtes; nommé conseiller d'État par semestre en 1737, il passa ordinaire en 1744. En 1741, il avait été président au Grand Conseil. L'Académie des inscriptions et belles-lettres l'admit, en 1743, au nombre de ses membres honoraires, en remplacement du cardinal de Fleury. Il mourut le 1er février 1751.

Turgot est un des magistrats municipaux dont la mémoire vivra le plus longtemps; il s'est toujours préoccupé de l'amélioration de la ville, et il n'a pu réaliser qu'une partie des projets qu'il avait conçus dans ce dessein. On lui doit, entre autres monuments, la fontaine de la rue de Grenelle, une des plus belles œuvres de Bouchardon, qui a été terminée en 1739. Il était d'un grand désintéressement. Le Roi étant venu souper à l'Hôtel de Ville, le 7 septembre 1729, à l'occasion de la naissance du Dauphin, Turgot refusa la somme de 40,000^{lt} qui, en pareil cas, était allouée au Prévôt des Marchands.

Voir Beaumont; *Mercure*, juillet 1729, p. 1671; mars 1743, p. 575; novembre 1744, p. 184; juin 1751, 2° vol. p. 54; *État de la France*, 1727, t. IV, p. 257; *Tablettes de Thémis*, t. I, p. 217; *Almanach royal*, 1744, p. 122.

N° 266.

Mêmes légende et type qu'au précédent.

℞. Écu ovale aux armes de Paris, renfermé dans un cartouche orné. A l'exergue : LA VILLE DE PARIS. — Grènetis.

Æ. Conf. Collections de la Ville et d'Affry.

N° 267.

• DE LA 1re PR^{te} DE Mre MICH • ETI • TVRGOT PRES^t AVX REQ • DV PAL • 1732

Écu ovale aux armes des Turgot, posé sur un cartouche orné, surmonté de la couronne de marquis et supporté par deux licornes. Sous le pied gauche du support de gauche : DV. — Grènetis.

℞. Semblable aux précédents. — Grènetis.

Conf. Collection de la Ville. Æ. Conf. Collection d'Affry.

Ce jeton a été gravé par Jean Duvivier, reçu à l'Académie royale de peinture et sculpture le 28 mai 1718, mort le 30 avril 1761, à soixante-quatorze ans. Son œuvre est considérable et très-digne d'attention. Il était logé dans les galeries du Louvre, où il avait remplacé Mauger en 1722.

N° 268.

DE LA II PR.ᵗᴱ DE Mʀᴇ MICH · ETI · TVRGOT PRESᵀ AVX REQ · DV PAL · 1733 ·

Cartouche comme ci-dessus, chargé des armes des Turgot. Près du pied-droit du support de gauche : VD.

℞. Écu aux armes de la Ville, dans un cartouche. À l'exergue : LA VILLE DE PARIS. — Grènetis et filet extérieur.

Conf. Collection de la Ville. Æ. Conf. Collection d'Affry.

Gravé par Jean Duvivier; par une erreur singulière, la signature est à l'envers.

N° 269.

✱ DE LA III Pᵀᴱ DE Mʀᴇ MICH · ETI · TVRGOT PRESᵀ AVX REQ · DV PAL · 1736

Cartouche aux armes des Turgot, avec les mêmes ornements que ci-dessus. Près du pied-droit du support de droite : G. — Grènetis.

℞. Écu ovale aux armes de la Ville, posé sur un cartouche orné et garni à gauche d'une palme, à droite d'une branche de laurier. Au-dessous : LA VILLE DE PARIS. L'une des feuilles les plus basses de la branche de laurier est chargée de la lettre G. — Grènetis.

Æ. Conf. Collections de la Ville et d'Affry.

La gravure de ce coin est due à Gamot, à qui elle fut payée 150tt. Cet artiste, qui portait le prénom de Joseph, était graveur du Roi à la Monnaie de Lille; il reçut, le 14 juillet 1734, le brevet de graveur de la Ville de Paris.

———————

N° 270.

• DE LA 4ᵉ PR • DE Mᴿᴱ MICH • ETI • TURGOT CHᴿ MARQ • DE SOUSMONS CONSEIL • DETAT

Cartouche aux armes des Turgot. Au-dessous : 1738. Signé G près du pied-droit du support de droite. — Grènetis.

℞. Le même qu'au précédent.

Æ. Conf. Collections de la Ville et d'Affry.

Gravé par Gamot.

———————

N° 271.

• DE LA 5ᵉ PR • DE Mᴿᴱ MICH • ETI • TURGOT CHᴿ MARQ • DE SOUSMONS CONSEIL • D'ETAT

Armoiries des Turgot, posées sur un cartouche comme aux précédents. A l'exergue : 1739. — Grènetis.
℞. Semblable aux deux qui précèdent.

Æ. Conf. Collections de la Ville et d'Affry.

Ce coin a été gravé par Gamot, qui reçut pour ce travail 150₶.

N° 272.

• DE LA 5ᵉ PR • DE Mʳᵉ MICH • ETI • TURGOT CHʳ MARQ • DE SOUSMONS CONSEIL • D'ETAT

Cartouche armorié, comme ci-dessus. Au-dessous : 1740. — Grènetis.
℞. Comme les précédents.

Æ. Conf. Collection d'Affry.

Ce jeton est encore l'œuvre de Gamot.

N° 273.

• DE LA PRᵀᴱ DE Mʳᵉ FEL • AVBERY Mqᵛⁱˢ DE VASTAN Mᵀʳᵉ DES REQ • HON • 1740

Cartouche armorié, surmonté de la couronne ducale et ayant pour tenants deux sauvages, la massue à la main. D'or, à cinq trangles de gueules. A gauche du cartouche, près des pieds du tenant : DV. — Grènetis.

JETONS ET MÉDAILLES DES PRÉVÔTS ET ÉCHEVINS.

℞. Cartouche aux armes de Paris, chargé à droite, au bas, des lettres : D • V. Au-dessous : VILLE DE PARIS. — Grènetis, filet.

Æ. Conf. Collections de la Ville et d'Affry.

Gravé par Jean Duvivier.

1740-1743 (20 juillet). FÉLIX AUBERY, marquis de Vastan, baron de Vieux-Pont, etc.

D'abord avocat du Roi au Châtelet (1715), il fut ensuite conseiller au Parlement (1716); maître des requêtes (1718); intendant de Limoges (1723), de Maubeuge (1725), de Caen (1727), de Châlons (1730); conseiller d'État (1743). Il mourut le 20 juillet de cette dernière année, étant en fonctions.

Voir Beaumont; *Mercure*, janvier 1730, p. 182; août 1740, p. 1892; mars 1743, p. 574; juillet 1743, p. 1657; *Tablettes de Thémis*, t. I, p. 105, 110, 206; *Almanach royal*, p. 81; 1726, p. 102; 1728, p. 121; 1732, p. 130.

N° 274.

✿ DE LA II • PR^{TE} DE M^{RE} FELIX AUBERY M^{QVIS} DE VASTAN M^{TRE} DES REQ • 1742 •

Armes des Aubery, disposées comme au précédent. Près du pied gauche du tenant de gauche : DV. — Grènetis.

℞. Le même qu'au précédent.

Conf. Collections de la Ville et d'Affry.

Ce coin est dû à J. Duvivier.

N° 275.

PREV.TE DE M.RE LOUIS BAZILE DE BERNAGE CONS.ER DETAT ORD.RE • 1743 •

Deuxième légende concentrique :

COMM • GRAND CROIX DE L'ORDRE DE S.T LOUIS.

Cartouche orné de têtes de griffon, chargé d'un écu ovale armorié, surmonté de la couronne ducale : l'écu est posé sur la grand'croix de Saint Louis et entouré d'un ruban portant la légende LUD • MAG • INSTIT • 1691 • et soutenant une croix de petit module. Fascé de gueules et d'or : le gueules chargé de quinze flanchis d'or, 5, 5, 5. — Grènetis.

℞. Cartouche aux armes contournées de Paris, orné à gauche d'une palme, à droite d'une branche de laurier. Au-dessous, dans un listel : VILLE DE PARIS. A la droite du cartouche : DV.

Conf. Collections de la Ville et d'Affry.

Ce coin, qui a été gravé par J. Duvivier, contient une singulière erreur; il donne l'année 1691 comme la date de l'institution de l'ordre de Saint-Louis, tandis que cet ordre a été créé par lettres patentes d'avril 1693, enregistrées au Parlement le 10 du même mois. Cette erreur est passée inaperçue; elle s'est continuée sur tous les jetons de la prévôté de M. de Bernage.

1743 (26 juillet)-1758. LOUIS-BASILE DE BERNAGE, seigneur de Saint-Maurice.

Maître des requêtes en 1714, honoraire en 1722, il fut chargé successivement des intendances de Montauban (1720-1726), puis de Montpellier et Toulouse (1736-1743), et, en 1734, il fut appelé au Conseil d'État. Par provisions du 3 décembre 1724, il avait été nommé secrétaire-greffier de l'ordre de Saint-Louis, charge pour laquelle il prêta serment le 24 janvier 1730, et qu'il quitta en 1733, en conservant les honneurs. Aux termes de l'édit d'avril 1719, article 10, les secrétaires-greffiers avaient le privilège de porter les insignes de grand-croix.

En 1749, le Roi ayant donné à la Ville la direction générale de l'Opéra, le Prévôt, accompagné des Échevins, prend possession officielle du service le 27 août. Le Roi fait placer au Luxembourg une certaine quantité de tableaux, que le public est admis à visiter deux fois par semaine : le cabinet est ouvert, pour la première fois, le 15 octobre 1750. A l'occasion de la naissance du duc de Bourgogne (qui eut lieu dans la nuit du 12 au 13 septembre 1751), la Ville de Paris décide qu'elle mariera six cents filles qui seront choisies dans les familles d'artisans hors d'état de pourvoir à leur établissement. Les mariages ont lieu le 9 novembre; la Ville dote et habille les mariées et fait les frais des noces. Le 22 mai 1754, le duc de Chartres pose, au nom de son père, la première pierre du portail de Saint-Eustache.

Voir Beaumont; *Tablettes de Thémis*, t. I, p. 112, 205; *Mercure*, novembre 1734; p. 2519; octobre 1749, p. 202; novembre 1750, p. 222; novembre 1751, p. 175; janvier 1752, 2° vol. p. 197; *Almanach royal*, 1744, p. 122; *Mémoires historiques sur l'ordre de Saint-Louis*, p. 214, 249.

N° 276.

I • PREV.^{TE} DE M^{RE} LOUIS BAZILE DE BERNAGE CON^{ER} D'ETAT ORD^{RE} 1744 •

Deuxième légende concentrique :

COMM • GRAND CROIX DE L'ORDRE DE S^T LOUIS

Armoiries comme au précédent. — Grènetis.
℞. Semblable en tout à celui qui précède.

Æ. Conf. Collections de la Ville et d'Affry.

N° 277.

II • PREV.^{TE} DE M^{RE} LOUIS BAZILE DE BERNAGE CON^{ER} D'ETAT ORD^{RE} 1746 •

Deuxième légende concentrique :

COMM • GRAND CROIX DE L'ORDRE DE S.^T LOUIS

Mêmes armoiries. — Grènetis.
℞. Type et légende des précédents.

Æ. Conf. Collections de la Ville et d'Affry.

N° 278.

III • PREV^{TE} DE M^{RE} LOUIS BAZILE DE BERNAGE CON^{ER} D'ETAT ORD^{RE} 1748 •

Deuxième légendre concentrique :

COMM • GRAND CROIX DE L'ORDRE DE S.^T LOUIS

Armoiries comme ci-dessus. — Grènetis.
℞. Comme aux numéros qui précèdent.

Æ. Conf. Collections de la Ville et d'Affry.

N° 279.

IIII • PREV^{TE} DE M^{RE} LOUIS BAZ • DE BERNAGE CON^{ER} D'ETAT ORD^{RE} 1750 •

Deuxième légende concentrique :

COMM • GRAND CROIX DE L'ORDRE DE S.^T LOUIS

Armoiries ci-dessus décrites. — Grènetis.
℞. Cartouche armorié, comme aux précédents.

Æ. Conf. Collections de la Ville et d'Affry.

JETONS ET MÉDAILLES DES PRÉVÔTS ET ÉCHEVINS.

N° 280.

V • PREV.^{TE} DE M^{RE} LOUIS BAZILE DE BERNAGE CON^{ER} D'ETAT ORD^{RE} 1753 •

Armoiries des Bernage, comme dessus. — Grènetis.
℞. De même qu'aux précédents.

Æ. Conf. Collections de la Ville et d'Affry.

———>✧<———

N° 281.

VI • PREV.^{TE} DE M^{RE} LOUIS BAZILE DE BERNAGE CON^{ER} D'ETAT ORD^{RE} 1754 •

Armoiries précédemment signalées. — Grènetis.
℞. Armes de la Ville, comme dessus.

Æ. Conf. Collections de la Ville et d'Affry.

Les carrés de ce jeton ont été payés à J. Duvivier 300^{tt}.

———>✧<———

N° 282.

PREV.^{TE} DE M^{RE} J • B • ELIE CAMVS DE PONTCARRE DE VIARME C^R DE^T

Cartouche orné, chargé d'un écu ovale armorié, surmonté de la couronne de marquis et ayant pour supports un lion couché. D'azur, à trois croissants d'argent accompagnés en cœur d'une étoile d'or. A l'exergue : 1758. Devant la patte gauche du lion couché : IDV. — Grènetis.

℞. La Ville de Paris assise sur un banc, le bras droit étendu et soutenant du bras gauche un cartouche à ses armes; dans le fond, on voit d'un côté le Louvre, de l'autre, Notre-Dame et la Sainte-Chapelle. A l'exergue : VILLE DE PARIS. — Grènetis, filet extérieur.

Æ. Conf. Collections de la Ville et d'Affry.

Ce jeton a été gravé par J. Duvivier, qui, pour son travail, a reçu 600ᴧ. Il était d'usage de remettre au graveur, en sus du prix, deux exemplaires en argent de son œuvre.

1758-1764. Jean-Baptiste-Élie Camus de Pontcarré, seigneur de Viarme, etc.

Né le 20 mars 1702 et reçu conseiller au Parlement en 1721, il passa maître des requêtes en 1726, et fut intendant de Bretagne de 1734 à 1752; l'année suivante, il fut nommé conseiller d'État par semestre; il mourut le 22 mars 1775, à soixante-treize ans.

La halle au blé est commencée en 1763, conformément aux lettres patentes du 25 novembre de l'année précédente. La bibliothèque léguée à la Ville par Moriau et placée à l'hôtel Lamoignon est ouverte au public le mercredi 13 avril de la même année; les lecteurs y sont reçus le mercredi et le samedi.

En 1761, un sieur Poitevin établit, en face des Tuileries, les premiers bains chauds sur la Seine : ils sont ouverts le 28 avril.

Voir Beaumont; *Généalogies manuscrites*; *Tablettes de Thémis*, t. I, p. 209; *Almanach royal*, 1762, p. 145; *Mercure*, décembre 1734, p. 2732, 2742; septembre 1758, p. 204; avril 1761, p. 204; avril 1763, 2ᵉ vol. p. 115; avril 1775, 2ᵉ vol. p. 213; Jaillot, t. II, *Quartier Saint-Eustache*, p. 19; t. III, *Quartier Saint-Antoine*, p. 99.

N° 283.

II · PREVᵀᴱ DE Mᴿᴱ J · B · ÉL · CAMUS DE PONTCARRE DE VIARME Cᴿ D'Eᵀ

Armes des Camus de Pontcarré ci-dessus décrites. A l'exergue : 1760. Sous la queue du lion couché : I • D • V • — Grènetis.

℞. Le même qu'au n° 282.

Æ. Conf. Collection d'Affry.

M. le comte Amelot de Chaillou possède un exemplaire en cuivre de ce jeton, dont le revers est semblable à celui du numéro suivant.

N° 284.

MONVMENTVM ET PIGNVS AMORIS

Armes comme aux précédents. A l'exergue : 1761. Signature DV.

℞ VILLE DE PARIS

Cartouche contenant les armes de la Ville, entre deux palmes.

Æ. Collection?

N° 285.

III • PREV^{TE} DE M^{RE} J • B • EL • CAMUS DE PONTCARRE DE VIARME C^R D'E^T

Armes comme aux précédents. A l'exergue : 1763. — Grènetis.

℞ VILLE DE PARIS

Même type qu'aux n°s 282 et 283, sauf une variante. Dans le champ, près de l'écusson, J • DU VIV. A l'exergue se trouve une guirlande de fleurs, attachée à deux patères et soutenant une fleur de lys.

Æ. Conf. Collections de la Ville et d'Affry.

N° 286.

III • PREV.TE DE M.RE J • B • EL • CAMUS DE PONT CARRE DE VIARME C.R DE.T

Cartouche aux armes des Camus de Pontcarré, surmonté de la couronne de marquis et ayant pour supports deux lions, dont l'un est couché et l'autre passant. — Filet.

℞. Même type que ci-dessus. A l'exergue : PARIS 1763. — Filet.

Octogone. Collection de la Ville.

N° 287.

PREV.TE DE M.RE ARM • JER BIGNON CONS.ER D'ETAT BIBLIOTEQ.RE DU ROY • 1766 •

Cartouche chargé d'un écu armorié, surmonté de la couronne de marquis, entouré des colliers des ordres de Saint-Michel et du Saint-Esprit, et ayant pour tenants deux anges vêtus de longues robes, élevant chacun une palme, le tout mouvant d'une terrasse. D'azur, à la croix haute d'argent, accolée d'un cep de vigne de sinople fruité d'or, cantonnée de quatre flammes du même et mouvant d'une terrasse de sinople. — Grènetis.

℞. VILLE DE PARIS

Cartouche chargé des armes de Paris, orné d'une guirlande de feuillage et de deux cornes d'abondance. — Grènetis.

Æ. Conf. Collections de la Ville et d'Affry.

Ce jeton a été gravé par J. Duvivier, qui a reçu 300 ʰ pour ce travail. La Bibliothèque nationale en possède un exemplaire en or.

N° 288.

II PREV.TE DE M.RE ARM • JER • BIGNON CONS.ER D'ETAT BIBLIOT.RE DU ROY • 1767 •

Armoiries des Bignon, comme au précédent; les anges ne tiennent pas de palmes à la main. — Grènetis.

℞. Semblable au numéro qui précède.

Æ. Conf. Collections de la Ville et d'Affry.

Gravé par J. Duvivier. En or, à la Bibliothèque nationale.

1764-1772 (8 mars). ARMAND-JÉRÔME BIGNON, seigneur et patron de la Meaufle, de l'Île-Belle, Hardricourt, etc.

Né le 28 octobre 1711, il obtint, en 1737, une charge de maître des requêtes, et, en 1743, celle de bibliothécaire du Roi; la même année, il entra à l'Académie française, et, en 1751, il fut reçu honoraire des inscriptions et belles-lettres; enfin il fut nommé prévôt maître des cérémonies des ordres du Roi le 7 septembre 1754, et conseiller d'État en 1762; il mourut à Paris, en exercice, le 8 mars 1772.

Le 6 septembre 1764, le Roi, accompagné du Dauphin, pose la première pierre de l'église Sainte-Geneviève. Il procède à une cérémonie analogue, le 5 juillet 1769, dans la chapelle de l'École militaire.

N° 289.

III • PREV.TE DE M.RE ARM • JER • BIGNON CONS.ER D'ETAT BIBLIOT.RE DU ROY • 1769 •

Armoiries comme ci-dessus. — Grènetis.
℞. Le même qu'aux précédents.

Æ. Conf. Collections de la Ville et d'Affry.

Le droit de ce jeton n'est autre que celui de 1767, qui a été remanié; les chiffres ont été changés; des palmes ont été placées dans la main des tenants.

N° 290.

III • PREV.ᵀᴱ DE M.ʀᴱ ARM • JER • BIGNON CONS.ᴇʀ D'ETAT BIBLIOT.ᴇ DU ROY
• 1770 •

Armoiries des Bignon, ci-dessus décrites; les anges ne tiennent point de palmes; ils ont une longue ceinture dont les bouts pendent derrière eux. — Grènetis.
℞. Mêmes type et légende.

Æ. Conf. Collections de la Ville et d'Affry.

N° 291.

IIII • PREV.ᵀᴱ DE M.ʀᴱ ARM • JER • BIGNON CONS.ᴇʀ D'ETAT BIBLIOT.ᴇ DU ROY
• 1771 •

Armoiries comme à l'année 1770. — Grènetis.
℞. Type déjà décrit.

Æ. Conf. Collections de la Ville et d'Affry.

N° 292.

PREVOSTE DE M^{re} J · B · FR · DE LA MICHODIERE · 1773

Cartouche chargé d'un écu ovale armorié, surmonté de la couronne de marquis et ayant pour supports deux levriers, le tout posé sur une plinthe sculptée. D'azur, à la fasce d'or chargée d'un levrier courant de sable, accolée de gueules. A l'exergue, une guirlande soutenue par une patère. — Grènetis.

℞. VILLE DE PARIS

Cartouche orné d'une guirlande et de deux palmes, chargé des armes de la Ville. — Grènetis, filet extérieur.

Æ. Conf. Collections de la Ville et d'Affry.

1772 (17 mars)-1778. JEAN-BAPTISTE-FRANÇOIS DE LA MICHODIÈRE, comte de Hauteville, seigneur de Romène.

Il était né le 2 septembre 1720, et fut nommé maître des requêtes en 1745; chargé successivement des intendances de Riom (1752), de Lyon (1757), de Rouen (1762), il entra au Conseil d'État en 1768, et, le 3 décembre 1778, il fut reçu conseiller d'honneur au Parlement de Paris.

Voir *Tablettes historiques*, t. V, p. 433; *Tablettes de Thémis*, t. I, p. 117, 213; *Almanach royal*, 1754, p. 150; 1766, p. 180; 1790, p. 237, 289; *Mercure*, décembre 1757, p. 199; octobre 1762, p. 190; avril 1772, vol. I, p. 218.

N° 293.

II · PREV · DE M^{re} J · B · FR · DE LA MICHODIERE

Armoiries des la Michodière. A l'exergue : MDCCLXXV. — Grènetis.
℞. Semblable au précédent.

Æ. Conf. Collections de la Ville et d'Affry.

N° 294.

II • PREV^T DE M^{RE} J • B • FR • DE LA MICHODIERE •

Cartouche armorié comme dessus. A l'exergue : MDCCLXXVI. — Grènetis.
℞. Le même qu'aux autres années.

Æ. Conf. Collection d'Affry.

N° 295.

III • PREV^T DE M^{RE} J • B • FR • DE LA MICHODIERE

Mêmes armoiries qu'aux précédents. A l'exergue : MDCCLXXVII. — Grènetis.
℞. Comme ci-dessus.

Æ. Conf. Collections de la Ville et d'Affry.

C'est le coin remanié de l'année 1776.

JETONS ET MÉDAILLES DES PRÉVÔTS ET ÉCHEVINS.

N° 296.

I · PREVOSTE DE M^{RE} ANT · L · FR · LE FEVRE DE CAUMARTIN

Cartouche chargé d'un écu ovale armorié, surmonté de la couronne de marquis; l'écu posé sur la grand'croix de l'ordre de Saint-Louis, entouré d'un ruban portant la légende LUD · MAG · INST · 1693, et soutenant une croix de petit module. D'azur, à cinq trangles d'argent. Sous les armes : 1778. — Grènetis.

℞. Armes de Paris, posées sur un cartouche orné d'une guirlande de feuillage. Au-dessous : VILLE DE PARIS. — Grènetis, filet extérieur.

Æ. Conf. Collections de la Ville et d'Affry.

En or, à la Bibliothèque nationale.

1778-1784. ANTOINE-LOUIS-FRANÇOIS LE FÈVRE DE CAUMARTIN, marquis de Saint-Ange, comte de Moret, etc.

Né le 30 juillet 1725 et reçu maître des requêtes le 12 juin 1749, il fut intendant de Metz (1754), de Lille (1756), et fut nommé conseiller d'État par semestre en 1781. En outre, par provisions du 8 avril 1771, il avait été pourvu de la charge de chancelier garde des sceaux de l'ordre de Saint-Louis, ce qui lui donnait le droit de porter les insignes de grand-croix. Cette charge fut supprimée par édit de janvier 1779, mais M. de Caumartin en conserva les honneurs.

En 1793, emprisonné pendant plusieurs mois, il fut assez heureux pour échapper à l'échafaud révolutionnaire, et il vécut jusqu'en 1803.

Conformément aux lettres patentes du 22 avril 1769, le petit Châtelet fut démoli en 1782, ce qui facilita beaucoup la circulation.

Voir *Étrennes à la noblesse*, 1780, p. 134; *Tablettes de Thémis*, t. I. p. 112, 214; *Almanach royal*, 1758, p. 149, 466; 1790, p. 237; *Bulletin de la Société archéologique de Seine-et-Marne*, t. I, p. 209; Borel, 1859, p. 170; *Mémoires historiques sur l'ordre de Saint-Louis*, p. 213, 249, 291.

N° 297.

II • PREVOSTE DE M^RE ANT • L • FR • LE FEVRE DE CAUMARTIN

Mêmes armes qu'au précédent. Au-dessous : 1780. — Grènetis.
Armes de Paris ci-dessus décrites.

    Conf. Collections de la Ville et d'Affry.

Le coin du droit est celui de 1778, qui a été modifié.

N° 298.

III • PREV^TE DE M^E ANT • L • FR • LE FEVRE DE CAUMARTIN CONS^R DET^T
• 1782 •

Armoiries des Caumartin, surmontées de la couronne de marquis et ornées des insignes attribués aux grands-croix de l'ordre de Saint-Louis. — Grènetis.

    ℞. VILLE DE PARIS

Cartouche orné d'une guirlande de feuillage, ainsi que de deux palmes, et chargé d'un écu aux armes de la Ville. — Grènetis, filet extérieur.

    Æ. Conf. Collections de la Ville et d'Affry.

Dans la collection de la Ville se trouve un exemplaire de ce jeton en métal de cloche, ayant le revers employé pour les années 1778 et 1780.

N° 299.

PREVOSTE DE M^RE L • LEPELETIER CONSEIL^R DETAT

Cartouche chargé d'un écu ovale armorié, surmonté de la couronne de marquis et ayant pour supports deux licornes, le tout mouvant d'un piédestal sculpté. D'azur, à la croix pattée d'argent, chargée en cœur d'un chevron de gueules côtoyé de deux molettes d'éperon de sable et soutenu d'une rose de gueules boutonnée d'or. A l'exergue : 1784 sous une guirlande rattachée trois fois. — Bordure d'oves et filet cordé.

℞. Cartouche orné, chargé des armes de la Ville. Au-dessous : VILLE DE PARIS. — Bordures d'oves et filet cordé.

Æ. Octogone. Conf. Collections de la Ville et d'Affry.

1784-1789 (28 avril). LOUIS LE PELETIER, marquis de Montméliant, seigneur de Morfontaine, etc.

Il était né le 6 avril 1730, et il fut reçu conseiller au Parlement le 3 septembre 1749; nommé maître des requêtes en 1754, il obtint, en 1764, l'intendance de la Rochelle, et, l'année suivante, celle de Soissons; puis, en 1783, il passa conseiller d'État par semestre : enfin, en 1787, il fut nommé trésorier des ordres du Roi.

Voir *Dictionnaire généalogique*, t. III, p. 16; *Almanach royal*, 1758, p. 150; *id.* 1766, p. 179; *id.* 1784, p. 256, 219; *id.* 1789, p. 212; *Étrennes à la noblesse*, 1784, t. II, p. 364.

N° 300.

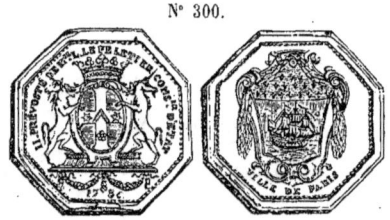

II • PREVOSTE DE M^RE L • LEPELETIER CONS^ER D'ETAT

Armoiries des Le Peletier ci-dessus décrites. A l'exergue, sous une guirlande relevée trois fois : 1786. — Filet cordé.

℞. Semblable au précédent. — Filet cordé.

Æ. Octogone. Conf. Collections de la Ville et d'Affry.

N° 301.

III • PREV.TE DE M.RE L • LEPELETIER COMM.R GR.D TRES.ER DE L'ORDRE DU ST. ESP.T C.ER D'ET

 Cartouche orné de deux branches de laurier, chargé d'un écu ovale aux armes des Le Peletier, surmonté de la couronne de marquis et entouré des colliers des ordres de Saint-Michel et du Saint-Esprit. Au-dessous : 1788. — Grènetis cordé.
 ℞. Comme pour l'année 1786.

   Æ. Octogone. Conf. Collection d'Affry.

TROISIÈME PARTIE.

JETONS DES OFFICIERS DE LA VILLE.

I.

PROCUREUR DU ROI ET DE LA VILLE.

N° 302.

✠ P · PERROT . PROC.^R D · ROY · ET · D · L · V · D · PARIS · S^R D · BOIGNI

Cartouche orné, chargé d'un écu armorié. D'azur, à deux croissants adossés d'argent, l'un montant et l'autre renversé; au chef d'or chargé de trois aiglettes rangées de sable. — Grènetis.

℞. · PRIER · ET · OPERER · TON · BEL · OR · VN · A · CHERI · (1)

Vase au-dessus duquel est attachée la toison d'or; derrière, deux branches d'olivier passées en sautoir. — Grènetis.

Conf. Collections de la Ville et d'Affry.

Pierre Perrot, avocat au Parlement, fut élu procureur du Roi et de la Ville le 5 mai 1579 : il fut dépossédé de sa charge le 14 mai 1588; réintégré le 14 avril 1594, il exerça jusqu'en 1612. Il mourut le 3 juillet 1627 et fut inhumé à Sainte-Opportune.

Voir Le Roux de Lincy, *Histoire de l'Hôtel de Ville*, 2e partie, p. 221; *Généalogie manuscrite*; *Ordonnances royaux*, p. 526; l'abbé Lebeuf, t. I, p. 187.

---

(1) Cette légende est certainement un anagramme : il faut que Perrot ait été Echevin pour donner VN · A · CHERI ·

II.

GREFFIERS.

N° 303.

✱ Mᴱ G · CLEMENT · GREFFIR · DE · LA · VILLE (*sic*).

Écu armorié, dans une couronne de laurier. D'azur, à la bande d'argent chargée d'une clef de sable et côtoyée, en chef, d'une étoile d'or et d'un oiseau d'argent, en pointe, d'une étoile d'or. — Grènetis.

℞. · MANE · NOBISCVM · DOMINE ·

Jésus-Christ entre les deux pèlerins d'Emmaüs. A l'exergue, deux branches de laurier en sautoir. — Grènetis.

Conf. Collections de la Ville et d'Affry.

GUILLAUME CLÉMENT fut greffier de la Ville de 1609 à 1610.

· N° 304.

✱ · Mᴱ G · CLEMENT · GREFFIER · DE · LA · VILLE

Écu comme au numéro précédent.

℞. VIGILANTIBVS · OMNIA · FAVSTA

La vigilance sous les traits d'une femme vêtue à l'antique, tenant de la main droite une palme, un bouquet et un serpent, et de la main gauche un coq. A l'exergue : · · 1613 · — Grènetis.

Conf. Collections de la Ville et d'Affry.

JETONS DES OFFICIERS DE LA VILLE.

FRANÇOIS CLÉMENT succéda à son père, dans les fonctions de greffier de la Ville, en 1610, et les exerça jusqu'en 1634; il se servait, pour frapper ses jetons, du coin de son père.

III.

CONSEILLERS DE VILLE.

N° 305.

LVDOVICVS MAGNVS REX •

Tête du Roi à droite. Au-dessous : H • R • F • — Grènetis.

℞. CARPIT • OMNI • EX • ORDINE • LECTOS •

Bouquet de fleurs diverses, roses, œillets, ancolies, etc. A l'exergue : CONSEILLERS • DE VILLE • 1702 • — Grènetis, filet.

Æ. Conf. Collection d'Affry.

N° 306.

LVD • XV • D • G • FR ET • NAV • REX •

Buste du Roi à droite, vêtu à l'antique et la tête laurée. Au-dessous : J • B • — Grènetis.

℞. CAPIT OMNI EX ORDINE LECTOS

Bouquet comme au précédent. A l'exergue : CONSEILLERS DE VILLE 1717 • — Grènetis, filet.

Æ. Conf. Collection d'Affry.

N° 307.

✠ M · DE · LABALLE · NOT^{RE} ·AV · CHET · ET · C^{ER} · DE · VILLE ·

Écu armorié, surmonté d'un casque de profil, garni de ses lambrequins. Armoiries comme au n° 13.

℞. ÆTERNO · FŒDERE · IVNGAM ·

L'île des Faisans. À l'exergue : 1660. — Grènetis, filet.

Conf. Collections de la Ville et d'Affry.

Ce revers est emprunté à l'un des jetons royaux frappés pour le mariage de Louis XIV.

JEAN DE LABALLE fut conseiller de Ville en 1653, et Échevin de 1664 à 1668. Voir, sous les n°s 213 et 214, les deux jetons qu'il a frappés en cette dernière qualité.

N° 308.

Même droit qu'au précédent.

℞. COMPESCVIT · IGNIBVS · IGNES

L'amour mettant le feu à des canons et autres armes de guerre disposées en trophée et les détruisant. À l'exergue : · 1661 ·

Æ. Bibliothèque nationale.

IV.

QUARTINIERS.

N° 309.

✱ S.ʳ I • LE • CONTE • QVAR.ᵉʳ DE • LA • VILLE • DE • PARIS

Écu armorié, dans une couronne formée de deux branches de laurier et surmonté de la date 1586. D'argent, à la bande d'azur accompagnée de six roses de gueules rangées en orle; écartelé d'or à trois fasces d'azur, au bâton de gueules posé en bande et brochant sur le tout. — Grènetis.

℞. DABIT ✱ VICTORIA ✱ PACEM

Le Roi debout, armé à l'antique, la tête laurée, entre un laurier et un olivier qu'il tient de chaque main. A l'exergue : une couronne de laurier entre deux roses. — Grènetis.

Conf. Bibliothèque nationale.

Ce revers appartient à un jeton sans date du Grand Conseil.

On a déjà vu figurer Jean Le Conte au nombre des Échevins. Voir, à ce sujet, les n°ˢ 76, 77, 78 et 100.

———

N° 310.

Comme au précédent.

℞. · PIETATE · ET · IVSTITIA ·

Victoire ailée, supportée par la Piété et la Justice, sur la tête desquelles elle soutient des couronnes de laurier. — Grènetis.

Conf. Bibliothèque nationale.

Revers d'un jeton banal.

N° 311.

※ ·JEAN · VINX · QVARTINIER · DE · LA · VILLE · DE · PARIS ·

Écu armorié, surmonté d'un casque de profil, orné de lambrequins. D'azur, à trois oiseaux d'or. — Grènetis.

℞. · HANC · REX · PACE · BEAT ·

Armes de Paris. A l'exergue : 1665. — Grènetis.

Æ. Conf. Bibliothèque nationale.

Borel blasonne d'azur à trois faucons d'or, chaperonnés de gueules; Beaumont fait de même dans la liste des Échevins; mais, dans celle des Quartiniers, il ne mentionne pas les chaperons.

JEAN DE VINX fut quartinier en 1665 et Échevin de 1680 à 1682.

Voir Beaumont.

N° 312.

Mͬ. H · DEROSNEL · CONᵉʳ · DV · ROY · QVARTINIER · 1701

Cartouche chargé d'un écu ovale armorié, surmonté d'un casque de face, orné de ses lambrequins. D'azur, à deux ancres en sautoir d'or, surmontées d'un cœur enflammé de même; au chef cousu de gueules, chargé de trois étoiles rangées d'or. — Grènetis.

℞. LHOSTEL · DE · VILLE · DE · PARIS ·

Façade de l'Hôtel de Ville. — Grènetis.

Conf. Collections de la Ville et d'Affry.

Henri du Rosnel fut quartinier de 1701 à 1719; il exerça les fonctions d'Échevin de 1718 à 1720; enfin, il fut élu premier consul en 1721, et juge en 1735; il appartenait au corps de la draperie.

N° 313.

Mˢ. N · PAIGNON · CONˢᵉʳ DV · ROY · QVARTINIER · 1701 ·

Cartouche chargé d'un écu ovale armorié, surmonté d'un heaume de face avec ses lambrequins. D'azur, au paon marchant d'or, au chef d'argent chargé de trois oignons rangés de gueules. — Grènetis.

℞. LHOSTEL · DE · VILLE · DE · PARIS ·

Façade de l'Hôtel de Ville. — Grènetis.

Conf. Bibliothèque nationale.

Nicolas Paignon exerça les fonctions de quartinier de 1701 à 1712.

N° 314.

Mˢ. N · LEGRAND · CONSˡʳ DV · ROY · QVARTINIER · 1709

Cartouche chargé d'un écu ovale armorié, surmonté d'un casque de face, orné de ses lambrequins. D'argent, au chevron ondé d'azur, accompagné en chef de deux grenades de gueules tigées et feuillées de sinople et, en pointe, d'une ancre de sable à la traverse de gueules et à la gumène d'or. — Grènetis.

℞. Comme aux précédents.

Conf. collection de la Ville.

Nicolas Legrand fut quartinier du 7 mai 1709 au 19 mars 1726.

V.

RECEVEUR DE LA VILLE.

N° 315.

✠ Mᵉ F · DE · VIGNY · SEC · DE · LA · CHAMBRE · DV · ROY ·

Écu en cartouche armorié. Écartelé : au 1ᵉʳ, d'azur à la fasce d'or, accompagné en chef d'une merlette de même et, en pointe, d'une merlette également d'or flanquée de deux coquilles d'argent, qui est de Vigny; au 2ᵉ, d'argent au chevron d'azur, chargé de trois étoiles à six rais d'or; au chef de gueules, chargé de trois étoiles rangées d'or, qui est Lallemand; au 3ᵉ, de... à trois lions de .....; au 4ᵉ, d'argent au chevron d'azur accompagné de trois flammes de gueules, au chef du même chargé d'un lion léopardé d'or, qui est de Feu. — Grènetis. (N. B. Nous n'avons pu compléter les indications héraldiques.)

℞. ✠ ET · REPᵗ DE · LA · VILLE · DE · PARIS

Deuxième légende concentrique : LAMANTE LE LIE, formant l'anagramme du nom Liée Lalemant.

Cœur dans un nœud en forme de trèfle, dont les bouts coupent la légende intérieure. — Grènetis.

Conf. Collections de la Ville et de la Bibliothèque nationale.

François de Vigny, succéda, en 1574, à son père, qui portait le même prénom, et exerça jusqu'en 1595. Il voulut résigner sa charge en faveur d'Adrien de Pétremolé, le 20 janvier 1576; mais il ne put faire accepter son successeur, et fut obligé de continuer son service.

Le sieur de Vigny était receveur de la Ville. Le Roi, qui avait de continuels besoins d'argent, avait imposé toutes les villes du royaume pour une somme de quinze cent mille écus. Paris était compris pour deux cent mille; la Ville refusa. Le Roi insista sans succès; irrité de ce refus, il se fit donner les deux cent mille écus par Vigny.

En 1590, accusé d'intelligence avec le roi Henri IV, il fut chassé de Paris par le duc de Nemours, après avoir payé une amende de douze mille livres.

Il avait épousé, en 1574, Liée Lallemand, fille de Jean, président au Parlement de Rouen, et de Liée Feu.

Voir D. Félibien et D. Lobineau, *Histoire de la Ville de Paris*, t. II, p. 1146, 1191.

VI.

SYNDICS. — CONTRÔLEURS GÉNÉRAUX.
RECEVEURS PAYEURS DES RENTES DE L'HÔTEL DE VILLE.
SYNDICS DES TONTINES.

N° 316.

· LUDOVICUS MAGNUS REX ·

Tête du Roi à droite. Au-dessous : B. — Grènetis.

℞. Couronne de chêne chargée de deux quatre-feuilles et contenant l'inscription suivante SINDICS GEN^{AUX} DES RENTES DE L'HÔTEL DE VILLE 1706. — Grènetis.

Conf. Collections de la Ville et d'Affry.

En 1522, pressé d'argent par suite de la guerre qu'il avait déclarée l'année précédente à Charles-Quint, François Ier voulut emprunter à la Ville de Paris une somme de deux cent mille francs. Mais les Parisiens, qui devaient fournir les fonds, trouvèrent que les garanties qui leur étaient offertes n'étaient pas suffisantes; ils demandèrent que l'État leur fît la vente du revenu du pied fourché, du huitième du vin vendu en détail, de l'imposition du vin vendu en gros, du poisson, etc., aides sur lesquelles devait être assis le remboursement de cet emprunt. Ce système fut adopté : le Prévôt des Marchands et les Échevins se rendirent acquéreurs desdites taxes, et, par ordonnance du 10 octobre 1522, enregistrée au Parlement le 19 décembre suivant, à la Cour des aides le 11 octobre, et à la Chambre des comptes le 6 janvier 1523, la vente fut approuvée. L'ordonnance disposa que les aides vendues à la Ville de Paris seraient considérées comme sa propre chose et héritage, que le Prévôt et les Échevins connaîtraient, jugeraient et décideraient des questions, procès et différends « qui pourroient sourdre desdites aides; » que les deniers en provenant ne pourraient être employés ailleurs que pour l'acquit et payement desdites rentes, etc.

Cette dernière clause ne reçut pas exactement son exécution : une déclaration du Roi, de mars 1588, fut rendue pour empêcher la distraction des fonds destinés au payement des rentiers et déclarer nulles, de nul effet et valeur les lettres et autres actes portant emploi des fonds destinés au payement des rentes.

Les Tontines ont été créées, par édit de novembre 1689, sur les mêmes principes; les fonds destinés à les servir ont été également aliénés au profit du Prévôt et des Échevins de la Ville de Paris. Un syndic honoraire et un syndic onéraire ont été attachés à chaque classe de la Tontine : les syndics onéraires étaient chargés de vérifier les quittances fournies par les rentiers, et de voir si elles étaient revêtues de toutes les formalités voulues.

De nombreuses rentes ont été successivement assises, d'après ce système, sur l'Hôtel de Ville.

Voir D. Félibien et D. Lobineau, t. III, p. 578, 773; *Liste des rentiers à vie sur l'Hostel de Ville en exécution de l'édit de février 1696.*

N° 317.

Comme au précédent.

℞. ASPECTU SOLVITUR •

Façade de l'Hôtel de Ville. A l'exergue : SINDICS • GENERAUX • DES • RENTES • 1707 • — Grènetis.

Æ. Conf. Collection d'Affry.

N° 318.

• LES • CONTROLLEVRS GNĀVX • DES • RENTES •

Armes de France, surmontées de la couronne royale et entourées des colliers des ordres du Roi. — Grènetis.

℞. NE • CALCVLVS • ERRET

Table couverte d'un tapis, sur laquelle une main compte des jetons à côté d'un registre ouvert et surmonté d'un œil. A l'exergue : • 1658 • — Grènétis.

Conf. Collections de la Ville et d'Affry.

N° 319.

LES CONTROLLEVRS GNĀVX DES RENTES •

Vue de l'Hôtel de Ville. A l'exergue : VESTIT • ALITQVE 1661 • — Grènetis.
℞. Le même qu'au précédent.

Conf. Collections de la Ville et d'Affry.

N° 320.

Le même qu'aux n°ˢ 316 et 317.

℞. NE • CALCVLVS • ERRET •

Type varié du précédent. A l'exergue : CONTROLLEVRS • DES • RENTES • 1707 • — Grènetis double.

Æ. Conf. Collection d'Affry.

N° 321.

LUDOVICUS • MAGNUS REX •

Tête du Roi à droite. Au-dessous : TB. — Grènetis.

℞. PER ME CERTA FIDES •

Main sortant des nuages et versant des jetons sur une table couverte d'un tapis.. A l'exergue : CONTROLLEURS • DES • RENTES • 1711 • — Grènetis, filet.

Æ. Conf. Collection de la Ville.

N° 322.

LUDOVICUS XV • D • G • FRAN • ET NAV • REX •

JETONS DES OFFICIERS DE LA VILLE.

Buste, à droite, du Roi vêtu à l'antique. A l'exergue : D • V • — Grènetis.

℞. UT SIT CUIQUE SUUM •

Table couverte d'un tapis sur laquelle se trouvent un registre ouvert et des jetons; au-dessus un œil ouvert; par terre, à gauche, on voit des sacs d'argent. A l'exergue : CONTROLEURS GEN • DES RENTES • — Grènetis.

Æ. Conf. Collection d'Affry.

N° 323.

Dans la même collection et dans celle de la Ville se trouve la tête suivante :

LUD • XV • REX CHRISTIANISS •

Buste, à droite, du Roi en habit de ville, avec le ruban de l'ordre. Sur la coupe du bras : DV VIVIER. — Grènetis.

La collection de la Ville possède trois autres variétés de ce jeton en argent, présentant des différences notables dans l'effigie de Louis XV; l'une porte les initiales D • V •; la seconde est signée M; la troisième présente un chiffre enlacé effacé en partie.

L'inscription Du Vivier ne se trouve pas sur la coupe du bras, mais au-dessous du buste.

N°. 324.

LVDOVICVS • MAGNVS • REX • CHRISTIANISS •

Tête laurée du Roi à droite. Au-dessous : R 1692. — Grènetis.

℞. • HAVRIT • VT • EFFVNDAT •

Puits d'où sort un jet d'eau. A l'exergue : LES • RECEVEVRS PAIEVRS • DES • RENTES • — Grènetis.

Æ. Conf. Collections de la Ville et d'Affry.

N° 325.

Comme aux n°ˢ 316 et 317.

℞. SOLVIT • INEXHAUSTUS •

Prise d'eau alimentant une fontaine jaillissante. A l'exergue : PAYEURS DES RENTES • 1709 • — Grènetis.

Æ. Conf. Collections de la Ville et d'Affry.

N° 326.

LUD • XV • REX CHRISTIANISS •

Buste du Roi à droite, en habit de ville, sur lequel se trouve le cordon du Saint-Esprit. A l'exergue : DV VIVIER • F • — Grènetis.

℞. FIDE QUA SUMPTA REPENDO •

Femme assise, vêtue à l'antique, étendant la main droite vers une table couverte d'un tapis sur laquelle se trouve plusieurs piles d'écus et un sac ouvert; de la main gauche elle tient une corne d'abondance, de laquelle s'échappent des pièces de monnaie; à ses pieds se trouvent plusieurs sacs d'argent. A l'exergue : PAYEURS DES RENTES 1713 • — Grènetis.

Æ. Conf. Collection de la Ville et d'Affry.

N. B. Dans un moment de presse, on a probablement utilisé, pour ce jeton à l'effigie de Louis XV, le revers d'un jeton antérieur, à l'effigie de Louis XIV.

N° 327.

LUD • XV • REX CHRISTIANISS •

Buste du Roi à droite, lauré et vêtu à l'antique; type varié du n° 306. A l'exergue, au lieu de I·B· on lit : DUVIVIER. — Grènetis.

℞. FIDE QUA SUMPTA REPENDO •

Type du précédent. A l'exergue : PAYEURS DES RENTES 1717 • — Grènetis.

Æ. Conf. Collection d'Affry.

———————⊳✧⊲———————

N° 328.

Cartouche chargé de deux écus ovales armoriés, surmontés de la couronne de comte. Le premier écu est d'azur, à la fasce d'argent chargée de trois lionceaux d'or et accompagnée de trois étoiles d'or, deux en chef et une en pointe, qui est Le Droict. Le deuxième est d'azur, au paon marchant d'or, au chef d'argent chargé de trois oignons rangés de gueules, qui est Paignon d'Ijonval. — Grènetis.

℞. Type du jeton de 1717.

Conf. Collection de la Ville.

ÉTIENNE LE DROICT était, en 1718, payeur des rentes ancien et triennal, alternatif et quadriennal; autrement dit, il remplissait toutes les charges; il demeurait rue Clocheperse et était chargé de la treizième partie; il payait le mercredi. En 1720, il acquittait la septième partie.

Voir *Almanach royal*, 1718, p. 215; *Mercure*, octobre 1720, p. 182.

———————⊳✧⊲———————

N° 329.

LUD • XV • REX CHRISTIANISS •

Tête du Roi à droite. A l'exergue : *fin*. — Grènetis.

℞. FIDE QUA SUMPTA REPENDO

Type varié du précédent. A l'exergue : PAYEURS DES RENTES 1748 • — Grènetis.

Æ. Conf. Collection d'Affry.

———⊹◇⊹———

N° 330.

LUD • XV REX CHRISTIANISS •

Tête du Roi à droite, la tête laurée et vêtu à l'antique. Au-dessous : B • DUV • — Grènetis, filet.

℞. Coin varié du précédent, avec la date 1764.

Æ. Conf. Collections de la Ville et d'Affry.

———⊹◇⊹———

N° 331.

Comme aux n°ˢ 316 et 317.

JETONS DES OFFICIERS DE LA VILLE.

℞. VIGILANS ET CVSTOS

Grue debout, avec sa vigilance. A l'exergue : SCINDICS DES TONTINES. — Grènetis.

Æ. Collection d'Affry.

VII.

CONTRÔLEURS DES DENIERS DE LA VILLE.

N° 332.

✠ R · DEBEAWAIS · M̃E D · COPTS D · L · RNE COTR GAL DE · PĨS

Écu armorié, surmonté d'un fleuron. D'azur, à trois fasces d'or. — Double grènetis.

℞. CATERINA · DEI · GR̄A · REGINA · FRAC̃IE

Écu armorié, surmonté de la couronne royale. Parti : au 1er, de France; au 2e, écartelé : au 1er et au 4e, de Médicis; au 2e et au 3e, d'Auvergne, sur le tout, de Boulogne. — Grènetis.

Conf. Collection d'Affry.

ROBERT DE BEAUVAIS fut pourvu, par le Roi, dès avant le mois de mai 1539, de l'office de contrôleur des deniers communs et patrimoniaux, dons et octrois de la Ville de Paris; il succéda à Pierre Perdrier. Il contesta à Regnault Bachelier le droit de surveiller les travaux de l'Hôtel de Ville, et il fut débouté de cette prétention le 15 mars 1548. Robert de Beauvais avait épousé Cécile Courtin, fille de Guillaume, secrétaire du Roi; il était seigneur de Saint-Aignan et de la Tour de Mézy. Il mourut le 3 décembre 1568 et fut enterré à Saint-Merry.

Voir Le Roux de Lincy, *Histoire de l'Hôtel de Ville*, 2e partie, p. 37; *Généalogies manuscrites*; l'abbé Lebeuf, t. II, p. 216.

N° 333.

✠ ROB · BELLOVACVS REGINÆ PROCVR · GNAL · ET SECR ·

Deuxième légende concentrique :

VRBISQ · PARISIENSIS ANTIGRA ·

Écu armorié, surmonté d'un nœud dont les bouts pendent des deux côtés. Comme au précédent. — Grènetis.

℞. CATHARINA D G FRANCOR REGINA ·

Écu armorié et couronné comme au précédent. — Grènetis.

Conf. Collections de la Ville et d'Affry.

On voit assez fréquemment, au seizième siècle, les officiers attachés au service des princes faire usage soit de la face, soit du revers des jetons appartenant à leur patron.

VIII.

RECEVEURS GÉNÉRAUX DES PAUVRES DE PARIS.

Pendant longtemps l'administration des pauvres de la Ville fut confiée au Prévôt de Paris, assisté de quelques membres du Parlement. Mais, par une ordonnance du 7 novembre 1544, François Ier attribua ce service au Prévôt des Marchands et aux Échevins, se fondant sur cette considération qu'il était raisonnable que l'entretien des pauvres de la Ville fût confié à ceux qui avaient le gouvernement et l'administration de ses affaires.

Le Parlement, par arrêt du 19 du même mois, organisa le service.

Le Bureau des pauvres, ainsi créé, se composait de six membres du Parlement, de six avocats, d'un conseiller à la Chambre des comptes, de deux chanoines de la

Sainte-Chapelle ou de Notre-Dame, de trois curés de Paris, de quatre procureurs au Châtelet et de seize notables bourgeois de diverses paroisses désignés par les marguilliers; en outre, un receveur des pauvres était choisi parmi les bourgeois les plus riches. Ce receveur était d'abord élu pour une année; mais on reconnut bientôt que cette période était trop courte, et que le titulaire quittait ses fonctions lorsqu'il était à peine au courant des affaires; en conséquence, un arrêt du Parlement, du 12 décembre 1569, disposa que le service de cet agent durerait à l'avenir deux années. On peut consulter, pour plus de détails, Du Breul, qui contient à ce sujet tous les renseignements désirables.

Ainsi que nous allons le voir, des jetons, en assez grand nombre, ont été frappés par les receveurs des pauvres, jusqu'à la fin du XVIIe siècle.

Le classement de cette série a offert des difficultés sérieuses et ne présente pas une certitude complète, les pièces n'étant pas toutes datées. Il y avait chance de trouver, dans les archives de l'Assistance publique, des documents propres à éclaircir la question; mais les dossiers relatifs au grand Bureau des pauvres sont très-incomplets et ne constituent en réalité qu'un résidu; ils n'ont donné de renseignements qu'en ce qui concerne Chuppin et Simonet. Il a fallu s'en tenir aux éléments de classements découverts çà et là, en prenant pour guide principal le type des revers, qui présente trois variétés dans la composition des armoiries.

N° 334.

✠ IEHAN · DE · BRAY · RECEPVʳ · GNAL · DES · PAVVRES

Écu armorié, surmonté de la date : 1559. De gueules, au chevron d'or vidé et rempli d'azur, chargé de trois croisettes d'or et accompagné de trois roses d'argent. — Grènetis.

℞. ✠ BEAT9 QVI ĨTELLIGIT · SVP · EGENV̂ · ET · PAVPERẼ

Saint Jean debout tenant l'agneau dans ses bras. — Grènetis, filet.

Conf. Collections de la Ville et d'Affry.

Borel dit que le chevron est rempli de gueules, autrement dit cléché.

JEAN DE BRAY fut Échevin de 1566 à 1568. En 1566, il était commissaire du gouvernement de la Maladrerie de Saint-Lazare.

Voir Beaumont.

N° 335.

PROSPERATVM · EST · OPVS · IN · MANIB' EIVS

La Ville de Paris, représentée par une femme couronnée, assise sur des nuages rayonnants prend la manne dans des corbeilles que tiennent des anges placés à ses côtés et la répand sur la cité : on distingue l'église Notre-Dame, les ponts au Change et Saint-Michel couverts de maisons, etc. A l'exergue : CHARITAS · PARISI 1584. — Grènetis.

℞. · FLVCTVAT · NEC · MERGITVR ·

Armes de la Ville remplissant tout le champ. A l'exergue : · LVTETIA · — Grènetis.

Æ. Bibliothèque nationale. Conf. Collection d'Affry.

Cette dernière collection renferme un exemplaire présentant au droit quelques différences, et un autre où le mot LVTETIA, du revers, n'est pas compris entre deux points.

———⊶⬦⊷———

N° 336.

❦ NON · EST · AD · ASTRA · MOLLIS · E · TERRIS · VIA

Écu armorié dans une couronne formée de deux branches de laurier. D'azur, à la fasce haussée d'or, accompagnée en chef d'un croissant d'argent côtoyé de deux étoiles d'or et en pointe d'un aigle s'essorant d'argent ; qui est Le Vieulx. — Grènetis.

℞. ❦ VRBIS · ET · FORI · PAVPERVM · TVTELA · 1624

Écu ovale armorié, surmonté de la couronne royale et entouré du collier de l'ordre de

Saint-Michel. L'écu, aux armes de Paris, porte un vaisseau à un seul mât, sous voile; ce mât est sommé d'une croix pattée et dextré d'un croissant tourné à senestre; le chef ne porte que trois fleurs de lys rangées. — Grènetis.

Conf. Collection de la Ville. ℞. Conf. Collection d'Affry.

N° 337.

✠ PHILIP · DE · CHAILLIOV · RECÉP.VR GNAL · DES · PAVVRES

Écu armorié dans une couronne formée de deux branches de laurier, de ..... au chevron de ..... accompagné en chef, à senestre, d'une étoile de ....., à dextre d'un croissant de ..... et en pointe d'une gerbe de ..... — Grènetis. — (Les indications héraldiques sont incomplètes.)

℞. Comme au précédent.

Conf. Collection d'Affry.

La Ville en possède une variété sans date.

N° 338.

✠ P · PARFAICT · CONᴇʀ ESCHEVIN · ET · Pʀ GNAL · DES · PAV · DE · PARIS

Écu armorié, dans une couronne de laurier. Au-dessus : 1624. D'argent, à trois flammes de gueules posées en bande, côtoyées de deux bandes d'azur; au chef de même chargé d'un soleil d'or. — Grènetis.

℞. Comme aux précédents.

Conf. Collections de la Ville et d'Affry.

Borel ne donne pas de chef; Beaumont et Chevillard indiquent le chef, qu'ils chargent d'une fleur de lys d'or, confondant ainsi les descendants des deux frères Pierre et Claude. Le premier obtint la noblesse comme Échevin en 1608; le second la reçut en 1603, pour avoir contribué à établir en France des manufactures de drap d'or et d'argent, et il lui fut fait concession d'une fleur de lys.

PIERRE PARFAICT, quartinier en 1613, conseiller de Ville en 1620, fut Échevin de 1626 à 1628.

Voir Beaumont; Lainé, t. II.

N° 339.

✿ P · DE LA COVRT · G.ᵃ ESCH · ET · R.ᵉ G.ᵗ D · PAVVRES · D · PARIS

Écu armorié, dans une couronne de laurier. D'azur, au chevron d'or accompagné en chef de deux étoiles de même et en pointe d'un croissant d'argent. — Grènetis.

℞. Comme aux précédents.

Écu *ut supra*.

Conf. Collections de la Ville et d'Affry.

PAMPHILE DE LA COURT, conseiller de Ville en 1623, fut Echevin de 1629 à 1631; en 1634, il était l'un des gouverneurs de l'Hôtel-Dieu; en 1635, il fut élu consul. Il appartenait au corps de la mercerie.

Voir D. Félibien et D. Lobineau, t. IV, p 99; Beaumont, *Juridiction consulaire*, 2ᵉ partie, p. 64.

N° 340.

I · GARNIER · ESCH · RE · GE · DES · PAVVRES · DE · PARIS ·

Écu armorié, surmonté d'un casque de profil, garni de ses lambrequins. D'azur, au chevron d'or accompagné de trois molettes d'éperon de même. — Grènetis.

℞. Comme au précédent.

Conf. Collections de la Ville et d'Affry.

Chevillard et Beaumont remplacent les molettes d'éperon par des étoiles et surmontent le chevron d'un croissant d'argent.

JEAN GARNIER, receveur général des pauvres, assistait à l'assemblée tenue dans la salle Saint-Louis, pour la police des grains, le vendredi 13 décembre 1530; il fut consul en 1628 et juge en 1642; enfin il fut Échevin de Paris de 1633 à 1635. Il appartenait au corps de la mercerie.

Voir *Traité de la police*, t. II, p. 370; *Juridiction consulaire*, 2ᵉ partie, p. 58, 69; Beaumont.

N° 341.

I · DE · BOVRGES · ESCH · RE · GE · DES · PAVVRES · DE · PARIS ·

Écu armorié, dans une couronne formée de deux branches de laurier. D'azur, à la fasce d'or, accompagnée en chef de deux croissants d'argent, et en pointe, d'un membre d'aigle d'or. — Grènetis.

℞. Le même qu'aux précédents.

Conf. Collections de la Ville et d'Affry.

JEAN DE BOURGES fut Échevin de 1635 à 1637.

Voir Beaumont.

N° 342.

✱ · I · DE · FAVEROLLES · RE · GNAL · DES · PAVVRES

Écu armorié, dans une couronne formée de deux branches de laurier. D'azur, à la tige de fèves de trois gousses, mouvant d'un croissant placé à la pointe de l'écu et accompagné en chef de deux étoiles, le tout d'or. — Grènetis.

℞. Comme aux précédents.

Écu comme aux précédents. — Grènetis.

Conf. Collections de la Ville et d'Affry.

Jean de Faverolles fut reçu contrôleur des gages de la Chambre des comptes le 8 avril 1634, charge qu'il exerça jusqu'en 1648; il fut reçu conseiller de Ville en 1653, et Échevin de 1657 à 1659.

Voir *Chambre des comptes*, manuscrit, t. II, p. 517; Beaumont.

N° 343.

✱ G · PERICHON · R · GNAL · DES · PAVVRES · DE · PARIS ·

Écu armorié, dans une couronne formée d'une palme et d'une branche de laurier. De..... au saint nom de Jésus..... sommé d'une croix de..... et soutenu d'un cœur chargé de trois clous de..... — Grènetis. — (Indications héraldiques incomplètes.)

℞. Comme au précédent.

Conf. Collections de la Ville et d'Affry.

Guillaume Périchon fut élu consul en 1653; il appartenait au corps de la

JETONS DES OFFICIERS DE LA VILLE.

mercerie; il fut, en outre, l'un des administrateurs de l'Hôtel-Dieu et de la Trinité. Il mourut le 1ᵉʳ novembre 1658 et fut inhumé à Saint-Eustache.

Voir *Juridiction consulaire*, 2ᵉ partie p. 77; l'abbé Lebeuf, t. I, p. 241.

N° 344.

· C · MAILLET · R · GNAL · DES · PAVVRES · DE · PARIS

Cartouche chargé d'un écu armorié. De gueules, à deux chandeliers en pal d'or accompagné en chef d'une étoile et en pointe d'un trèfle également d'or. — Grènetis.
℞. Le même qu'au précédent.

Conf. Collections de la Ville et d'Affry.

N° 345.

✶ I · CHVPPIN · ESCH · R · GNAL · D · PAVVRES · D · PARIS

Écu armorié, surmonté d'un casque de profil, orné de ses lambrequins. D'or, au chevron d'azur accompagné en chef d'une étoile de gueules côtoyée de deux croissants de même, et, en pointe, d'un pin fruité de sinople, mouvant d'une terrasse de même. Aux côtés de l'écu la date 1640. — Grènetis.
℞. Comme aux précédents, sauf certaines variantes de l'écu.

Couronne de laurier renfermant un écu aux armes de Paris, ainsi modifiées : le vaisseau a trois mâts, garnis de voiles, est accompagné au canton dextre d'une étoile, au canton senestre d'un croissant; le chef est semé de fleurs de lys sans nombre. — Grènetis.

Conf. Collections de la Ville et d'Affry.

Dubuisson fait mouvoir le pin de la pointe de l'écu, sans terrasse, et l'accoste de deux pommes de pin. Borel fait l'étoile en chef d'azur.

JEAN CHUPPIN, conseiller de Ville en 1630, fut Échevin de 1639 à 1641.

N° 346.

C • SIMONET • R • GENERAL • DES • PAVVRE • DE • PARIS • 1642 •

Écu armorié, surmonté d'un casque avec ses lambrequins. De ..... au sautoir endenté de ..... accompagné en chef et en pointe d'un lion de ..... et en flancs d'un poisson de ..... — Grènetis. — (Indications héraldiques incomplètes.)

℞. Comme au numéro précédent.

Conf. Collections de la Ville et d'Affry.

CLAUDE SIMONET fut receveur des pauvres en 1641 et 1642; il succéda à Jean Chuppin; il fut, en outre, élu consul en 1652. Il appartenait au corps de la mercerie.

Voir *Archives des hospices; Juridiction consulaire*, 2ᵉ partie, p. 77.

N° 347.

P • HELIOT • R • GENERAL • DES • PAVVRES • DE • PARIS • 1644 •

Écu armorié, surmonté d'un casque de profil, avec ses lambrequins. D'argent, à la marguerite de sinople fleurie d'or, mouvant d'une terrasse de ....., senestré d'un pigeon s'essorant de ..... et accompagné en chef de trois soleils de ..... 1 et 2. — Grènetis. — (Détails héraldiques incomplets.)

℞. Comme aux précédents.

Conf. Collections de la Ville et d'Affry.

Chevillard et Beaumont donnent pour armes à Hélyot : parti : au 1er, d'argent à la marguerite d'or tigée de sinople; au 2e, de gueules au pigeon d'argent sur une terrasse du même, au chef d'azur chargé de trois soleils d'or. Borel fait de même.

PIERRE HÉLYOT, conseiller de Ville en 1646, fut Echevin de 1647 à 1649.

Voir Beaumont.

N° 348.

✤ D • LA • CONTR^{re} R^{te} GN^{le} DES • PAVVRES • DE • PARIS • D • R • LESCOT • C^{re} DICEL

Écu armorié, surmonté d'un casque de profil, garni de ses lambrequins. De gueules, au chevron d'or accompagné, en chef, de deux soleils et, en pointe, d'une sphère de même. Au-dessous de l'écu : 1647 • 1648. — Grènetis.

℞. Le même qu'aux précédents.

Conf. Collections de la Ville et d'Affry.

Borel le fait de la même famille que Pierre Lescot, seigneur de Lissy, procureur général des aides, Prévôt des Marchands en 1518. C'est une erreur.

RAYMOND LESCOT, conseiller de Ville, 1639-1649; Échevin, 1648-1650; consul, 1641; juge-consul, 1656.

Voir Beaumont; *Juridiction consulaire*, 2° partie p. 68, 80.

N° 349.

D • LA P^{e} R^{te} GN^{le} DES • PAVVRES • DE • PARIS • D • R • LESCOT • C^{er} DICEL

Écu armorié comme au précédent, surmonté de la date : • 1648 • — Grènetis. — (Détails héraldiques incomplets.)

℞. Comme aux précédents.

Conf. Collections de la Ville et d'Affry.

N° 350.

• D • BEGVIN • R^r. G^l. DES • PAVVRES •

Écu armorié, dans une couronne de laurier. De ..... à la licorne de ..... au lambel à rois pendants de ..... Au-dessous de l'écu, dans la couronne : 1654.— Grènetis. — (Détails héraldiques incomplets.)

℞. Comme aux précédents.

Conf. Collections de la Ville et d'Affry.

DENIS BÉGUIN était du corps de la mercerie; il fut consul en 1660.

Voir *Juridiction consulaire*, 2ᵉ partie, p. 84.

N° 351.

✻ I • BACHELIER • REC^{evr} GNAL • DES • PAVVRES

Paon rouant chargé sur la poitrine d'un écusson armorié. D'azur, à la croix engreslée d'or, cantonnée de quatre paons rouants d'argent. Au-dessous du paon : PROPRIOS • OSTENTAT • HONORES. — Double grènetis.

℞. Semblable aux précédents.

Conf. Collections de la Ville et d'Affry.

JETONS DES OFFICIERS DE LA VILLE.   201

JEAN BACHELIER appartenait au corps de la mercerie; il fut consul en 1673 et juge en 1684; il fut nommé conseiller de Ville en 1680.

Voir *Juridiction consulaire*, 2° partie, p. 65, 75; Beaumont.

N° 352.

Comme au précédent.

℞. SALVTIS • SPEM • CONFIRMABIT

Saint Louis revêtu des ornements royaux, la tête nimbée, assis sur un trône. A l'exergue : 1655. — Grènetis.

Conf. Collections de la Ville et d'Affry.

C'est le revers employé pour le jeton banal du corps de la mercerie; ce revers a été remplacé en 1682.

La collection de la Ville renferme un jeton au chiffre de Louis Bellavoine, receveur général des Pauvres, offrant le même revers que le jeton précédent, avec la date de 1655.

Voir, au numéro 355, un autre jeton de Louis Bellavoine de l'année 1662.

N° 353.

✹ CHRISTOPHE • MAILLET • RECEVEVʳ GNAL • DES • PAVVRES

Écu armorié, surmonté d'un casque de profil, garni de ses lambrequins. De gueules, à deux chandeliers en pal d'or, accompagnés en chef d'une étoile, et, en pointe, d'un chef également d'or. — Grènetis.

℞. Le même qu'au précédent.

Conf. Collections de la Ville et d'Affry.

La différence de coin donne lieu de penser que deux personnes du nom de Christophe Maillet ont exercé les fonctions de receveur des pauvres (voir le n° 344). L'abbé Lebeuf indique un Christophe Maillet, conseiller du Roi, contrôleur général des mines et minières de France, ancien consul de la Ville de Paris, marguillier de Saint-Eustache, comme étant mort le 24 septembre 1667. Mais la *Juridiction consulaire* donne au consul le prénom de Philippe; il était marchand de draps de soie, du corps de la mercerie, et fut troisième consul en 1651. Il y a probablement une erreur dans l'un ou l'autre de ces documents.

Voir l'abbé Lebeuf, t. I, p. 241; *Juridiction consulaire*, 2ᵉ partie, p. 75.

N° 354.

✿ N · DE · FAVEROLLES · RE · GNAL · DES · PAVVRES

Écu armorié, comme au n° 342 dans une couronne de laurier. — Grènetis.
℞. Le même qu'au n° 345 et suivants.

Conf. Collections de la Ville et d'Affry.

Nicolas de Faverolles, du corps de la mercerie, fut consul en 1657.

Voir *Juridiction consulaire*, 2ᵉ partie, p. 82.

N° 355.

✿ L · POCQVELIN · REC.ᵉᵛʀ GENERAL · DES · PAVVRES

Écu armorié, surmonté d'un casque de profil, avec ses lambrequins. D'or, au buisson ajouré de sinople mouvant d'une terrasse de même. — Grènetis.

℞. Comme au numéro précédent.

Conf. Collections de la Ville et d'Affry.

LOUIS POCQUELIN fut consul en 1661 : il était du corps de la mercerie.

Voir *Juridiction consulaire,* 2ᵉ partie, p. 85.

N° 356.

✠ E · DE · FAVEROLLES · RE · GNAL · DES · PAVVRES

Écu armorié, comme au n° 342, dans une couronne de laurier. — Grènetis.

℞. Écu, comme aux précédents, dans une couronne de laurier. — Grènetis.

Conf. Collections de la Ville et d'Affry.

EUSTACHE DE FAVEROLLES fut Échevin de 1661 à 1663; il avait été receveur des pauvres avant cette époque, comme l'indique l'inscription rapportée par M. Le Roux de Lincy.

Voir Blanchard; Le Roux de Lincy, *Histoire de l'Hôtel de Ville,* 1ʳᵉ partie, p. 36.

N° 357.

✠ LOVIS · BELLAVOINE · RECEPVEVR · GENERAL · DES · PAVVRES

Cartouche chargé des lettres L et B répétées et enlacées. Au-dessous : 1662. — Grènetis.

℞. ✠ VRBIS · ET · FORI · PAVPERVM · TVTELA

Comme aux précédents.

Conf. Collections de la Ville et d'Affry.

N° 358.

Mⁿ I • LEVIEVLX • A • ESCHEVIN : CONSVL • ET • Rⁿ Gᵗ D • PAVʳᵉˢ •

Écu armorié et surmonté d'un casque de profil, orné de ses lambrequins. Armoiries comme au n° 333. — Grènetis.

℞. ✿ VRBIS • ET • FORI • PAVPERVM • TVTELA • 1664

Armes de Paris dans une couronne de laurier. L'étoile et le croissant qui figuraient sur les jetons précédents ont ici disparu. — Grènetis.

Conf. Collections de la Ville et d'Affry.

JEAN LEVIEULX, quartinier en 1640, Échevin de 1658 à 1660, fut élu consul en 1659. Il appartenait au corps de la draperie.

Voir Beaumont; *Juridiction consulaire*, 2ᵉ partie, p. 83.

N° 359.

✿ L • GELLAIN • M • ET • GARDE • DE • LA • MERCERIE • R • G • DES • PAVVRES •
1666

Écu armorié, surmonté d'un casque de profil, avec ses lambrequins. D'azur, au chevron alaizé d'or, tréflé à ses trois extrémités, accompagné en chef, à dextre, d'un dauphin couronné et contourné, à senestre, d'une coquille, et, en pointe, d'une étoile, le tout d'argent. — Grènetis.
℞. Comme aux nᵒˢ 354 et suivants.

Conf. Collections de la Ville et d'Affry.

LOUIS GELLAIN, du corps de la mercerie, fut consul en 1679.

Voir *Juridiction consulaire*, 2ᵉ partie, p. 109.

N° 360.

B · CHAVVIN · R · G · D · PAV^{vres} ADMINIS^{TR} D · LHOS · D · LA · TRIN · 1668 ·

Écu armorié, surmonté d'un casque de profil, garni de ses lambrequins. D'azur, à trois ciboires d'or rangés à la pointe de l'écu, au soleil rayonnant de même posé en chef. — Grènetis.
Même revers qu'au précédent.

Conf. Collections de la Ville et d'Affry.

N° 361.

R · BALLARD · ANCIEN · IVGE · CONSVL · ET · R · G · DES · PAVVRES ·

Écu armorié, surmonté d'un casque de trois quarts, garni de ses lambrequins. D'or, à la fasce d'azur chargée d'un demi-vol d'argent et accompagnée de trois tourteaux de gueules, deux en chef et un en pointe. — Grènetis.
Revers comme au n° 358.

Conf. Collection de la Ville et d'Affry.

L'armorial accompagne la fasce de six tourteaux, trois en chef et trois en pointe.

ROBERT BALLARD fut consul en 1650 et juge en 1666. Il appartenait au corps de la librairie et imprimerie.

Voir *Juridiction consulaire*, 2° partie, p. 74 et 93.

N° 362.

M^{re} AC · DE · HARLAY · CH^r. C · DE · BEAVMONT · PR^r. GN^l. DV · ROY ·

Écu armorié, surmonté de la couronne de comte et supporté par deux aigles, le tout mouvant d'une terrasse; au-dessus, un casque couronné de face garni de ses lambrequins et surmonté d'une tête de licorne. D'argent à deux pals de sable. — Grènetis.

℞. Écu aux armes de Paris, dans une couronne de laurier. A l'exergue : · 1672 · — Grènetis.

<small>Conf. Collections de la Ville et d'Affry.</small>

ACHILLE III DE HARLAY, comte de Beaumont, seigneur de Grosbois, conseiller, puis procureur général au Parlement de Paris en 1667; premier président au même siége le 18 novembre 1689; démissionnaire le 10 avril 1707; mort en 1712, le 23 juillet.

<small>Voir *État de la France*, 1680, p. 429; *id.* 1694, p. 667; *Mémoires de Saint-Simon*, t. X, p. 211; *Mercure*, 1712, juillet, p. 15.</small>

APPENDICES
ET PIÈCES JUSTIFICATIVES.

APPENDICES

ET PIÈCES JUSTIFICATIVES.

I.

EXTRAITS

DES COMPTES ET ORDINAIRES DE LA VILLE DE PARIS [1]

(1440 — 1723).

I.

22 juillet 1440.

..... Item pour ung cent de mereaulx achetté par ledit Receveur [2], pour sire Michel Culdoé [3]

---

[1] Les registres du domaine de la Ville, conservés aux Archives nationales, fournissent de précieuses indications sur le nombre et la valeur des bourses de jetons distribuées aux officiers municipaux dans certaines circonstances déterminées. Cette distribution, assez restreinte tout d'abord, s'accrut bientôt dans des proportions considérables, de manière à constituer, en quelque sorte, des honoraires analogues à ceux que les administrateurs des grandes sociétés industrielles reçoivent de nos jours, sous la forme de jetons de présence. Les sommes que le receveur de la Ville avait à débourser de ce chef, et qui suivirent, avec le temps, une progression assez sensible, lui étaient naturellement allouées et passées en compte à la fin de chaque exercice.

Il en est résulté, dans les pièces de comptabilité municipale, une grande quantité de mentions que nous avons relevées avec le plus grand soin, parce qu'elles permettent de suivre, sur ce point, la tradition non interrompue de l'Échevinage parisien, et de constater le développement graduel des ressources, de l'administration et du luxe de la cité. Nous n'avons négligé que les pièces insignifiantes ou absolument similaires.

Malheureusement la série des documents de cette nature est loin d'être complète. En l'état présent, les registres originaux ne remontent pas au delà de 1634 et s'arrêtent à l'année 1772. Il a bien été fait une copie des pièces originales perdues, par les soins de Moriau, procureur du Roi et de la Ville, l'un des fonctionnaires municipaux les plus laborieux et les plus dévoués du siècle dernier; mais cette copie, qui a l'inappréciable avantage de remonter au commencement du XVe siècle, se termine avec l'année 1723, et présente de nombreuses lacunes. La plus considérable est celle qui s'étend de 1473 à 1600.

De nouvelles recherches dans les autres séries de registres comptables (aides, dons, octrois, etc.) fourniront sans doute quelques documents inédits; toutefois il n'y a point à espérer de découvertes capitales en cette matière. Ce qui nous a été conservé, soit en originaux, soit à l'état de copie, nous renseigne suffisamment sur les usages traditionnels de la Ville, en ce qui concerne la distribution des jetons et menus droits attachés à l'exercice des fonctions municipales. Le lecteur voudra bien remarquer que cette série de pièces justificatives est absolument inédite. — L. M. T.

[2] Robert Louvel, auteur du compte.

[3] Michel Culdoé appartenait à une vieille famille

et sire Jehan de Calaiz [1] qui furent Eschevins à la Magdelaine cccc quarente (1440), huit sols par² et pour deux bourses pour mettre en chacune demi-cent desdits mereaulx pour les dessusdits Eschevins deux sols par² valent... x s. p⁸.

(Comptes de l'Hôtel de Ville, reg. KK 404, fol. 125 v°.)

Et premièrement pour ung cent de mereaulx et deux bourses de cuirs pour sire Jehan Delivre et Guille Nicolas [2], Eschevins, faiz durant le temps de ce compte, c'est assavoir pour lesdits mereaulx, huit sols par² et pour lesdites deux bourses deux sols par² pour ce....... x s. p⁸.

(KK 404, fol. 235.)

II.

25 février 1442.

.....Pour certaines mises faictes par ledit Receveur, de l'ordonnance et commandement de mesd. Sgʳˢ Prevost des marchans et Eschevins de ladite Ville : c'est assavoir une pelle et deux trousseaulx pour servir à mesd. Sgʳˢ par marché fait avecques le tailleur de la monnoye, quarente quatre sols par². Item pour six cens pièces de laton employé à faire *six cens de mereaulx*, trente-six sols par². Item à Jehan de Serisy, monnoyer qui a monnoyé lesdits mereaulx par le congié de mesd. Sgʳˢ des monnoyes douze sols par² et pour six bourses de cuir à mettre lesdits mereaulx huit sols parisis, montent lesdites parties payées par mandement de mesd. seigneurs Prevost des marchans et Eschevins de ladite ville donné le vingt-cinquième jour de février mil quatre cens quarente deux cy rendu....:.. c s. par.

(KK 404, fol. 365 v°, 366 r°.)

III.

18 janvier 1443.

Pour certaine despence faicte par ledit Receveur par l'ordonnance de mesd. seigneurs Prevost des marchans et Eschevins [3]. C'est assavoir pour avoir remis à point et retaillé la pille dont on fait les getouers pour eulx servir oud. hostel qui estoit refoulée, vingt-deux sols parisis. Item pour quatre cens de flans de laton pour faire quatre cens de gettouers oultre et par dessus le droit ancien au pris de cinq sols quatre deniers parisis le cent vallent vingt-cinq sols quatre deniers par. et pour les avoir monnonnés (*sic*) par Jehan de Cerisy monnoyer sur lesdits fers, huit sols parisis. Montent lesdites parties payées par ledit Receveur par vertu du consentement de mesd. seigneurs donné le dix-huitième jour du mois de janvier mil cccc xliii.

(KK 405, fol. 101 r°.)

---

de la bourgeoisie parisienne. Élu Échevin en 1440, pendant la Prévôté de Pierre des Landes, on le retrouve, sept ans plus tard, sous celle de Jehan Baillet. Il était sans doute le fils de Charles, qui fut garde de la Prévôté, durant la *main-mise* par le Roi sur les priviléges et immunités des bourgeois de Paris, puis Prévôt des marchands, lors du rétablissement de cette dignité.

[1] Jehan de Calais n'apparait qu'une seule fois sur les listes de l'Échevinage parisien. Il n'était probablement pas Parisien d'origine, et il ne fit que passer par les charges municipales.

[2] Jehan Delivre et Guillaume Nicolas, encore en fonctions l'année suivante, étaient aussi des hommes nouveaux. On retrouve l'un d'eux, Guillaume Nicolas, en 1448, sous la Prévôté de Jehan Baillet.

[3] Le Prévôt des marchands, en 1443, est toujours Pierre des Landes. Les Échevins sont Nicolas de Neufville et Jehan de Marle, avec Jehan Delivre et Guillaume Nicolas.

APPENDICES ET PIÈCES JUSTIFICATIVES.   211

IV.

10 septembre 1443.

Premièrement pour deux cens de gettouers de laton achettez le dixiesme jour de septembre mil cccc xliii pour sire Jehan Luillier[1] et sire Jacques de la Fontaine[2] qui furent faiz et esleus Eschevins à la Magdelenne preced[te] et pour deux bourses de cuir a les mettre pour leur servir oud[t] hostel de ville.. xviii s. p[s].

(KK 405, fol. 100.)

V.

18 janvier 1444.

Pour certaine despence faicte par led[t] Receveur par l'ordonnance de mesd. Sg[rs] Prevost des marchans et Eschevins. C'est assavoir pour avoir remis à point et retaillé la pille dont on fait les gettouers pour eulx servir oud[t] hostel (?) qui estoit refoulée. Vingt deux sols par[s].

Item pour quatre cens de flans de laton pour faire quatre cens de gettouers, oultre et par dessus le droit ancien au pris de cinq sols quatre deniers par[s] le cent. Vallent vingt et ung sols quatre deniers par[s] et pour les avoir moyonnés (sic) par Jehan de Cerisy, monnoyer, sur lesd. fers, huit sols par[s], montent lesd[s] parties payées par led. Receveur, par vertu du consentement de mesd. Sg[rs] donné le xviiie jour du mois de janvier mil cccc xliii cy rendu...... li s. iii d. p[s]

(KK 405, fol. 101 v° et r°.)

VI.

21 août 1444.

Premièrement pour certaine despense faict par led[t] Receveur par l'ordonnance de Nosseigneurs Prevost et Eschevins de lad[e] Ville[3] pour quatre cens d'estains de laton à faire jectouers pour servir à mesd[s] Sg[rs] en l'hostel de lad[te] Ville au pris de cinq sols quatre deniers par[s]. Item pour les avoir fait monnoyer du coing et à la devise de lad[e] Ville au pris de deux sols par[s], chacun cent, valent huit sols par[s], et pour quatre bourses de cuir à mettre lesd[s] jectouers cinq sols quatre deniers par[s] montent lesd[s] parties payées par vertu du mandement ou consentement de mesd. seigneurs donné le xxie jour d'aoust mil cccc xliii cy rendu.......... xxxiii s. viii d. par[s].

(KK 405, fol. 199.)

VII.

24 juin 1446.

Et premièrement pour deux cens de jettons de laton et deux bourses de cuir à les mettre pour

---

[1] Jehan Lhuillier, dont le nom est l'une des gloires de l'Échevinage parisien, était entré en charge en 1437, sous la Prévôté de Michel Lallier. Il y rentra, après l'intervalle réglementaire, en 1443, fut continué en 1445 et 1447, et devint, en cette même année, receveur de la Ville.

[2] Jacques de La Fontaine fut, comme son collègue Jehan Lhuillier, un habitué du Parloir aux Bourgeois. Élu Échevin en 1438, sous la Prévôté de Pierre des Landes, il le redevint en 1443, fut continué dans ses fonctions en 1445, et reparut quinze ans plus tard sous la Prévôté de Henri Delivre.

[3] L'Échevinage se composait alors de Jehan Baillet, Prévôt des marchands, Jehan Lhuillier,

servir à sire Pierre de Baudetar et M° Charles de Caulers [1], Eschevins faits l'année de ce présent compte . . . . xviii s. viii d. par^s.

(KK 405, fol. 431 v°.)

VIII.

22 juillet 1447.

Pour deux cens de getouers pour servir à sire Michel Culdoé et Germain Braque [2], Eschevins faits à la Magdeleine cccc quarante sept et pour une bourse de cuir à les mettre . . . . xviii s.

(KK 406, fol. 113 v°.)

IX.

1447.

Pour un cent d'autres getouers achetez du commandement de Mess^{grs} Prevost des marc^{ds} et Eschevins de la Ville et iceulx baillez à M° Charles de Caulers, Eschevin, qui avoit les comptes de feu Robert Louvel [3], et pour une bourse à les mettre et pour un hueillez pour led. M° Charles iv s. par. paié par led. commandement . . . . xi s. iiii d. par^s.

(KK 406, fol. 113 v°.)

X.

14 août 1448.

Pour six cens de getouers de laton lvi s. parisis pour six bourses de cuir à les mettre xi s. parisis une bourse et un clavier pour servir à mond. Sg^r Prevost des marchands à mettre des clefs et le sceau aux causes de lad. Ville iiii s. par. pour six encriers d'estain à la façon de ceux de la chambre des comptes lvi s. parisis et pour six ganivez et six poinçons avecques deux raclez enmanchez de bresil xi s. parisis qui ont esté baillez pour servir à mesd. S^{grs} Prevost des M^{ds} et Eschevins au bureau en lostel de lad. Ville pour les besongnes et affaires d'icelle comme il appert par leur mandement donné soubs leurs signets le xiiii° jour daoust mil cccc xlviii cy rendu viii^{lt} ii s. par.

(KK 406, fol. 116 v°.)

XI.

22 juillet 1449.

Pour deux cens de getouers et pour deux bourses à les mettre baillez à sire Nicolas de Louviers

Jacques de La Fontaine, Jehan de Chanteprime et Nicolas de Louviers, Échevins. Ce dernier devint Prévôt vingt-quatre ans plus tard.

[1] Pierre de Baudetar, ou Vaudetare, et son collègue Charles, ou Jacques, de Caulers, ne firent que traverser les fonctions municipales. Il n'est fait mention d'eux ni avant ni après 1446.

[2] Michel Culdoé nous est connu. Quant à Germain Braque ou de Bracque, il remplaça comme Échevin, en 1447, Jehan Lhuillier, nommé rece-

veur de la Ville; il fut réélu à l'Échevinage une seconde fois, en 1451, et une troisième fois en 1462.

[3] Robert Louvel, clerc de la Ville en 1411, et rétabli dans ses fonctions en 1436, après une longue interruption, est un personnage bien connu. M. Le Roux de Lincy a parlé de son élection et de son caractère, dans l'ouvrage qu'il a publié sur l'histoire de l'Hôtel de Ville de Paris.

C'est à Robert Louvel que Jehan Lhuillier suc-

APPENDICES ET PIÈCES JUSTIFICATIVES.

et Jehan de Marle[1] faits Eschevins à la Magdeleine mil iiii°xlix payé comme il appert par leur quittance cy rendu.. xliii^s p.

(KK 406, fol. 212 v°.)

XII.

31 août 1450.

Pour l'achat de trois cens de gettons de laton et les bources pour les mettre xxviii s. p. pour trois encryés d'estain xxx s. p. et pour trois gannivets et trois poinçons emmenchez de bresil qui ont esté baillez à Monseigneur le Prevost des marchands[2], Maistre Nicaise de Bailly et Jehan Chenart[3], Eschevins faits et ordonnés de nouvel le lendemain de la my-aoust mil cccc cinquante pour servir ez besongnes de ladite ville, comme il appert par leur mandement donné soubs leurs signets le dernier jour d'aoust oudict an mil cccc cinquante cy rendu montant.. lxix s. par^s.

(KK 407, fol. 122 v°.)

XIII.

30 août 1451.

Pour deux encryés xx s., pour deux gannivets et deux poinçons viii s. p. pour deux cens de gettons xviii s. p. et pour deux bourses de cuir à les mettre pour bailler et servir à sire Germain Braque et M° Henry de la Cloche[4], Eschevins, à leur venue qui fut le lendemain de la Notre Dame my aoust mil cccc cinquante et ung pour leur servir ès besongnes et affaires de lad. Ville montant lesd. parties payées par vertu du mandem^t de mesd. Sg^{rs} donné soubs leurs signets le xxx° jour d'aoust mil cccc cinquante et ung cy rendu.................... xlviii s. p.

(KK 407, fol. 127 v°.)

XIV.

31 août 1452.

Pour trois encriers destain trois canivets trois poinçons amanchés de bresil trois cens de gettons de laiton et trois bourses de cuir qui ont esté baillées par led. Receveur à Messeigneurs Maistre Dreux Budé[5] Prevost des marchans, Hugues Feret, et Jehan le Riche[6], Eschevins d'icelle

céda, en 1447, comme clerc-receveur, après un intérim rempli par l'Échevin Charles de Caulers.

[1] Le premier de ces personnages est mentionné plus haut. Le second, qui avait été élu une première fois en 1442, et qui fut « remis » en 1448, appartenait à une famille dont les membres ont plusieurs fois occupé les charges municipales.

[2] Il s'agit de Jehan Bureau, trésorier de France, l'un des membres de l'illustre famille bourgeoise et parisienne de ce nom. Voir la monographie qu'en ont donnée MM. Le Roux de Lincy et L. M. Tisserand, dans *Paris et ses historiens aux xiv° et xv° siècles.*

[3] Nicaise de Bailly, élu Échevin en 1439, sous

la Prévôté de Pierre des Landes, reparut, en 1450, avec Jehan Chenart, ou Chesnard, dont on ne trouve pas d'autre mention.

[4] Le nom de cet Échevin paraît ici pour la première fois. Auxiliaire du Prévôt Jehan Bureau, trésorier de France, pendant les deux dernières années de sa Prévôté, il fut continué pendant les deux premières années de Dreux Budé.

[5] Messire Dreux Budé, audiencier de France, nommé Prévôt des marchands en 1452, précède de soixante-dix ans, en cette qualité, l'illustre helléniste auquel ce nom doit toute sa notoriété.

[6] Hugues Féret, élu pour la première fois en 1452, fut réélu en 1461, sous la Prévôté de Henri

Ville le lendemain de la my aoust ou temps de ce présent compte par l'ordonnance de mesd. Sg^{rs} faicte au bureau le dernier jour d'aoust mil cccc cinquante et deux cy rendue à court... iiii^{xx}iii s. p^t.

(KK 407, fol. 279 v°.)

XV.

25 août 1455.

Pour deux cens de gettouers de laton xx s. par. pour deux encriers d'estain xx s. par. pour ii ganivez et ii poinçons emmanchés de bresil x d. viii s. et pour deux bourses de cuir blanc à mettre lesd. gettons ii s. qui ont esté baillés Me Pierre Galye et Ph. L'Allemant[1] à leur venue à la my aoust l'an de ce compte pour leur servir ès besongnes et affaires de lad. Ville, etc. etc..... lesd. parties payées par vertu du mandem^t de mesd. Sg^{rs} donné sous deux de leurs signets le xxve jour d'aoust ensuivant.

(KK 408, fol. 114 v°.)

XVI.

20 août 1456.

Pour trois encriers d'estain xxx s. par. trois ganivez et trois poinçons emmanchez de bresil xii s. p. trois cens de gettouers de laton xxx s par. et pour trois bourses de cuir à les mettre ii s. viiii. par. qui ont esté bailléz et achetez par le Receveur pour bailler à Monseig^r Me Mathieu de Nanterre Prevost des marchans, sires Jacques de Hacqueville et Michel de la Grange, Eschevins[2], à leur venue et entrée en lad. Prevosté et Eschevinage le lendemain de la my aoust l'an de ce présent compte, et pour deux cens d'autres gettouers pour servir ès comptouers dud. Receveur en l'ostel de lad. Ville et deux bourses pour les mettre xx s. par. montent lesd. parties payées par vertu du mandement de mesd. Sg^{rs} donné soubs leurs signets le xxe jour d'aoust l'an mil cccc lvi cy rendu.. iiii^{xx} xiii s. viii d. par^s.

(KK 408, fol. 240 v°.)

XVII.

15 octobre 1456.

Pour la façon du petit sceau de lad^e Prévoté des marchans, qui a esté refait de l'ordonnance de mesd^s Sg^{rs} pour ce qu'il estoit trop petit et trop usé, pour ce payé a Simon Venoire, orfevre, qui en a eu en payement le pesant du vieil qui est revenu au pesant du neuf viii s. par^s. Item a Guillaume de May, graveur de sceaulx, pour avoir gravé led. sceau neuf..... xviii s. par^s.

(KK 408, fol. 241 v°.)

Delivre. Jehan Le Riche ne paraît avoir exercé ses fonctions que pendant deux ans, ou, du moins, on ne retrouve plus son nom sur les listes municipales.

[1] Philippe Lallemant et Pierre Galye furent élus la dernière année de la Prévôté de messire Dreux Budé. Le second continua seul ses fonctions, sous l'administration de Mathieu de Nanterre, président des requêtes du palais et Prévôt des marchands de 1456 à 1459.

[2] Voir la note précédente pour messire Mathieu de Nanterre. Quant à Michel de la Grange et à Jacques de Hacqueville, on les retrouve en 1466 et 1467, le premier en qualité de Prévôt des marchands, le second comme Échevin.

XVIII.

24 mars 1457.

Item le xxiiii° jour dudit mois de mars baillé par le commandement de mesdits seigneurs Prevôt des marchands et Eschevins de la ville de Paris et en leur présence à Alexandre de Vaires, fondeur, pour avoir fait par leur ordonnance ung estallon de la grosseur des pris qui ont esté donnés et permis à aucuns seigneurs pour avoir eaue des fontaines de la dite Ville en aucuns lieux pour iceluy estallon demourer en lostel de ladite Ville...................... vi s. par°.

(KK 408, fol. 241 r° et v°.)

XIX.

18 août 1457.

Pour deux encriers d'estain xx s. par. deux cens de gettons d'estain xviii s. par. deux bourses de cuir à les mettre xvi s. par. et pour deux ganivets et poinçons emmanchez de bresil viii s. par. par ce Receveur pour servir à M° Pierre Galie et sire Michel Laisie[1], créés Eschevins nouveaulx le lendemain de la my aoust mil cccc lvii comme il appert par le mandement de mesd. seigneurs donné soubs leurs signets le xviii° jour d'aoust mil cccc lvii cy rendu........... xlvii s. iiii d. par°.

(KK 409, fol. 186 r°.)

XX.

28 août 1458.

Pour deux encriés d'estain xx s. par. pour deux cens de gettons de laton xx s. par. pour deux bourses de cuir à les mettre ii s. par. pour deux ganivets et deux poinçons emmanchez de bresil ix s. iiii d. par. qui baillés ont esté à sire Guillaume le Macon et Jaques Despy[2], Eschevins, à leur venue et création en Eschevinaige pour leur servir et besongner ès affaires d'icelle ville et x s. par. pour semblables gettons pour servir ès comptouers des clercs de lostel d'icelle Ville comme il appert par mandement d'iceulx M^{grs} Prevôt des M^{ds} et Eschevins donné soubs deux de leurs signets le xxviii° jour dudit mois d'aoust tout cy rendu.......... lxi s. iiii d. par°.

(KK 409, fol. 178 v°.)

XXI.

20 août 1459.

Pour deux encriers d'estain xx s. par. pour deux cens de gettons de laton xviii s. par. pour deux bourses de cuir à les mettre xvi. par. pour deux ganivets et deux poinçons emmanchez de bresil viii s. p. qui ont esté baillés à sire Jehan Clerboust le jeune et sire Pierre Menart[3] à leur

---

[1] A cette date, tous les membres du Bureau de la Ville nous sont connus (voir les notes précédentes), sauf Michel Laisie, ou Laisié, qui est élu en 1457 et dont il n'est plus fait mention.

[2] Guillaume le Maçon et Jacques Despy, ou Deupy, appartiennent aux deux dernières années de la Prévôté de messire Mathieu de Nanterre.

[3] Jehan Clereboust, élu en 1459, fut réélu en 1463 et continué dans ses fonctions en 1465, après leur expiration légale. Les élections municipales avaient été jugées impossibles, «obstant les grans «affaires et occupacions que avoient, en icelluy «temps, Messires les Prevost des marchans, con-«seillers quarteniers et bourgois de ladicte Ville, à

venue en l'Echevinaige le lendemain de la my aoust mil cccc lix. et ix s. pour ung cent de gettons pour servir ès comptouers des clercs en lostel de lad. Ville montent lesd. parties payées par le consentement de mesd. S^{gn} faits soubs deux de leurs signets le xx° jour d'aoust mil cccc lix.. lvi s. iiii d. par.

(KK 409, fol. 189 v°.)

XXII.

18 juin 1461.

Sera rabatu pour iiii marcs d'argent employés en iii° xx gettons d'argent aux armes de la Ville qui ont esté baillés et distribués par ledit Receveur par la main de Martin de la Planche à Nous Prevost des marchans et Eschevins [1], ledit Receveur, le Procureur et ledit Martin, à chacun xl desdits gettons pour nous servir ès besongnes et affaires de ladite Ville ou pris de ix l. ii s. vi d. le marc valent xxix l. iiii s. par. et pour les faire et façon lxiii s. par. montent en somme toute xxxii l. viii s. par^s.

(KK 409, fol. 348 r°.)

XXIII.

15 septembre 1470.

Pour cent cinquante gectouers d'argent tant pour argent que pour ouvraige dix-huit livres dix sept sols par. Item pour la façon du trousseau pour les faire qui a esté refait et gravé à la devise de lad. Ville unze sols par. Item pour trois encriers destain garnis de cornets de corne trente-deux sols parisis. Item pour trois ganivets et trois poinçons emmanchés de bresil, seize sols parisis. Item pour trois bourses de cuir noir doublées de cuir blanc, pour mettre lesd. gettons quatre sols par. Item pour une boete de plumes de Hollande, quatre sols par. pour tout ce servir à Messeigneurs Denis Hesselin, Prevost des marchans [2], Jehan le Breton et Simon de Gregy, à leur venue en la Prevosté et Eschevinaige de lad. ville le lendemain de la my-aoust mil cccc. lxx. et pour ung cent de gectouers de laton pour servir au comptouer de la recepte dud. domaine, dix sols par. montent lesd. parties payées par vertu du mandement de mesd. S^{grs} donné soubs deux de leurs signets, le quinziesme jour de septembre mil cccc. lxx. cy rendu... xxii xiiii s. par.

(KK 410, fol. 146 r°.)

«la garde et deffence d'icelle, pour les guerres et «divisions qui lors avoient cours, par l'entreprinse «d'aulcuns de nos seigneurs du sang.» Il s'agit, on le voit, de la Ligue du bien public et de la bataille de Montlhéry. Pierre Mesnard ne reparaît qu'en 1468, comme Échevin de Nicolas de Louviers.

[1] A cette époque, le Prévôt des marchands était Henri Delivre, ou de Livres, dont le nom avait déjà figuré sur les listes municipales. Il exerça ces fonctions, une première fois, de 1460 à 1465, et une seconde fois, de 1476 à 1483. En 1461, il avait pour Échevins Jacques de La Fontaine, Antoine de Vauboulon, Hugues Feret et Henri de Crégy, ou Gregy.

[2] Denis Hesselin, écuyer panetier du Roi, venait d'être élu Prévôt des marchands, avec Jehan Le Breton et Simon de Gregy, qui avaient déjà occupé, par eux ou par leurs parents, les fonctions municipales. Deux des Échevins de la Prévôté précédente, Jehan de Harlay, Chevalier du guet, et Arnauld de Cambray, avaient encore une année d'exercice. C'est à Denis Hesselin, qui était alors sorti de charge, que le connétable de Saint-Pol remit son testament le 19 décembre 1478, avant son exécution capitale.

APPENDICES ET PIÈCES JUSTIFICATIVES. 217

XXIV.

24 septembre 1473.

Pour ung cent de getouers d'argent pesant un marc quatre onces deux gros d'argent à neuf francs six sols p. le marc valent unze livres six sols dix deniers p. Item pour la façon et dechet douze sols p. Item pour deux encriers d'estain xx s. p. et pour deux cornets emmanchés de corne pour mettre dedans lesd. encriers 11 s. p. Item pour deux bourses de cuir noir doublées de cuir blanc pour metttre lesd. getouers deux sols huit deniers p. Item pour deux ganivets et deux poinçons emmanchés de bresil x s. viii d. p. et pour plumes huit deniers par. pour servir à M⁰ Jehan Coletier et Jacques Lemere⁽¹⁾ à leur venue en l'eschevinage le lendemain de la my aoust mil cccc lxxiii, et dix sols pour ung cent de getouers de laton pour servir au comptouer de lad. recepte dud. domaine montent lesd. parties payées par vertu dud. mandement de mesd. Sᵍʳˢ donné soubs deux de leurs signets le xxiiii jour de septembre mil cccc lxxiii cy rendu .... xiii iiii s. par.

(KK 411, fol. 167 r°.)

Il existe, dans les copies des comptes de la Ville, une regrettable lacune de cent vingt-sept ans, qu'il nous a été impossible de combler. Toutefois le lecteur remarquera qu'après ce long intervalle, les «fournitures» et «livraisons» sont à peu près les mêmes qu'auparavant, sauf l'augmentation progressive du nombre des jetons et du prix des choses fournies, progression qui se constate d'ailleurs dans les dépenses de tout ordre, faites à deux époques si distantes l'une de l'autre. Cette considération, jointe au caractère traditionnel des usages de la Prévôté des marchands, diminue, dans une certaine mesure, les regrets que nous fait éprouver la perte des documents originaux et des copies qu'en avait faites Moriau, procureur du Roi et de la Ville.

M. Bonnardot, notre collaborateur, a découvert, sous la cote H 2067, une pièce se rapportant à la période muette que nous venons d'indiquer. Elle porte la date de 1544. Nous la reproduisons ci-dessous, avec le n° XXIV bis. — L. M. T.

XXIV ᵇⁱˢ.

De par les Prevost des marchans et Eschevins de la ville de Paris, Mᵉ Philippes Macé, notaire et secrétaire du Roy et Receveur de lad. Ville, baillez et paiez à François Perdrier, Prévost de la Monnoye de Paris, la somme de deux cens vingt quatre livres quatre solz trois deniers tournois, a luy deue pour avoir fourny et livré au Bureau de lad. Ville, de nostre ordonnance et commandement, c'est assavoir quatre cens cinquante de gectons d'argent aux armoiryes de lad. Ville, pesans ensemble unze marcs deux onces d'argent, a raison de dix sept livres cinq solz tournois le marc, tant pour l'argent que pour l'ouvrage monnoyage, déchets de fondu, que pour les avoir faict lymer, polir et blanchir, vallant ixˣˣ xiii livres 1 sol iiii deniers tournois.

⁽¹⁾ Jehan Colletier et Jacques Lemère, ou Lemaire, après avoir appartenu à la Prévôté de Denis Hesselin, firent partie de celle de Guillaume Le Comte. On retrouve l'un d'eux, quelques années plus tard, comme Échevin, avec le Prévôt Henri Delivre.

Item, ung miller de gectons de leton au feur de xxx solz tournois le cent, vallant xv livres tournois.

Item, huit bourses de velours verd doublées a pendans de fine soye; dedans chascune desquelles ont esté mises : assavoir a sept demy cent desd. gectons d'argent, et a l'autre ung cent au feur de xxxvi solz tournois piece, vallant xiiii livres viii solz tournois; et dix bourses de cuyr blanc garnyes de pendans et boutons, au feur de ii solz vi deniers tournois piece, dedans lesquelles ont esté mys lesd. gectons de lecton, qui ont esté distribuées, c'est assavoir a nous Prevost des marchans ung cent desd. jectons d'argent et ung cent de jectons de lecton, garnyz de leurs bourses; a nous quatre Eschevins, a chascun demy cent desd. gectons d'argent et ung cent de gectons de lecton, avec leursd. bourses; et a maistre Pierre Perdrier, Greffier, a vous, Receveur, et a M⁰ Anthoine Poart, Procureur du Roy et d'icelle Ville, a chascun de vous demy cent gectons d'argent, ung cent gectons de lecton, avec leursd. bourses; et le reste desd. gectons ont esté mys au Bureau de lad. Ville pour servir en commune pour les affaires d'icelle.

Et lesquelz gectons et bourses nous avons prins et distribuez aux dessusd. a nostre bienvenue en l'estat de Prevost des marchans, a la my aoust mil v° xliii, pour servir es affaires de lad. Ville durant ceste presente année. Et par rapportant ces presentes et quitance sur ce dud. Perdrier, lad. somme de ii° xxiiii livres tournois vous sera allouée en voz comptes et rabatue de vostred. receste partout ou il apertiendra. Donné au Bureau de lad. Ville soulz noz signetz, le neufieme jour de septembre l'an mil cinq cens quarante et quatre.

Signé : Séguier, Chopin, de Saint-Germain, Barthélemy, Perdrier [1].

Et au dos :

Honnorable homme Françoys Perdrier, Prevost de la Monnoye, dénommé au blanc, confesse avoir eu et receu de noble homme M° Philippes Macé, notaire et secrétaire du Roy et Receveur de la Ville de Paris, aussi nommé aud. blanc, le somme de deux cens vingt quatre livres quatre solz trois deniers tournois, a luy ordonnée pour les causes contenues aud. blanc, dont quitance promettant et renonçant. Faict l'an mil cinq cens quarante quatre le lundi 19 jour de janvier.

Signé : Bordellier.

Et encore au dos :

Je, Anthoine Poart, Procureur du Roy et de la Ville, nommé au blanc, confesse avoir receu les gectons d'argent et de lecton a moy ordonnez pour les causes contenues au blanc. Faict le ix° jour de septembre mil v° quarante quatre.

A. Poart.

XXV.

20 août 1600 [2].

Ce present Receveur et comptable faict cy despense de la somme de trois cens deux escus sol qu'il a prinse et retenue par ses mains des deniers de sad. recepte suivant le consentement de

---

[1] Les quatre premiers noms sont ceux des Échevins en exercice. Séguier, lieutenant criminel au Châtelet et Jehan Chopin, marchand bourgeois, avaient été élus en 1543. Jehan de Saint-Germain et Jehan Barthélemy, tous deux bourgeois de Paris, venaient de l'être.

[2] A partir de cette époque, il faut consulter, pour la biographie des divers membres de l'Échevinage parisien, la seconde et la troisième partie du présent ouvrage, où feu d'Affry de La Monnoye a résumé les détails qu'il a pû recueillir sur chacun d'eux.

mesd. sieurs les Prevost des marchands et Eschevins de lad. Ville [1] signé de leurs mains le 20ᵉ jour d'aoust 1600 pour son remboursement de pareille somme par luy mise et frayée de l'ordonnance verballe de mesd. sieurs en l'employ et achapt de leurs droits par chacun an accoustumé et à eulx deubs ainsy qu'il est cy après déclaré. C'est assavoir pour neuf cens de gettons d'argent aux armoiries de lad. Ville poisant ensemble dix huit marcs à raison de viii 10 sols le marc tant pour argent que façon vallans ensemble viiˣˣ iiii. 10 sols pour neuf cens de gettons de laton à raison de xl s. le cent vallans ensemble vi 10 sols pour neuf bourses de velours verd à cordons de soye servants à mettre lesd. gettons d'argent à raison de i 10 sols piece, vallans ensemble ix 10 s. pour neuf bourses de cuir servants à mettre lesd. gettons de laton à raison de v s. piece vallans ensemble xlv s. (omission des autres parties de la dépense étrangères aux jetons)..... toutes lesquelles parties montans et revenans ensemble à lad. premiere somme de iiiᶜ ii 10 s. ont esté distribués et delivrés, assavoir aud. sieur Prevost des marchans iiᶜ de gettons d'argent, iiᶜ de gettons de latton, deux bourses de velours verd, deux bourses de cuir, etc. (omission des autres parties délivrées au Prevost.)..... Et à chacun desd. Eschevins, Procureur du Roy, Greffier et ced. Comptable, ung cent de gettons d'argent, ung cent de gettons de latton, une bourse de velours verd, une bourse de cuir, etc. etc..... ainsy que dessus est dict et qu'il est pareillement declaré esd. lettres de consentement desd. sieurs cy rendues pour ce cy....   iiiᶜ ii. 10.

(KK 419, fol. 109 rᵒ.)

XXVI.

10 janvier 1601.

A Alexandre Olivier, conducteur des engins de la Monnoye de France, la somme de huit cens trente cinq escus tournois à luy semblablement ordonnée par mesd. sieurs les Prevost des marchans et Eschevins de lad. ville de Paris par avec leur mandement addressant aud. Frenicle present Receveur et Comptᵇˡᵉ signé de leurs mains en date du 10ᵉ jour dud. mois de janvier 1601, pour son payement de gettons d'argent et de laton qu'il leur a fournis et livrés le premier jour dud. an 1601 pour donner aux estrennes en la maniere accoustumée suivant le prix et marché verballement faict par mesd. Sʳˢ avecques ledict Olivier, assavoir iiiᵐⁱˡ vᶜ xxv gettons d'argent poisans iiiiˣˣ iiii marcs et demy à raison de viii 10 xx s. le marc viiᶜ x 10 x s. autres iiiiᶜ gettons aussy d'argent pour Mʳˢ les Quartiniers [2] poisans viii marcs deux gros à lad. raison de viii 10 xx s. le marc, vallant lxvi 10 lxv s. vi d. deux milliers quatre cens gettons de latton à raison de x 10 le millier, et pour les coings au portraict du Roy et aux armes de la Ville selon la devise qui en a esté baillée xl 10 revenant toutes les susdites sommes particulieres à lad. premiere somme de viiiᶜ xxxvi 10. vˢ viᵈ ainsy qu'il est constenu et declaré aud. mandement et placet dud. Ollivier au bas duquel est l'ordonnance desd. sieurs pour estre levé acquit de lad. somme attachée à iceluy mandement, qui a esté payé comptant aud. Ollivier comme appert par sa quittance signée de sa main en datte desdicts jour et an que dessus estant au dos dud. mandement cy rendu pour ce cy...   viiiᶜ xxxv 10. v s. vi d.

(KK 9, fol. 131 vᵒ.)

---

[1] Le Prévôt des marchands élu le 16 août 1600 était Antoine Guyot, seigneur de Charmeaux et d'Ansac, président en la Chambre des comptes. Il eut pour collègues deux des Échevins de la prévôté précédente (celle de Jacques Danès), Guillaume Robineau, avocat du Roi en l'Élection et grenier à sel de Paris, et Louis Vivien, seigneur de Saint-Marc, contrôleur général à Soissons. Les deux Échevins élus en même temps que lui furent Jean Garnier, auditeur des Comptes, et Jacques des Jardins, seigneur du Marchais, conseiller au Châtelet.

[2] Le Prévôt et les Échevins sont les mêmes que ceux dont les noms sont indiqués dans la note précédente. On cite, parmi les quarteniers, Jean Carrel, Étienne Collot, Antoine Andrenas et Simon Marcel, qui devint Échevin en 1624.

XXVII.

13 janvier 1601.

A Jehan Fontaine, M⁰ boursier à Paris, la somme de cinquante quatre escus vingt sept sols six deniers tourn. à luy pareillement ordonnée par mesd. sieurs les Prevost des marchans et Eschevins par avec leur mandement signé de leurs mains en datte du 13ᵉ jour dud. mois de janvier 1601, pour son payement des bources par luy fournies et livrées et qui ont servy à mettre les gettons d'argent et laton que l'on a accoustumé de donner en estrennes le pᵉʳ jour de lad. année 1601 suivant le prix et marché verballement faict avec mesd. sieurs, assavoir vingt neuf bources de velours vert à raison de xiii s. vi d. piece. Quatorze bources aussy de velours vert à raison de 110 piece vallant xiiii 10 six autres bources de velours vert à raison de 110 s. xx piece vallant viii 10 dix sept bources de satin vert à raison de xxxv s. piece vallans ix s. 10 lv et deux douzaines de bourses de cuir blanc à raison de v s. piece vallans ii 10. Le tout ainsy qu'il est contenu et déclaré aud. mandement et ès parties dud. Fontaine y attachées par mesd. sieurs arrestées à lad. somme de liiii 10 xxvii s. v d. Laquelle ced. Receveur et comptable luy auroit payée et delivrée comptant comme il appert par sa quittance signée de sa main en datte du 18ᵉ jour de febvrier ensuivant aud. an 1601, estant au dos dud. mandement le tout cy rendu pour ce cy en despence lad. somme de .... liiii 10 xxvii s. vi d.

(KK 419, fol. 132 v°.)

XXVIII.

29 août 1601.

Ce present Receveur et comptable faict cy despence de la somme de trois cens deux escus sol qu'il a prinse et retenue par ses mains des deniers de sad. recepte suivant le consentement de mesd. sieurs les Prevost des marchands et Eschevins de lad. Ville[1] signé de leurs mains le 29ᵉ jour d'aoust 1601 pour son remboursement de pareille somme par luy mise et frayée de l'ordon⁰ᵉ verballe de mesd. sieurs en l'employ et achapt de leurs droits par chacun an accoustumés et à eulx deubs, ainsy qu'il est cy apres declaré, c'est assavoir pour

900 de gectons d'argent aux armoiries de lad. Ville pesant ensemble 18 marcs à raison de 8 écus sol le marc argent et façon, ensemble 144 écus.
900 de gectons de laton à 40 s. le cent. ensemble 6 écus.
9 bourses de velours vert à cordons de soie à raison d'un écu piece, ensemble 9 écus.
9 bourses de cuir à 5 sols piece, ensemble 45 s.

....

(Omission des parties étrangères aux jetons.)
Lesquelles parties ont été distribuées et delivrées à mesd. sieurs pour leurs droits.

(KK 420, fol. 100 v°.)

---

[1] Aux deux Échevins de la Prévôté de Jacques Danès, qui étaient sortis de charge, avaient succédé, en 1601, Jean-Baptiste Champin, seigneur de Roissy, notaire et secrétaire du Roi, ainsi que Claude de Choilly. Ce dernier a frappé une médaille, en sa qualité d'Échevin. (Voir p. 58 et 59.)

APPENDICES ET PIÈCES JUSTIFICATIVES. 221

XXIX.

12 janvier 1602.

A Jehan Fontaine, M⁰ bourcier à Paris la somme de 56 écus 5 sols ordonnée par mandement de M⁻ˢ les Prevot des marchands et Eschevins en date du 12 janvier 1602, pour son payement des bourses qu'il a fournies et livrées, assavoir :

34 bourses de velours vert à 42 s. 6 d. pièce, ensemble 24 écus 5 s.
20 autres bourses de velours vert d'un écu pièce, 20 écus.
18 bourses de satin vert à 35 s. pièce, 10 écus 30 s.
18 autres bourses de cuir à 5 s. pièce, 1 écu 35 s.

« Lesquelles bources ont servy à mettre les gectons d'argent et laton qui ont esté donnés et
« distribués en estrennes le 1ᵉʳ jour de l'an à plusieurs seigneurs et à mesd. Sʳˢ les Prevost des
« marchans et Eschevins et autres officiers de lad. Ville...... »

(KK 420, fol. 127 v°.)

XXX.

15 janvier 1602.

A Alexandre Ollivier, conducteur des engins de la Monnoye de France, la somme de 831 écus 19 s. tour. à luy ordonnée par mandement de mesd. Sʳˢ Prevost des marchans et Eschevins signé de leurs mains adressant aud. Frenicle (Receveur et comptable) en date du 14 janv. 1602 pour son payement des jetons d'argent et de laiton qu'il a fournis et livrés à mesd. Sʳˢ le 1ᵉʳ jour dud. an... assavoir :

3,400 jetons d'argent, poids 85 marcs 6 onces, à raison de 8 écus un tiers le marc, ensemble 710 écus 25ˢ tourn.
400 autres jetons d'argent pour les quartiniers, poids 8 marcs 2 gros, à raison de 8 écus un tiers le marc, ensemble 66 écus 54 s.
2,400 jetons de laiton à raison de 10 écus le millier, 24 écus pour les coins aux armoiries de la Ville 30 écus.

Revenant toutes lesd. sommes a la premiere de 831 écus 19 s. tour.

(KK 421, fol. 128 v°.)

XXXI.

26 août 1602.

Ce present Receveur et comptable faict cy despence de la somme de 900ˡˡ tourn. qu'il a prise et retenue par ses mains des deniers de sad. recepte suivant le consentem* de mesd. Sʳˢ les Prevost des marchans et Eschevins[1] de lad. Ville, signé de leurs mains le 26° jour du mois

[1] Le Prévôt des marchands était alors Martin de Bragelongne, seigneur de Charonne, conseiller d'État et président aux enquêtes. Sa famille avait déjà marqué dans l'Édilité parisienne. Dès 1533, Martin de Bragelongne, conseiller du Roi au bailliage de Paris, exerçait les fonctions d'Échevin; en 1541, Thomas de Bragelongne, conseiller du Roi en la conservation des priviléges de l'Université, occupait la même charge. En 1558 on élut pour Prévôt des marchands Martin de Bragelongne,

d'aoust 1602 pour son remboursement de pareille somme par luy mise et frayée de l'ordon[ce] verballe de mesd. S[rs] en l'employ et achapt de leurs droits par chacun an accoustumés et à eulx deubs apres la my-aoust assavoir pour :

900 jetons d'argent aux armoiries de lad. Ville, poids 18 marcs à 24[tt] le marc, argent et façon valant ensemble 432[tt] tr.
900 jetons de laiton à 45 s. le cent, ensemble 18[tt].
9 bourses de velours vert à cordons de soie pour mettre les jetons d'argent à raison de 3[tt] piece.
9 bourses de cuir à mettre les jetons de laton a raison de 5 s. valant 45 s.

Distribué et délivré ausd. Prevost et Eschevins, Procureur du Roy, Greffier [1] et cedit Receveur et comptable.

(KK 423, fol. 68 r°.)

XXXII.

8 mars 1603.

A Alexandre Ollivier, conducteur des engins de la Monnoye de France, la somme de 2,613[tt] 13 s. 6 d. tz à luy ordonnée par mandement de mesd. S[rs] les Prevost des marchans et Eschevins [2] en date du 19 fevrier 1603, pour les jetons par lui fournis et livrés le 1er jour dudit an, assavoir :

3,625 jetons en argent, poids 82 marcs 7 onces 4 gros, à raison de 26[tt] 5 s. 6 d. le marc.
400 autres jetons d'argent pour M[rs] les Quarteniers, poids 8 marcs, à raison de 26[tt] 6 s. le marc, 210[tt] 8 s.
3,900 jetons de laiton à raison de 30[tt] le millier 117[tt] pour les coins à marquer lesd. jetons au portrait du Roy et armes de la Ville selon les devises qui en ont été baillées, 105[tt].

Revenant toutes lesd. parties à la premiere somme de 2,613[tt] 13 s. 6 d.

(KK 423, fol. 82 r°.)

XXXIII.

17 mars 1603.

A Jehan de Fontaine, M[e] boursier à Paris, la somme de 160[tt] 10 s. tz. à luy ordonnée par mandement de mesd. Srs Prevost des marchans et Eschevins [3] adressant à ced. present Receveur et comptable, en date du 10 mars 1603, pour son payement des bourses qu'il a fournies et livrées assavoir :

38 bourses de velours vert à 42 s. 6 d. piece, 80[tt] 15 s.
14 bourses velours vert doublées de satin vert à 3[tt] piece 42[tt].

---

lieutenant particulier, civil et criminel, de la Prévôté de Paris, qui avait été Échevin en 1533. Jean de Bragelongne fut nommé Échevin. Un Jérôme de Bragelongne, trésorier de l'extraordinaire des guerres, fut élu conseiller de Ville, le 18 avril 1569. Celui dont il est question ici était conseiller de ville en 1594. Les Échevins alors en charge étaient : Jean-Baptiste Champin, sieur de Roissy, notaire et secrétaire du Roi; Claude de Choilly; Gilles Durand, avocat du Roi aux eaux et forêts, et Nicolas Quetin, conseiller au Châtelet.

[1] Le greffier se nommait François Courtin, élu le 12 mai 1601, en remplacement de son père, Nicolas Courtin, qui avait résigné sa charge.

[2] Les mêmes Prévôt et Échevins que ci-dessus étaient alors en fonctions.

[3] Les mêmes Prévôt et Échevins continuaient alors l'exercice de leur charge.

16 bourses de satin vert à 35 s. pièce, 28ᵗᵗ.
39 bourses de cuir à 5 s. pièce, 9ᵗᵗ 15 s.

Toutes lesd. sommes revenant à lad. première de 160ᵗᵗ 10 s. tz. Lesquellés bourses ont servi à mettre les jetons d'argent et laiton qui ont été donnés et distribués en étrennes le 1ᵉʳ jour de l'an à plusieurs seigneurs et à Messieurs les Prevost des marchands et Eschevins et autres officiers de lad. Ville [1].

(KK 423, fol. 83 r°.)

XXXIV.

8 avril 1607.

Ce present Receveur et comptable faict cy despence de la somme de 906ᵗᵗ tz. suivant le consentement de mesd. Sʳˢ les Prevost des marchands [1] et Eschevins [2] de lad. ville, signé de leurs mains en date du 8 avril 1607 pour son remboursement de pareille somme par luy mise et frayée de l'ordonnance verbale de mesd. Sʳˢ en l'emploi du rachat de leurs droits par chacun an accoutumés et à eux dus, etc... assavoir :

900 jetons d'argent aux armoiries de la Ville, poids 18 marcs, à 24ᵗᵗ le marc argent et façon valant ensemble 432ᵗᵗ.
900 jetons de laton, à 40 s. le cent, 18ᵗᵗ.
9 bourses velours vert à cordons de soie servant à mettre les jetons d'argent a 3ᵗᵗ pièce, 27ᵗᵗ.
9 bourses de cuir pour mettre les jetons de laiton, à 5 s. pièce, 45 s.

(KK 426, fol. 85 v°.)

XXXV.

14 février 1608.

A Gilbert Ollivier, conducteur des engins de la Monnoye de France, la somme de 2,652ᵗᵗ 13 s. 4 d. par mandement en date du 8 fevrier 1608, pour son payement des jetons d'argent et laiton par luy fournis et livrés le 1ᵉʳ de l'an de lad. année 1608, pour donner en etrennes, savoir :

2,235ᵗᵗ 5 s. 4 d. pour 3,400 jetons d'argent de deux marcs et demi le cent, à 26ᵗᵗ 5 s. le marc argent et façon.
210ᵗᵗ 8 s. pour 400 autres jetons d'argent de deux marcs le cent, à 26ᵗᵗ 5 s. le marc.
132ᵗᵗ tz. pour 4,400 jetons de laiton à 3ᵗᵗ le cent.
75ᵗᵗ pour les coins et carron qui ont servi à monnoyer lesd. jetons.

(KK 426, fol. 96 v°.)

---

[1] Le Prévôt des marchands était Mᵉ Jacques Sanguin, seigneur de Livry, conseiller au Parlement. Élu Prévôt en 1606, il fut continué en 1608 et en 1610. Il succédait à François Miron. Les Sanguin et les Miron sont bien connus dans les fastes de l'Édilité parisienne.

[2] Les Échevins en exercice étaient : sire Gabriel de Flecelles; Mᵉ Nicolas Belut, conseiller au Trésor à Paris; Germain Gouffé, substitut du procureur du Roi au Châtelet, et Jean de Vailly, seigneur du Breuil-du-Pont. Les deux premiers avaient été élus en 1605, les deux autres en 1606.

XXXVI.

23 février 1608.

A Jehan Fontaines, maistre bourcier, la somme de 197^{lt} tz. par mandement daté du 21 fevrier pour payement des bourses par lui fournies et livrées et qui ont servi à mettre les jetons d'argent et laiton que l'on accoutumé donner en étrennes, le 1er jour de lad. année 1608...... assavoir :

> 65 bourses velours vert partie d'icelles brodées d'or, à raison de ung piece (*sic*).
> 4 douzaines de bourses de cuir dans lesquelles ont été mis les jetons tant d'argent que de laiton donnés aux étrennes du 1er jour de l'an de lad. présente année 1608.

(KK 426, fol. 98 r°.)

XXXVII.

28 août 1608.

Faict cy despence ce present Comptable de la somme de 906^{lt} tz. etc. (comme aux pieces concernant les droits de M^{rs} les Prevost des marchands et Eschevins [1]).

> 900 jettons d'argent, poids 18 marcs, a raison de 8 escus sol. le marc.
> 900 jettons de laton à 40 s. le cent.
> 9 bourses de velours vert à 3^{lt} piece.
> 9 bourses de cuir à 5 s. piece.

(KK 428, fol. 64 r°.)

XXXVIII.

12 février 1609.

A Pierre Regnier, conducteur des engins de la Monnoye de France, la somme de 2,793^{lt} 4 s. tz. par mandement du 5 fevrier 1609, sçavoir :

> 2,383^{lt} 4 s. pour 3,650 gettons d'argent de deux marcs et demy le cent.
> 114^{lt} 19 s. pour 400 de gettons de laton a 60 s. le cent.
> 75^{lt} pour les coings et carrés qui ont servy à monnoyer lesd. gettons.
> Le tout ensemble 2,793^{lt} 4 s. tz.

(KK 428, fol. 72 r°.)

XXXIX.

12 février 1609.

Audict Regnier la somme de 160^{lt} 18 s. 6 d. par autre mandement du 30 juillet 1608, pour

---

[1] Le Prévôt en exercice était encore Jacques Sanguin. Quant aux Échevins, ils se nommaient : Pierre Parfait, greffier en l'élection de Paris; Charles de Charbonnières, auditeur des comptes; Jean Lambert, ci-devant receveur général des gabelles à Soissons, et Jean Thevenot, conseiller au Châtelet. Les deux premiers avaient été élus en 1607.

300 de gettons d'argent poisant ensemble 6 marcs 6 onces 6 gros, à raison de 26^{tt} 6 s. le marc tant pour argent que façon.

(KK 428, fol. 72 r°.)

XL.

10 mars 1609.

A Suzanne Duchemin, veuve de feu Jehan Fontaines, vivant M^e boursier à Paris, la somme de 179^{tt} 2 s. 6 d. tz. par mandement du 10° jour de mars 1609, pour les bourses tant de velours que de cuir par elle fournies à lad. Ville dans lesquelles ont été mis les gettons d'argent et de lecton ainsy qu'il est plus à plain contenu aud. mandement.

(KK 428, fol. 74 r°.)

XLI.

30 août 1610.

Fait cy despence ce present Receveur et comptable de la somme de 906^{tt} tz. laquelle il a payée et employée en l'achapt des droits de M^{rs} les Prevost des marchands et Eschevins[1], Procureur du Roy, Greffier et present Comptable, etc. assavoir :

900 de gettons d'argent, poids 18 marcs, à raison de 8 escus sol le marc.
900 de gettons de latton, à 40 s. le cent.
9 bourses de velours vert à 3^{tt} piece.
9 bourses de cuir à 5 s. piece.
....

(KK 430, fol. 51 r°.)

XLII.

15 février 1611.

A Pierre Regnier, M^e et conducteur des engins de la Monnoye de France, la somme de 2,776^{tt} 16 s. tz. à luy ordonnée par lesd. Srs Prevost des marchands et Eschevins[2] le 10 febvrier 1611, pour la quantité de 4,000 gettons d'argent dont 3,600 du poids de 2 marcs, le tout à raison de 26^{tt} le marc tant pour argent que façon, 3,000 gettons de letton à raison de 60 s. le cent vallant 114^{tt} et 75^{tt} tz. pour les coings qui ont servy à monnoyer lesd. gettons, le tout revenant à lad. somme de 2,776^{tt} 16 s. ainsi que le contient, etc. etc.....

(KK 431, fol. 59 v°.)

---

[1] Jacques Sanguin exerçait encore les fonctions de Prévôt des marchands; la reine mère, régente de France, craignant les troubles qui pouvaient survenir à l'occasion de l'assassinat de Henri IV, avait envoyé à l'Hôtel de ville des lettres missives pour la continuation du Prévôt des marchands et des Échevins alors en exercice. Ces Échevins étaient : Jean Lambert et Jean Thevenot, dont il a été fait mention plus haut; Me Jean Perrot, sieur du Chesnard, président en l'élection de Paris, et Jean de La Noue, avocat. Quant au greffier, il se nommait François Clément; il avait succédé à son père Guillaume Clément.

[2] C'étaient les mêmes que ci-dessus.

XLIII.

23 août 1611.

(N. B. Voir les pièces antérieures et textuelles, concernant le nombre de jetons d'argent et de laiton attribués pour leurs droits à MM. les Prévôt des marchands et Eschevins[1], Procureur du Roy, Greffier et Receveur. Ce nombre est toujours le même, ainsi que celui des bourses à mettre les jetons d'argent et ceux de laiton.)

    900 jetons d'argent aux armoiries de la Ville, poids 18 marcs, à 18 écus sol le marc.
    900 jetons de laiton à 40 s. le cent.
    9 bourses de velours vert d'un écu sol piece.
    9 bourses de cuir à 5 s.

(KK 432, fol. 76 v°.)

XLIV.

7 février 1612.

A Suzanne du Chemin, veufve du deffunct Jehan Fontanier (*alias* Fontaine), bourciers de la Ville, la somme de deux cens vingt trois livres six sols tourn. à elle ordonné par lesdicts sieurs Prevost des marchans et Eschevins[2] de ladicte Ville par leurs lettres de mandement signé de leurs mains, expédiés au bureau de ladicte Ville le dernier jour de janvier mil six cens douze, pour toutes les bources de velours tant brodées d'or que de soye et les bources de cuir par elle fournyes à ladicte Ville et dans lesquelles ont esté mis les jettons d'argent et de laton qui ont esté donnés par ladicte Ville aux estrennes au premier jour de l'an mil six cens douze en la maniere accoustumée ainsy que le contient ledict mandement par vertu duquel payement a esté faict comptant par ledict comptable à ladicte du Chemin, comme appert par sa quittance signé de sa main et passé par devant nottaires le septiesme jour de fevrier mil six cens douze estant au dos dudict mandement cy rendu............................. 11 c. xxiii^{ll} tourn.

(KK 432, fol. 89 v°.)

Même date.

A Pierre Regnier, conducteur des engins de la Monnoye de France, la somme de 3,261^{ll} 15 s. 9 d. par mandem^t du 4 fevrier 1612, assavoir :

3,033^{ll} 11 s. 9 d.   pour 4,600 jetons d'argent, poids 116 marcs 1 once 7 gros, à 26^{ll} 6 s. le marc argent et façon.
137^{ll} 10 s.   pour 4,300 jetons de laiton à raison de 32^{ll} le millier.
90^{ll} pour les coins et carrés aux armes et devises de lad. Ville.

Date de quittance 7 fevrier 1612.

(KK 432, fol. 89 r°.)

---

[1] Jacques Sanguin était encore Prévôt des marchands. Il avait conservé, comme Échevins, Jean Perrot et Jean de La Noue, nommés en 1609, et Nicolas Poussepin, sieur du Belair, conseiller au Châtelet, ainsi que messire Jean Fontaine, maître des œuvres et bâtiments du Roi, élus le 16 août 1611. Nicolas Poussepin a frappé un jeton.

[2] Les mêmes que ci-dessus.

APPENDICES ET PIÈCES JUSTIFICATIVES.

7 février 1612.

A Suzanne Duchemin, veuve de deffunct Jehan Fontaines, boursier de la Ville, la somme de 223ᵗᵗ 6 s. par mandement du 31 janvier 1612, pour toutes les bourses de velours tant brodées d'or que de soie et les bourses de cuir par elle fournies à lad. Ville et dans lesquelles ont été mis les jettons d'argent et de laiton donnés par lad. Ville aux estrennes au 1ᶜʳ jour de l'an 1612.

(KK 432, fol. 89 v°.)

XLV.

2 mars 1612.

A maistre Jehan Laurens, bourgeois de Paris, la somme de trente livres tournois à luy ordonné par mandement desdits sieurs en datte du dixiesme jour de mars mil six cens douze, pour son remboursement de pareille somme par luy payée en l'achapt d'un demy cens de getons d'argent auz armes de la Ville et d'une bourse de velours verte qui ont esté donner par le commandement verbal desdits sieurs à l'un des secretaire de Monsʳ le Chancelier pour l'obtention des lettres de confirmation du bail par eulx faict audict Laurens pour cinq ans de la ferme de cinq sols pour muid de vin dont les deniers ont esté employez aux frais de l'entrée de la Royne [1] qui se devoit faire en ceste Ville de Paris, de laquelle somme de trente livres payemens a esté faict comptant audict Laurens par ce present Comptable comme appert par sa quittance signé de sa main et dattées du deuziesme jour de mars mil six cens douze estant au dos dudict mandement cy rendu pour . . . . xxxᵗᵗ

(KK 432, fol. 69 r°.)

XLVI.

28 août 1612.

Faict cy despence le present Receveur et comptable de la somme de neuf cens six livres tourn. laquelle il a employée en l'achat des droits de Messʳˢ les Prevost des marchans [2] et Eschevins [3], Procureur du Roy, Greffier et present Comptable ainsy qu'il est accoustumé par chacun an après la mi aout, c'est asseavoir pour neufcens de jettons d'argent aux armoiries de la Ville pesent ensemble dix huit marcs tant pour argent que façon vallans ensemble sept vingt quatre livres, pour neuf cens de jettons de lecton à raison de quarente sols le cent vallans ensemble six livres. Pour neuf bources de velours vert à cordons de soye servant à mettre lesd. jettons d'argent à raison d'ung escu sol piece vallans ensemble neuf escus, pour neuf bources de cuir servant à mettre lesd. jettons de lacton à raison de cinq sols, etc. etc. etc. . . . .

---

[1] Les préparatifs de cette solennité, en ce qui concerne le rôle assigné au Corps de Ville, ont été reproduits, d'après le registre original du Bureau de la Ville, dans le tome Iᵉʳ de l'ouvrage intitulé : *Les Armoiries de la Ville de Paris*, p. 309 et suiv. On sait qu'elle n'eut pas lieu.

[2] Mᵉ Gaston de Grieu était, cette année-là, Prévôt des marchands; il succédait à Jacques Sanguin qui, depuis six ans, occupait cette haute charge. Mᵉ Gaston de Grieu, seigneur de Saint-Aubin, était conseiller au Parlement.

[3] Les Échevins en exercice étaient, outre Nicolas Poussepin et Jean Fontaine, Mᵉ Robert des Prés, avocat, et Claude Meráult, seigneur de la Fossée, auditeur des Comptes. Charlet, seigneur d'Esbly, était procureur du Roi et de la Ville. François Clément était greffier, et Claude Letourneau receveur.

..... Toutes lesd. parties montant et revenant ensemble à lad. première somme de neuf cens livres tournois ont esté distribuez ausd. sieurs Prevost des marchans et Eschevins, Procureur du Roy, Greffier et present Comptable, ainsy qu'il est au long contenu et declaré par leur ordonnance et quittance signées de leurs mains en datte du vingt huictiesme jour d'aoust mil six cens douze cy rendues.. ix^c vi l.

(KK 433, fol. 76 v°.)

28 août 1612.

N. B. Voir les pièces antérieures concernant les droits de M^{rs} les Prévôt des marchands et Échevins, Procureur du Roi, Greffier et Receveur, contenant les indications suivantes :

900 jetons d'argent aux armoiries de la Ville, poids 18 marcs.
900 jetons de laiton à 40^s le cent.
9 bourses de velours vert d'un écu sol piece.
9 bourses de cuir à 5^s.

(KK 433, fol. 76 v°.)

XLVII.

27 février 1613.

A Pierre Regnier, conducteur des engins de la Monnoye de France, la somme de trois mil quatre cens quinze livres cinq sols cinq deniers à luy ordonnée par lesdicts sieurs Prevost des marchans et Eschevins[1] de lad. Ville par leurs lettres de mandement signées de leurs mains et expediées au bureau de lad. Ville le vingt troisieme jour de janvier mil six cens treize pour la quantité de quatre mil sept cens jettons d'argent poisans six vingt marcs trois onces un gros à vingt six livres six sols le marc, que pour cinq mil trois cens jettons de lecton à raison de trente livres le millier, et pour le coing de la fabrique et carrés des armes et devise de la Ville à raison de quatrevingt dix livres tournois le tout revenant à lad. somme de trois mil quatre cens quinze livres cinq sols cinq deniers obole ainsy que le contient led. mandement par vertu duquel payement a este faict comptant par cedict present receveur et comptable audit Regnier comme appert par sa quittance signée de sa main et passée par devant notaires le vingt septiesme jour de fevrier mil six cens treize estant au dos dudict mandement cy rendu pour.. iii^m. iiii^c. xv l. v s. v d.

(KK 433, fol. 94 v°.)

Même date.

A Pierre Regnier, conducteur des engins de la Monnoye de France, la somme de 3415^{lt} 5 s. 5 d. par mandement du 23 janvier 1613, assavoir :

Pour la quantité de 4,700 jetons d'argent poisans six vingt marcs trois onces ung gros à 26^{lt} 6 s. le marc pour 5,300 jettons de lecton à 30^{lt} le millier et pour les coings de la fabrique et carrez des armes et devise de la ville à raison de 90^{lt} tz.

En tout 3415^{lt} 5 s. 5 d.

(KK 433, fol. 94 v°.)

[1] La composition du Bureau de la Ville était la même qu'au mois d'août précédent.

XLVIII.

8 mars 1613.

A Suzanne Duchemin, veuve de deffunct Jehan Fontaines, boursier de la Ville la somme de 248ᵗᵗ 7 s. 6 d. tz. par mandement du 11 mars 1613, pour toutes les bourses tant brodées d'or que de soye et les bourses de cuir par elle fournies à lad. Ville et dans lesquelles ont esté mis les gettons d'argent et de lecton qui ont esté donnés par lad. Ville aux estrennes du 1ᵉʳ jour de l'an 1613.

(KK 433; fol. 95 r°.)

XLIX.

18 mars 1613.

A Suzanne Duchemain, veuve de deffunct Jehan Fontaine, boursier de la Ville, la somme de deux cens quarante huict livres sept sols six deniers tourn. à elle ordonnée par mandement desd. sieurs Prevost des marchans et Eschevins [1] de lad. Ville en datte du unziesme jour de mars mil six cens treize, pour toutes les bources de velours tant brodées d'or que de soye et les bources de cuir par elle fournies à ladicte Ville et dans lesquelles ont esté mis les gettons d'argent et de lecton qui ont esté donnez par lad. Ville aux estrennes du premier jour de l'an mil six cens treize en la maniere accoustumée ainsy que le contient ledict mandement par vertu duquel payement a esté faict comptant par cedict present receveur et comptable à ladicte Duchemain comme appert par sa quittance signée de sa main et passée par devant notaires le dixhuictiesme mars mil six cens treize estant au dos dudict mandement cy rendue.... IIᶜ. xlviii l. vii s. vi d.

(KK 433, fol. 95 r°.)

L.

18 août 1623.

Faict cy despence ce dict present Comptable de la somme de neuf cens six livres tourn. par luy mise et payée comptant de l'ordonnance verballe desdicts sieurs Prevost des marchans et Eschevins [2] en l'achapt et employ de leurs droits à eux deubs par chacun an apres la my aoust ainsy qu'il ensuit, c'est assavoir pour neuf cens de jettons d'argent aux armoiries de lad. ville pesant ensemble dix huict marcs à raison de vingt quatre livres le marc tant pour argent que façon vallent ensemble quatre cens trente deux livres, pour neuf cens de jettons de latton à raison de quarente sols le cent vallent ensemble dix huict livres, pour neuf bources de velours vert à cordons de soye servans à mettre lesd. jettons d'argent à raison de soixante sols piece vallans ensemble vingt sept livres, pour neuf bources de cuir de quarante cinq sols, etc. etc. etc.....

[1] Même observation que ci-dessus.

[2] Messire Nicolas de Bailleul, chevalier, seigneur de Vattetot-sur-Mer et de Choisy-sur-Seine, lieutenant civil, élu Prévôt au mois d'août 1622, fut continué jusqu'au mois d'août 1628. Il avait succédé à messire Henri de Mesmes, qui était resté en charge pendant quatre ans. Les Échevins en exercice, après l'élection du 16 avril, étaient Jacques de Montrouge, vendeur de marée, Mᵉ Louis Daviau, avocat, Mᵉ Prosper de La Motte, sieur de Montbezard, conseiller au Châtelet, Pierre Perrier, marchand de vins, et Mᵉ Charles Dollet, avocat. Nicolas de Bailleul fut chargé par le Roi de faire exécuter les travaux ordonnés pour les fontaines de Saint-Benoît, de Saint-Séverin, de Saint-Cosme, de la place Maubert et autres.

Lesquelles parties montans et revenans à lad. premiere somme de neuf cens six livres tourn. lesquels droits cedict present Comptable a distribuez ausd. sieurs Prevost des marchans, Eschevins, Procureur du Roy et Greffier de lad. Ville dont led. sieur Prevost prend le double comme aussy cedist present Comptable a retenu son droit ainsy qu'il appert par la certiffication desd. sieurs signée de leurs mains en datte du dix huictiesme jour d'aoust mil six cent vingt trois cy rendue pour lad. premiere somme de.................................. ix^c vi^{lt}

(KK 434, fol. 441 r°.)

LI.

4 mars 1624.

A Pierre Regnier, conducteur des engins de la menue monnoye au moulin, la somme de cent sept livres trois sols six deniers to. à luy aussy ordonnée par mandement desd. sieurs datté du vingt huictieme jour de decembre mil six cens vingt trois pour deux cens de jettons d'argent poisant ensemble quatre marcs six gros qui, au prix de vingt six livres six sols to., monte à la susdite premiere somme de cent sept livres trois sols six deniers tourn. lesquels jettons ont été donnés par la Ville au Sr Thomassin secretaire de M^r le Chancellier et à Me Jacques Le Marechal advocat de la Ville au Conseil du Roy, à chacun ung cent en consideration de quelques services extraordinaires par eux faicts en lad. Ville, comme plus au loing le contient ledit mandement par vertu duquel ledict Comptable a faict payement comptant de ladicte somme de cent sept livres trois sols six deniers tour. aud. Regnier comme appert par sa quittance signée de sa main et passée pardevant nottaires en datte du quatriesme jour de mars mil six cens vingt quatre estant au dos dudict mandement pour............................. cvii^{lt} iii^s vi^d

(KK 434, fol. 467 r°.)

LII.

6 mai 1624.

A Pierre Regnier, conducteur des engins de la menue monoye de France, la somme de six mil deux cens quatre vingt huict livres tourn. à luy aussy ordonnée par mandement desd. sieurs datté du dixiesme jour d'apvril mil six cens vingt quatre, assavoir la somme de cinq mil neuf cens soixante deux livres seize sols tour. pour la quantité de neuf mil deux cens vingt jettons d'argent de divers poids pesans ensemble deux cens vingt trois marcs six onces six gros à raison de vingt six livres six sols le marc argent et façon, deux cens vingt six livres pour sept mil quatre cens de jettons de lacton à raison de trente livres le millier, et cent livres tournois pour ses desseings coings et graveure d'iceux, le tout revenant à la susdicte somme premiere, lesquels jettons ont esté donnés aux estrennes du jour de l'an mil six cens vingt quatre en la maniere accoustumée comme le contient led. mandement par vertu duquel led. comptable a faict payement comptant de lad. somme de six mil deux cens quatre vingt huict livres seize sols tour. audict Regnier ainsy que dudict payement il appert par sa quittance de luy signée et passée pardevant nottaires en datte du sixiesme jour de may mil six cens vingt quatre estant au dos dudit mandement pour............................. vi^m ii^c liii^{xx} viii^{lt} xvi^s

(KK 434, fol. 468 r°.)

APPENDICES ET PIÈCES JUSTIFICATIVES.

LIII.

27 juin 1624.

A Anthoine Fontaine, boursier ordinaire de ladicte Ville, la somme de quatre cens douze livres seize sols tourn. à luy aussi ordonnée par mandement desdicts sieurs datté du dixhuictiesme jour de juing mil six cens vingt quatre assavoir quatre vingt seize livres pour seize bourses de velours vert garnies et brodées d'or à six livres chacune; sept vingt dix sept livres cinq sols tourn. pour soixante quatorze bourses de velours vert garnies de soye à quarante deux sols six deniers chacune; quatre vingt cinq livres quinze sols tourn. pour quarente neuf auttres bourses de velours vert plates à trente cinq sols chacune, cinquante deux livres seize sols tourn.; pour soixante dix bourses de chevrotin à seize sols piece et vingt une livres tourn. pour sept douzaines de bourses de cuir à cinq sols piece, sommes revenans à lad. somme de quatre cens douze livres seize sols tourn., lesquelles bourses ont esté fournies et livrées par led. Fontaine à ladicte Ville et qui ont servy à mettre les jettons d'argent et de lecton qui ont esté donnés pour lad. Ville aux estrennes de l'an mil six cens vingt quatre en la maniere accoustumée, comme le contient ledict mandement par vertu duquel cedict Comptable a faict payement comptant de ladicte somme de... cens douze livres seize sols tourn. audict Fontaine, comme appert par sa quittance de luy signée et passée pardevant nottaires en datte du vingt septiesme jour de juing mil six cens vingt quatre, estant au dos dudict mandement pour............. $\text{IIII}^c \text{XII}^{lt} \text{XVI}^s$

(KK 434, fol. 469 r°.)

LIV.

19 août 1624.

Faict cy despence ced. present Receveur et comptable de la somme de neuf cens six livres tourn. par luy mise et payée comptant de l'ordonnance verbale et consentement desdicts sieurs Prevost des marchands et Eschevins [1] en l'achapt et employ de leurs droicts à eux deubs par chacun an après la my aoust ainsy qu'il ensuict c'est asscavoir pour neuf cens de jettons d'argent aux armoiries de ladicte Ville pesans ensemble dix huict marcs à raison de vingt quatre livres le marc tant pour argent que pour façon, vallant ensemble quatre cens trente deux livres; pour neuf cens de jettons de latton à raison de quarente sols le cent, vallans ensemble dix huict cent livres; pour neuf bources de velours vert et cordons de soye servant à mettre lesdicts jettons d'argent à raison de soixante sols piece vallans ensemble vingt sept livres pour neuf boursses de cuir de quarente cinq sols, etc. etc. etc...... lesquelles parties montans et revenans ensemble à ladite premiere somme de neuf cens six livres tourn. lesquels droicts cedict comptable a distribués ausdicts sieurs Prevost des marchands et Eschevins, Procureur du Roy et Greffier de lad. Ville dont led. sieur Prevost prend le double, comme aussy cedict present Comptable a retenu son droict ainsy qu'il appert par la certiffication desdicts sieurs signée de leurs mains en datte du dixneufiesme aoust mil six cens vingt quatre cy rendue pour lad. premiere somme de $\text{IX}^c \text{VI}^{lt}$

(KK 435, fol. 418.)

[1] Deux nouveaux Échevins venaient d'entrer en charge; c'étaient Charles Dolet, avocat, et Simon Marcel, marchand.

LV.

1ᵉʳ janvier 1625.

A Anthoine Fontaine, bourcier ordinaire de lad. Ville, la somme de quatre cens quarente trois livres dix huict sols tourn⁹ à luy aussy ordonnée par mandement desd⁸ sieurs, datté du vingt ungᵉ avril mil six cens vingt cinq assavoir six vingt dix huict livres pour vingt trois bources de velours vert garnyes d'or à raison de six livres chacune; sept vingt dix neuf livres dix sols pour soixante et quinze bources de velours vert garnyes de soye à raison de quarente deux sols six deniers pièce; soixante et dix sept livres pour quarente quatre autres bours de velours vert garnyes de soye a trente cinq sols pièce. Cinquante quatre livres huict sols pour soixante huict bourses de chevrotin blanc brodées et garnyes de soye à seize sols pièce et quinze livres pour soixante bources de cuir à cinq sols pièce : toutes lesdictes sommes revenans a lad. 1ᵉʳᵉ somme de quatre cens quarente-trois livres dix huict sols tourn⁹; lesquelles bources ont esté fournyes et livrées par ledᵗ Fontaine a ladᵉ Ville et qui ont servy a mettre les jettons d'argent et l'ecton qui ont esté donnés par ladᵉ Ville aux estrennes a ladᵉ année mil six cens vingt cinq en la manière accoustumée etc.

(KK 435, fol. 450 r°.)

LVI.

28 mars 1625.

A Pierre Regnier, conducteur des engins de la menue monnoye au moulin, la somme de six mil deux cent quarante trois livres douze sols six deniers tourn. à luy ordonnée par mandement desdits sieurs du dixhuictieme jour de febvrier mil six cens vingt cinq, asscavoir cinq mil neuf cens dix sept livres douze sols dix deniers pour la quantité de neuf mil cent cinquante jettons d'argent de divers prix pesant ensemble deux cens vingt deux marcs deux onces à raison de vingt six livres six sols le marc argent et façon, deux cens vingt six livres tourn. pour les desseings, coings et graveure d'iceulx le tout revenant à la susdicte premiere somme, lesquels jettons ont esté donnés par ladicte Ville aux estrennes du jour de l'an de lad. année mil six cens vingt cinq en la maniere accoustumée comme le contient ledit mandement par vertu duquel ledict Comptable a faict payement comptant de lad. somme de six mil deux cens quarante trois livres deux sols six deniers tourn. aud. Regnier, comme il appert par sa quittance de luy signée et passée pardevant Hulloue et Marion, nottaires audit Chastellet, le vingtiesme jour de mars mil six cens vingt cinq estant au dos dud. mandement cy rendu pour lad. somme de vɪᵐɪɪᶜʟɪɪɪᶠᶠxɪɪˢvɪᵈ.

(KK 435, fol. 448 v°.)

LVII.

24 janvier 1634.

A Mʳ Pierre de Marcassus, la somme de cinquante livres, suivant autre mandement du 23 janvier 1634, pour avoir faict les devises et emblemes des jetons qui ont esté donnés par la Ville aux estrennes de l'année 1634, comme le contient ledit mandement au dos duquel est sa quittance du vingt-quatre janvier audit an pour.................................. }ᴸ

(KK 436, fol. 572 v°.)

APPENDICES ET PIÈCES JUSTIFICATIVES. 233

24 janvier 1634.

Fait cy despense ledict Comptable de la somme de neuf cent six livres par luy payée sur l'ordonnance verballe du Sr Prevost[1] en l'achapt et employ de leurs droits a eux chacun après la mie aoust comme s'ensuit scavoir pour neuf cens des jettons d'argent aux armes de ladicte Ville pesant dix sept marcs à raison de vingt quatre livres le marc argent et façon; pour neuf cens jetons de laton à quarante sols le cent, dix huit livres; pour neuf bourses de velours vert à cordon de soye servant à mettre lesdicts jettons d'argent, vingt sept livres; pour neuf bourses de cuir quarante-cinq sols, pour quatre cens et demie de plumes de Hollande vingt deux livres dix sols, pour dix huit canifs dix huit poinçons et dix huit grattoirs vingt sept livres, pour neuf rames de grand papier trente six livres, pour neuf grandes écrittoires de maroquin de Levant doré et garnies de layettes et secrets doublés de satin de Bruges deux cens soixante et dix livres, pour neuf étuis à lunettes onze livres cinq sols, pour neuf étuis et trébuchets treize livres dix sols, pour neuf balences et poids 18 livres, pour quatre douzaines et demie de lunettes de cristal xiii liv. x sols, pour cinq ordinaires de la Ville reliées en veau doré xx liv. revenant en tout à la dite présente somme payée auxdits sieurs Procureur du Roy et Greffier dont le dit sieur Prévot prend le double comme auesy le présent Comptable a pris et retenu son droit à l'accoutumé suivant leur certiffication du 23e aoust 1634.

(KK 436, fol. 572 v°.)

LVIII.

23 août 1634 [1].

Faict cy despence led. Comptable de la somme de neuf cens six livres par luy payé compt de l'ordonnance verballe des sieurs en l'achapt et employ de leurs droicts à eux deubs chacun apres la mie aoust comme s'ensuit, scavoir, pour neuf cens de jettons d'argent aux armes de lad. Ville pesant dix sept marcs à raison de vingt quatre livres le marc argent et façon; iiiᶜxxxii^{tt} pour neuf cens jettons de laton à quarente sols le cent; dix huict livres pour neuf bources de velours vert cordons de soye servant à mettre lesd. jettons d'argent; vingt sept livres pour neuf bourses de cuir, etc. etc. etc. . . . . ^{tt}
. . . . revenant en tout à lad. premiere somme payée ausd. sieurs Procureur du Roy et Greffier, dont led. sieur Prevost prend le double, comme aussy le present Comptable a pris et retenu son droit à l'accoustumé suivant leur certiffication du 23ᵉ aoust 1634 cy rendu . . .   ixᶜ vi^{tt}

(KK 436, fol. 581.)

LIX.

2 décembre 1634.

A Anthoine Fontaine, boursier ordinaire de la Ville, la somme de cinq cens dix neuf livres

[1] Le Bureau de la Ville se composait alors de messire Michel Maureau, conseiller d'État et lieutenant civil à Paris, qui mourut en 1687, pendant sa magistrature. Il avait pour Échevins Hilaire Marcez, conseiller au Châtelet, Jean Bazin, seigneur de Chaubuisson, ancien conseiller de Ville, Jean Garnier et Jacques Doujat, secrétaire du Roi.

[2] Deux nouveaux Échevins venaient d'être élus; c'étaient Nicolas de Creil, marchand, et Jean Toncquoy, avocat et maître des requêtes de la Reine. Le Prévôt des Marchands était toujours Michel Maureau.

huict sols suivant autre mandement du xii aoust 1634 adressant à Mr Charles Leber devancier de ce comptable et ordonné estre payé par led. Boucot en vertu de l'ordonnance desd. sieurs cy devant rendu assçavoir ii{e} xl{lt} pour quarente bources de velours vert garnies d'or vi{e} ix{lt} pour les bources de velours vert aussy garnies de soye, soixante dix livres dix sols pour trente huict bources plates de velours vert, trente livres pour dix douzaines de bources de cuir et cinquante quatre livres huit sols pour soixante huit bources de chevrottin blanc bordées de soye verte, lesquelles bourses ont servy à mettre les jettons qui ont esté donnés par lad. Ville aux étrennes du premier jour de l'année 1634 comme le contient led. mandement cy rendu au dos duquel est sa quittance du deuxiesme décembre audit an pour................... v{e} xix{lt} viiis

(KK 436, fol. 597 v°.)

LX.

23 janvier 1635.

A Mr Pierre de Marcassus la somme de cinquante livres, suivant autre mandement du 23 janvier 1635, pour avoir fait les devises et emblemes des jettons qui ont esté donnés aux étrennes de lad. année, comme le contient led. mandement cy rendu au dos duquel est sa quittance du vingt quatre dudit mois cy... l{lt}

(KK 436, fol. 587 v°.)

LXI.

1er mars 1635.

A Pierre Reigner, conducteur des engins de la menue monnoye de France, la somme de neuf mil trois cens quatre livres dix huit sols suivant autre mandement du sept febvrier 1635 à sçavoir 8884{lt} 18{s} pour 13025 jetons d'argent de divers poids pesant trois cens vingt un marcs une once à raison de vingt-sept livres dix sols le marc trois cens vingt livres pour dix milliers de jettons de letton à trente deux livres le millier et cent livres pour les coins le tout donné par lad. Ville aux etrennes du premier jour de ladite année comme le contient ledit mandement cy rendu, au dos duquel est sa quittance du premier aoust aud. an cy....... ix{m} iii{c} iiii{lt} xviiis

(KK 436, fol. 598 r°.)

LXII.

30 juillet 1635.

A Antoine Fontaine, marchand boursier ordinaire de lad. Ville, la somme de six cens vingt trois livres suivant autre mandement du trente juillet 1635 à sçavoir 252{lt} pour quarente deux bourses de velours vert brodées d'or 222{lt} 10{s} pour cent autres de velours vert brodées de soye 77{lt} pour quarante quatre bourses de velours plates, 54{lt} 8{s} pour soixante huit bourses de chevrotin garnies de soye, et dix sept livres cinq sols pour soixante neuf bourses demies vert lesquelles bourses ont servy à mettre lesd. jettons donnés en étrennes comme dessus comme le contient led. mandement cy rendu au dos duquel est la quittance dud. Fontaine du xxx juillet aud. an pour.. vi{e} xxiii{lt}

(KK 436, fol. 598 v°.)

LXIII.

1ᵉʳ juillet 1637.

Fait cy despence led. Mᵉ Nicolas Boucot, present Receveur et comptable, de la somme de 906ᵗᵗ tourn. par luy mise et déboursée comptant de l'ordonnance verballe et du consentement desd. sieurs Prevost des marchands et Eschevins de lad. Ville[1] en l'achat et employ de leurs droits à eux dus par chacun an apres la my aoust ainsy qu'il ensuit, c'est asscavoir pour 900 de jettons d'argent aux armoiries de la Ville pesant ensemble 18 marcs à raison de 24 livres le marc tant pour l'argent que façon vallent ensemble 432ᵗᵗ pour 900ᵗᵗ de jettons de laton à raison de 40ˢ le cent vallent ensemble 18ᵗᵗ pour neuf bourses de velours vert à cordons de soye pour mettre lesdits jettons d'argent à raison de 60ˢ piece, vallent ensemble 27ᵗᵗ pour neuf bourses de 45ˢ etc. etc. etc...... toutes lesquelles parties montans et revenans ensemble à lad. première somme de 906ᵗᵗ de laquelle distribution a esté faite par led. Sʳ Boucot present comptable ausd. Sʳˢ Prevost des marchands, Eschevins, Procureur du Roy et Greffier de lad. Ville dont led. sʳ Prevost des marchands a pris le double, comme aussy le present Receveur et comptable a pris et reçu son droit ainsy qu'il appert par la certiffication desd. Sʳˢ signé de leurs mains en datte du 1ᵉʳ jour de juillet 1637, cy rendu pour cecy en despence lad. somme de 900ᵗᵗ.................. ıxᶜᵗᵗ

(KK 437, fol. 592.)

LXIV.

5 décembre 1637.

Aud. Boucot, present Receveur et comptable, la somme de 201ᵗᵗ 6ˢ tourn. à luy ordonnée pour son remboursement de pareille somme par luy deboursée de l'ordonnance verbale desdits sieurs Prevost des marchands et Eschevins[2] et employée en l'achat des droits d'entrée dud. Sʳ Prevost des marchands, c'est asscavoir pour 200 jettons d'argent pesant 4 marcs 200 jettons de laiton, une bource de velours vert à cordons de soye, deux bources de cuir, un cent de plumes, 2 canivets, 2 poinçons, deux racloires, deux rames de grand papier, deux grandes ecritoires de maroquin de Levant doré garnies de layettes et doublées de satin de Bruges, deux étuis garnis de lunettes, deux autres étuis de trebuchets garnis de balances et poids, une ordonnance de la Ville, le tout délivré aud. Sʳ Prevost des marchands et Eschevins pour ses droits d'entrée en ladite prevosté, laquelle somme de 201ᵗᵗ 6ˢ tourn. ledit Prevost l'a prise et retenue par ses mains des deniers de lad. recette de consentement desd. Sʳˢ Prevost et Eschevins, signé de leurs mains et datté du 5ᵉ jour de Xᵇʳᵉ 1637, à prendre pour cecy en despence lad. somme de.. 201ᵗᵗ 6ˢ

(KK 437, fol. 597 v°.)

LXV.

1ᵉʳ mars 1638.

A Jean Fontaine, marchand Bourcier de lad. Ville, la somme de 386ᵗᵗ 18ˢ tourn. à luy ordon-

---

[1] Michel Maureau touchait alors à la fin de sa magistrature. L'Échevinage, qui s'était renouvelé depuis l'élection de ce Prévôt, se composait alors de Joseph Charlot, seigneur de Princé, conseiller au Châtelet, de Jean de Bourges, d'Étienne Geoffroy et de Claude de Bruissay, conseiller du Roi.

[2] Les élections de la mi-août avaient amené deux nouveaux Échevins, en remplacement des deux plus anciens; c'étaient Jacques Tartarin et Germain Piette, conseiller au Châtelet.

née par autre mandement desd. Srs Prevost et Eschevins de lad. Ville de Paris[1] signé enfin de leurs mains et dattée du 20° fevrier 1638, asscavoir 132^{tt} pour 32 bources de velours vert garnies d'or à raison de 6^{tt} chacune; 102^{tt} 10^s pour 42 bources rondes de velours vert garnies de soye dont 20 à raison de 3^{tt} chacune, et les autres à raison de 42^s pièce 80^{tt} pour 46 bourses plates de velours vert garnies de soye à raison de 35^s piece; 54^{tt} 8^s pour 68 bources de chevrotin blanc brodées et garnies de soye à raison de 16^s piece, et 18^{tt} pour 6 douzaines de bourses de cuir à raison de 3^{tt} la douzaine, revenant le tout à lad. premiere somme de 386^{tt} 18^s, lesquelles bources ont servy à mettre les jettons qui ont esté donnés aux etrennes du 1er jour de l'an de lad. année 1638, ainsy qu'il est plus au long contenu et declaré par ledit mandement cy rendu, suivant et en vertu duquel payement comptant de lad. somme de 386^{tt} 18^s tourn. il a esté fait par led. Boucot, present Receveur et comptable, à Marie Gadebois veuve dud. Fontaine, ainsy que dud. payement il appert par sa quittance signée de sa main et dattée du 1er jour de mars 1638, etant au dos dudit mandement cy dessus rendu pour cecy en despence ladite somme de.. III^c IIII^{xx} VI^{tt} XVIII^s

(KK 437, fol. 638.)

LXVI.

2 août 1638.

A Jean Varin, M^e et conducteur des engins de la menue monnoye au moulin de Paris, la somme de 6762^{tt} 16^s tourn. à luy ordonnée par autre mandement desd. Srs Prevost des marchands et Eschevins de lad. Ville de Paris signé en fin de leurs mains et datté du 20° jour de fevrier 1638 asscavoir 6467^{tt} 10^s pour 199 marcs de jettons d'argent, deduire poids à raison de 32^{tt} 10^s le marc et façon, 195^{tt} 6^s pour 6 milliers un cent de jettons de latton à raison de 32^{tt} le millier et 100^{tt} pour les coins, ainsy qu'il est plus au long contenu et declaré par led. mandement cy rendu suivant et en vertu duquel payement comptant de lad. 1ere somme de 6762^{tt} 16^s tourn. a esté fait par led. Boucot present Receveur et comptable aud. Varin ainsy que dud. payement il appert par sa quittance signée de sa main et dattée du 2° aoust 1638, étant au dos dudit mandement, rendu pour cecy en despence lad. somme de VI^m VII^c LXII^{tt} XVI^s.

(KK 437, fol. 639 v°.)

LXVII.

2 septembre 1638.

Fait cy despence led. maître Nicolas Boucot, present Receveur et comptable, de la somme de 906^{tt} par luy mise payée comptant de l'ordonnance verballe et du consentement desd. Srs Prevost des marchands et Eschevins de ladite Ville de Paris[2] en l'achat et employ de leurs droits à eux deubs par chacun an après la my aoust ainsy qu'il ensuit; c'est asscavoir pour 900 jettons d'argent aux armoiries de la Ville, pesant ensemble 18 marcs à raison de 24^{tt} le marc pour argent et façon vallant ensemble 432 livres, pour 900 de jettons de latton à raison de 40^s le cent vallent ensemble 18^{tt} pour 9 bources de velours vert à cordons de soye pour mettre lesd. jet-

---

[1] Même composition du Bureau de la Ville.
[2] Le Bureau de la Ville venait d'être renouvelé. Il se composait de messire Oudart Le Feron, seigneur d'Orville et de Louvre en Parisis, président aux enquêtes, Prévôt des Marchands, des deux derniers Échevins de la prévôté précédente et de deux nouveaux élus, Claude Boué et Claude Galland, auditeur des comptes.

tons d'argent à raison de 60° pièce, vallent ensemble 27^{lt} pour 9 bources de cuir de 42°, etc. etc. etc. ....
... toutes lesd. parties montant et revenant ensemble à lad. premiere somme de 906^{tt} tourn. de laquelle distribution a esté faite par led. Boucot present Comptable ausd. sieurs Prevost des marchands et Eschevins, Procureur du Roy, Greffier de lad. Ville, dont led. Sr Prevost des marchands a pris le double, comme aussy led. Receveur et comptable a pris son droit ainsy qu'il appert par la certifflication desd. S^{rs} signée de leurs mains et dattée du 2° jour de 7bre 1638 cy rendue pour cecy en despence de lad. somme de.. IX^c VI^s

(KK 437, fol. 613 r°.)

LXVIII.

18 mai 1639.

A Jean Fontaine, marchand boursier de lad. Ville de Paris, la somme de 403^{tt} 8^s tourn. à luy ordonnée par autre mandement desdits Srs Prevost des marchands et Eschevins de lad. Ville de Paris, signé en fin de leurs mains et datté du 20° jour de janvier 1639 pour son payement de pareille somme, à sçavoir : 30^{tt} pour une bourse de velours brodée et garnie d'or; 120^{tt} pour 20 bources de velours vert garnies d'or à raison de 6^{tt} chacune; 102^{tt} 10^s pour 40 bourses rondes de velours vert garnies de soye, dont 20 à raison de 3^{tt} chacune et les 20 autres à raison de 42^s 6^d pièce; 77^{tt} pour 44 bourses plattes de velours vert garnies de soye à 35^s pièce; 54^{tt} 8^s pour 68 bourses de chevrotin blanc brodées et garnies de soye à 16^s pièce; et 19^{tt} 10^s pour 6 douzaines de bourses de cuir à raison de 3^{tt} la douzaine, lesquelles bourses ont servy à mettre les jettons du jour de l'an de ladite année 1639, qui ont esté presentés aux etrennes en la maniere accoustumée, ainsy qu'il est plus au long contenu et déclaré par ledit mandement cy rendu duquel payement comptant de ladite 1re somme de 403^{tt} 8^s tourn. a esté fait par cedit present Tresorier et comptable aud. Fontaine ainsy que dudit payement il appert par sa quittance signée de sa main et dattée du 18° jour de mai 1639, étant au dos dudit mandement cy-dessus rendu, pour cecy en despense de lad. somme de........... IIII^c III^{tt} VIII^s

(KK 437, fol. 641 v°.)

LXIX.

15 septembre 1639.

A Jean Varin, M^e et conducteur des engins de la menue monnoye au moulin de Paris, la somme de 6,630^{tt} 4^s tourn. à luy ordonnée par autre mandement desd. Srs Prevost des marchands et Eschevins de la Ville de Paris$^{(1)}$ signée en fin de leurs mains et dattée du 20 janv. assavoir 6303^{tt} pour 7900 jettons d'argent de divers poids, pesans ensemble 191 marcs à raison de 33^{tt} le marc argent et façon; 227^{tt} pour 7100 de jettons de latton à raison de 32^{tt} le millier, et 100^{tt} pour les coins; revenant le tout à lad. 1re somme ainsy qu'il est plus au long contenu et déclaré par ledit mandement cy rendu suivant et en vertu duquel payement comptant de lad. 1re somme de 6,630^{tt} 4^s tourn. a esté faict par cedit present Receveur et comptable aud. Varin susnommé ainsy que dud. payement il appert par sa quittance signée de sa main et dattée

---

$^{(1)}$ Les élections du 16 août avaient fait entrer au Bureau de la Ville, en qualité d'Échevins, Pierre de La Tour, secrétaire du Roi, et Jean Chuppin, ancien conseiller de Ville.

du 15ᵉ jour de septembre 1639, étant au dos dud. mandement cy dessus rendu pour cecy en despence lad. somme de.. vɪᵐ vɪᶜ xxxᵗᵗ ɪɪɪɪˢ.

(KK 437, fol. 642 v°.)

LXX.

22 septembre 1639.

Fait cy despense led. Mᵉ Nicolas Boucot, present Receveur et comptable, de la somme de 906ᵗᵗ tourn. par luy mise et fraiée comptant de l'ordonᶜᵉ verballe et du consentement desd. Sʳˢ Prevost des Marchands et Eschevins de lad. Ville de Paris en l'achapt et employ de leurs droits à eux deubs pour chacun an apres la my aoust ainsy qu'il ensuit, c'est asscavoir : pour 900 de gettons d'argent aux armoiries de la Ville pesans ensemble 18 marcs à raison de 24ᵗᵗ le marc tant pour argent que façon vallant ensemble 432ᵗᵗ; pour 900 getons de Leton à raison de 40ˢ le cent vallant ensemble 18ᵗᵗ; pour 9 bourses de velours vert à cordons de soye pour mettre lesdits gettons d'argent à raison de 60ˢ pièce vallans ensemble 27ᵗᵗ; pour neuf bources de cuir de 45ˢ, etc. etc. etc...................... revenans ensemble à la premiere somme de 906ᵗᵗ tourn. de laquelle distribution a esté faite par ledit Boucot, present Comptable, ausd. Sʳˢ Prevost des marchands et Eschevins, Procureur du Roy et Greffier de lad. Ville dont led. Sʳ Prevost des marchands a pris le double, comme aussy ce present receveur et comptable a pris et receu son droit ainsi qu'il appert par la certiffication desd. Sʳˢ signée de leurs mains en datte du 22ᵉ jour de septembre 1639, cy rendue pour cecy de lad. somme de .... ɪxᶜ vɪᵗᵗ.

(KK 438, fol. 461 r°.)

LXXI.

6 juillet 1640.

A Jean Fontaine, marchand boursier de lad. Ville, la somme de 416ᵗᵗ 18ˢ à luy ordonnée par autre mandement du 17ᵉ fevrier 1640, assavoir : 30ᵗᵗ pour une bourse de velours rouge brodée et garnie d'or six vingt six livres; pour vingt-une bourses de velours vert garnies d'or à raison de six livres chacune; 102ᵗᵗ 10ˢ pour quarante bourses rondes de velours vert à raison de 3ᵗᵗ chacune, et les vingt autres à raison de quarante cinq sols six deniers pièce; 77ᵗᵗ pour quarante quatre bourses plattes de velours vert garnyes de soye à raison de trente cinq sols piece; 54ᵗᵗ 8ˢ pour soixante huit bourses de chevrothin blanc brodées et garnies de soye à seize sols pièce; 13ᵗᵗ 10ˢ pour une douzaine et demie de bourses rondes brodées de soye à quinze sols pièce; 13ᵗᵗ 10ˢ pour quatre douzaines et demie de bourses de cuir à raison de trois livres la douzaine, revenant le tout à lad. somme de 416ᵗᵗ 14ˢ, lesquelles bourses ont servy à mettre les jettons qui ont esté presentés aux etrennes du 1ᵉʳ jour de l'année 1640, en la maniere accoutumée ainsi qu'il est plus au long contenu et declaré par led. mandement cy rendu, suivant et en vertu duquel led. Boucot, present Receveur et comptable, a fait payement comptant de lad. somme de 416ᵗᵗ 18ˢ aud. Fontaine, comme appert par sa quittance signée de sa main et passée pardevant notaire en date du 6ᵉ jour de juillet 1640 estant au dos dud. mandement cy dessus rendu pour cecy en despence lad. somme de.................................. ɪɪɪɪᶜ xvɪᵗᵗ xvɪɪɪˢ.

(KK 438, fol. 500 r°.)

LXXII.

18 août 1640.

N. B. Cette pièce est exactement et littéralement la reproduction en toutes ses parties de celle qui se trouve au folio 461 r°, à la seule différence de la date de certification 18° jour d'août 1640; la précédente portant la date du 22 septembre 1639.

(KK. 438, fol. 472 r°.)

LXXIII.

4 décembre 1640.

A Jean Varin, M° et conducteur des engins de la menue monnoye au moulin de Paris, la somme de 6,778^{tt} 14^s à luy ordonnée par autre mandement desd. Srs Prevost des Marchands et Eschevins de lad. Ville[1] et en date du 17° jour de fevrier 1640, asçavoir la somme de 6,451^{tt} 10^s pour la quantité de huit milliers de gettons d'argent de divers poix pesans ensemble 195 marcs et demy d'argent à raison de 33^{tt} le marc argent et façon; la somme de 227^{tt} 4^s pour la quantité de sept milliers un cent de gettons de laton à raison de 32^{tt} le millier et cent livres tourn. pour les coings, le tout revenant à la somme de 6,778^{tt} 14^s, lesquels gettons ont esté donnés par lad. Ville aux etrennes du jour de l'année 1640 en la maniere accoutumée, ainsi qu'il est plus au long contenu et déclaré par led. mandement cy rendu, suivant et en vertu duquel led. Boucot, présent Comptable, a fait payement comptant de lad. somme de 6,778^{tt} 14^s aud. Varin, comme appert par sa quittance signée de sa main en date du 4° jour de décembre 1640, estant au dos dud. mandement cy dessus rendu pour cecy en despence de lad. somme de.. vi^m vii^c lxxvii^{tt} xiiii^s.

(KK. 438, fol. 501.)

LXXIV.

28 décembre 1641.

A Jean Varin, M° et conducteur des engins de la monnoye au moulin de Paris, la somme de 7,000^{tt} 10^s à luy ordonnée par autre mandement desd. Srs Prevost des Marchands et Eschevins de lad. Ville[2] de Paris signé en fin de leurs mains en datte du 12 fevrier 1641, asçavoir : la somme de 6,616^{tt} 10^s pour la quantité de huit milliers de gettons d'argent de divers prix poi-

---

[1] Le Prévôt des marchands était alors messire Oudart Le Feron, seigneur d'Orville et de Louvre en Parisis; il avait remplacé, le 26 octobre 1637, Michel Maureau, décédé, et avait été continué dans sa charge jusqu'en 1642. Il avait pour Échevins Me Pierre de La Tour, secrétaire du Roi, Jean Chappuis et Pierre Eustache, marchands, ainsi que Me Charles Coiffier, commissaire au Châtelet et conseiller de Ville, ces deux derniers élus à la mi-août 1640. Ce Prévôt mourut la même année et fut remplacé, le 25 février 1641, par messire Perrot, seigneur de la Malmaison, conseiller au Parlement.

[2] Messire Perrot, Prévôt des marchands, mourut fort peu de temps après son entrée en charge; il fut remplacé, le 22 avril de la même année, par messire Macé Le Boulanger, seigneur de Mafflé, Quincampoix, Viarme et autres lieux, président aux enquêtes. Les Échevins alors en exercice étaient Pierre Eustache, marchand, Me Charles Coiffier, commissaire au Châtelet et conseiller de Ville, élus en 1640; Sébastien Cramoisy, directeur de l'Imprimerie royale, et Jacques de Moutiers, élus en 1641. Sébastien Cramoisy fut le premier directeur de l'Imprimerie royale, aujourd'hui nationale, fondée par Louis XIII en 1642.

sans ensemble deux cens marcs et demy d'argent à raison de 33ᵗᵗ le marc argent et façon; la somme de 1,284ᵗᵗ pour la quantité de sept milliers, un cent de gettons de laton à raison de 40ᵗᵗ le millier, et 100ᵗᵗ tourn. pour les coings, le tout revenant à lad. somme de 7,000ᵗᵗ 10ˢ, lesquels gettons ont eté donnés par laditte Ville aux étrennes du 1ᵉʳ jour de l'année 1641 en la maniere accoutumée, ainsi qu'il est plus au long contenu et declaré par led. mandement cy rendu, suivant et en vertu duquel led. Boucot, present Comptable, a fait payement comptant audit Varin comme appert par sa quittance, signée de sa main en datte du 28 décembre 1641, étant au dos dud. mandement cy dessus rendu pour cecy lad. somme de.............. vɪɪᵐ ᵗᵗ 10ˢ

(KK 438, fol. 503.)

LXXV.

20 août 1641.

Faict cy despence led. Boucot, present Receveur et comptable, de la somme de 906ᵗᵗ tourn. par luy mise et frayée comptant de l'ordonnance verballe et du consentement desdits sieurs Prevost des marchands et Eschevins de ladite Ville⁽¹⁾ de Paris en l'achapt et employ de leurs droits à eux deubs par chacun an apres la my aoust ainsy qu'il ensuit, c'est asçavoir : pour neuf cens jettons d'argent aux armoiriés de lad. Ville pesant ensemble dix huit marcs à raison de 24ᵗᵗ le marc tant pour argent que façon vallant ensemble 432ᵗᵗ; pour neuf cens jettons de letton à raison de 40ˢ le cent vallant ensemble 18ᵗᵗ; pour neuf bourses de velours vert à cordons de soye pour mettre lesd. jettons d'argent à raison de soixante sols piece vallant ensemble 27ᵗᵗ; pour neuf bourses de cuir de 45ˢ, etc. etc. etc..
..... toutes lesquelles parties montans et revenans ensemble à lad. première somme de 906ᵗᵗ tournois de laquelle distribution a esté faicte par ledit Boucot, present Comptable, audits Sʳˢ Prevost des marchands et pris le double, comme aussy ce present Comptable a pris et receu son droit ainsy qu'il appert par la certiffication desdits sieurs signée de leurs mains et dattée du 20 aoust 1641, cy rendue cy... ɪxᶜ vɪˢ

(KK 439, fol. 492 r°.)

LXXVI.

19 mars 1642.

A Jean Fontaine marchand boursier de lad. Ville la somme de 424ᵗᵗ 8ˢ tourn. à luy ordonnée par autre mandement desdits Sʳˢ Prevost des Marchands et Eschevins de ladicte Ville de Paris⁽²⁾, signé de leurs mains et datté du 24ᵉ janvier 1642, à sçavoir : 30ˢ pour une bourse de velours rouge brodée et garnie d'or; 138ᵗᵗ pour vingt trois bourses de velours vert garnies d'or à raison de six livres chacune; 95ᵗᵗ 10ˢ pour quarante bourses rondes de velours vert garnies de soyes, douze à raison de trois livres chacune, et les vingt huit autres à raison de quarante deux sols six deniers chacune; 73ᵗᵗ 10ˢ pour quarante deux bourses plattes de velours vert garnies de soyes à raison de trente cinq sols piece; 54ᵗᵗ 8ˢ pour soixante huit bourses de chevrotin blanc brodées et garnies de soye à seize sols piece; 13ᵗᵗ 10ˢ pour une douzaine et demie de bourses rondes brodées de soye à quinze sols piece, et 19ᵗᵗ 10ˢ pour six douzaines et demie de bourses de cuir à raison de trois livres la douzaine, revenant le tout à ladicte somme de 424ᵗᵗ 8ˢ, les-

---

⁽¹⁾ Le même Prévôt et les mêmes Échevins administraient alors la ville de Paris.

⁽²⁾ Le Prévôt des marchands et les Échevins étaient les mêmes que l'année précédente.

APPENDICES ET PIÈCES JUSTIFICATIVES.

quelles bourses ont servyes à mettre les jettons d'argent et lecton qui ont esté presentés aux esteignes en la maniere accoustumée de laquelle somme cedict Comptable a faict payement comptant aud. Fontaine comme appert par sa quittance signée de sa main et dattée du 19° mars 1642, estant au dos dud. mandement cy rendu pour cecy lad. somme de.... iiii^c xxiiii$^\text{tt}$ viii$^\text{s}$.

(KK 439, fol. 532.)

LXXVII.

24 juillet 1642.

A Jean Varin, Maistre et conducteur de la monnoye au moulin de Paris, la somme de 7,056$^\text{tt}$ 8$^\text{s}$ à luy ordonnée par autre mandement desd. S$^\text{rs}$ Prevost des marchands et Eschevins de ladicte Ville de Paris[1], signé de leurs mains et datté du 24° janvier 1642, pour la quantité de huit milliers cent cinquante de jettons d'argent de divers poids pesant ensemble deux cens deux marcs à raison de 33$^\text{tt}$ le marc, argent et façon; la somme de 284$^\text{tt}$ tourn. pour la quantité de sept milliers un cent de jettons de latton à raison de 40$^\text{tt}$ le millier, et 106$^\text{tt}$ 8$^\text{s}$ pour les coings, le tout revenant à ladicte sōmme de 7,056$^\text{tt}$ 8$^\text{s}$, lesquels jettons ont esté donnés par la Ville aux estreynes en la maniere accoustumée ainsy qu'il est plus au long contenu et declaré par led. mandement cy rendu, suivant et en vertu duquel cedict Comptable a fait payement comptant aud. Varin par sa quittance signée de sa main et dattée du 24° juillet 1642, estant au dos dud. mandement cy dessus rendu pour ce cy lad. somme de.................... vii$^\text{m}$ lvi$^\text{tt}$ viii$^\text{s}$.

(KK 439, fol. 533.)

LXXVIII.

24 juillet 1642.

A M$^\text{r}$ Jean Varin, Maître et conducteur de la monnoye du moulin de Paris, la somme de 88$^\text{tt}$ 10$^\text{s}$ tourn. à luy ordonnée par autre mandement desd. S$^\text{rs}$ Prevost des marchands et Eschevins de lad. Ville de Paris[2], signé en fin de leurs mains et datté du 17° mars 1642, asçavoir: 82$^\text{tt}$ 10$^\text{s}$ pour un cent de jettons d'argent pesant deux marcs demye d'argent à raison de 44$^\text{tt}$ le marc argent et façon, et six livres tournois pour une bourse de velours vert brodée d'or, lesquels jettons ont esté donnés à un particulier pour faciliter les affaires d'icelle, ainsy qu'il est plus au long contenu et declaré par ledit mandement cy rendu, suivant et en vertu duquel cedit Comptable a fait payement comptant aud. Varin comme il appert par sa quittance signée de sa main et dattée du 24° juillet 1642, estant au dos dud. mandement cy dessus rendu pour ce cy en despence lad. somme de.................................... iiii$^\text{xx}$ viii$^\text{tt}$ x$^\text{s}$

(KK 439, fol. 498 v°.)

LXXIX.

8 avril 1643.

A Jean Fontaine, boursier de ladicte Ville, la somme de 394$^\text{tt}$ 8$^\text{s}$ tourn. à luy ordonnée par autre mandement desd. S$^\text{rs}$ Prevost des marchans et Eschevins de lad. Ville de Paris[3], signé de

---

[1] Mêmes officiers municipaux.
[2] Idem.
[3] Messire Macé Le Boulanger exerçait toujours les fonctions de Prévôt des marchands; il avait encore, comme Échevins, Sébastien Cramoisy et Jacques de Mouhers; les deux autres Échevins se nommaient N. H. Remy Tronchot, receveur général du taillon et conseiller de Ville, et Guillaume Baillon, marchand.

31

leurs mains et datté du 15° janvier 1643, asçavoir la somme de 138ᵗᵗ pour vingt trois bourses de velours vert garnies d'or à raison de six livres chacune, 95ᵗᵗ 10ˢ pour quarente bourses rondes de velours vert garnies de soye dont douze à raison de trois livres chacune, autres vingt livres à raison de quarente deux sols six deniers chacune; 73ᵗᵗ 10ˢ pour quarente deux bourses plattes de velours vert garnies de soye à raison de trente cinq sols piece; 54ᵗᵗ 8ˢ pour soixante huit bourses de chevrotin blanc garnies de soye à seize sols piece; 13ᵗᵗ 10ˢ pour une douzaine et demie de bourses rondes brodées de soye à 15ᵗᵗ pièce, 19ᵗᵗ 10ˢ pour six douzaines et demie de bourses de cuir à raison de trois livres la douzaine revenans ensemble à ladicte somme de 394ᵗᵗ 8ˢ, lesquelles bourses ont servies à mettre les jettons d'argent et latton qui ont esté presentés aux estreynes en la maniere accoustumée ainsy qu'il est plus au long contenu et declaré par led. mandement cy rendu, suivant et en vertu duquel cedict present Comptable a faict payement comptant aud. Fontaine par sa quittance signée de sa main et dattée du 8° avril 1643, estant au dos d'iceluy mandement cy dessus rendu pour cecy lad. somme de. ɪɪɪᶜ ɪɪɪɪˣˣ xɪɪɪɪᵗᵗ vɪɪɪˢ.

(KK. 439, fol. 534 r°.)

LXXX.

15 avril 1643.

Jean Varin, Maistre de la monnoye au moulin de Paris, la somme de 7,045ᵗᵗ 10ˢ à luy ordonnée par autre mandement desd. Sʳˢ Prevost des marcᵈˢ et Eschevins de lad. Ville,[1] signé de leurs mains et datté du 15° jour du mois de janvier 1643, à sçavoir la somme de 6,649ᵗᵗ 10ˢ pour la quantité de huit milliers quatre cens gettons d'argent de deniers poids poisans ensemble deux cens un marc et demy à raison de trente trois livres le marc argent et façon; la somme de 284ᵗᵗ pour la quantité de sept milliers un cent de jettons de latton à raison de quarente livres le millier et cent douze livres pour les coings des serviteurs, revenant le tout ensemble à ladicte somme de 7,045ᵗᵗ 10ˢ lesquels jettons ont esté donnés par lad. Ville aux estreennes en la manière accoustumée ainsi qu'il est plus au long contenu et déclaré par led. mandement cy rendu suivant et en vertu duquel ledict present Comptable a faict payement comptant audict Varin par sa quittance du 15 avril 1643, estant au dos dud. mandement cy dessus rendu pour ce cy... vɪɪᵐ xlvᵗᵗ xˢ

(KK.439, fol. 535.)

LXXXI.

17 août 1645.

Fait cy depence led. Boucot, present Comptable, de la somme de 906ᵗᵗ 10.ᵗᵗ (*sic*) par mise et frayée comptant de l'ordonnance verbale et du consentement desd. Sʳˢ Prevost des marchans et Eschevins de lad. Ville [2] en l'achapt et employ de leurs droits à eux dus par chacun an après la

---

[1] Les officiers municipaux étaient les mêmes que précédemment.

[2] Messire Jean Scarron, seigneur de Maudiné, Luignes et Boissard, conseiller au Parlement, avait été élu Prévôt en 1644. Lorsque les troubles civils d'Angleterre chassèrent Henriette de France de son royaume et la forcèrent de chercher un asile dans le pays où elle était née, ce fut Jean Scarron qui, le 5 novembre 1644, harangua la Reine, au nom de la ville de Paris. Le célèbre poëte burlesque Paul Scarron appartenait à la même famille. Les Échevins étaient alors Gabriel Langlois, conseiller au Châtelet, et Martin Du Fresnoy, nommés en 1644. Jean Gaigny, commissaire au Châtelet et conseiller de Ville, et René de La Haye, avaient été élus la veille du jour où cette pièce fut rédigée.

my aoust ainsy qu'il ensuit, c'est assavoir pour 900 de jettons d'argent aux armes de la Ville poisant ensemble 18 marcs à raison de 24ᵗᵗ le marc, tant pour argent que pour façon vallant ensemble 432ᵗᵗ; pour 900 de jettons de latton à raison de 40ˢ le cent vallent 18ᵗᵗ; pour neuf bourses de velours vert garnies de soye pour mettre lesd. jettons d'argent à raison de 60ˢ piece vallent ensemble 27ᵗᵗ pour 9 bourses de cuir 45ˢ, etc. etc. etc. (Omission des autres parties étrangères aux jetons et consistant invariablement en fournitures de bureau, comme plumes, canifs, poinçons, papier, écritoires, lunettes, étuis de lunettes, balances, trébuchets, étuis de trébuchets, etc. N. d. C.) ..... toutes lesquelles (parties) ensemble montent à lad. première somme de 906ᵗᵗ tor. de laquelle distribution a esté faite par led. Boucot present Comptable ausd. sieurs Prevost des marchands qui en a pris le double, Eschevins, procureur du Roy et Greffier, comme aussy ced. Comptable en a pris et retenu son droit ainsy qu'il appert par la certification desdits sieurs signée de leurs mains en datte du 17ᵉ aoust 1645, cy rendue cy....ɪxᶜ vɪᵗᵗ.

(KK 440, fol. 476 v°.)

LXXXII.

17 janvier 1646.

A Mᵉ Pierre Montmort[1], lecteur et professeur du Roy en langue grecque en l'Université de Paris, la somme de 50ᵗᵗ tourn. à luy ordonnée par mandement desdits Sʳˢ, signée en fin de leurs mains en datte du 9ᵉ janvier 1645 pour avoir fait la devise des jettons de la Ville pour lad. année 1646, ainsi qu'il est plus au long contenu par ledit mandement cy rendu en vertu duquel cedit Comptable a fait payement comptant audit Montmore comme appert par sa quittance signée de sa main en datte du 17ᵉ janvier aud. an 1646, étant au dos dud. mandement cy dessus rendu cy..lᵗᵗ.

(KK 440, fol. 483 v°.)

LXXXIII.

28 mars 1646.

A Jean Fontaine, boursier ordinaire de lad. Ville, la somme de 678ᵗᵗ tor. à luy ordonnée par mandᵗ desd. Sʳˢ Prevost des marchᵈˢ et Eschevins de la ville de Paris[2] en datte du 16ᵉ mars 1646, assavoir 90ᵗᵗ pour 3 bourses de velours brodées et garnies d'or; 280ᵗᵗ pour 40 bourses de velours vert à pomettes d'or à raison de 7ᵗᵗ chacune; 221ᵗᵗ pour 97 bourses de velours vert garnies de soye dont 17 à raison de 3ᵗᵗ et 80 à raison de 42ˢ 5ᵈ; 54ᵗᵗ 8ˢ pour 61 bourses de chevrotin blanc brodées et garnies de soye à 16ˢ piece, 13ᵗᵗ 10ˢ pour une douzaine et demie de

---

[1] Il s'agit ici de Pierre de Montmaur, bel esprit et parasite célèbre du xvɪɪᵉ siècle. Né en 1564, dans le Limousin, selon les uns, dans le Quercy, suivant les autres, il mourut à Paris le 7 septembre 1648. Les dictionnaires biographiques s'étendent avec complaisance sur ce personnage, dont chacun craignait l'humeur satirique, et qui ripostait aux nombreuses attaques dont il était l'objet, avec tant d'esprit et de malice, qu'il mettait souvent les rieurs de son côté. Il était professeur au Collége de France, comme on le voit ici; il a peu écrit, et l'on ne connaît guère de lui que des devises et des inscriptions en vers grecs et latins. Mais ses contemporains, qui ne l'aimaient pas, ont écrit des volumes contre lui.

[2] Jean Scarron, Prévôt des marchands, étant mort avant l'expiration de ses deux années, fut remplacé, le 5 mars 1646, par messire Jérôme Le Féron, seigneur d'Orville et de Louvre en Parisis, président aux enquêtes, qui resta en charge jusqu'au 16 août 1650. Les Échevins étaient les mêmes que l'année précédente.

bourses rondes bordées de soye bleu à 15ˢ piece et 19ᵗᵗ 10ˢ pour 6 douzaines et demie de bourses de cuir à raison de 3ᵗᵗ la douzaine revenant le tout à lad. somme de 678ᵗᵗ tourn. lesquelles bourses ont servy à mettre les jettons d'argent et latton qui ont esté presentés aux etrennes du jour de l'an de lad. année 1646, ainsi qu'il est plus au long contenu par led. mandᵗ cy rendu suivant et en vertu duquel led. comptable a fait payement comptant de lad. somme aud. Fontaine par sa quittance en datte du 28ᵉ mars 1646, étant au dos dud. mandement cy . . . . vɪᶜ ĺxxvɪɪɪᵗᵗ

(KK 440, fol. 528 rᵒ.)

LXXXIV.

6 avril 1646.

A Jean Varin, Mᵉ de la monnaye du moulin de Paris, la somme de 9,756ᵗᵗ 10ˢ à luy ordonnée par autre mandement desd. Sʳˢ Prevost des marchans et Eschevins de lad. Ville en date du 16ᵉ jour de mars 1646, assavoir la somme de 9,322ᵗᵗ 10ˢ pour la quantité de 10,900 de jettons d'argent de divers poids poisant ensemble 282 marcs et demi d'argent à raison de 30ᵗᵗ le marc, argent et façon, la somme de 328ᵗᵗ pour la quantité de 8,200 de jettons de laton à raison 40ᵗᵗ le millier et 106ᵗᵗ pour les coins, revenant le tout ensemble à lad. somme de 9,756ᵗᵗ 10ˢ lesquels jettons ont été donnés aux etrennes du jour de l'an de lad. année 1646 en la manière accoustumée ainsi que le contient plus au long led. mandᵗ cy rendu, suivant et en vertu duquel cedit Comptable a fait payement comptant aud. Varin par sa quittance signée de sa main en datte du 6ᵉ avril aud. an 1646, étant au dos dud. mandement cy dessus rendu pour ce cy . . . . ɪᴠᵐ. vɪɪᶜ ĺvɪᵗᵗ xˢ

(KK 440, fol. 528 vᵒ.)

LXXXV.

5 février 1647.

A Jean Varin, Mᵉ de la monoye au moulin de Paris, la somme de 8,832ᵗᵗ tourn. à luy ordonnée par autre mandemᵗ desd. Sʳˢ Prevost des marchans et Eschevins de la ville de Paris[1], signé en fin de leurs mains en datte du 5ᵉ février 1647, assavoir le somme de 8,398ᵗᵗ pour la quantité de 9,550 jettons d'argent de divers poids poisant ensemble 254 marcs à raison de 33ᵗᵗ le marc argent et façon, la somme de 328ᵗᵗ pour la quantité de 8,200 de jettons de laton à raison de 40ᵗᵗ le millier, et 106ᵗᵗ pour les coins, revenant le tout ensemble à lad. somme de 8,832ᵗᵗ tour. lesquels jettons ont été donnés par lad. Ville aux étrennes du jour de l'an d'icelle année en la manière accoustumée comme appert par led. mandemᵗ dessus rendu cy . . . vɪɪɪᵐ vɪɪɪᶜ xxxɪɪᵗᵗ

(KK 440, fol. 530 rᵒ.)

LXXXVI.

25 février 1647.

A Jean Fontaine, Mᵈ boursier à Paris et boursier ordinaire de lad. Ville, la somme de 596ᵗᵗ 10ˢ tour. à luy accordée par autre mandement desd. Sʳˢ Prevost des marchans et Eschevins de lad.

---

[1] Jérôme Le Féron, Prévôt des marchands, avait pour Échevins, outre Jean Gaigny et René de La Haye, Jean de Bourges, docteur régent en médecine, et Geoffroy Yon.

APPENDICES ET PIÈCES JUSTIFICATIVES. 245

Ville [1] en date du 5 févr. 1647 assavoir 90## pour 3 bourses de velours garnies d'or avec argent et armes, 200## pour 30 bourses de velours vert garnies à pomettes d'or à raison de 7## chacune, 209## 10ˢ pour 92 bourses de velours vert garnies de soye dont 16 à raison de 3## chacune, 54## 18ˢ pour 68 bourses de chevrotin blanc brodées et garnies de soye à raison de 16ˢ piece, 13## 10ˢ pour une douzaine et demie de bourses rondes brodées de soye blanc a 15ˢ piece et 19## 10ˢ pour 6 douzaines et demie de bourses de cuir à 3## la douzaine, revenant le tout ensemble à lad. 1ʳᵉ somme de 596## 10ˢ tor. lesquelles bourses ont servy à mettre les jettons qui ont été présentés aux étrennes de lad. année 1647 en la manière accoustumée, comme appert par led. mandement cy rendu, suivant et en vertu duquel ced. Comptable a fait payement comptant aud. Fontaine par sa quittance en datte du 25ᵉ février 1647 signée de sa main, étant au dos dud. mandement pour ce cy . . . . vᶜ ɪɪɪɪˣˣ xvɪ## xˢ

(KK 440, fol. 530 v°.)

LXXXVII.

31 mars 1648.

A Jean Fontaine, march.ᵗ bourcier ord.ʳᵉ de lad. Ville, la somme de 594## 6ᵈ à luy ordonnée par mandem.ᵗ desd. Sʳˢ Prevost des march.ˢ et Eschevins de lad. Ville [2], en datte du jour de janvier 1648, assavoir 90## pour 3 bourses de velours brodées et garnies d'or avec armes, 217## pour 31 bourses de velours vert garnies à pommettes d'or à raison de sept livres chacune, 204## 2ˢ 6ᵈ pour 87 bourses de velours verd garnies de soye dont 22 à raison de 3## chacune, et les 67 à raison de 42ˢ 6ᵈ chacune, cinquante quatre livres huit sols pour 68 bourses de chevrotin blanc brodées et garnies de soye à 16ˢ piece, 34## 10ˢ pour une douzaine et demye de bourses rondes brodées de soye bleue à 15ˢ piece, et 15## pour cinq douzaines de bourses de cuir violet à 3## la douzaine, revenant le tout à ladite 1ʳᵉ somme de 594## 6ᵈ de laquelle somme cedict Comptable a faict payement comptant aud. Fontaine ainsy qu'il appert par sa quittance signée de sa main en datte du dernier jour de mars 1648, estant au dos dud. mandement cy rendu cy . . . . vᶜ ɪɪɪɪˣˣ vɪ## 6ᵈ

(KK 441, fol. 483 r°.)

LXXXVIII.

24 avril 1648.

A Jean Varin, M.ᵉ de la monnoye au moullin de Paris, la somme de huict mil cinq cens soixante livres à luy ordonné par mandement desd. Sʳˢ Prevost des marchans et Eschevins de lad. Ville [3], en datte du 23ᵉ janvier 1648, assavoir la somme de huict mil cent vingt six livres pour la quantité de neuf milliers de jettons d'argent de divers poids poisant ensemble deux cens quarente six marcs deux onces d'argent à raison de trente-trois livres le marc argent et façon, la somme de trois cens vingt huit livres pour la quantité de huict milliers deux cens de jettons de latton à raison de quarente livres le millier, et cent six livres pour les coings revenant le tout ensemble à ladite première somme de huict mil cinq cens soixante livres tourn. lesquels jettons ont esté par lad.

---

[1] Mêmes officiers municipaux que l'année précédente.

[2] Le Prévôt, Jérôme Le Féron, avait alors comme Échevins, outre Jean de Bourges et Geoffroy Yon, dont les pouvoirs ne devaient expirer que l'année suivante, Gabriel Fournier, président en l'élection, et Pierre Hélyot, conseiller de Ville.

[3] Idem.

Ville donnes aux estrennes du jour de l'an de l'année 1648, ainsy que le contient plus au long led. mandement cy rendu en vertu duquel ced. Comptable a faict payement comptant aud. Varin ainsy que dudict payement il appert par sa quittance signée de sa main en datte du 24ᵉ avril 1648, estant au dos dud. mandement cy.................................... viiiᵐ vᶜ lxᵗᵗ

(KK 441, fol. 483 v°.)

LXXXIX.

18 août 1648.

Faict cy despence led. Comptable de la somme de 906ᵗᵗ tourn. qu'il a mise frayée et desbourcée de l'ordonnance verballe desd. Sʳˢ Prevost des marchans et Eschevins de lad. Ville[1] en l'achapt de leurs droits à eux deubs par chacun an après la my aoust ainsy qu'il ensuit assavoir pour neuf cens de jettons d'argent aux armes de lad. Ville poisant ensemble 18 marcs à raison de 24ᵗᵗ le marc tant pour argent que pour façon valant ensemble 432ᵗᵗ, pour neuf cens de jettons de latton à raison de 40ˢ le cent, vallant ensemble 18ᵗᵗ, pour neuf bourses de velours vert pour mettre lesd. jettons d'argent 27ᵗᵗ, pour neuf bourses de cuir 45ˢ, etc. etc. etc...... (Omission des autres parties étrangères aux jetons.) Lesquelles parties montent et reviennent à lad. 1ʳᵉ somme de 906ᵗᵗ de laquelle a esté faict distribution par ce present Comptable ausd. Sʳˢ Prevost des marchans et Eschevins, Procureur du Roy et Greffier de lad. Ville dont Mʳ le Prevost a le double et led. present Comptable a pris et retenu son droit, le tout à plain mentionné par le certificat desd. sieurs signé de leurs mains en datte du 18ᵉ jour d'aoust 1648 cy representé et rendu cy... ixᶜ viᵗᵗ.

(KK 441, fol. 455 r°.)

XC.

1ᵉʳ mai 1649.

A Jean Fontaine, boursier ordinʳᵉ de lad. Ville, la somme de six cens vingt quatre livres dix sols à luy ordonnée par mandement desd. Sʳˢ Prevost des marchans et Eschevins de lad. Ville[2] en datte du 31ᵉ janvier 1649, assavoir six vingts livres tourn. pour quatre bourses de velours brodées et garnies d'or avec armes à raison de trente livres chacune, deux cens dix sept livres pour trente une bourses de velours verd garnies à pommettes d'or à raison de sept livres chacune, deux cens deux livres pour quatre vingt six bourses rondes de velours verd garnies de soye à raison de trois livres, et soixante quatre à raison de quarante deux sols six deniers chacune, soixante quatre livres huict sols pour soixante huict bourses de chevrottin blanc brodées et garnies de soye à seize sols piece, treize livres dix sols pour une douzaine et demye de bources de cuir rondes bordées de soye blanche, et quinze livres pour cinq douzaines de bources de cuir violet à raison de trois livres la douzaine, revenant le tout ensemble à ladicte 1ʳᵉ somme de six cens vingt quatre livres dix sols, lesquelles bources ont servy à mettre les jettons d'argent et latton qui ont esté presentés aux estrennes du 1ᵉʳ jour de l'an de lad. année 1649 en la manière

---

[1] Les deux Échevins de 1646 venaient d'être remplacés par Pierre Hachette, conseiller au Châtelet, et Raimond Lescot, conseiller de Ville.

[2] Les mêmes magistrats municipaux étaient encore en exercice. Le 28 janvier de la même année, le Prévôt des marchands avait été parrain d'un fils de la duchesse de Longueville. Mᵐᵉ de Longueville, retenue comme otage à l'Hôtel de ville, y était accouchée. La duchesse de Bouillon avait été marraine et le cardinal de Retz avait baptisé l'enfant.

accoustumée comme le contient plus au long led. mandement en vertu duquel ced. Comptable a faict payement comptant aud. Fontaine, ainsy qu'il appert par sa quittance signée de sa main en datte du 1er may 1649, estant au dos dudit mandement cy représenté et rendu cy...vi^c xxiiii^{tt} 10^s

(KK 441, fol. 485 r°.)

XCI.

2 juin 1649.

A Jean Varin, Maistre de la monnoye au moulin de cette Ville de Paris, la somme de huict mille six cens trente une livres dix sols tor. à luy ordonnée par mand^t desd. Srs Prevost des marchans et Eschevins de lad. Ville [1], en datte du 31e janvier 1649, assavoir la somme de huict mil deux cens quatre livres dix sols pour la quantité de neuf milliers quatre cens jettons d'argent de divers poids poisans ensemble deux cens quarente huict marcs cinq onces d'argent à raison de trente trois livres le marc argent et façon; la somme de trois cens vingt livres pour la quantité de huict milliers de jettons de latton à raison de quarente livres le millier et cent six livres pour les coings, revenant le tout ensemble à lad. somme de huict mil six cens trente une livres dix sols, lesquels jettons ont esté donnés par lad. Ville aux estrennes du jour de l'an de lad. année 1649, en la maniere accoustumée comme le contient plus au long led. mand^t en vertu duquel ced. Comptable a faict payement comptant aud. Varin, ainsy qu'il appert par sa quittance signée de sa main en date du 2e juin mil six cens quarente-neuf, estant au dos dud. mandement cy representé et rendu cy..viii^m vi^c xxxi^{tt} x^s.

(KK 441, fol. 486 v°.)

XCII.

28 février 1650.

A Jean Fontaine, marchand boursier ordinaire de lad. Ville, la somme de *sept cens trente sept livres quatorze sols* tour. à luy ordonnée par mandement desd. Srs Prevost des march^{ds} et Eschevins de lad. Ville [2], en datte du 3e febvrier 1650, sçavoir 180^{tt} pour six bours de velours brodées et garnies d'or avec armes, à raison de trente livres chacune, 266^{tt} pour trente huict bourses de velours vert garnies à pommettes d'or à raison de sept livres chacune; 208^{tt} 16^s pour quatre vingt dix bourses rondes de velours vert garnies de soye, dont vingt à raison de trois livres, et soixante dix à raison de quarente deux sols six deniers chacune, 54^{tt} 8^s pour soixante huict bourses de chevrotin blanc brodées et garnies de soye à raison de seize sols piece, 13^{tt} 10^s pour une douzaine et demye de bourses de cuir rondes brodées de soye bleue, et 15^{tt} pour cinq douzaines de bourses de cuir violet à raison de trois livres la douzaine, revenant le tout ensemble à la susd. somme de 737^{tt} 14^s, lesquelles bourses ont servies à mettre les jettons d'argent et de latton qui ont esté persentez aux estrennes du jour de l'an 1650, en la maniere accoustumée comme plus au long le contient led. mandement en vertu duquel led. Comptable a faict payement comptant aud. Fontaine ainsy qu'appert par sa quittance en datte du dernier febvrier 1650, estant au dos dud. mand^t cy rendu cy.................................viii^c xxxvii^{tt} xiiii^s.

(KK 442, fol. 504 r°.)

[1] Mêmes fonctionnaires municipaux.

[2] Messire Jérôme Le Féron était encore Prévôt des marchands. Il avait pour Échevins, outre ceux de l'année précédente, Claude Boucot, écuyer, secrétaire du Roi, et Robert de Séqueville, élus en 1649.

XCIII.

21 mai 1650.

A Jean Varin, M° de la monnoye au moulin de Paris, la somme de *neuf mil quatre cens soixante huit livres tourn.* à luy ordonnée par mandement desd. Srs Prevost des marchans et Eschevins de lad. Ville [1] en datte du 3° febvrier 1650, sçavoir : la somme de 9,042^{tt} pour la quantité de deux milliers cinq cens jettons d'argent de divers poids poisans ensemble 14 marcs d'argent à raison de trente trois livres le marc argent et façon; la somme de 320^{tt} pour la quantité de huit milliers de jettons de latton à raison de quarente livres le millier et 600^{tt} pour les coings revenant le tout ensemble à la susdite somme de 9,468^{tt}, lesquels jettons ont esté donnés par lad. Ville au jour des estrennes de l'année 1650 en la maniere accoustumée, comme le contient plus au long led. mandement en vertu duquel led. Comptable a faict payement comptant aud. Varin ainsy qu'il appert par sa quittance en datte du 21° may 1650, estant au dos dud. mandement cy rendu cy... ix^m iiii^c lxviii^{tt}.

(KK 442, fol. 505 r°.)

XCIV.

18 août 1650.

Faict despence cedict present Comptable de la somme de neuf cens six livres tournois, qu'il a mise frayée et deboursée de l'ordonn^{ce} verballe desd. Srs Prevost des marchans et Eschevins de lad. Ville [2], en l'achapt et employ de leurs droits à eux deubs par chacun an apres la my aoust ainsy qu'il en suit, assavoir : pour neuf cens jettons d'argent aux armes de la Ville poisant ensemble dix huit marcs à raison de vingt quatre livres le marc argent et façon vallent ensemble 432^{tt}; pour neuf cens jettons de latton à quarente sols le cent vallent 18^{tt}; neuf bourses de velours vert pour mettre les jettons d'argent à 3 livres chacune vallent 27^{tt}; pour neuf bources de cuir 45^s, etc. etc. etc..
Lesquelles parties montent et reviennent à lad. 1re somme de 906^{tt} tourn., de laquelle distribution a esté faicte par led. Comptable ausd. Srs Prevost des marchans et Eschevins, Procureur du Roy et Greffier de lad. Ville, dont led. Sr Prevost des marchans en a le double, comme aussy led. Comptable a pris son droit ainsy qu'il appert par le certificat desdits S^{rs} en datte du 18° aoust 1650 signée de leurs mains cy rendu cy... ix^c vi^{tt}.

(KK 442, fol. 466 v°.)

---

[1] Les administrateurs municipaux étaient les mêmes que précédemment.

[2] Messire Jérôme Le Féron venait d'être remplacé, comme Prévôt des marchands, par messire Antoine Le Fèvre, qui resta en charge jusqu'en 1654. Il fut, en 1652, continué d'office par le Roi. Au milieu des troubles de la Fronde, forcé de quitter la ville, Le Fèvre avait déclaré, le 6 juillet, qu'il ne resterait pas à l'Hôtel de Ville, si l'on n'y rétablissait l'autorité du Roi. Le duc d'Orléans, mécontent, fit élire à sa place, en qualité de Prévôt des marchands, le conseiller Broussel, qui lui prêta le serment accoutumé. Le roi fit casser cette élection par son conseil; le 9 du mois d'août il défendit qu'on fît de nouvelles élections et décida que Le Fèvre et les Échevins Guillois, Philippe, Le Vieulx et Denison, conserveraient leurs fonctions. Malgré des ordres si formels, les élections se firent; Broussel fut encore élu Prévôt, et, au lieu de Guillois et Philippe, on choisit comme Échevins Gervais et Horly. Un nouvel arrêt du Conseil d'État, en date du 19 août, cassa encore cette élection.

XCV.

3 février 1651.

A Jean Fontaine, marchand boursier ordinaire de lad. Ville, la somme de *six cens quarente trois livres trois sols* à luy ordonnée par mandement desd. sieurs Prevost des Marchans et Eschevins de lad. Ville en datte du 26° jour de janvier 1651, assavoir : 90ᵗᵗ pour 3 bourses de velours brodées et garnies d'or avec armes à raison de 30ᵗᵗ chacune; 252 livres pour 36 bourses rondes de velours vert garnies à pommettes d'or à raison de 7ᵗᵗ chacune; 221ᵗᵗ 5ˢ pour 93 bourses de velours vert garnies de soye, dont 27 à raison à raison de 3ᵗᵗ chacune, et 66 à raison de 42ˢ 6ᵈ chacune; 54ᵗᵗ 8ˢ pour 68 bourses de chevrotin blanc brodées et garnies de soye à raison de 16ˢ pièce; 13ᵗᵗ 10ˢ pour une douzaine et demye de bourses de cuir rondes garnies de soye bleue, et 12ᵗᵗ pour quatre douzaines de bourses de cuir violet à raison de 3ᵗᵗ la douzaine, revenant le tout à lad. somme de 643ᵗᵗ 3ˢ, lesquelles bourses ont servies à mettre les jettons d'argent et latton qui ont esté présentés aux estrennes du jour de l'an de l'année 1651, comme plus au long le contient led. mandement en vertu duquel ced. Comptable a faict payement comptant aud. Fontaine, ainsi qu'il appert par sa quittance signée de sa main en datte du 3ᵐᵉ febvrier 1651, cy rendu cy... vɪᶜ xlɪɪɪᵗᵗ ɪɪɪˢ.

(KK 442, fol. 506 r°.)

XCVI.

28 février 1651.

Au Sʳ Varin, Mᵉ de la monnoye au moulin de Paris, la somme de *neuf mil huict cens soixante trois* livres tourn. à luy ordonnée par mandement desd. sieurs Prevost des marchans et Eschevins de lad. Ville en datte du 26ᵉ jour de janvier 1651, pour la quantité de dix milliers deux cens de jettons d'argent de divers poids poisant ensemble 264 marcs. 6 onces d'argent à raison de 33ᵗᵗ le marc argent et façon; la somme de 320ᵗᵗ pour la quantité de huict milliers de gettons de laton à raison de 40ᵗᵗ le millier; 106ᵗᵗ pour les coings et 700ᵗᵗ pour la refonte et façon desd. gettons d'argent et latton à cause du changement de la devise d'iceulx, lesd. sommes revenant ensemble à lad. 1ʳᵉ somme de 9,863ᵗᵗ tourn. les quels gettons ont esté donnez aux estrennes du jour de l'an de lad. année 1651, comme plus au long le contient led. mandement en vertu duquel ced. Comptable a fait payement comptant aud. Varin, ainsy qu'il appert par sa quittance en datte du dernier febvrier aud. an 1651 signée de sa main cy rendu cy............... ɪxᵐ vɪɪɪᶜ lxɪɪɪᵗᵗ.

(KK 442, fol. 507 r°.)

XCVII.

30 aoûst 1651.

A Pierre Lefebvre, Mᵉ d'hôtel de la Ville, la somme de trente livres à luy ordonnée par mesd. Sʳˢ les Prevost des marchans et Eschevins de lad. Ville [1] en datte du 12ᵉ jour d'aoust 1651, pour avoir esté présenter les ypocras, confitures, dragées et *jettons d'argent* par trente maisons conte-

---

[1] Le Prévôt Le Fèvre avait pour Échevins Michel Guillois, conseiller au Châtelet, et Nicolas Phélippes, élu de Paris, nommés en 1650; les deux Échevins élus au mois d'août 1651 étaient André Le Vieulx, ancien conseiller de Ville, et Pierre Denison, ancien conseiller de Ville et consul.

nues au memoire des Eschevins de la presente année ainsy qu'il est accoustumé comme le contient plus au long led. mandement cy rendu en vertu duquel led. Comptable a faict payement comptant aud. Lefebvre comme apert par sa quittance signée de sa main en datte du 30° aoust 1651, estant au dos dud. mandement cy..xxx^{tt}.

(KK 442, fol. 423 v°.)

XCVIII.

30 avril 1657.

Aux sieurs Prevost des marchands et Eschevins de lad. Ville [1] de Paris la somme de 906^{tt} à eux ordonnée par leur mandement signée de leurs mains en date du dernier jour d'aoust 1657 pour l'achat et employ de leurs droits par chacun an à eux dûs après la my aoust ainsi qu'il ensuit assavoir pour 900 de jettons d'argent aux armes de la Ville pesans ensemble 18 mars à raison de 24^{tt} le marc argent et façon vallent ensemble 432^{tt}; pour 900 de jettons de laton à raison de 40^s le cent vallent ensemble 18^{tt}; pour 9 bourses de velours vert à cordon de soye pour mettre lesd. jettons d'argent à raison de 60^s piece vallent ensemble 27^{tt}; pour 9 bourses de cuir 45^s, etc. etc. etc............revenant toutes lesd. sommes ensemble à lad. 1ere de 906^{tt} qui ont été distribuées et delivrées ausd. Srs Prevost des marchands et et Eschevins, Procureur du Roy, Greffier et aud. Receveur, dont led. Sr Prevost des march^{ds} a le double, le tout pour leurs droits, comme le contient led. mandement en vertu duquel distribution et payement a été fait ausd. S^{rs} susnommés, comme appert par led. mandement signé de leurs mains susdatté et rendu pour ce cy lad. somme de...ix^c vi^{tt}.

(KK 443, fol. 470 v°.)

XCIX.

5 mars 1658.

A Jean Fontaine, marchand boursier de la Ville, la somme de 785^{tt} 16^s à luy ordonnée par mandement desd. Srs Prevost des marchands et Eschevins [2] de ladite Ville de Paris signée de leurs mains en datte du 5e jour du mois de février 1658, assavoir la somme de 70^{tt} pour deux bourses brodées et garnies d'or avec armes, 384^{tt} pour 48 bourses de velours vert garnies à pommettes d'or à raison de 8^{tt} chacune; 545 pour la quantité de 94 bourses rondes de velours vert garnies de soye dont 20 à raison de 3^{tt} chacune et 74 à raison de 50^s; 54^{tt} 8^s pour 68 bourses de chevrotin blanc brodées et garnies de soye à raison de 16^s piece; 18^{tt} 10^s pour deux douzaines de bourses rondes brodées de soye blanc et 14^{tt} pour quatre douzaines de bourses de cuir violet à raison de 3^{tt} la douzaine revenant le tout ensemble à lad. 1ere somme de 785^{tt} 16^s, lesquelles bourses ont servy à mettre les jettons d'argent et latton qui ont esté presentés aux estrennes du jour de l'an 1658, en la maniere accoustumée ainsi qu'il est plus au long contenu et declaré par led.

---

[1] Alexandre de Sève, chevalier, seigneur de Châtignonville et de Châtillon-le-Roi, maitre des requêtes, succéda, en 1654, au Prévôt dès Marchands Le Fèvre. Il fut continué dans ses fonctions jusqu'en 1662. Ce fut lui qui, en 1656, fit rebâtir le pont de la Tournelle, et qui, le 8 septembre de la même année, avec le maréchal de l'Hospital, gouverneur de la ville, reçut à la porte Saint-Antoine la reine Christine de Suède. Les Échevins en exercice étaient Antoine de la Porte et Claude de Santeul, nommés en 1655, avec Philippe Gervais et Me Jacques Regnard, conseiller au Châtelet, élus en 1656.

[2] Les Échevins étaient alors, outre Regnard et Gervais, un second Jacques Regnard, sieur de La Noue, et Jean de Faverolles, intendant de la maison de la Reine.

mandement en vertu duquel payement a été fait par led. M° Nicolas Boucot present Receveur et comptable aud. Fontaine ainsi que dud. payement il appert par sa quittance signée de sa main en datte du 5° jour de mars 1658, étant au dos dudit mandement cy rendu cy. vii m ᶜɪˣˣ vᴴ xvɪɪˢ.

(KK 443, fol. 537 r°.)

C.

15 novembre 1658.

Au Sieur Varin, M° de la monnoye au moullin de Paris, la somme de 12,040ᴴ tourn. à luy ordonnée par mandement desd. Sʳˢ Prevost des Marchands et Eschevins[1] signée de leurs mains en datte du 5° jour du mois de février 1658, assavoir la somme de 11480ᴴ pour la quantité de 12350 jettons d'argent de divers poids pesants ensemble 328 marcs d'argent à raison de 33ᴴ le marc argent et façon ; la somme de 450 ᴴ pour la quantité pour 9000ᵉʳˢ de jettons de latton à raison de 50ᴴ le millier et 110ᴴ pour les coins, revenans lesd. sommes ensemble à lad. 1ʳᵉ de 12040ᴴ, lesquels jettons d'argent ont été donnés par lad. Ville aux etrennes du jour de l'an 1658, en la maniere accoustumée ainsi qu'il est plus au long contenu et déclaré par led. mandement en vertu duquel payement a été fait par led. M° Nicolas Boucot, present Receveur et comptable aud. Sʳ Varin, ainsi que dud. payement il appert par sa quittance signée de sa main en datte du 15° jour du mois de 9ᵇʳᵉ 1658, étant au dos dud. mandement cy rendu pour cecy en despence lad. somme de . . . . xɪɪᵐ xlᴴ.

(KK 443, fol. 537 v°.)

CI.

28 février 1659.

A Jean Fontaine, Mᵈ boursier ordʳᵉ de lad. Ville, la somme de 783ᴴ 6ˢ à luy ordonnée par autre mandeᵗ desd. Sʳˢ Prevost des Marchᵈˢ et Eschevins[2] signée de leurs mains en date du 3° jour de fevrier 1659, assavoir 105ᴴ pour 3 bourses brodées et garnies d'or à avec armes; 352ᴴ pour 44 bourses de velours vert garnies à pommettes d'or à raison de 8ᴴ chacune; 243ᴴ pour la quantité de (ᴴ) 494 bourses rondes de velours vert garnies à pommettes d'or à raison de 8ᴴ chacune, 243ᴴ pour la quantité de 94 bourses rondes de velours vert garnies de soye dont 16 à raison de 3ᴴ chacune et 78 à raison de 50ˢ; 54ᴴ 8ˢ pour 68 bourses de chevrotin blanc garnies de soye à raison de 16ˢ piece; 8ᴴ 18ˢ pour 4 douzaines de bourses rondes brodées de soye bleue et 10ᴴ 10ˢ pour 3 douzaines de bourses de cuirs blancs à raison de 3ᴴ 10ˢ la douzaine revenant le tout ensemble à lad. somme de 783ᴴ 6ˢ, lesquelles bourses ont servy à mettre les jettons d'argent et laton qui ont été presentés aux estrennes du jour de l'an 1659 en la maniere accoustumée, ainsi qu'il est plus au long contenu et declaré par led. mandᵗ en vertu duquel payement a été fait par led. M° Nicolas Boucot present Receveur et comptable aud. Fontaine ainsi que dud. payement il appert par sa quittance signée de sa main en datte du dernier jour du mois de février aud. an 1659 étant au dos dud. mandement cy rendu pour ce cy en despence lad. somme de . . . . vɪɪᶜ ɪɪɪɪˣˣ ɪɪɪᴴ vɪˢ.

(KK 443, fol. 537 r°.)

---

[1] Outre Jean de Faverolles et Jacques Regnard, qui avaient encore un an d'exercice, les Échevins de cette année étaient Jean Le Vieulx, quartenier, et Nicolas Baudequin, élus le 1ᵉʳ août 1658.

[2] Mêmes fonctionnaires municipaux que l'année précédente.

CII.

29 juillet 1659.

Aud. Pierre Lefebvre, M° d'hôtel d'icelle Ville, la somme de 30tt tourn. à luy aussy ordonnée par autre mandement desd. S" Prevost des marchands et Eschevins [1] signée de leurs mains en datte du 5° jour de décembre 1658 pour avoir esté presenter les ypocras confitures, dragées et jettons d'argent par toutes les maisons contenuës au mémoire des etrennes de lad. année 1658, ainsi qu'il a accoustumé d'avoir par chacun an, comme le contient plus au long led. mandement en vertu duquel payement a esté fait par ledr. M° Nicolas Boucot present Receveur et comptable audit Lefevre, ainsi que dud. payement il appert par sa quittance signée de sa main en datte du 29° jour de juillet 1659 étant au dos dud. mandement cy rendu pour ce cy ladite somme de.. xxxtt

(KK 443, fol. 435 r°.)

CIII.

30 septembre 1659.

Au sieur Warin, M° de la monnoye au moulin de Paris, la somme de 11,745tt 17ˢ 6ᵈ tourn. à luy ordonnée par autre mandement desd. S" Prevost des march^ds et Eschevins [2] signé de leurs mains en datte du 3° jour du mois de fevrier 1659, assavoir la somme de 11,168tt 17ˢ 6ᵈ tourn. pour la quantité de 11,850 jettons d'argent de divers poids pesants ensemble 319 marcs 5 onces d'argent à raison de 35tt le marc argent et façon; la somme de 450tt pour la quantité de 9,000 jettons de latton à raison de 50tt le millier et 110tt pour les coins, revenant toutes lesd. sommes ensemble à lad. 1ʳᵉ somme de 11,746tt 17ˢ 6ᵈ, lesquels jettons ont été donnés par lad. Ville aux etrennes du jour de l'an 1659, et ce en la maniere accoustumée ainsy qu'il est plus au long contenu et declaré par led. mandement en vertu duquel payement a été fait par led. M° Nicolas Boucot, present Receveur et comptable, audit Sʳ Warin ainsi que dud. payement il appert par sa quittance signée de sa main en datte du dernier jour du mois de 7ᵇʳᵉ 1659 étant au dos dud. mandeᵗ cy représenté et rendu pour cecy lad. somme de..... xiᵐ viiᶜ xlviᵗᵗ xviiˢ vɪᵈ.

(KK 443, fol. 540 r°.)

CIV.

Sans date.

Aux Prevost des march^ds et Echevins de lad. Ville de Paris la somme de (sic) 900tt tourn. à eux ordonnée par leur mandement signé de leurs mains en datte du 25° jour d'aoust 1659, pour l'achat et employ de leurs droits par chacun an à eux dus apres la my aoust ainsy qu'il ensuit à sçavoir pour 900 de jettons d'argent aux armes de la Ville pesant ensemble 18 marcs à raison de 24tt le marc argent et façon valeur ensemble 432tt; pour 900 de jettons de laton à raison de 40ˢ le cent valant ensemble 18tt; pour 9 bources de velours vert à cordons de soye pour mettre lesd. jettons d'argent à raison de 60ˢ pièce valant ensemble 27tt; pour neuf bources de cuir quarante cinq sols, etc. etc. etc..
.... revenant toutes lesd. sommes ensemble à lad. premiere de neuf cens six livres

---

[1] Comme l'année précédente.
[2] Avec le même Prévôt, les Échevins d'alors étaient Jean Le Vieulx, Nicolas Baudequin, Claude Prévost et M° Charles du Jour.

qui ont esté distribuées et delivrées auxd. Srs Prevost des marchands et Echevins, Procureur du Roy, Greffier et aud. receveur dont led. Sr Prevost des march^{ds} a le double, le tout pour leursd. droits comme le contient led. mandement en vertu duquel distribution a esté faite ausd. S^{rs} nommez cy dessus comme appert par led. mandem^t signé de leurs mains susdatté et rendu pour ce cy lad. somme de.. xi^s vi^{tt}.

(KK 444, fol. 329 v°.)

CV.

13 août 1660.

A Jean Fontaine, march^d bourcier ord^{re} de lad. Ville, la somme de 748^{tt} 16^s tourn. à luy ordonnée par mandement desd. Srs Prevost des march^{ds} et Echevins [1] signé de leurs mains en datte du dern^r jour de fevrier 1660, à sçavoir la somme de 70^{tt} pour deux bources brodées et garnies d'or avec armes; 352^{tt} pour 40 bources de velours vert garnies à pommettes d'or à raison de 8^{tt} chacune; 242^{tt} 10^s pour la quantité de 93 bourses rondes de velours vert garnies de soye, dont 20 à raison de 3^{tt}, et 73 à raison de (sic); 54^{tt} 8^s pour 68 bourses de chevrotin blanc garnies de soye à raison de 16^s piece pour 18^{tt} 8^s pour deux douzaines de bourses rondes brodées de soye bleue et 10^{tt} 10^s pour trois douzaines de bourses de cuir blanc à raison de 3^{tt} 10^s la douzaine, revenant le tout ensemble à lad. somme de 748^{tt} 16^s, lesquelles bourses ont servies à mettre les jettons d'argent et laton qui ont été présentés aux etraines du jour de l'an de lad. année 1660 en la maniere accoutumée comme le contient ledit maud^t en vertu duquel payement a esté fait par led. Nicolas Boucot present Receveur et comptable aud. Fontaine ainsy que dud. payement il apert par sa quittance signée de sa main en datte du 13e jour d'aoust 1660, estant au dos dud. mande^t cy rendu pour cecy la somme de..... vii^{c}xlviii^{tt} xvi^s.

(KK 444, fol. 371 r°.)

CVI.

3 décembre 1660.

A Jean Varin, M^e de la monnoye au moulin de Paris, la somme de 11,323^{tt} 10^s à luy aussy ordonnée par autre mandem^t desd. Srs Prevost des march^{ds} et Echevins [2] signé de leurs mains en datte du dernier jour de fevrier 1660, à sçavoir la somme de 10,758^{tt} 10^s pour la quantité de 11,350 jettons d'argent de divers poids pesant ensemble 307 marcs trois onces à raison de 35^{tt} le marc argent et façon; la somme de 450^{tt} pour la quantité de neuf milliers de jettons de laton à raison de 100^{tt} le millier et 115^{tt} pour les coins, revenant le tout ensemble à lad. premiere somme de 11,323^{tt} 10^s, lesquels jettons ont esté donnés par lad. Ville aux étrennes du jour de l'an 1660 en la maniere accoutumée ainsy qu'il est plus au long contenu et declaré par led. mandement en vertu duquel payement a esté fait par ledit Me Nicolas Boucot, present Receveur et comptable, aud. Sr Varin ainsy que dud. payement il apert par sa quittance signée de sa main en datte du 3e jour de decembre 1660, estant au dos dud. mande^t cy rendu pour cecy en depense lad. somme de.................................. xi^m iii^c xxiii^{tt} x^s.

(KK 444, fol. 371 v°.)

[1] On était alors à la veille des élections municipales. Le personnel de l'Échevinage n'avait point encore été modifié.

[2] Alexandre de Sève, toujours Prévôt des marchands, était assisté des deux Échevins de l'année précédente, Claude Prévost et Charles du Jour. L'élection du 16 août précédent lui avait donné, en outre, Pierre de la Mouche et Jean Hélissant.

CVII.

8 avril 1661.

A Jean Fontaine, marchand bourcier ordin.^{re} de lad. Ville, la somme de 669^{tt} 8^s à luy aussy ordonnée par autre mandement desd. Srs Prevost des marchands et Echevins[1] signé de leurs mains à sçavoir la somme de 330^{tt} pour 17 bourses de velours vert garnies de pommettes d'or à raison de 8^{tt} chacune; 250^{tt} 10^s pour la quantité de 97 bourses rondes de velours vert garnies, de soye dont 16 à raison de 3^{tt} chacune et 80 à raison de 50^s; 54^{tt} 8^s pour 68 bourses de chevrotin blanc garnies de soye à raison de 16^s piece; 18^{tt} 8^s pour deux douzaines de bourses rondes bordées de soye bleue; 6^{tt} 2^s pour trois douzaines de bourse de cuir blanc à raison de 3^{tt}, revenant le tout ensemble à la 1re somme de 669^{tt} 8^s, lesquelles bourses ont servies à mettre les jettons d'argent et laton qui ont esté presenter aux etrennes du jour de l'an 1661 ainsy que le contient led. mandem^t en vertu duquel payement a esté fait par led. Me Nicolas Boucot, present Receveur et comptable, aud. Fontaine ainsy que dud. payement il apert par sa quittance signée de sa main en datte du 8e jour d'avril aud. an 1661, estant au dos dud. mandem^t cy rendu pour ce cy en depense lad. somme de . . . . vi^c lxix^{tt} viii^s.

(KK 444, fol. 372 v°.)

CVIII.

30 avril 1661.

A Pierre Lefevre, M^e d'hostel ord^{re} de lad. Ville, la somme de 30^{tt} tourn. à luy aussy ordonnée par autre mandement desd. Srs Prevost des march^{ds} et Eschevins signé de leurs mains en datte du 23e jour d'aoust 1660, pour avoir esté presenter les ypocras, confitures, dragées et *jettons d'argent* par toutes les maisons contenues[2] au memoire des etrennes de lad. année 1660; ainsy qu'il est plus au long contenu et declaré par ledit mand^t en vertu duquel payement a esté fait par led. Me Nicolas Boucot, present Receveur et comptable, audit Lefevre, ainsy que dudit payement il apert par sa quittance signée de sa main en datte du dernier jour d'avril 1661, estant au dos dud. mand^t cy rendu pour ce cy lad. somme de . . . . xxx^{tt}.

(KK 444, fol. 299 v°.)

CIX.

31 août 1661.

Au Sr Warin, M^e de la monnoye au moulin de Paris, la somme de 11,869^{tt} à luy aussy ordonnée par autre mandement desd. Srs Prevost des M^{ds} et Echevins[3] signé de leurs mains en datte du 4e jour de fevrier 1661, à sçavoir la somme de 11,380^{tt} pour la quantité de 11,500 jettons d'argent de divers poids pesant ensemble 340 marcs à raison de 36^{tt} le marc argent et façon; la somme de 45^{tt} pour la quantité de 9,000 de jettons de laton à raison de 50^{tt} le millier, et 50^{tt} pour les coins, revenant le tout ensemble à lad. premiere somme de 11,869^{tt}, lesquels

---

[1] C'étaient les mêmes officiers municipaux que l'année précédente.

[2] On verra, dans la seconde série des pièces justificatives, quelles étaient, d'après le *Mercure Galant*, les maisons où le Prévôt des marchands et les Échevins allaient ou faisaient porter les diverses étrennes mentionnées ici.

[3] Les deux Échevins nouveaux étaient Me Jean de Mouhers, avocat, et Eustache de Faverolles, marchand.

jettons ont esté donner par lad. Ville aux etrennes du jour de l'an dernier en la maniere accoutumée ainsy qu'il est plus au long contenu et déclaré par led. mandem¹ en vertu duquel payement a esté fait par led. M° Nicolas Boucot, present Receveur et comptable, aud. S' Varin, ainsy que dud. payement il apert par sa quittance signée de sa main en datte du dernier jour d'aoust audit an 1661 estant au dos dudit mandem¹ cy rendu pour ce cy en depense la somme de... xɪᵐ vɪɪɪᶜ lxɪxᵗᵗ.

(KK 444, fol. 373 r°.)

CX.

28 février 1664.

Au sieur Varin, M° de la monnoye au moulin de Paris, la somme de 10,751ᵗᵗ 10ˢ à luy ordonnée par mandement desd. Sʳˢ Prevost des marchands et Echevins de lad. Ville [1] en datte du 4 fevrier 1664 assavoir la somme de

10,321ᵗᵗ 10ˢ pour 12,050 jetons d'argent pesant 303 marcs 4 onces 4 gros, à raison de 34ᵗᵗ le marc, argent et façon.
320ᵗᵗ tourn. pour 8,000 jetons de laiton, 40ᵗᵗ le millier.
110ᵗᵗ pour les coins.
Le tout revenant à 10,751ᵗᵗ 10ˢ.

Quittance dud. Varin datée du dernier fevrier 1664.

(KK 445, fol. 481 v°.)

CXI.

5 mars 1664.

A Jean Fontaine, marchand bourcier ordʳᵉ de lad. Ville, la somme de 766ᵗᵗ 18ˢ à luy aussy ordonnée par mandement desd. Prevost des marchands et Eschevins de lad. Ville [2] signé de leurs mains en datte du 4° jour de febvrier 1664, à sçavoir 120ᵗᵗ tourn. pour 4 bourses brodées d'or avec armes; 308ᵗᵗ pour 44 bourses de velours vert garnies a pommettes d'or à raison de 7ᵗᵗ chacune; 256ᵗᵗ pour la quantité de 98 bources de velours vert garnies de soye dont 20 à raison de 3ᵗᵗ chacune et les 78 autres à raison de 50ˢ chacune; 54ᵗᵗ 8ˢ pour 68 bourses de chevrotin blanc garnies de soye bleue et 10ᵗᵗ 10ˢ pour 3 douzaines de bourses de cuir blanc à raison de 3ᵗᵗ 10ˢ la douzaine, revenant le tout ensemble à lad. somme de 766ᵗᵗ 18ˢ; lesquelles bourses ont servi à mettre les jettons d'argent et laton qui ont esté presentés aux estrennes du jour de l'an 1664 en la maniere accoustumée ainsy qu'il est plus au long dict et déclaré par led. mandement en vertu duquel payement a esté faict par led. present Comptable aud. Fontaine suivant sa quittance signée de sa main en datte du 5° jour de mars 1664, estant au dos dud. mandement cy presenté et rendu cy.. vɪɪᶜ lxvɪᵗᵗ xvɪɪɪˢ.

(KK 445, fol. 481 r°.)

[1]. Messire Daniel Voysin, chevalier, seigneur de Serizay, élu en 1662 Prévôt des marchands, resta en charge jusqu'en 1668. Il avait comme Echevins Mᵉ Pierre Brigallier, avocat au Châtelet; Jean Gaillard, ancien conseiller de Ville; Nicolas Souplet, apothicaire, ancien quartenier, et Pierre Charlot, secrétaire du Roi.

[2] Mêmes magistrats municipaux.

CXII.

28 février 1665.

A Jean Fontaine par mandement du 3 fevrier 1665 la somme de 802ᵗᵗ 8ˢ assavoir :

180ᵗᵗ	pour 6 bourses brodées d'or avec armes.
280ᵗᵗ	pour 40 bourses velours vert garnies à pommettes d'or à 7ᵗᵗ chacune, 78 bourses à 5o' chacune.
54ᵗᵗ 8ˢ	pour 68 bourses de chevrotin blanc garnies de soye à 16' piece.
18ᵗᵗ	pour 2 douzaines de bourses garnies de soie bleue.
14ᵗᵗ	pour 4 douzaines de bourses de cuir blanc à 3ᵗᵗ 10' la douzaine.

Lesquelles bourses ont servi à mettre les jettons d'argent et de laton aux étrennes du jour de l'an 1665.

Le tout revenant à la somme de 802ᵗᵗ 8ˢ.

(KK 445, fol. 483 r°.)

CXIII.

28 février 1665.

Aud. Varin, Mᵉ de la monnoye au moulin de Paris, de 10,300ᵗᵗ 2ˢ 6ᵈ.

9,868ᵗᵗ 2ˢ 6ᵈ	pour 12,000 jetons d'argent de divers poids, ensemble 303 marcs 5 onces, à raison de 32ᵗᵗ 10' le marc, argent et façon.
320ᵗᵗ	pour 8,000 jetons de latton, à 40ᵗᵗ le millier.
112ᵗᵗ	pour les coins.

Le tout revenant à 10,300ᵗᵗ 2ˢ 6ᵈ.

(KK 445, fol. 483 v°.)

CXIV.

31 août 1665.

Aud. Lefebure la somme de 30ᵗᵗ tourn. à luy aussy ordonnée par autre mandement desd. Sʳˢ Prevost des marchands et Eschevins[1] signé de leurs mains en datte du 14ᵉ jour d'aoust 1665 pour avoir esté presenter les ypocras, confitures, dragées et *jettons d'argent* par toutes les maisons contenues au memoire des estreinnes de lad. année ainsi qu'il a accoustumé, comme il est contenu par le mandemᵗ en vertu duquel payement a esté faict par led. Comptable aud. Lefebure, ainsy que dud. payement il appert par sa quittance signée de sa main en datte du dernier jour d'aoust aud. an 1665. Estant au dos dud. mandement cy representé et rendu cy . . . . . . xxxᵗᵗ.

(KK 445, f° 419 v°.)

CXV.

12 septembre 1667.

A Messieurs les Prevost des marchᵈˢ et Eschevins, Procureur du Roy, Greffier et present

---

[1] Messire Daniel Voysin, Prévôt des marchands, avait, pour l'assister dans cette présentation des étrennes, les Échevins Pierre Charlot, Nicolas Souplet, qui devaient quitter leur charge le 16 août suivant; Laurent de Faverolles, auditeur des Comptes, et Jean de la Balle, notaire.

APPENDICES ET PIÈCES JUSTIFICATIVES. 257

Comptable, la somme de 906ᵗᵗ à eux appartenant pour leurs droits d'après la my aoust de l'année 1667, savoir :

432ᵗᵗ   pour 900 jetons d'argent aux armes de la Ville, pesant 18 marcs, argent et façon.
18ᵗᵗ   pour 900 jetons de letton, à 40ˢ le cent.
27ᵗᵗ   pour 9 bourses de velours vert a cordons de soie pour mettre lesd. jetons, à 3ᵗᵗ chacune.
00ᵗᵗ   pour 3 bourses de cuir à 2ᵗᵗ 5ˢ, etc. etc. etc.
Revenant le tout à 906ᵗᵗ.

[Omission des parties de la dépense ne concernant pas les jetons et les bourses.]

(KK 446, fol. 469 r°.)

CXVI.

31 mars 1668.

A Jean Fontaine, marchand bourcier ordinaire de la ville de Paris, la somme de 647ᵗᵗ 18ˢ par mandement en date du 24 janvier 1668, savoir :

72ᵗᵗ   pour 3 bourses brodées d'or avec armes.
233ᵗᵗ   pour 39 bourses velours vert garnies à pommettes d'or, à raison de 6ᵗᵗ chacune.
252ᵗᵗ 10ˢ   pour 96 bourses rondes velours vert garnies de soie, dont 25 à 3ᵗᵗ chacune et 71 à 2ᵗᵗ 10ˢ chacune.
54ᵗᵗ 8ˢ   pour 68 bourses de chevrotin blanc garnies de soie à 16ˢ piece.
18ᵗᵗ   pour 2 douzaines de bourses rondes garnies de soie bleue.
17ᵗᵗ   pour 5 douzaines de bourses de cuir blanc a raison de 3ᵗᵗ 10ˢ la douzaine.
Le tout revenant a 647ᵗᵗ 18ˢ.

(KK 446, fol. 547 r°.)

CXVII.

29 février 1669 (sic).

Aud. Sʳ Varin, Mᵉ de la monnoye au moulin de Paris la somme de 11,083ᵗᵗ tourn. par mandemᵗ en date du 6 fevr. 1669, savoir :

10,646ᵗᵗ 13ˢ 6ᵈ   pour 12,450 jetons de divers poids pesant ensemble 322 marcs 5 onces d'argent à 33ᵗᵗ le marc, argent et façon.
320ᵗᵗ   pour 8,000 jetons de leton à 40ᵗᵗ le millier.
117ᵗᵗ 5ˢ   pour les coins qui ont servi à marquer lesd. jetons, lesquels ont été présentés par lad. Ville aux étrennes le 1ᵉʳ jour de l'année 1669.
Revenant le tout à 11,083ᵗᵗ 17ˢ 6ᵈ (chiffres inexacts).

(KK 464, fol. 550 v°.)

CXVIII.

29 février 1669 (id.).

Aud. Jean Fontaine, marchᵈ boursier ordʳᵉ de lad. Ville, la somme de 733ᵗᵗ 8ˢ tourn. par mandemᵗ datté du 6. fevr. 1669, savoir :

120ᵗᵗ   pour 5 bourses brodées d'or avec armes.
276ᵗᵗ   pour 46 bourses velours vert garnies de pommettes d'or, à 6ᵗᵗ chacune.

252" 10' pour 95 bourses rondes velours vert garnies de soie, dont 30 à 3" chacune et 75 à 2" 10' chacune.
54" 8' pour 68 bourses de chevrotin blanc garnies de soie, à 16' piece.
13" 10' pour une douzaine et demie de bourses garnies de soie bleue.
17" pour 5 douzaines de bourses de cuir blanc à 3" 10' la douzaine.

Lesquelles bourses ont servi à mettre les jetons presentés aux étrennes, le 1ᵉʳ jour de l'année 1669.

(KK 446, fol. 549 v°.)

CXIX.

1ᵉʳ mars 1669.

Au Sʳ Varin, Mᵉ de la monnoye au moulin de Paris, la somme de 10,241" tourn. par mandement daté du 24 janv. 1668, savoir :

9,809" 5' pour 11,508 jetons d'argent de divers poids pesant 297 marcs 2 onces, à 33" le marc, argent et façon.
320" pour 8,000 jetons de leton, à 40" le millier.
112" pour les coins qui ont servi à marquer lesd. jetons.

Le tout revenant à 10,241" 5', donnés aux étrennes le 1ᵉʳ jour de l'année 1668.

(KK 446, fol. 548 r°.)

CXX.

19 février 1672.

A Mᵉ Jean Varin, Mᵉ de la monnoye au moulin de Paris, la somme de 12,393" 6' tourn. par mandement datté du 15 janv. 1672, savoir :

11,943" 6' pour 13,918 jetons d'argent de divers poids, pesant ensemble 364 marcs une once, à 32" 16' le marc, argent et façon.
328" pour 8,200 jetons de laton à 40" le millier.
122" pour les coins.
Revenant le tout à 12,393" 6'.

Lesquels jetons ont été donnés par la Ville aux étrennes de l'année 1672.

(KK 447, fol. 661 r°.)

CXXI.

19 février 1672.

A Jean Fontaine, marchᵈ boursier ordʳᵉ de lad. Ville, la somme de 865" 8' par mandement daté du 15 janv. 1672, savoir :

168" pour 731 bourses brodées d'or avec armes.
366" pour 371 bourses velours vert garnies à pommettes d'or, à 6" chacune.
245" pour 90 bourses velours vert garnies de soie, dont 40 à 3" chacune et 50 autres de 50' chacune.

APPENDICES ET PIÈCES JUSTIFICATIVES.

54ᵗᵗ 8ˢ pour 68 bourses de chevrotin blanc garnies de soie de 16ˢ chacune.
18ᵗᵗ pour 24 bourses rondes de cuir blanc garnies de soie bleue.
14ᵗᵗ pour quatre douzaines de bourses de cuir blanc à 3ᵗᵗ 10ˢ la douzaine.
Le tout revenant à 865ᵗᵗ 8ˢ.

Lesquelles bourses ont servi à mettre les jetons d'argent et de laiton présentés aux étrennes le 1ᵉʳ de l'an 1672.

(KK 447, fol. 661 r°.)

CXXII.

26 avril 1673.

Aud. Dorival la somme de 13,637ᵗᵗ 12ˢ 6ᵈ par mandement desd. Sʳˢ Prevost des marchands et Eschevins[1] signé de leurs mains en date du 21ᵉ jour d'avril 1673, pour son remboursement de pareille somme par luy deboursée de l'ordonnance verbale desd. de la Ville, savoir au sieur Varin, Mᵉ de la monnoye au moulin de Paris :

4,857ᵗᵗ 14ˢ   pour 4,600 jetons d'argent pesant ensemble 142 marcs 6 onces 2 gros, à raison de 33ᵗᵗ 5ˢ le marc.
ᵗᵗ   pour les coins et vin de six ouvriers.
4,433ᵗᵗ 5ˢ   au Sʳ Dufour pour 5,000 autres jetons d'argent de divers poids pesant ensemble 137 marcs 5 onces 4 gros à 31ᵗᵗ 5ˢ le marc, argent et façon.
110ᵗᵗ   pour les coins et vin de ses ouvriers.
4,006ᵗᵗ 12ˢ 6ᵈ pour 4,600 jetons d'argent qui ont été payés à plusieurs officiers et autres en argent.
340ᵗᵗ   pour 8,500 jetons de laiton à 40ᵗᵗ le millier.
Le tout ensemble revenant à 13,637ᵗᵗ 12ˢ.

Lesquels jetons ont été donnés par la Ville aux étrennes de la susdite année 1673.

(KK 447, fol. 661.)

Même date.

A Jean Fontaine, Mᵈ boursier ordʳᵉ de lad. Ville, la somme de 897ᵗᵗ 10ˢ par mandemᵗ du 21 avril 1673, savoir :

192ᵗᵗ   pour 8 bourses brodées d'or de 24ᵗᵗ chacune, lesd. bourses avec armes en broderie d'or.
384ᵗᵗ   pour 67 bourses vel. vert, garnies a pommettes d'or, de 6ᵗᵗ chacune.
335ᵗᵗ   pour 88 bourses vel. vert, dont 30 a 3ᵗᵗ chacune et 58 de 50ˢ pièce.
54ᵗᵗ 8ˢ pour 68 bourses de chevrotin blanc garnies de soie a 16ˢ chacune.
18ᵗᵗ   pour 24 bourses rondes de cuir blanc garnies de soie bleue à 16ˢ chacune.
14ᵗᵗ   pour 4 douzaines de bourses de cuir blanc à raison de 3ᵗᵗ 10ˢ la douzaine.

Lesquelles bourses ont servi à mettre les jetons d'argent et laiton présentés aux étrennes de lad. année 1673.
Revenant le tout à 897ᵗᵗ 10ˢ.

(KK 447, fol. 664 r°.)

---

[1] Claude Le Peletier, chevalier, président aux enquêtes, élu Prévôt des marchands en 1668, en remplacement de Daniel Voysin, fut continué en 1670, 1672 et 1674; il avait alors comme Échevins Claude Le Gendre, interprète de Sa Majesté pour les langues orientales; Louis Pasquier, contrôleur au grenier à sel de Paris; Pierre Richer, greffier en chef de la Cour des comptes, et Martin Bellier.

CXXIII.

31 juillet 1673.

Aud. Pierre Lefebvre, M⁰ d'hostel ordin⁰ de lad. Ville, la somme de 30ᵗᵗ par mandem¹ daté du 31 juillet 1673, pour avoir été presenter les confitures, dragées, ypocras et jettons d'argent par toutes les maisons contenues dans les estats de lad. année 1673.

(KK 447, f° 544 r°.)

CXXIV.

4 septembre 1675.

Aud. Lefebvre, M⁰ d'hostel ord⁰ de lad. Ville, la somme de 30ᵗᵗ par mandem¹ daté du 9 aoust 1675, pour avoir esté présenter les ypocras, confitures, dragées et jettons d'argent, etc. etc.

(KK 448, fol. 605 v°.)

CXXV.

1ᵉʳ septembre 1673.

A M⁰⁰ les Prevost des marchands et Eschevins, Procureur du Roy, Greffier et present Receveur[1] la somme de 906ᵗᵗ à eux appartenant pour leurs droits d'après la mi aoust de l'année 1673.

432ᵗᵗ pour 900 jetons d'argent aux armes de la Ville pesant 18 marc a 24ᵗᵗ le marc argent et façon.
18ᵗᵗ 900 jetons de laiton à 40° le cent.
27ᵗᵗ 94 bourses velours vert à cordons de soie pour mettre les jetons d'argent, à 60° chacune.
9. bourses de cuir 35°.
Le tout montant à 906ᵗᵗ.

[Omission des autres parties de la dépense étrangères aux jetons.]

(KK 448, fol. 629 r°.)

CXXVI.

26 novembre 1673.

Au sieur Varin, M⁰ de la monnoye au moulin de Paris, la somme de 12,925ᵗᵗ 13ˢ à luy ordonné par mandem¹ desd. Sʳˢ Prevost des marchands et Eschevins[2] signé de leurs mains en datte du 18 aoust 1672, sçavoir : 2,632ᵗᵗ pour les médailles d'or pesant ensemble 5 marcs 7 onces d'or à raison de 488ᵗᵗ le marc d'or; 2,391ᵗᵗ 3ˢ 9ᵈ pour 70 medailles d'argent pesant ensemble 81 marcs 6 onces, à raison de 29ᵗᵗ 5ˢ le marc; 1,882ᵗᵗ 9ˢ 4ᵈ pour 200 petites médailles d'argent pesant ensemble 64 marcs 3 onces à lad. raison de 29ᵗᵗ 5ˢ le marc, et 6,000ᵗᵗ pour les coins et façons, et 20ᵗᵗ pour le vins des ouvriers, revenant ensemble lesd. sommes à la première de 12,925ᵗᵗ 13ˢ. Lesquelles medailles representent Sa Majesté et l'Abondance ont

---

[1] Claude Le Peletier était toujours Prévôt des marchands. Il avait pour Échevins, outre les deux derniers personnages mentionnés plus haut, M⁰ François Bachelier et M⁰ Charles Clerembault. Jérôme Truc était procureur du Roi et de la Ville, Nicolas Boucot receveur, et Jean Baptiste Langlois, greffier.

[2] Mêmes fonctionnaires municipaux que précédemment.

esté presentées au Roy, à la Reyne, Monseig.' le Dauphin, princes, seig.'* ministres et autres personnes du Conseil et cours souveraines en la presente année 1672, et par Messieurs de Ville ainsy qu'il est plus au long contenu et déclaré par led. mandement, de laquelle somme payement a esté fait comptant tant aud. sieur Varin de son vivant qu'à M° Esmery Galleran, conseiller du Roy, commissaire enquesteur et examinateur au Chastelet de Paris, et en consequence de l'ordonnance de M. le Lieutenant civil en datte du 13° février 1673, portant que les deniers mobilliers de la succession dudit sieur Varin seront mis és mains dudit sieur Galleran pour la conservation des droits de qui il appartiendra par ledit Boucot present receveur et comptable en la presence dudit commissaire Galleran et des sieurs Varin, sieur Desforges heritier par benefice d'inventaire dud. S' Varin son pere, et du sieur Berthellemy Duchesne, seigneur de S' Mard, et Depreaux curateur du S' Henry Varin, sçavoir aud. sieur Varin de son vivant la somme de 9,648^{tt} par ses recipissés et receus représentés par led. Boucot, le premier de 5,610^{tt} pour la valeur de 6 marcs d'or et 100 marcs d'argent fournys aud. Varin de luy signé en datte du 4 avril 1672, pour faire lesdittes medailles; 1,500^{tt} suivant la quittance dudit sieur Varin du 11° avril dud. an; 1,462^{tt} x° pour le contenu au recipissé de 5 marcs d'argent fourny pour lesd. medailles par le sieur Berthé au sieur Lucas pour ledit sieur Varin en datte du 28 may 1672, au bas duquel es la quittance du sieur Berthé; 1,000^{tt} contenus en une missive signé du sieur Varin dattée du 29° aoust 1672. Au dos de laquelle est un reçeu signé Delavau pour M' Varin; 56^{tt} pour une once qui est demeurée és mains dud. deffunt sieur Varin, et 20^{tt} payés au nommé Lucas pour le vin des ouvriers, toutes lesd. sommes reviennent ensemble à la susd. somme de 9,648^{tt} 10°, laquelle somme deduite sur celle de 12,925^{tt} 13°, reste deub par led. S' Boucot du contenu au susd. mandement la somme de 3,277^{tt} 3° sur laquelle dernière somme led. S' François Varin present a reconnu avoir reçeu dud. sieur Boucot 703^{tt} 5° dont il promet tenir compte à lad. succession dud. sieur son pere, en sorte qu'il n'est plus deub de reste par led. sieur Boucot que la somme de 2,513^{tt} 18°, laquelle somme, du consentement dudit sieur Varin et de S' Marc et de nous a esté reçeue par led. sieur Galleran commissaire dud. Boucot en especes d'or et d'argent à lad. charge de l'opposition formée en ses mains par Jean Collot fondeur, pour la somme de 290^{tt} 10° qu'il pretend luy estre deue par led. deffunt sieur Varin suivant l'exploit mis en ses mains datté du 30 aoust 1672. Dont led. sieur Boucot est demeuré deschargé envers et contre tous ce de ladite somme de 12,925^{tt} 12° contenue aud. mandement susdatté auquel sieur Boucot à l'instant auroit esté remis és mains par led. sieur commissaire Galleran les 4 carrez de la medaille de Messieurs de la Ville faits par le susd. sieur Varin representant l'effigie de Sa Majesté et l'Abondance, le tout fait en la presence et du consentement desd. sieurs susnommés conformement à l'ordonnance susd. et a led. S' Boucot laissé et mis és mains dud. S' Gallerand les récipissés susdattés et enonce avec copie signé dud. S' Boucot dud. mandement de Messieurs de Ville, et l'acte d'opposition dud. Collot ainsy qu'il est plus au long contenu par le proces verbal dud. S' commissaire Gallerand datté du jour 26° novembre 1673 cy representé et rendu pour servir de quittance de lad. somme de............ 12,925^{tt} 13°

cy,... xii^m ix^c xxv^{tt} xiii^s

(KK 447, f° 665 v°.)

CXXVII.

18 avril 1674.

Aux Sieurs Varin, M° de la monnoye au moulin de Paris, Aury et Gerard la somme de 12,580^{tt} 10° par mandem' du 26 fevr. 1674 sçavoir :

Aud. Sr Varin la somme de

2,928^tt pour 3,000 jetons en argent aux armes de la Ville, poids 75 marcs à 33^tt le marc argent et façon, monte à 2470^tt déduction faite d'une once.
348^tt pour 8,000 jetons de laiton à 40^tt le millier.
110^tt pour les coins et vin des ouvriers.

Aud. sieur Aury :

4,218^tt· 7^s pour 4,981 jetons d'argent poids 127 marcs 6 onces 5 gros a raison de 33^tt le marc argent et façon.

Aud. Gerard :

2,516^tt 5^s pour 3,000 jetons d'argent, poids 76 marcs 2 onces, à 33^tt le marc, argent et façon.
2,879^tt 10^s et 3,100 autres jetons d'argent poids 87 marcs 4 onces à 33^tt le marc montant à 2879^tt 10^s.
Le tout revenant à lad. 1ere somme de 12,580^tt 10^s.

Présenté par la Ville aux étrennes de l'année 1674.

(KK 448, fol. 688 r°.)

CXXVIII.

22 avril 1674.

Aud. Fontaine, bourcier ord^re de lad. Ville, par mandem^t en date du 26 fevrier 1674, la somme de 921^tt 10^s sçavoir :

216^tt   pour 9 bourses brodées d'or avec armes à 24^tt chacune.
384^tt   pour 64 bourses de velours vert garnies à pommettes d'or, à 6^tt chacune.
235^tt   pour 88 bourses vel. vert dont 30 à raison de 3^tt chacune et 58 à raison de 50^s chacune.
54^tt 8^s   pour 68 bourses de chevrotin blanc garnies de soie à 16^s chacune.
18^tt   pour 24 bourses rondes de cuir blanc garnies de soie bleue à 16^s chacune.
"   pour 4 douzaines de bourses de cuir blanc à 3^tt 10^s la douzaine.

Lesquelles bourses ont servi à mettre les jetons d'argent et laiton présentés aux étrennes le 1er jour de l'année 1674.

(KK 448, fol. 689.)

CXXIX.

15 mars 1675.

Au Sieur Jean Fontaine, M^d boursier ord^re de lad. Ville, la somme de 949^tt 18^s par mandem^t datté du 8 mars 1675, sçavoir :

264^tt   11 bourses brodées d'or avec armes, à 24^tt chacune.
372^tt   62 bourses vel. vert garnies à pommettes d'or à 6^tt chacune.
227^tt 10^s 85 bourses yel. vert, dont 30 à 3^tt chacune et 55 à 50^s chacune.
54^tt 8^s   68 bourses chevrotin blanc garnies de soie à 16^s chacune.
18^tt   2 douzaines garnies de soie à 16^s chacune.
13^tt 5^s   5 douzaines de cuir blanc à 3^tt 10^s la douzaine.

Lesquelles ont servi à mettre les jetons d'argent et de laiton presentés aux étrennes de l'an 1675.

(KK 448, fol. 691 v°.)

CXXX.

30 avril 1675.

Aux sieurs Aury, Louis et Gerard, la somme de 12,671^{lt} par mandement en date du 8 mars 1675, scavoir :

Aud. Aury :

4,750^{lt} pour 5,000 jetons d'argent aux armes de la Ville, poids 129 marcs une once, à 33^{lt} 5^s le marc argent et façon.
356^{lt} pour 8,900 jetons de laiton à 40^{lt} le millier.
100^{lt} pour les coins.

Aud. Louis, et Gerard

3,560^{lt} pour 4,100 jetons d'argent, poids 107 marcs demi once a 33^{lt} 5^s le marc argent et façon.
100^{lt} pour les coins.
4,247^{lt} 10^s payés en argent par le present Receveur tant à MM. du Bureau, Conseillers de Ville quartiniers et autres, pour 4,750 jetons, poids 127 marcs 7 onces à raison de 33^{lt} 5^s le marc argent et façon.

Revenant le tout à lad. 1re somme de 12,671^{lt}.

Lesquels jetons presentés par la Ville aux etrennes de l'année 1675.

(KK 448, fol. 690 v°.)

CXXXI.

20 août 1677.

A M^{rs} les Prevost des marchands et Eschèvins Procureur du Roy, Greffier et present Receveur et comptable[1] la somme de 906^{lt} à eux duë et appartenante pour leurs droits d'après la my aoust de l'année 1677 sçavoir

432^{lt} pour 900 jetons d'argent aux armes de la Ville, poids 18 marcs à 24^{lt} le marc, argent et façon.
18^{lt} pour 900 jetons de laiton à 40^s le cent.
27^{lt} pour 9 bourses vel. vert a cordons de soie a raison de 3^{lt} chacune.

(Omission des parties qui ne concernent pas les jetons et portent la dépense à 906^{lt}.)

(KK 449, fol. 487 r°.)

[1] Le Prévôt des marchands était messire Auguste-Robert de Pommereu, seigneur de la Bretesche-Saint-Nom, conseiller d'État. Il fut élu le 16 août 1676 et continué jusqu'en 1684. Il avait comme Échevins : Pierre de Beyne, quartenier; Jean de La Porte, conseiller au Châtelet; Alexandre de Vinx, ancien conseiller de Ville, et Antoine Magneux, intendant de M. le duc de la Trémouille. Jérôme Truc était procureur du Roi et de la Ville, Jean-Baptiste Langlois greffier, et Nicolas Boucot, fils de celui qui est mentionné dans la note précédente, exerçait les fonctions de receveur.

CXXXII.

19 février 1678.

Au sieur François Chéron [1], graveur ord^re du Roy, la somme de 12,669^tt à lui ordonnée par mandement de M^rs les Prevost et Echevins de la Ville de Paris [2] en datte du 18e jour de febvrier 1678, sçavoir :

12,206^tt pour 13,550 jetons d'argent aux armes de la Ville, poids 359 marcs à 34^tt le marc argent et façon.
348^tt 8700 jetons de laiton a 40^tt le millier.
100^tt pour les coins.
15^tt pour le vin des ouvriers et port desd. jetons.

Revenant le tout à 12669^tt pour lesd. jetons presentés par la Ville aux étrennes de l'année 1678.

(KK 449, fol. 524 r°.)

CXXXIII.

20 février 1678.

A Jean Fontaine, boursier ord^re de la Ville la somme de 910^tt 8^s sçavoir :

192^tt pour 8 bourses brodées d'or aux armes des princes du sang, à 24^tt chacune.
370^tt pour 61 bourses vel. vert garnies de pommettes d'or, à 6^tt chacune.
154^tt 8^s pour 68 bourses de chevrotin blanc garnies de soie incarnat à 16^s chacune.
24^tt pour 2 douzaines et demie d'autres bourses garnies de soie bleue à 16^s chacune.
15^tt pour 5 douzaines de bourses à 5^s chacune.
Le tout ensemble revenant à 910^tt 8^s.

Les quelles bourses ont servi à mettre les jetons d'argent et de laiton presentés aux étrennes de lad. année 1678.

(KK 449, fol. 524 v°.)

CXXXIV.

28 février 1679.

Au Sieur Antoine Aury, graveur ord^re du Roy, la somme de 12343^tt 7^s 1^d, par mandem^t daté du 1er fevrier 1679, sçavoir :

11884^tt 17^s 1^d pour 13,400 jetons de divers poids aux armes de la Ville pesant ensemble 349 marcs 4 onces 3 gros et demi à raison de 34^tt le marc, argent et façon.
340^tt 8600 jetons de laiton à 40^tt le millier.
100^tt pour les coins.
15^tt pour le vin des ouvriers et port des jetons.
Le tout revenant à 12,343^tt 7^s 1^d.

---

[1] Cet artiste est souvent mentionné dans le *Mercure galant*, comme un graveur habile.

[2] Mêmes Prévôt et Échevins que l'année précédente.

Presentés aux étrennes du 1ᵉʳ jour de l'an 1679. Date de quittance passée pardevant Rallu et Caron Notʳˢ le dernier de fevrier 1679.

(KK 449, fol. 525 v°.)

CXXXV.

8 avril 1679.

A Catherine Guineau, Vᵉ Jean Fontaine Mᵉ boursier fournissant la Ville, la somme de 873ᵗᵗ 8ˢ, sçavoir (par mandemᵗ du 1ᵉʳ fevr. 1679) :

- 192ᵗᵗ   pour 8 bourses brodées d'or avec armes à 24ᵗᵗ chacune.
- 342ᵗᵗ   57 bourses, vel. vert garnies à pommettes d'or de 6ᵗᵗ chacune.
- 246ᵗᵗ   82 bourses, vel. vert, à cordons de soye à 3ᵗᵗ chacune.
- 24ᵗᵗ   2. douzaines et demie de bourses blanches garnies de soie bleue à 16ˢ chacune.
- 54ᵗᵗ 8ˢ   68 bourses blanches garnies de cordons de soie rouge à 16ˢ chacune.
- 15ᵗᵗ   5 douzaines de bourses de cuir blanc à 5ˢ piece.

Revenant le tout à 873ᵗᵗ 8ˢ.

Presentées aux étrennes de lad. année 1679.

(KK 449, fol. 526 r°.)

CXXXVI.

2 mars 1680.

A Mᵉ Jean Berest, la somme de 12,421ᵗᵗ 7ˢ 6ᵈ par mandement en date du 23 fevrier 1680, pour la quantité de 13,600 jetons d'argent aux armes de la Ville, poids 359 marcs, 3 onces, 4 gros à raison de 33ᵗᵗ 5ˢ le marc argent et façon.

- 348ᵗᵗ   pour 8700 jetons de laiton à 40ᵗᵗ le millier.
- 100ᵗᵗ   pour les coins.
- 15ᵗᵗ   pour le vin des ouvriers et port desd. jetons.

Le tout 12,421ᵗᵗ 7ˢ 6ᵈ.

Lesquels jetons ont été presentés par lad. Ville aux etrennes de l'année 1681.

(KK 450, fol. 571 r°.)

CXXXVII.

30 mars 1680.

A Pierre Alexandre Lefebvre, Mᵈ boursier, la somme de 975ᵗᵗ 8ˢ par mandemᵗ en date du 26 fevrier 1680, sçavoir :

- 264ᵗᵗ   pour 11. bourses brodées d'or avec armes de 24ᵗᵗ chacune.
- 342ᵗᵗ   57. bourses vel. vert à pom. d'or à 6ᵗᵗ chac.
- 276ᵗᵗ   92. bourses vel. vert à cordons de soie de 3ᵗᵗ chacune.
- 24ᵗᵗ   2. douzaines et demie de bourses blanches garnies et brodées de soie bleue, à 16ˢ chac.
- 54ᵗᵗ 8ˢ   4. douzaines de bourses blanches garnies de cordons de soie rouge à 16ˢ chacune.
- 15ᵗᵗ   5. douzaines de bourses cuir blanc à 5ˢ chacune.

Le tout revenant à 975ᵗᵗ 8ˢ.

Ces bourses ont servi à mettre les jetons d'argent et de laiton presentés aux étrennes de l'année 1680.

(KK 450, fol. 571 v°.)

CXXXVIII.

25 février 1681.

A Antoine Aury, graveur ord^{re} du Roy, la somme de 12,893^{tt} 2' 6^d par mandement du 10 février 1681, sçavoir :

12,446^{tt} 2' 6^d	pour 13,600 jetons d'argent aux armes de la Ville, poids 366 marcs 5 gros à raison de 34^{tt} le marc, argent et façon.
332^{tt}	8300 jetons de laiton à 40^{tt} le 1000.
110^{tt}	pour les coins.
15^{tt}	pour le vin des ouvriers et port desd. jetons.

Le tout revenant à 12,893^{tt} 2' 6^d.

Donnés aux étrennes de l'année 1681.

(KK 450, fol. 572 v°.)

Même date.

A Alexandre Le Febvre, boursier ord^{re} de la Ville, la somme de 978^{tt} 8' par mandem^t du 10 février 1681, sçavoir :

264^{tt}	pour 11 bourses brodées d'or avec armes de 24^{tt} chac.
345^{tt}	58 bourses vel. vert à pommettes d'or de 6^{tt} chac.
273^{tt}	91 bourses vel. vert à cordons de soie de 3^{tt} chac.
24^{tt}	2 douzaines et demie de bourses blanches garnies et brodées de soie de 16' chac.
54^{tt} 8'	48 bourses blanches garnies de cordons de soie rouge, de 16' chac.
16^{tt}	5 douzaines de cuir blanc à 5' chac.

Revenant le tout à 978^{tt} 8'.

Lesquelles bourses ont servi à mettre les jetons d'argent et laiton presentés aux etrennes de lad. année 1681.

(KK 450, fol. 573 v°.)

CXXXIX.

11 mars 1682.

A Pierre Alexandre Lefebvre, M^d boursier à Paris et ord^{re} de lad. Ville, la somme de 985^{tt} 16' par mandement du 3 fevr. 1682, sçavoir :

288^{tt}	pour 12 bourses brodées d'or de 24^{tt} chac.
360^{tt}	60 bourses de vel. vert et pommettes d'or de 6^{tt} chac.
270^{tt}	90 bourses vel. vert à cordons de soie de 3^{tt} chac. compris 8 bourses auxquelles les jetons de diverses devises ont été mis.

APPENDICES ET PIÈCES JUSTIFICATIVES. 267

14ᵗᵗ 8ˢ une douzaine et demie de bourses blanches garnies et brodées de soie bleue de 16ˢ chac.
15ᵗᵗ 5 douzaines de bourses de cuir blanc de 5ˢ chacune.
Somme totale 985ᵗᵗ 16ˢ.

Lesquelles bourses ont servi à mettre les jetons d'argent et de laiton presentés aux etrennes de lad. année 1682.

(KK 451, fol. 624 v°.)

CXL.

7 avril 1683.

A Antoine Aury, graveur ord⁻ʳᵉ du Roy, la somme de 13,071ᵗᵗ 12ˢ par mandement en date du 15. fevr. 1683. sçavoir :

12,652ᵗᵗ 9ˢ 10ᵈ pour 13900 jetons d'argent qu'il a livrés aux armes de la Ville, poids 379 marcs, 6 gros, a raison de 33ᵗᵗ 7ˢ 6ᵈ le marc, argent et façon.
304ᵗᵗ   7,600 jetons de laiton à 40ᵗᵗ le 1000.
100ᵗᵗ   pour les coins.
15ᵗᵗ   pour le vin des ouvriers et port desd. jetons.
Ensemble la somme de 13,071ᵗᵗ 12ˢ.

Lesquels jetons ont été presentés aux etrennes du 1ᵉʳ jour de l'année 1683.

(KK 451, fol. 626 r°.)

CXLI.

8 avril 1683.

A Pierre Alexandre Lefebvre, Mᵈ boursier à Paris ord⁻ʳᵉ de la Ville, la somme de 1,048ᵗᵗ 16ˢ par mandem⁻ᵗ daté du 15 fevr. 1683, sçavoir :

312ᵗᵗ   pour 13 bourses brodées d'or aux armes de la Ville, de 24ᵗᵗ chacune.
354ᵗᵗ   59 bourses vel. vert à pommettes d'or de 6ᵗᵗ chacune.
279ᵗᵗ   93 bourses velours à cordons de soie de 3ᵗᵗ chacune, compris 8 bourses dans lesquelles les jetons de diverses devises ont été mis.
14ᵗᵗ 8ˢ une douzaine et demie de bourses blanches garnies et brodées de soie bleue à 16ˢ chac.
38ᵗᵗ 8ˢ 4 douzaines d'autres bourses blanches brodées et garnies de cordons de soie rouge à 16ˢ chacune.
15ᵗᵗ   5 douzaines de bourses de cuir blanc à 5ˢ chacune.
36ᵗᵗ   pour 2 grands sacs de velours noir servant à mettre les bourses de jetons d'argent de 18ᵗᵗ chacun.

Lesquelles bourses et sacs ont servi à mettre les jetons d'argent et laiton presentés aux etrennes de lad. année 1683.

(KK 451, fol. 627 r°.)

34.

CXLII.

12 janvier 1684.

A Pierre Alexandre Lefebvre, M⁴ boursier à Paris et ordin⁻ de lad. Ville, la somme de 988ᵗᵗ 4ˢ par mandement daté du 10 janv. 1684, sçavoir :

288ᵗᵗ	pour 12 bourses brodées d'or avec armes de 24ᵗᵗ chacune.
348ᵗᵗ	58 bourses vel. vert à pommettes d'or de 6ᵗᵗ chacune.
294ᵗᵗ	94 bourses de velours à cordons de soye de 3ᵗᵗ chac. compris 8. bourses dans lesquelles les jetons de diverses devises ont été mis.
19ᵗᵗ 4ˢ	pour deux douzaines de bourses blanches garnies et brodées de soie bleue à 16ˢ chacune.
36ᵗᵗ	pour 4 douzaines d'autres bourses blanches brodées de soie incarnat, à 9ᵗᵗ la douzaine.
15ᵗᵗ	pour 5 douzaines de bourses de cuir blanc à 3ᵗᵗ la douzaine.

Le tout montant à 988ᵗᵗ 4ˢ.

Lesquelles bourses ont servi à mettre les jetons d'argent et de laiton presentés aux etrennes de lad. année 1684.

(KK 452, fol. 544 v°.)

CXLIII.

11 mars 1684.

A Mʳ Antoine Aury, graveur ordʳᵉ du Roy, la somme de 12,856ᵗᵗ 19ˢ par mandem' du 3 fevr. 1682, sçavoir :

12,441ᵗᵗ 19ˢ	pour 13,650 jetons d'argent qu'il a livrés aux armes de la Ville pesant ensemble 363 marcs, 1 once, 5 gros à raison de 34ᵗᵗ le marc, argent et façon à la réserve de 2 marcs 5 onces, 6 gros et demi sur le pied de 29ᵗᵗ le marc pour le prix de l'argent et 16ᵗᵗ par marc pour la façon.
300ᵗᵗ	7,500 jetons de laton à 40ᵗᵗ le 1,000.
110ᵗᵗ	pour les coins.
15ᵗᵗ	pour le vin des ouvriers et port desd. jetons.

Somme totale 12,856 19ˢ.

Lesquels jetons ont été presentés par lad. Ville aux etrennes de lad. année 1682.

(KK 451, fol. 624 r°.)

CXLIV.

19 août 1684.

A Mᵉ Antoine Aury, graveur ordʳᵉ du Roy, la somme de 13,467ᵗᵗ 8ˢ 9ᵈ par mandement du 12 fevr. 1684, sçavoir :

13,052ᵗᵗ 8ˢ 9ᵈ pour 13,950 jetons d'argent par lui livrés aux armes dud. Sʳ Prevost des marchands [1]. poids 389 marcs 5 onces, à raison de 33ᵗᵗ 10ˢ le marc argent et façon.

---

[1] Le 12 février 1684, Mᵉ Auguste-Robert de Pommereu était encore Prévôt des marchands; il fut remplacé, le 16 août suivant, par Henri de Fourcy, chevalier, Sᵉʳ de Chessy, président aux enquêtes.

300ᵗᵗ 7,500 jetons de laiton à 40ᵗᵗ le millier.
100ᵗᵗ pour les coins.
15ᵗᵗ pour le vin des ouvriers et port desd. jetons présentés par la Ville aux étrennes de lad. année 1684.
Somme totale 13,467ᵗᵗ 8ˢ 9ᵈ.

(KK 452, fol. 544 r°.)

CXLV.

12 février 1685.

A Catherine Vaniere, femme séparée quant aux biens de Pierre Alexandre Lefebvre, Mᵈ boursier fournissant la Ville de Paris, la somme de 1045ᵗᵗ 4ˢ par mandemᵗ du 10 fevr. 1685, sçavoir :

288ᵗᵗ pour 12 bourses brodées d'or avec armes de 24ᵗᵗ chacune.
354ᵗᵗ 59 bourses velᵗ vert à pommettes d'or, de 6ᵗᵗ chacune.
294ᵗᵗ 98 bourses de velours à cordons de soie de 3ᵗᵗ chacune, compris 8 bourses dans lesquelles les jetons de diverses devises ont été mis.
19ᵗᵗ 2 douzaines de bourses blanches garnies et brodées de soie bleue, de 16ˢ chacune.
36ᵗᵗ 4 douzaines d'autres bourses blanches brodées de soie incarnat, à 9ᵗᵗ la douzaine.
15ᵗᵗ 5 douzaines de bourses de cuir blanc, à 3ᵗᵗ la douzaine.
39ᵗᵗ pour 3 sacs de velours noir dont 2 pour mettre les jetons d'argent que Mʳˢ de la Ville portent en cour, et l'autre donné à Mʳ le 1ᵉʳ Echevin ⁽¹⁾ pour mettre ses papiers.
Le tout montant à 1,045ᵗᵗ 4ˢ.

Lesquelles bourses ont servi à mettre les jetons d'argent et de laiton présentés aux etrennes de lad. année 1685.

(KK 452, fol. 546 v°.)

CXLVI.

12 avril 1685.

A Antoine Aury, graveur ordʳᵉ du Roy, la somme de 14,114ᵗᵗ 10ˢ par mandement en date du 10 fevrier 1685, sçavoir :

13,696ᵗᵗ 10ˢ pour 14,250 jetons d'argent qu'il a livrés aux armes dud. Sʳ Prevost des marchands poids 397 marcs 3 gros à raison de 34ᵗᵗ 10ˢ le marc.
300ᵗᵗ 7,500 jetons de laiton à 40ᵗᵗ le millier.
100ᵗᵗ pour les coins.
18ᵗᵗ pour le vin des ouvriers et port desd. jetons présentés par la Ville au 1ᵉʳ jour de l'année 1685.
En tout 14,114ᵗᵗ 10ˢ.

(KK 452, fol. 546 r°.)

⁽¹⁾ Le premier Échevin était Michel Chauvin, élu en 1683, avec Pierre Parques, notaire; les deux autres étaient l'ex-quartenier Denis Rousseau, et Jean Chuppin, notaire au Châtelet, élus au mois d'août 1684.

CXLVII.

16 février 1686.

A Catherine Vannier, veuve de Pierre Alexandre Lefebvre, vivant M^d boursier à Paris et ord^{re} de lad. Ville, la somme de 976^{tt} 4^s par mandement en datte du 13 fevr. 1686, sçavoir :

264^{tt}	pour 11 bourses brodées d'or avec armes de 24^{tt} chacune.
360^{tt}	60 bourses velours à pommettes d'or de 6^{tt} chac.
282^{tt}	94 bourses à cordons de soie, de 3^{tt} chac. compris 8 bourses dans lesquelles les jetons de diverses devises ont été mis.
19^{tt} 4^s	2 douzaines de bourses blanches brodées et garnies de soie bleue, de 16^s chacune.
36^{tt}	4 douzaines d'autres bourses blanches brodées et garnies de soie incarnat, à raison de 9^{tt} la douzaine.
15^{tt}	5 douzaines de bourses de cuir blanc à 3^{tt} la douzaine.

Lesquelles bourses ont servi à mettre les jetons d'argent et de laiton presentés aux etrennes de lad. année 1686.

(KK 453, fol. 480 r°.)

CXLVIII.

20 février 1686.

Au sieur Anthoine Aury, graveur ord^{re} du Roy, la somme de 100^{tt} par mandem^t en date du 30 janvier 1686, pour les coins par lui faits pour les jetons presentés aux étrennes de lad. année 1686.

(KK 453, fol. 479 v°.)

CXLIX.

6 mars 1686.

A Maistre Petit, Directeur général de la Monnoye du Roy pour les medailles et jettons aux galleries du Louvre, la somme de 1,389^{tt} 15^s par mandem^t en datte du 13e fevr. 1686, sçavoir :

12,867^{tt} 15^s	pour 13,850 jetons par lui livrés aux armes de la Ville, poids 387 marcs à raison de 33^{tt} 5^s le marc, argent et façon.
304^{tt}	7,600 jetons de fil de laiton de 40^{tt} le millier.
18^{tt}	pour le vin des ouvriers et port desd. jetons qui ont été présentés à lad. Ville aux étrennes de lad. année 1686.

(KK 453, fol...)

CL.

22 février 1687.

Aud. sieur Petit, Directeur general de la Monnoye du Roy, pour les *médailles* et jettons d'ar-

APPENDICES ET PIÈCES JUSTIFICATIVES. 271

gent aux Galleries du Louvre, la somme de 13,896tt 11˙ 11ᵈ, par mandement en date du 18 fevr. 1687, sçavoir :

13,499tt 11˙ 11ᵈ   pour 14,500 jetons d'argent qu'il a livrés aux armes de la Ville, poids 397 marcs, 3 gros, à raison de 34tt le marc, argent et façon.
304tt   7,600 jetons de laiton à 40tt le 1000.
75tt   pour les coins.
18tt   pour le vin des ouvriers et port desd. jetons qui ont été présentés aux estrennes de lad. année 1687.

En tout la somme de 13,896tt 11˙ 11ᵈ.

(KK 453, fol...)

CLI.

18 mars 1687.

A Catherine Vanier, veuve Pierre Alexandre Lefebvre, vivant Mᵈ boursier à Paris et ordʳᵉ de lad. Ville, la somme de 1000tt 4ˢ par mandemᵗ daté du 17 fevr. 1687, sçavoir :

264tt (¹)   pour 11 bourses brodées d'or avec armes, de 24tt chacune.
294tt   98 bourses à cordons de soie de 3tt chac. compris 8 bourses dans lesquelles les jetons de diverses devises ont été mis.
19tt 4˙   2 douzaines de bourses blanches garnies et brodées de soie bleue, de 16˙ chac.
36tt   4 douzaines d'autres bourses de cuir blanc garnies et brodées de soie incarnat à raison de 90tt la douzaine.

Somme totale 1,000tt 4˙.

Lesquelles bourses ont servi à mettre les jetons d'argent et de laiton présentés aux étrennes de lad. année 1687.

(KK 453, fol. 481 v°.)

CLII.

16 février 1688.

A Mʳ Petit, Directeur general de la Monnoie du Roy, pour les medailles et jetons de la galerie du Louvre la somme de 13,962tt 10ˢ par mandement daté du 10 fevr. 1688, sçavoir :

13,540tt 10˙   pour 14,500 d'argent delivrés à Mʳˢ de la Ville; poids 398 marcs 2 onces, à raison de 34tt le marc, argent et facon.
304tt   7,100 jetons de laiton à 40tt le millier.
100tt   pour les coins.
18tt   pour le vin des ouvriers et port desd. jetons, presentés par lad. Ville aux étrennes de l'année 1688.

Total 13,962tt 10˙.

(KK 454, fol. 701 r°.)

CLIII.

1" mars 1688.

A Catherine Vanier, veuve de Pierre Alexandre Lefebvre, vivant M^d boursier fournissant la Ville, la somme de 1,036# 4^s, par mandement du 10 fevr. 1688 savoir :

264#	pour 11 bourses brodées d'or avec armes, de 24# chacune.
372#	62 bourses de velours à pommettes d'or de 6# chac.
300#	100 bourses à cordons de soie de 3# chacune, compris 8 bourses dans lesquelles les jetons de diverses devises ont été mis.
19# 4^s	2 douzaines de bourses blanches garnies et brodées de soie bleue de 16^s chacune.
36#	4 douzaines d'autres bourses de cuir blanc garnies et brodées de soie incarnat, de 9# la douzaine.
15#	5 douzaines de bourses de cuir blanc à 3# la douzaine.
30#	2 sacs de velours noir pour mettre les bourses des jetons présentés aux etrennes de lad. année 1688.

(KK 454, fol. 701 v°.)

CLIV.

25 février 1689.

A Catherine Vaniere, veuve de Pierre Alexandre Le Febvre, vivant M^d boursier fournissant la Ville, la somme de 994# 4^s par mandem^t en date du 11 fevr. 1689, savoir :

264#	pour 11 bourses brodées d'or avec armes de 24# chacune.
366#	61 bourses de velours à pommettes d'or de 6# chac.
284#	98 bourses velours à cordons de soie de 3# chac. compris 8 bourses dans lesquelles les jetons de differentes devises ont été mis.
19# 4^s	2 douzaines de bourses blanches brodées de soie bleue de 16^s chacune.
36#	4 douzaines d'autres bourses blanches brodées de soie incarnat, à 9# la douzaine.
15#	5 douzaines de bourses de cuir blanc de 3# la douzaine.

Somme totale 994# 4^s [1].

Lesquelles bourses ont servi à mettre les jetons d'argent et de laiton presentés aux etrennes de lad. année 1689.

(KK 454, fol. 704 r°.)

CLV.

3 mars 1689.

A Mr François Le Roy, commis de Mr Petit, ecuyer, Conseiller secretaire du Roy et Directeur

---

[1] On a souvent l'occasion de remarquer beaucoup d'inexactitude dans les chiffres; nous les avons transcrits tels quels.

général de la Monnoye du Roy pour les médailles et jetons d'argent aux galeries du Louvre, la somme de 13,754ᵗᵗ 10ˢ par mandement en datte du 11ᵉ fevrier 1689 sçavoir :

13,326ᵗᵗ 10ˢ pour 14,250 jetons d'argent qu'il a livrés pesant 392 marcs, 2 onces, à raison de 34ᵗᵗ le marc, argent et façon.
300ᵗᵗ   7,500 jetons de laton de 40ᵗᵗ le 1000.
100ᵗᵗ   pour les coins.
18ᵗᵗ   pour le vin des ouvriers et port desd. jetons, presentés aux étrennes de lad. année 1689.
Total 13,754ᵗᵗ 10ˢ.

(KK 454, fol. 703 r°.)

CLVI.

21 février 1690.

Aud. François Le Roy, commis de Mʳ Petit, ecuyer, Conseiller secretaire du Roy et Directeur general de la Monnoye du Roy pour les medailles et jetons aux galeries du Louvre, la somme de 13,943ᵗᵗ 18ˢ par mandement du 16 févr. 1690 savoir :

13,521ᵗᵗ 18ˢ pour 14500 jetons d'argent par lui delivrés, pesant 397 marcs, 5 onces, 5 gros, à raison de 34ᵗᵗ le marc argent et façon.
304ᵗᵗ   7,600 jetons de laiton à 40ᵗᵗ le millier.
100ᵗᵗ   pour les coins.
18ᵗᵗ   pour le vin des ouvriers et port desd. jetons, qui ont été presentés au commencement de ladite année 1690.
Somme totale 13,943ᵗᵗ 18ˢ.

(KK 455, fol. 529 r°.)

CLVII.

21 février 1690.

A Robert Taillebois et Catherine Vaniere, sa femme, auparavant veuve de Pierre Alexandre Lefebvre, vivant Mᵈ boursier fournissant la Ville, la somme de 1,015ᵗᵗ par mandemᵗ du 16 fevrier 1690 sçavoir :

264ᵗᵗ   pour 11 bourses brodées d'or avec armes de 24ᵗᵗ chac.
384ᵗᵗ   64 bourses velours à pommettes de 6ᵗᵗ chac.
297ᵗᵗ   99 bourses velours brodées de soie compris 8 bourses dans lesquelles les jetons de différentes devises ont été mis à raison de 3ᵗᵗ.
19ᵗᵗ 4ˢ   2 douzaines de bourses blanches brodées de soie bleue, de 16ˢ chacune.
36ᵗᵗ   4 douzaines d'autres bourses blanches brodées de soie incarnat, de 9ᵗᵗ la douzaine.
15ᵗᵗ   5 douzaines de bourses de cuir blanc à 3ᵗᵗ la douzaine.

Lesquelles bourses ont servi à mettre les jetons d'argent et laiton presentés aux étrennes de lad. année 1690.

(KK 455, fol. 529 v°.)

CLVIII.

20 février 1691.

A Robert Taillebois, boursier ord⁻ᵉ du Roy et Catherine Vaniere sa femme, auparavant veuve de Pierre Alexandre Lefebvre, Mᵈ boursier fournissant la Ville, la somme de 1032ᵗᵗ 4ˢ par mandemᵗ du 20 fevr. 1691, savoir :

242ᵗᵗ	pour 11 bourses brodées d'or avec armes de 22ᵗᵗ chacune.
390ᵗᵗ	65 bourses de vel. à pommettes d'or de 6ᵗᵗ chac.
300ᵗᵗ	100 bourses de velours brodées de soie, compris 8 bourses dans lesquelles les jetons d'argent de différentes devises ont été mis, à raison de 3ᵗᵗ chacune.
19ᵗᵗ 4ˢ	2 douzaines de bourses blanches brodées de soie bleue, de 16ˢ chac.
36ᵗᵗ	4 douzaines de bourses blanches brodées de soie incarnat, de 9ᵗᵗ la douzaine.
15ᵗᵗ	5 douzaines de bourses de cuir blanc de 3ᵗᵗ la douzaine.
30ᵗᵗ	2 grands sacs de velours noir servant à mettre les bourses des jetons d'argent présentés aux etrennes de lad. année.

Somme totale 1032ᵗᵗ 4ˢ.

(KK 455, fol. 531 r°.)

CLIX.

2 mars 1691.

Aud. François Le Roy, commis de Mʳ Petit, Conseiller secretaire du Roy et Directeur Genᵃˡ de la Monnoye du Roy pour les médailles et jetons d'argent aux galeries du Louvre, la somme de 14,505ᵗᵗ 13ˢ par mandemᵗ du 20 fevr. 1691 sçavoir :

6,765ᵗᵗ 3ˢ	pour 7,175 jetons d'argent pesant 187 marcs 7 onces, 3 gros à raison de 36ᵗᵗ le marc, argent et façon.
7318ᵗᵗ 10ˢ	7575 jetons d'argent pesant 215 marcs 2 onces à raison de 34ᵗᵗ le marc, argent et façon.
304ᵗᵗ	7600 jetons de laiton à 40ᵗᵗ le 1000.
100ᵗᵗ	pour les coins.
18ᵗᵗ	pour le vin des ouvriers et port desd. jetons présentés aux etrennes de lad. année.

Somme totale 14505ᵗᵗ 13ˢ.

(KK 455, fol. 530 v°.)

CLX.

25 janvier 1698.

A Joseph Roettiers, graveur ord⁻ᵉ du Roy, la somme de 100ᵗᵗ par mandement du 23 janv. 1698 pour avoir gravé les coins des jetons présentés aux etrennes du 1ᵉʳ jour de lad. année.

(KK 456, fol. 327 r°.)

CLXI.

25 mars 1698.

Fait depence le Comptable de la somme de 527ᵗᵗ 6ˢ 3ᵈ pour son remboursement de pareille

APPENDICES ET PIÈCES JUSTIFICATIVES. 275

somme qu'il a paiée et deboursée pour 400 jettons d'argent pezans 11 marcs, 1 once, 4 gros qu'il a acheptés pour parfaire la quantité de 6,400 jettons contenus en l'etat de distribution arrêté au bureau de la Ville le 31 decembre 1697 pour l'année 1698, le Sr Delaunay directeur de la monnoye, des jettons et medailles n'en ayant livré que six mil suivant le mandement rendu sur la partie precedente, ensemble pour la meme depence que le comptable a faite par les ordres de Mrs de la Ville au sujet de la distribution des jettons et autres droits, ainsy qu'il est contenu de l'ordonnance et consentement de M^{rs} de lad. Ville[1], du 25 mars 1698.

(KK 456, fol. 326 v°.)

CLXII.

14 avril 1698.

A Me Nicolas Delaunoy, Directeur gen^{al} de la fabrique des medailles et jettons de Sa Majesté établie aux galleries du Louvre, la somme de 5,394^{tt} 18^s par mandem^t du 25 mars 1698, sçavoir :

4,629^{tt} 13^s pour 6,000 jetons d'argent qu'il a livrés pesant 153 marcs, 3 gros, à raison de 30^{tt} 5^s le marc.

765^{tt} 5^s pour la façon et dechet desd. 153 marcs 3 gros, à raison de cent sols pour chacun marc. Total 5,364^{tt} 18^s.

Lesquels jetons ont eté donnés le 1er jour de lad. année 1698 aux princes, seigneurs et autres personnes.

(KK 456, fol. 326 r°.)

CLXIII.

25 juin 1698.

A Robert Taillebois, boursier ord^{re} du Roy et Catherine Vanier, sa femme, la somme de 532^{tt}, par mandement du 16 may 1698 pour les bourses qu'elle a faites et fournies et qui ont servi à mettre les jetons des étrennes de lad. année 1698, suivant leur mémoire arreté à lad. somme de 532^{tt}.

(KK 456, fol. 327 r°.)

CLXIV.

22 août 1697 et 26 août 1698.

A M^{rs} les Prevost des march^{ds}, Eschevins, Procureur du Roy, Greffier et au present comptable [2],

---

[1] Claude Bosc, seigneur d'Ivry-sur-Seine, procureur général de la Cour des aides, était Prévôt des marchands; il avait succédé en 1692 à Henri de Fourcy, et il fut continué jusqu'au mois d'août 1700. Au 25 mars 1698, il avait, pour Échevins, Mathurin Barroy et Guillaume Hesme, élus en 1696; Jean-François Sautreau, ancien conseiller de Ville, et Antoine de la Loire, procureur à la Chambre des comptes, élus en 1697.

[2] Claude Bosc siégeait encore à la mi-août 1697; les Échevins étaient les mêmes que ceux qui sont mentionnés ci-dessus; à la mi-août suivante, les

35.

la somme de 1812ᵗᵗ pour leurs droits d'après la mi-aoust des années 1697 et 1698, à raison de 906ᵗᵗ par an à eux dus et appartenants et qu'ils ont droit de prendre sur le domaine de la Ville à cause de leurs charges et offices, laquelle somme de 906ᵗᵗ pour chacune desdites deux années le comptable a mise et fraiée comptant suivant deux ordonn⁽ᶜᵉˢ⁾ des 22 aoust 1697 et 26 aoust 1698 en l'achat desd. droits sçavoir 432ᵗᵗ pour 900 jettons d'argent aux armes de la Ville pesant 18 marcs à raison de 24ᵗᵗ le marc argent et façon; 18ᵗᵗ pour 900 jettons de laton à 40ˢ le cent, 27ᵗᵗ pour neuf bourses de velours vert à 3ᵗᵗ chacune, 45ˢ pour neuf bourses de cuir à cinq sols chacune, etc. etc.

Lesquels droits montans à 906ᵗᵗ ont etés distribués à mesd. S⁽ʳˢ⁾ les Prevost des march⁽ᵈˢ⁾ Eschevins, Procureur du Roy, Greffier et present comptable ainsi qu'il est accoutumé et qu'il est mentionné auxd. deux ordon⁽ᶜᵉˢ⁾ susdattées.

(KK 456, fol. 304 r°.)

CLXV.

20 janvier 1699.

A Robert Taillebois et Catherine Vaunier, sa femme, auparavant veuve de Pierre Alexandre Lefebvre, M⁽ᵈ⁾ boursier fournissant la Ville, la somme de 492ᵗᵗ par mandem⁽ᵗ⁾ du 13 avril 1699, savoir :

260ᵗᵗ pour 13 bourses de toile d'or brodées à 20ᵗᵗ chacune.
208ᵗᵗ 52 bourses de velours à pommettes d'or de 4ᵗᵗ chacune.
24ᵗᵗ 4 douzaines de bourses de cuir blanc brodées de soie incarnat à 6ᵗᵗ la douzaine.

Lesquelles bourses ont servi à mettre les jetons donnés par M⁽ʳˢ⁾ de la Ville aux étrennes de lad. année 1699.

(KK 456, fol. 328 r°.)

CLXVI.

26 mai 1699.

A Hercules Le Breton, graveur ord⁽ʳᵉ⁾, la somme de 75ᵗᵗ par mandem⁽ᵗ⁾ du 22 may 1699, pour avoir gravé les coins des jetons d'argent donnés par M⁽ʳˢ⁾ de la Ville [1] aux etrennes de lad. année 1699.

(KK 456, fol. 328 r°.)

CLXVII.

2 juin 1699.

A M⁽ᵉ⁾ Nicolas Delaunay, Directeur g⁽ᵉᵃˡ⁾ de la fabrique des médailles et jettons établie aux galleries du Louvre, la somme de 5,775ᵗᵗ sçavoir :

deux premiers furent remplacés par François Regnault, quartenier, et François-Jean Dionis, notaire. Le procureur du Roi se nommait Maximilien Titon; il avait obtenu cette charge en 1684. Le greffier alors en fonctions était Jean-Baptiste-Martin Mitantier, qui devait être remplacé en 1698 par Jean-Baptiste Tailbout. Quant au receveur ou comptable, c'était Nicolas Boucot, fils du précédent, nommé en 1694. Cette charge se perpétuait ainsi dans la famille.

[1] Au 22 mai 1699, les officiers municipaux étaient les mêmes qu'au 26 août 1698.

APPENDICES ET PIÈCES JUSTIFICATIVES. 277.

4,550ᵗᵗ pour 6,519 jetons d'argent qu'il a livrés pesant 165 marcs à raison de 30ᵗᵗ le marc. et 824ᵗᵗ pour la façon dechet et grains de fin desd. 165 marcs à raison de cent sols pour chacun marc.

Lesquels jettons Mʳˢ de la Ville [1] donné le 1ᵉʳ jour de l'année 1699 aux princes et seigneurs et autres personnes denommées en l'état de distribution arreté au bureau de la Ville le dernier jour de decembre 1698.

(KK.456, fol. 327 v°.)

CLXVIII.

8 octobre 1699.

Fait depense le Comptable de la somme de 193ᵗᵗ 2ˢ par luy mise et deboursée comptant de l'ordonnance verballe du bureau sçavoir 182ᵗᵗ 2ˢ pour 200 jettons d'argent qu'il a donné aud. sieur Desgranges [2] et 11ᵗᵗ pour 2 bourses servant à mettre lesd. jettons, laquelle somme de 193ᵗᵗ 2ˢ le comptable a prise et retenue par ses mains des deniers de sa recette suivant le consentement de Messieurs de la Ville du 8ᵉ 8ᵇʳᵉ 1699 [3].

(KK 457, fol. 361 r°.)

CLXIX.

19 novembre 1700.

A Mʳ Nicolas Delaunay, Directeur gⁿᵃˡ de la fabrique des médailles et jettons de Sa Majesté etablie aux Galleries du Louvre, la somme de 182ᵗᵗ 13ˢ 9ᵈ par mandemᵗ du 19 9ᵇʳᵉ 1700 pour 200 jettons d'argent et façon d'iceux qu'il a fournis et qui ont esté delivrés à Monsieur Desgranges [3], premier commis de Mʳ de Pontchartrain Secretaire d'Etat en consideration des bons offices qu'il rend a la Ville.

(KK 457, fol. 361 r°.)

CLXX.

8 mars 1701.

A Nicolas Dorival, serviteur de la Ville, pareille somme de 100ᵗᵗ par mandemᵗ du 18 fevr. 1701, pour son remboursement de pareille somme qu'il a payée par les ordres de Messieurs de

[1] Mêmes Prévôt et Échevins qu'au 22 mai 1699.
[2] Ce sieur Desgranges était commis ou secrétaire de M. le comte de Pontchartrain, fils du chancelier de ce nom, et secrétaire d'État.
[3] Les Échevins en charge étaient alors François Regnault, François-Jean Dionis, Léonard Chauvin et Jean Hallé. Ces deux derniers étaient conseillers de Ville avant leur élection.

[*] M. de Pontchartrain, secrétaire d'État, avait remplacé son père, nommé chancelier de France, dans l'administration de la nouvelle Académie créée par Louis XIV, celle des inscriptions et médailles, qui reçut, en 1716, le titre d'Académie des inscriptions et belles-lettres. Les bons offices, dont parle ici le greffier, ont sans doute rapport aux jetons et médailles frappés pour la Ville.

la Ville à Mʳ de Santeül, Conseiller de Ville, pour une bourse de jettons et aux droits du premier jour de l'année que Messieurs de la Ville ont accordés au Conseiller garde sel dont l'office appartient à la compagnie des conseillers de lad. Ville[1].

(KK 457, fol. 362.)

CLXXI.

25 septembre 1701.

A Nicolas Dorival, serviteur de la Ville, la somme de 182ᵗᵗ par mandemᵗ du 22 7ᵇʳᵉ 1701, pour son remboursement de pareille somme qu'il a payée à Mᵉ Nicolas Delaunay, Directeur de la Monnoye des jettons et medailles, pour le prix de 200 jettons d'argent que Mʳˢ de la Ville ont ordonnés à Mʳ Desgranges, 1ᵉʳ commis de Mʳ Phelipeaux Secretaire d'Etat, pesant 5 marcs, 4 gros, à raison de 36ᵗᵗ le marc, argent et façon.

(KK 458, fol. 256 v°.)

CLXXII.

12 septembre 1701 et 22 septembre 1702.

A Mʳˢ les Prevost des marchands et Eschevins Procureur du Roy, Greffier et present Comptable[2] la somme de 1,812ᵗᵗ pour leurs droits d'après la mi août des années 1701 et 1702, à raison de 906ᵗᵗ par an laquelle somme de 906ᵗᵗ par chacune desd. deux années le comptable a mise et frayée comptant suivant deux ordonnances des 12 7ᵇʳᵉ 1701 et 22 7ᵇʳᵉ 1702 en l'achat de leurs droits sçavoir :

432ᵗᵗ	pour 900 jetons aux armes de la Ville, pesant 18 marcs, à raison de 24ᵗᵗ le marc, argent et façon.
18ᵗᵗ	900 jetons de laiton à 40· le 100.
27ᵗᵗ	pour 9 bourses de velours vert à 3ᵗ chacune.
45·	pour 9 bourses de cuir à 5· chacune.

Lesquels droits ont été distribués chaque année ainsi qu'il est accoutumé et qu'il est mentionné ausd. 2 ordonnances susdattées.

(KK 458, fol. 237 r°.)

CLXXIII.

15 juillet 1702.

A Nicolas Dorival, serviteur de la Ville, la somme de 89ᵗᵗ par mandᵗ du 11 juillet 1702, pour

---

[1] M. Claude de Santeul avait été nommé conseiller de Ville en 1690; il fut élu Échevin le 16 août 1701.

[2] Le Prévôt des marchands était Charles Boucher, chevalier, seigneur d'Orsay, conseiller d'État. Au 12 septembre 1701, les Échevins étaient Guillaume-André Hebert, quartenier, et François Crevon, élus en 1700; Claude de Santeul, conseiller de Ville, et Claude Guillebon, élus en 1701. L'année suivante, à la même date, les deux premiers Échevins furent remplacés par un quartenier, Michel Boutet, et un notaire au Châtelet, Hugues Desnotz. Le procureur du Roi et de la Ville était Nicolas-Guillaume Moriau, père du fondateur de la bibliothèque de la Ville; Nicolas Boucot était toujours receveur, et Jean-Baptiste Taitbout greffier.

son remboursement du prix de 100 jettons d'argent et une bourse donnés au Sr Dugué auditeur des comptes rapporteur de ceux de la Ville de 2 années finies le dernier 7bre 1701.

(KK 458. fol. 256 v°.)

CLXXIV.

7 octobre 1702.

A Mr Nicolas Delaunay, conseiller du Roy, Directeur de la Monnoye, des medailles et jettons d'argent aux galleries du Louvre, la somme de 184^{tt} 9^s à luy ordonnée par mandem^t du 28 7bre 1702, pour 200 jettons d'argent qu'il a fournis et qui ont eté presentés à Mr Desgranges M^e des ceremonies et 1er commis de Mr de Pontchartrain Secretaire d'Etat.

(KK 458, fol. 256 v°.)

CLXXV.

3 novembre 1703.

A Mr Nicolas Delaunay, Conseiller du Roy, Directeur de la monnoye des medailles et jettons d'argent aux galleries du Louvre, la somme de 278^{tt} 14^s à luy ordonnée par mand^t du 27 8bre 1703, pour 300 jettons d'argent qu'il a fournis et qui ont eté présentés à Mr Desgranges M^e des ceremonies, et 100 au Sieur Desgranges fils ayde des ceremonies.

(KK 459, fol. 368 v°.)

CLXXVI.

23 octobre 1704.

Fait depense le Comptable de la somme de 182^{tt} 14^s par luy payés par les ordres de M^{rs} les Prevost des March^{ds} et Eschevins pour le prix de 200 jettons d'argent qui ont esté par luy donnés à Mr Desgranges, M^e des ceremonies, suivant le consentement de mesd. sieurs de la Ville [1] du 23 8bre 1704.

(KK 459, fol. 369 r°.)

CLXXVII.

16 octobre 1705.

A Mr Nicolas de Launay, cons^{er} du Roy, Directeur de la Monnoye des jettons et medailles de Sa Majesté, la somme de 187^{tt} à luy ordonnée par mand^t du 15 8bre 1705, pour 200 jettons d'argent qu'il a fournis et qui ont esté presentés à Mr Desgranges M^e des ceremonies.

(KK 460, fol. 257 v°.)

CLXXVIII.

14 mai 1706 et 21 octobre 1706.

A M^{rs} les Prevost des marchands et eschevins procureur et ad^t du Roy, Greffier et au Comp-

---

[1] C'étaient Charles Boucher, seigneur d'Orsay, Prévôt des marchands; Marc-François Lay, Denis-François Regnard, Martin-Joseph Bellier et Antoine Baudin, Échevins. Les trois autres officiers municipaux, Moriau, Boucot et Taitbout sont mentionnés dans la note précédente.

280   LES JETONS DE L'ÉCHEVINAGE PARISIEN.

table[1] la somme de 1912^{tt} 13^s 4^d pour leurs droits d'apres la my-aoust des années 1705 et 1706, à raison de 956^{tt} 6^s 8^d par an... laquelle somme le Comptable a mise et frayée comptant *en l'achapt des jettons d'argent et de laiton, bourses de velours et de cuir blanc*, etc. etc.

Lesquels droits ont esté distribues chaque année à M^{rs} les Prevost des march^{ds} procureur et ad^t du Roy, greffier et aud. comptable ainsy qu'il est accoutumé et mentionné aux deux ordon^{ces} des 14 may et 21 8bre 1706.

(KK 460, fol...)

CLXXIX.

14 octobre 1706.

Fait depence le Comptable de la somme de 294^{tt} 10^s par luy payée et ordonnée au Sr de Launay directeur de la monnoye des jettons et medailles de Sa Majesté pour 3 bourses de jettons qu'il a fourny dont deux ont esté données à Mr Desgranges premier commis de Mr de Pontchartrain secretaire d'Etat, et une à Mr Etienne, auditeur des comptes raporteur de ceux des octrois de deux années finies le dernier 7bre 1705.

(KK 460, fol. 258 r°.)

CLXXX.

9 décembre 1707.

A Mr Nicolas de Launay, Con^{er} du Roy, Directeur de la fabrique des jettons et medailles de. Sa Majesté aux galleries du Louvre, la somme de 404^{tt} 7^s à luy ordonnée par mandement du 13 9bre 1707, pour 400 jettons d'argent qu'il a fournis et qui ont esté distribués aux assemblées du Conseil de Ville et à celles qui se font pour les céremonies publiques[1], en consequence du resultat du conseil de Ville du 8 avril 1707.

(KK 460, fol. 248 v°.)

CLXXXI.

22 décembre 1707.

Au S^r De Launay la somme de 302^{tt} pour 300 jettons d'argent qu'il a fournis et qui ont esté distribués aux assemblées du Conseil de Ville et à celles qui se font pour les ceremonies publiques, en consequence du resultat du conseil de Ville du 8 avril 1707.

(KK 460, fol. 249 r°.)

CLXXXII.

22 décembre 1707.

Aud. Sr Delaunoy la somme de 201^{tt} 8^s par mand^t du 11 decembre 1707 pour 200 jet-

---

[1] Le Prévôt des marchands, le Procureur du Roi, le Greffier et le Receveur continuent de remplir les mêmes fonctions. Les Échevins en exercice sont, à la mi-août 1705, Bellier et Baudin, élus en 1704, et Antoine Mélin, notaire au Châtelet, conseiller de Ville, et Henri Boutet, notaire au Châtelet, élus en 1705. Le 16 août de l'année suivante, les deux premiers sont remplacés par Guillaume Scourjon, quartenier, et Nicolas Denis, huissier ordinaire des conseils du Roi.

tons d'argent qu'il a fournis et qui ont esté presentés à M⁺ Desgranges 1ᵉʳ commis de M⁺ de Pontchartrain Secretaire d'Etat, au mois d'aoust 1707.

(KK 461, fol. 341 r°.)

CLXXXIII.

31 mars 1708 et 27 novembre 1708.

A M⁺ˢ les Prevost des march⁺ˢ, Eschevins, Procureur et Avocat du Roy, Greffier et au Comptable[1] la somme de 1,912ᵗᵗ 13ˢ 4ᵈ pour leurs droits d'apres la my-aoust des années 1707 et 1708, à raison de 956ᵗᵗ 6ˢ 8ᵈ par an à eux deue et appartenante et qu'ils ont droit de prendre sur le domaine de la Ville à cause de leurs charges et offices, laquelle somme de 956ᵗᵗ 13ˢ 4ᵈ pour chacune des deux années le Comptable a mise et frayée comptant en l'achapt des jettons d'argent et de laton, bourses de velours et de cuir blanc, etc. etc. (Omission des autres parties de la dépense étrangères aux jetons.)

Lesquels droits montans à 956ᵗᵗ 6ˢ 8ᵈ ont esté distribués à mesd. Sʳˢ les Prevost des marchands, Eschevins, Procureur et Avocat du Roy et aud. Comptable ainsy qu'il est accoutumé et mentionné aux deux ordon⁽ᶜᵉˢ⁾ des 31 mars 1708 et 27 novembre aud. an.

(KK 461, fol. 314 v°.)

CLXXXIV.

28 septembre 1708.

A M⁺ Nicolas De Laünoy, Cons⁺ʳ du Roy, Directeur de la fabrique des jettons et medailles de Sa Majesté aux galleries du Louvre, la somme de 907ᵗᵗ 5ˢ par mand⁺ du 28 7ᵇʳᵉˢ 1708, pour 916 jettons qu'il a fournis et qui ont esté distribués aux assemblées du Conseil de Ville et à celles qui ont esté faites pour les ceremonies publiques depuis le 16 aoust 1707 jusques au 14 aoust 1708, suivant le résultat du Conseil de Ville du 8 avril 1707.

(KK 461, fol. 322 v°.)

CLXXXV.

28 septembre 1708.

Aud. S⁺ de Launay la somme de 187ᵗᵗ par mand⁺ du 28 7ᵇʳᵉ 1708, pour 200 jettons d'argent qu'il a fournis et qui ont esté délivrés à M. Desgranges au mois d'aoust 1708.

(KK 461, fol. 341 v°.)

CLXXXVI.

12 octobre 1708.

A M⁺ Nicolas Delaunay, etc. etc. la somme de 89ᵗᵗ à luy ordonnée par mandement du 12 8ᵇʳᵉ

---

[1] Les Prévôt, Procureur, Greffier et Receveur mentionnés dans cette pièce sont toujours les mêmes. Les Échevins se nommaient, en 1707, Guillaume Scourjon, Nicolas Denis, Étienne Perichon et Jacques Pyart; les deux premiers eurent, l'année suivante, comme successeurs, René-Michel Blouin, quartenier, et Philippe Regnault. Au 15 août 1708, Jérôme Bignon, si connu dans les fastes de l'Édilité parisienne, succéda à Charles Boucher et resta Prévôt jusqu'en 1716.

1708, pour 100 jettons d'argent qu'il a fournis et qui ont esté presentés à M^r .... Rousseau, Auditeur des comptes, Raporteur du compte des octrois de deux années finies en 7bre 1708.

(KK 461, fol. 341 r°.)

CLXXXVII.

15 juin 1709.

A Catherine Lallemande veuve d'Antoine Barthelemy Collot, marchande boursiere, la somme de 614^{tt} 5^s à elle ordonnée par mand^t du 14 juin 1709 pour les bourses tant brodées aux armes que bourses de velours à pommettes d'or qu'elle a fournies, pour les jettons d'argent que Mrs de la Ville [1] ont presentés aux etrennes de l'année 1709, suivant son memoire arreté à lad. somme de 614^{tt} 5^s paiés.

(KK 461, fol. 343 r°.)

CLXXXVIII.

18 juin 1709.

A Me Nicolas Delaunay, Directeur G^{nal} de la fabrique des jettons et medailles, la somme de 8,048^{tt} par mand^t du 14 may 1709 pour 7,600 jettons d'argent qu'il a fournis, ensemble pour la façon desd. jettons qui ont esté distribués aux princes et seigneurs de la Cour et à M^{rs} les ministres et autres personnes denommées en l'etat arreté au bureau de la Ville le 1er jour de l'année 1709 pour etrennes, compris 18^{tt} pour le vin des ouvriers monnoyeurs.

(KK 461, fol. 342 v°.)

CLXXXIX.

20 novembre 1709.

Au Sieur Delaunay la somme de 186^{tt} 18^s par mand^t du 18 9bre 1709, pour 200 de jettons d'argent qu'il a fournis et qui ont esté presentés à mond. sieur Desgranges au mois d'aoust 1709.

(KK 461, fol. 341 v°.)

CXC.

3 mars 1710 et 10 juillet 1711.

A Messieurs les Prevost des marchands, Eschevins, Procureur et Avocat du Roy et au Comptable [2] la somme de 1,912^{tt} 13^s 4^d pour leurs droits d'apres la my aoust 1709 et 1710, à raison de 956^{tt} 6^s 8^d par an etc. (voir la pièce du tome 461, f° 314 v°), suivant les deux ordonnances du 13 mars 1710 et 10 juillet 1711.

(KK 462, fol. 438 v°.)

[1] Le Bureau de la Ville n'avait pas éprouvé de changement.

[2] Jérôme Bignon était Prévôt des marchands; Moriau, Procureur du Roi et de la Ville; Nicolas Boucot, Receveur, et Jean-Baptiste Taitbout Greffier.

Les Échevins en charge, à la mi-août 1709, étaient Blouin, Regnault, Chauvin et Claude Le Roy. L'année suivante, les deux premiers, ayant achevé leur temps d'exercice, furent remplacés par Louis Hazou et Pierre-Jacques Brillon.

APPENDICES ET PIÈCES JUSTIFICATIVES.

CXCI.

24 mai 1710.

A M. Nicolas Delaunay, Cons^{er} du Roy, Directeur G^{al}.... la somme de 197^{tt} par mand^t du 20 may 1710, pour 200 jettons d'argent qu'il a fournis et qui ont été donnés à MM. du Clergé de France.

(KK 462, fol. 473 v°.)

CXCII.

24 mai 1710.

A Me Nicolas Delaunay, etc. etc................................
.... la somme de 402^{tt} 7^s 3^d pour 400 jettons d'argent qu'il a fournis et qui ont été donnés à Me Desgranges 1er commis de Mr de Pontchartrain, Secretaire d'Etat, lad. somme donnée aud. Delaunay par mand^t du 20 may 1710.

(KK 462, fol. 474 r°.)

CXCIII.

14 aoùt 1710.

Fait depense de la somme de 700^{tt} payée et distribuée à M^{rs} les Eschevins, Procureur du Roy, et au present Comptable, pour et au lieu des jettons d'argent que Messieurs du Clergé avoient accoutumé de donner aux officiers du bureau de la Ville pour leur droit d'assistance à leur assemblée tenue aux Augustins au mois d'avril 1710, suivant le consentement de Messieurs les Prevost des march^{ds} et Eschevins du 14 aoust 1710 [1].

(KK 462, fol. 474 r°.)

CXCIV.

15 décembre 1710.

A Me Nicolas Delaunay, Dir^r de la fabr. des jettons et medailles de S. Maj^{té}, la somme de 89^{tt} pour une bourse de 100 jettons d'argent presentée à Mr André, Auditeur des comptes, Rapporteur du compte des octrois de lad. Ville d'une année finie au dernier jour de 7bre 1708.

(KK 462, fol. 467 r°.)

CXCV.

27 janvier 1711.

A Me Louis Delaunay, Directeur de la fabrique des medailles et jettons de sa Majesté aux galleries du Louvre, la somme de 1290^{tt} 6^s 9^d pour la quantité de 1290 jettons d'argent pesant 33 marcs 6 gros, distribués au bureau de la Ville et à Messieurs les conseillers de Ville et quar-

---

[1] Le Bureau de la Ville était constitué comme il est dit dans la note précédente.

teniers qui se sont trouvés aux assemblées du Conseil de Ville et aux ceremonies publiques depuis le 5 7bre 1708 jusque au 22 mars 1710, suivant l'état extrait desd. assemblées.

(KK 462, fol. 449 v°.)

CXCVI.

4 février 1712.

Aud. Sr Delaunay la somme de 1209^{tt} par mand^t du 22 7bre 1711, pour les jettons qu'il a fournis, et qui ont eté distribués, etc. etc. . . . .
. . . . pour assistance aux assemblées du Conseil de Ville et ceremonies publiques depuis le 9 juillet 1710 jusque et compris le 12 août 1711.

(KK 462, fol. 450 r°.)

CXCVII.

22 août 1711.

Aud. Sr Delaunay la somme de 428^{tt} 10^s par mand^t du 18 juillet 1711, pour 400 jettons qu'il a fournis et qui ont été presentés à M. Desgranges M^e des ceremonies.

(KK 462, fol. 474 v°.)

CXCVIII.

4 février 1712.

Aud. Sr Delaunay la somme de 330^{tt} par mand^t du 22 decemb. 1711, pour 300 jettons qu'il a fournis pour la Ville.

(KK 462, fol. 474 v°.)

CXCIX.

14 juillet 1712.

A Catherine Lallemandé, veuve Collot, la somme de 6^{tt} par mand^t du 36 juillet 1712, pour neuf bourses de velours à pommettes d'or par elle fournies depuis le 13 9bre 1709 jusqu'au 28 mars 1710.

(KK 462, fol. 475 v°.)

CC.

12 août 1712 et 12 juillet 1713.

A Messieurs les Prevost des marchands, Eschevins, Procureur et Avocat du Roy, Greffier et au Comptable la somme de 1,812^{tt} pour leurs droits d'après la my aoust 1711 et 1712 laquelle somme de 1,812^{tt} pour les deux années le Comptable a mise et frayée comptant en l'achapt des jettons d'argent et de laton, bourses de velours et de cuir blanc (omission des autres parties de la dépense) . . . . . . à eux distribués ainsy qu'il est accoutumé et mentionné aux deux ordonnances du 12 aoust 1712 et 12 juillet 1713.

(KK 463, fol. 442 v°.)

APPENDICES ET PIÈCES JUSTIFICATIVES.   285

CCI.

24 novembre 1712.

A M° Nicolas Delaunay, Conseil.' Directeur de la fabrique et monnoye des medailles et jettons de Sa Majesté, la somme de 764^{tt} 10^s 6^d par mande^t du 25 8bre 1712 payé aud. Delaunay.

(KK 463, fol. 502 r°.)

CCII.

10 décembre 1712.

A Jean Baptiste Duplessis, serviteur de la Ville, la somme de 87^{tt} par mand^t du 7 x^{bre} 1712, pour son remboursem^t d'une bourse de 100 jettons d'argent donnés à M° Dugué, Auditeur des comptes, Raporteur des comptes des octroys de la ville d'une année finie le dernier 7bre 1709 payée.

(KK 463, fol. 498 r°.)

CCIII.

13 mai 1713.

A M° Nicolas Delaunay, Directeur, etc. etc..... la somme de 1,262^{tt} 16^s 3^d par mande^t du 8 may 1715 pour 1,245 jettons d'argent qu'il a fournis et qui ont été distribués au bureau de la Ville et à Messieurs les Conseillers de Ville, les Quarteniers qui se sont trouvés aux assemblées du Conseil de Ville et aux ceremonies publiques depuis le 18 aoust 1711 jusques au 18 aoust 1713.

(KK 463, fol. 453 v°.)

CCIV.

1er août 1714.

A M° Nicolas Delaunay la somme de 1,667^{tt} 10^s pour les jettons d'argent qu'il a fournis et qui ont été distribués au Bureau de lad. Ville, Conseil^{rs} et Quartiniers, à cause des assemblées du Conseil de Ville et ceremonies publiques depuis le 18 aoust 1712 jusqu'au 6 aoust 1713.

(KK 463, fol. 454 r°.)

CCV.

1er août 1714.

Audit Sr Delaunay la somme de 254^{tt} 9^s par mandem^t du dernier juillet 1714 pour 200 jettons d'argent qu'il a fournis et qui ont été donnés à Messieurs Bartet et Delamer au mois de janvier 1714.

(KK 463, fol. 502 r°.)

CCVI.

14 août 1714 et 30 juillet 1715.

A Messieurs les Prevost des marchands, Eschevins, Procureurs, Avocats du Roy, Greffier et au Comptable la somme de 1,912^{tt} 13^s 4^d pour leurs droits d'après la my-aoust 1713 et 1714.... laquelle somme de 1,912^{tt} 13^s 4^d pour les deux années le Comptable à frayée comptant en l'achapt de jettons d'argent et de laton, bourses de velours et cuir blanc..... lesquels droits, montant chaque année à 956^{tt} 6^s 8^d, ont été distribués auxd. sieurs susnommés, ainsy qu'il est accoustumé et mentionné aux deux ordon^{ces} des 14 aoust 1714 et 30 juillet 1715.

(KK 463, fol. 359 v°.)

CCVII.

17 août 1714.

A Me Nicolas Delaunay, Directeur de la fabrique des jettons et medailles de Sa Majesté, la somme de 314^{tt} par mandem^t du 14 août 1714 pour 300 jettons d'argent qu'il a fourny et qui ont été distribués sçavoir 200 à M^r l'abbé Renaudot à cause de la gazette qu'il a fourny au Bureau de la Ville pour les années 1712 et 1713; et 100 autres qui ont été donnés à Mr Dubos Secretaire de l'Académie des inscriptions en l'année 1713.

(KK 464, fol. 386 r°.)

CCVIII.

20 octobre 1714.

A Me Nicolas Delaunay, etc. etc. la somme de 89^{tt} par mandem^t du 18 8bre 1714 pour une bourse de 100 jettons d'arg^t presentée à Mr Vigneron, Cons^{er} du Roy, Auditeur des comptes, Raporteur des comptes des octroys d'une année finie en 7bre 1710.

(KK 464, fol. 383 r°.)

CCIX.

26 juillet 1715 et 20 juillet 1717.

A Messieurs les Prevost des march^{ds}, Eschevins, Procureur, Avocat du roy, Greffier et au Comptable la somme de 1,912^{tt} 13^s 4^d pour deux années laquelle le Comptable a mise et frayée en l'achat de jettons d'argent et de laton, bourses de velours et cuir blanc, etc. etc. (omission des autres parties de la dépense). Lesquels droits, montant chaque année à 966^{tt} 6^s 8^d, ont esté distribués aux susdits denommés suivant les deux ordonnances des 26 juillet 1715 et 30 juillet 1717.

(KK 465, fol. 408 r°.)

CCX.

28 juillet 1716.

Fait depense le Comptable de le somme de 100^{tt} pour la valeur d'une bourse de jettons d'argent donné au Sʳ Abbé Renaudot pour la gazette de l'année 1716 suivant le consentement de Mʳˢ les Prevost des Mᵈˢ et Eschevins du 28 juillet aud. an.

(KK 465, fol. 441 v°.)

CCXI.

21 août 1716.

A Catherine Lalmande, veuve de Berthellemy Antoine Collot, maîtresse boursiere, la somme de 72ᵗᵗ par mandemᵗ du 28 juillet 1716, pour les bourses de velours à pommettes d'or qu'elle a fourny jusques au 18 janvier 1716.

(KK 465, fol. 442 r°.)

CCXII.

17 février 1717.

A Mᵉ Nicolas Delaunay, Directeur, etc... la somme de 3,899ᵗᵗ 15ˢ par mandemᵗ du 13 aoust 1716, pour 3,822 jettons d'argent qu'il a fournis et qui ont esté distribués aux assemblées du Conseil de Ville et ceremonies publiques des années 1714 et 1715 jusqu'au 25 juin 1716.

(KK 405, fol. 441 r°.)

CCXIII.

18 octobre 1717.

Aud. Mᵉ Delaunay la somme de 2,824ᵗᵗ 10ˢ par mandemᵗ du 28 may 1717 pour les jettons qu'il a fournis tant pour distribuer au Bureau de la Ville, Conseillers et Quartiniers qui se sont trouvés aux assemblées du Conseil de Ville et ceremonies publiques depuis le 12 7ᵇʳᵉ 1715, jusqu'au 15 aoust 1716, que pour autres distributions, lesd. jettons fournis depuis et compris le 16 aoust 1717.

(KK 465, fol. 441 v°.)

CCXIV.

23 octobre 1717.

A lad. veuve Collot la somme de 156ᵗᵗ par mandemᵗ du 20 juillet 1717 pour les bourses de velours à pomette d'or qu'elle a fournies pour lad. Ville, depuis le 28 janvier 1716 jusqu'au 8 mars 1717, suivant son memoire arresté à lad. Ville.

(KK 465, fol. 442 r°.)

CCXV.

15 novembre 1717.

A Mʳ Nicolas Delaunay, Directeur de la fabrique des jettons et médailles de Sa Majesté, la somme de 89ᵗᵗ par mandemᵗ du 15 xᵇʳᵉ 1717 pour une bourse de 100 jettons d'argent qu'il a fournie et qui ont esté presentés à Mr de Selle, Auditeur des comptes, Raporteur des comptes des octroys de la Ville d'une année finie le 30 septembre 1711.

(KK 465, fol. 438 r°.)

CCXVI.

4 mars 1720.

A Catherine Lallemandé, Ve de Barthelemy Jacques Collot, la somme de 72^{tt} par mandem^t du 14 x^{bre} 1719 pour les bourses de velours par elle fournies dans le mois de x^{bre}.

(KK 467, fol. 98 r°.)

CCXVII.

1er juin 1720.

Au Sr Nicolas Delaunay, Cons^{er} du Roy, Directeur de la fabrique des jettons et médailles de S. M., la somme de 628^{tt} par mandem^t du 12 may 1710 pour le prix des jettons d'argent qu'il a fournis tant pour la distribution ordinaire au sujet des assemblées du Conseil de Ville et ceremonies publiques depuis le 17 aoust 1718 jusqu'au 17 aoust 1719, que pour autres rétributions jusqu'au 29 janv. 1720.

(KK 467, fol. 97 r°.)

CCXVIII.

1er juillet 1720 et 28 juillet 1721.

A Messrs les Prevost des M^{ds}, Echevins, Proc^r du Roy, Avocat du Roy, Greffier et au Comptable la somme de 1912^{tt} 13^s 4^d pour leur droit d'après la my aoust 1719 et 1720, laq^{uelle} somme de 1912^{tt} 13^s 4^d pour lesd. deux années le Comptable a mise et payée en l'achapt de jettons d'argent et de laton, bourses de velours et cuir blanc etc. etc. (omission des autres parties de la depense), lesquels droits, montant chaque année à 956^{tt} 6^s 8^d, ont esté distribués aux susdits designé suivant les deux consentemens des 1er juillet 1720 et 18 juillet 1712.

(KK 467, fol. 56 r°.)

CCXIX.

16 septembre 1720.

Au Sr Duplessis la somme de 100^{tt} par mand^t du 1er juillet 1720 pour son remboursement de pareille somme qu'il a payée au Sr Abbé Renaudot pour et au lieu de 100 jettons d'argent à cause de la gazette qu'il a fournie aux officiers du Bureau de la Ville pendant l'année 1720 par quittance du 16 7bre 1720.

Ne fait cy depense le Comptable de pareille somme de 100^{tt} sous le nom dud. Duplessis pour la gazette fournie aux affaires du Bureau de la Ville pendant l'année 1711, attendu qu'à commencer de lad. année il a été donné pour lesd. gazettes une bourse de 100 jettons d'argent au lieu desd. 100^{tt}.

(KK 467, fol. 96 v°.)

CCXX.

28 janvier 1721.

A Marie Bouchet la somme de 182^{tt} 10^s par mand^t du 21 janv. 1721 pour le prix de 25 bourses de velours à pomettes d'or par elle fournies à raison de 7^{tt} chacune, et pour 36 bourses de cuir à 4^s 2^d la pièce.

(KK 467, fol. 98 v°.)

CCXXI.

19 juillet 1721.

Aud. Sr de Launay, la somme de 1,600^{tt} par mandem^t du 3 juillet 1720 pour les médailles par luy fournies le 2 juillet 1720, y compris les carrez et la façon, suivant son mémoire arrêté à lad. somme de 1600^{tt}.

(KK 467, fol. 97 v°.)

CCXXII.

3 juin 1722.

A Jacques Menard, marchand à Paris, la somme de 162^{tt} par mandem^t du 28 may 1722 pour les bourses de velours et de cuir qu'il a fournies les 28 avril et 24 x^{bre} 1721.

(KK 467, fol. 99 r°.)

CCXXIII.

10 juillet 1722.

Aud. Sr Delaunay, la somme de 2,158^{tt} 12^s 8^d par mandem^t du 8 aoust 1721, pour les médailles d'argent tant grandes que petites, representant le Roy Louis 15 et au revers une inscription latine, qu'il a fourni, compris les matières et façon, et qui ont été distribuées au Bureau de la Ville et aux Conseillers et Quarteniers d'icelle, à cause de leurs peines et vaccations pour la police et distribution des bois en l'année 1720, payée par quittance du 10 juillet 1722.

(KK 467, fol. 97 v°.)

CCXXIV.

Même date.

Aud. Sr Delaunay, la somme de 10,605^{tt} 11^s 1^d par mandem^t du 8 aoust 1721 pour le prix des jettons d'argent qu'il a fournis tant pour la distrib^{on} ordinaire au sujet des assemblées du Conseil de Ville et ceremonies publiques depuis le 15 aoust 1729 jusqu'au 4 juillet 1720, à Mrs du Bureau et autres officiers de la Ville, payée par quittance du 10 juillet 1722.

(KK 467, fol. 98 r°.)

CCXXV.

10 juillet 1722.

Aud. S⁻ Delaunay, la somme de 400ᵗᵗ par mandᵗ du 8 aoust 1721 pour son remboursement de deux carrés qu'il a fait graver aux armes de Mʳ de Chateauneuf, Prevost des Mᵈˢ, pour la fabrique et monnoyage des jettons de la Ville, payée par quittance du 10 juillet 1722.

(KK 467, fol. 98 v°.)

II.

EXTRAITS DU *MERCURE* [1].

(1680-1758.)

1680 (janvier).

JETONS [2].

.... Je ne puis m'éloigner de cette matière sans vous faire part d'une planche que j'ay

---

[1] Le *Mercure* date de 1672. Il parut d'abord avec l'épithète de *galant*, soit parce que le goût du temps était à la galanterie, soit parce que l'éditeur de ce périodique feignait d'adresser à une dame les nouvelles qu'il recueillait pour le public. Il conserva cette qualification jusqu'en 1714-1715.

La mort de Louis XIV et les désastres dont elle fut précédée semblent avoir rappelé à des idées plus graves les écrivains qui participaient à la rédaction de ce recueil. On voit bien paraître encore, en 1715-1716, un *Nouveau Mercure galant;* mais en 1717 ce n'est plus que le *Nouveau Mercure*, sans aucune galanterie, puis le *Mercure* tout court, le *Mercure de France* et le *Mercure français*.

Les premiers rédacteurs du recueil ont été Donneau de Vizé et Charles Rivière du Fresny; les derniers furent La Harpe, Marmontel, Framery et Mallet du Pan.

Parmi les nouvelles que répandait le *Mercure*, figurent, avec des détails fort intéressants, l'annonce et la description des jetons qu'on frappait à Paris dans les premiers mois de chaque année. Le sujet de ces petits monuments métalliques, face et revers, les représentations emblématiques qu'on y plaçait, l'invention ou l'adaptation des devises, les allusions à chercher, les événements contemporains à rappeler symboliquement, les noms des graveurs et des auteurs de légendes à faire connaître au public, tout devenait, à cette époque paisible et lettrée, matière à curiosité intelligente. Les jetons étaient la grande nouveauté de l'année; ils partageaient la vogue des étrennes, des pièces nouvelles, et ils leur ont survécu.

Dans les extraits que nous donnons, on remarquera que les jetons municipaux occupent une des dernières places. Nous aurions pu négliger les autres; mais c'eût été réduire nos citations à très-peu de chose et enlever aux descriptions du *Mercure* une grande partie de leur intérêt. Il nous a semblé préférable de reproduire l'ensemble des informations publiées par les rédacteurs de ce recueil.

Les autres périodiques du temps, quoique fort au courant des choses littéraires et artistiques, disent très-peu de choses des jetons; la *Gazette de Hollande* n'en parle pas; le *Journal de Verdun*, rédigé par Bonamy, historiographe et bibliothécaire de la Ville, les mentionne à peine; les *Mémoires de l'Académie des inscriptions* ne s'en occupent qu'au point de vue du texte des devises et légendes. Notre seconde série de pièces justificatives comprend donc presque exclusivement des extraits faits au *Mercure*, entre les années 1680 et 1758. A partir de cette dernière époque, il n'en est plus question dans le recueil; des préoccupations d'un autre ordre s'imposent au public et relèguent les jetons au second plan.

Le lecteur voudra bien remarquer que les collections complètes du *Mercure* sont devenues extrêmement rares, et que les reproductions de ce genre sont presque de l'inédit. — C. M. T.

[2] A ce numéro du *Mercure* est jointe une planche gravée, portant ce titre : *Jettons de l'année 1680, avec la médaille de la paix*.

fait graver. Elle est assez curieuse pour me donner lieu de croire que vous en verrez toutes les devises avec plaisir.

La médaille qui est au milieu, avec son revers, a esté faite pour Sa Majesté à l'occasion de la Paix. Tout ce qui environne cette médaille marque les jettons de l'année 1680, où nous commençons d'entrer. Vous sçavez, Madame, qu'on en fait de nouveaux d'or et d'argent tous les ans et qu'il s'en distribuë beaucoup de bourses aux principaux officiers des maisons royales. Celuy qui a la direction de la Monnoye y fait travailler. C'est un employ qui ne se donne jamais qu'à un habile homme. Vous jugez bien qu'il doit estre particulièrement consommé dans la connoissance des médailles. Les sujets de ces jettons sont tous inventez par des personnes choisies, et, comme on ne peut trop bien exécuter ces sortes d'ouvrages, on y employe les plus excellens graveurs. Le nombre en est grand en France depuis qu'on prend soin d'y cultiver les beaux arts. Je n'ay mis icy que les revers des jettons dont le portrait du Roy fait la face droite, non seulement à cause que je l'ay déjà fait graver en d'autres planches, mais parce que vous l'allez trouver très-ressemblant dans la grande médaille de la paix qui est au milieu de celle-cy. En voicy l'explication dans l'ordre des chifres :

I.

Face droite de la médaille de la paix faite à la gloire du Roy. On y voit le portrait de Sa Majesté.

II.

Revers de cette médaille. Elle a esté dessinée par M. Le Brun[1], qui en avoit receu l'ordre de M. Colbert et qui l'a remise entre les mains de M. Cheron pour la graver. Le Roy y est peint ayant le manteau royal, et armé dessous. Il est assis sur un cube et tient un baston de commandement d'une main et de l'autre une couronne d'olivier qu'il pose sur le globe de la terre que la Victoire vient lui offrir, le tout accompagné de ces mots : ORBIS PACATORI. Cet habillement, moitié de guerre et moitié de paix, montre que le Roy estoit disposé à l'une et à l'autre. Le cube qui lui sert de siége marque la constance de ses résolutions. Comme il pouvoit conquérir toute la terre, il n'est pas surprenant que la Victoire luy en vienne offrir le globe, mais il l'est beaucoup qu'en posant dessus une couronne d'olivier, il fasse connoistre que le repos de l'Europe lui est plus cher que tous les avantages qui luy estoient seûrs par la continuation de la guerre.

M. Charpentier[2], de l'Académie françoise, est l'inventeur de cette médaille. C'est luy qui a fait la plûpart de celles qui sont pour le Roy. Je vous en ay déjà envoyé plusieurs de luy; mais, comme je ne sçavois pas qu'il les eust faites, parce qu'il ne cherche point à estre connu, je ne vous l'ay point nommé: Ce qu'il y a de fâcheux, c'est qu'il s'est glissé des fautes dans quelques-unes et qu'il les en auroit purgées, si j'avois pu en conférer avec luy. Cela ne fait rien contre sa gloire, ses ouvrages répondant et de la justesse de ses pensées et de la solidité de son esprit.

---

[1] Il s'agit ici du fameux peintre Le Brun, né à Paris en 1619 et mort en 1690.

[2] Charpentier (François) était né à Paris en 1620; il mourut à l'âge de 82 ans. Il fut nommé membre de l'Académie française, en 1651, et, lors de la fondation de l'Académie des inscriptions, Colbert le plaça à la tête de cette institution nouvelle. Charpentier prit part à la fameuse querelle qui s'éleva au sujet des anciens et des modernes. Il soutint, contre ceux-là mêmes qu'on auroit pu opposer aux anciens, la prééminence des modernes, et publia, pour défendre son opinion, des pamphlets qui lui attirèrent les épigrammes de Boileau. Outre les nombreuses devises qu'il composa pour les médailles et pour les jetons, il publia une traduction de la *Cyropédie* et une *Vie de Socrate*.

Toutes les devises que vous allez voir sont employées dans les jettons qui ont esté faits cette année.

III.

Pour le trésor royal.

Un soleil qui éclaire la terre de ses rayons, avec ces mots :

DITAT INEXAVSTVS (sic).

Le mesme M. Chéron a gravé cette devise dont l'invention est deue à M. Quinaut[1]. Le soleil, sans qu'il s'épuise jamais, répand ses rayons sur la terre pour l'enrichir. C'est la figure du Roy qu'on peut regarder comme une source inépuisable de biens qu'il fait continuellement couler sur ses sujets. C'est aussi une image du trésor royal, qui, sans s'estre jamais épuisé, distribue incessamment de grandes sommes qui se répandent ensuite dans toute la France.

IV.

Pour les bastimens.

Un diamant, avec ces paroles :

ARGVIT AVTHOREM SPLENDOR.

Cette devise, gravée par M. Rottier, qui est ce bon graveur tiré d'Angleterre, est de M. Tallemant[2] le jeune. Le diamant est formé par le soleil dans les entrailles de la terre, et il jette un feu si beau, qu'on connaît bien que tant de brillant ne sçauroit venir que de ce bel astre. Le rapport en est fort juste avec les bastimens que le Roy fait faire. Ils sont d'une magnificence qui ne peut partir que d'un prince aussi puissant et aussi somptueux en toutes choses que Louis le Grand.

V.

Pour les revenus casuels.

Un cerf avec son bois fort petit, parce qu'il ne commence encore qu'à pousser, ayant à ses pieds le vieux bois qu'il a quitté et ces mots pour âme

HŒC VIRES JACTVRA NOVAT.

Comme le cerf acquiert de nouvelles forces lorsqu'il se défait de son vieux bois pour en reprendre un nouveau, de même l'officier qui paye le droit annuel est assuré de ne point perdre sa charge et la renouvelle ainsi tous les ans. La devise est de M. Perraut[3], de l'Académie françoise, et elle a esté gravée par M. Loire.

---

[1] Quinault (Philippe), célèbre poëte français, naquit en 1635 et mourut en 1688. Nous n'avons pas à parler ici de ses ouvrages. Reçu à l'Académie française en 1670, il fut choisi par Colbert pour faire partie de l'Académie des inscriptions, lors de sa fondation.

[2] L'abbé Tallemant (Paul), dit le jeune, pour le distinguer de ses deux cousins, François et Gédéon Tallemand des Réaux, né en 1642, mourut en 1712. Membre de l'Académie française et de l'Académie des inscriptions, dont il fut longtemps le secrétaire, il composa un grand nombre de devises pour médailles et jettons. On lui doit, entre autres ouvrages, une *Histoire de Louis XIV, par les médailles*, publiée en 1702.

[3] Charles Perrault, né en 1628, frère du cé-

VI.

Pour la marine.

La boussole, qui est le corps de la face droite de cette devise, a esté trouvée par M. Tallemant le jeune avec ces mots qui luy servent d'âme :

HOC, MARIA OMNIA, DVCE.

Cela fait voir que, comme avec la boussole les pilotes ne craignent jamais de s'égarer et vont seûrement dans toutes les mers, ainsi avec M. l'admiral, qui est tout plein de courage et sçavant dans l'art de navigation, les vaisseaux du Roy iront sans rien craindre dans les plages les plus écartées et porteront la terreur des armes de Sa Majesté chez ses ennemis et chez les barbares, ou l'abondance et la paix chez ses alliés et dans les terres qui sont sous sa protection.

VII.

C'est le revers des jettons dont je vous viens d'expliquer la face droite. On y voit le portrait de M. le comte de Vermandois, admiral de France, le tout gravé par M. Bernard.

VIII.

Pour les galères.

M. Perraut a fait la devise de ces jettons. Il y a une galère en état de voguer dans la face droite, avec ces paroles :

OBSEQVIO POTENS.

La principale force d'une galère, quelque grande et bien armée qu'elle soit, consiste dans la prompte et exacte obéissance des matelots et des soldats, qui est telle, qu'il n'y en a point de pareille ailleurs. M. le maréchal duc de Vivonne, général des galères, déclare aussi que sa principale force consiste dans la prompte et exacte exécution des ordres de Sa Majesté, dont il se glorifie plus que d'aucune chose.

IX.

Les armes de M. de Vivonne sont dans le revers des mesmes jettons qu'on a fait graver par M. le Ferme. Je n'ay pu sçavoir ny qui a fait ny qui a gravé les autres devises de cette planche.

X.

Pour l'extraordinaire des guerres.

Le temple de Janus, avec ces mots :

J'EN AI LA CLEF.

et au bas : *Extraordinaire des guerres, 1680.*

Le Roy a bien fait connoistre qu'il estoit en pouvoir de fermer ce temple, puisque c'est à ses seules bontés que l'on doit la paix et qu'il en a réglé luy-mesme les conditions.

lèbre architecte Claude Perrault, est devenu populaire, grâce à ses *Contes de fées*. Il devint, dès la formation, membre de l'Académie française et de celle des inscriptions. Les détails de sa vie littéraire sont trop connus pour que nous les rappelions au lecteur.

APPENDICES ET PIÈCES JUSTIFICATIVES.

XI.

Pour la chambre aux deniers.

Un rocher d'où il sort de l'eau qui tombe dans un bassin, d'où elle sort encor. Ces mots en sont l'âme :

EXIT VT INTRAT.

et dans l'exergue : *Chambre aux deniers, 1680*.
Cette devise n'a pas besoin d'explication.

XII.

Un soleil au-dessous duquel est un arc-en-ciel, avec ces paroles :

TERRAS ESSE[1] JVBET ESSE QVIETAS.

Dans l'exergue : *Trésor royal, 1679*.
Cette devise est de l'an passé et fut faite sur la paix.
L'explication en est aisée.

XIII.

Pour la ville.

Des guidons, des trompettes, des mousquets et plusieurs autres instruments de guerre sont nouez d'une écharpe couverte de fleurs de lis, avec ces paroles :

FECIT VICTORIA NODVM.

Elles ne peuvent estre plus justes pour les triomphes du Roy, puis que, s'il n'avoit pas esté suivy en tous lieux de la victoire, nous n'aurions pas encore eu la paix. Comme sa modération est sans exemple, ses ennemis ne s'en seroient pas faits une vertu, s'ils avoient eu les mesmes avantages que ce grand monarque. Ainsi on peut dire que l'heureux succès de ses armes luy ayant fait voir qu'après tant de glorieuses conquestes, il ne lui restoit plus qu'à triompher de soy-mesme, c'est cette illustre victoire qui, en rendant tant de divers instruments de guerre inutiles, a fait le nœud qui les lie ensemble.

XIV.

Le revers de cette dernière devise nous représente les armes de M. de Pomereu, Prevost des marchands.

Je reçois présentement un nouveau jetton qui a esté fait pour la maison de la Reyne. Comme je le fais adjoûter à la planche déjà gravée, vous ne le trouverez pas en ordre comme les autres, il suit seulement le chiffre. On n'a pû me dire le nom de l'autheur de la devise. Tout ce que j'ay sçeu, c'est que M. Chéron en est le graveur.

XV.

Face droite où est le portrait de la Reyne.

[1] Le jeton gravé porte ces mots : *Terras jubet esse quietas*. Le texte du *Mercure* donne par erreur deux fois *esse*.

XVI.

Un encensoir dans un champ d'oliviers sur un autel. La fumée qui s'exhale de cet encensoir vers les cieux retombe changée en une rosée bienfaisante et entretient l'olive dans sa beauté. Ces paroles sont autour :

HINC ROS QVO LŒTA TVETVR.

Rien ne peut mieux convenir à la Reyne, toute la France estant convaincuë que c'est aux prières de cette princesse qu'elle doit la paix. Vous sçavez que l'olivier en est le simbole et que l'encensoir fumant est celui de la prière.

En vous parlant des choses qu'on peut appeller du premier jour de l'année, puisqu'elles sont faites pour estre distribuées ce jour-là, je ne dois pas oublier de vous apprendre que ce mesme jour Messieurs de Ville, ayant M. le Prevost des marchands à leur teste[1], se rendirent à Saint-Germain et eurent l'honneur de saluer le Roy, la Reyne, Monseigneur, Monsieur et Madame. Ils allèrent en suite chez tous les Princes du sang et s'acquittèrent du mesme devoir envers M. le comte de Vermandois, Mlle de Blois, aujourd'hui Mme la princesse de Conty, M. le duc du Maine, M. le comte du Vexin, Mlle de Nantes et Mlle de Tours. Ils ne font qu'un compliment au Roy sans luy faire de présens; mais ils donnent à tous les Princes une bourse de cent jettons d'or et aux Princesses des oranges, des liqueurs et des confitures.

(*Mercure galant*, année 1680, janvier, t. I, p. 23-47.)

EXPLICATION DE NOUVEAUX JETONS.

Vous m'avez paru si satisfaite de l'article des jettons employé dans ma lettre de janvier, que, pour ne vous laisser rien à souhaiter là-dessus, j'ay recherché avec soin tout ce qui s'en est fait cette année. Ainsi vous en trouverez de nouveaux dans cette planche[2]. Je n'ay fait graver que le seul revers des trois premiers, estant inutile de vous envoyer le portrait du Roy, qui en fait la face droite.

I.

Pour les secrétaires du Roy.

Des abeilles qui volent au dessus des lys, en suivant leur Roy qu'on voit s'élever vers le soleil. Ces paroles sont autour : DVCEM REGEMQVE SEQVVNTVR; et dans l'exerque (*sic*) : *Secretaires du Roy, 1680*. Cela fait voir que, comme les abeilles s'attachent toujours à suivre leur roy, les secrétaires de Sa Majesté sont prests en tout temps de recevoir les ordres de ce grand prince, qui est, en quelque façon, le chef de leur compagnie.

II.

Pour l'Académie françoise.

Deux branches de laurier, jointes ensemble, et ce mot entre ces branches : A L'IMMOR-

---

[1] Le Prévôt des marchands était messire Auguste-Robert de Pommereu, seigneur de la Bretèche-sans-Nom, conseiller d'État. Il avait comme Échevins Philippe L'Évesque, quartenier; Jacques Pousset de Montauban, avocat, élus en 1678; Simon Gilot, conseiller de Ville, et Antoine de Croissy, élu de Paris, nommés en 1679.

[2] Ici se trouve une planche gravée, donnant le revers des trois premiers jetons, avec la face et le revers des autres.

TALITÉ. Ce sont les jettons qu'on distribuë dans chaque séance aux Académiciens qui viennent travailler au grand dictionnaire de la langue tous les lundis, jeudis et samedis de l'année. On lit autour : *Protecteur de l'Académie françoise.*

III.

Pour la chambre des assurances.

Un Vaisseau qui fait naufrage et un Homme qui gagne le bord sur une planche, avec ces mots :

VNA SALVS PELAGO,

et dans l'exergue : *Chambre des assurances.* Cela fait connoistre que l'institution de cette Chambre est le seul salut des négocians. En effet, leurs marchandises sont assurées en y payant une somme fort médiocre.

IV.

Pour l'artillerie de France.

La face droite représente les armes de M. le Grand-Maistre et a ces mots tout autour : *Artillerie de France.*

V.

Le revers des mesmes jetons fait voir trois canons qui tirent. On y lit ces mots :

CELEBRANT POST BELLA TRIVMPHOS,

et dans l'exergue : *1680.* Les canons et l'artillerie, pendant la guerre, servent à réduire les places, et on s'en sert dans la paix à publier les triomphes des victorieux.

VI.

Pour les États de Bourgogne.

On voit les armes de Bourgogne dans la face droite. Ces mots sont autour : COMITIA BVRGVNDIŒ, et dans l'exergue : *1680.*

VII.

Le revers fait paroistre un olivier, qui est le symbole de la paix. Il est tout chargé de fruits, comme prest à les donner. On doit entendre de là que la paix nous mettra bientôt dans l'abondance. Ces paroles qu'on lit autour nous font connoistre ce qu'on en doit espérer : OPIBVSQVE JVVABO.

VIII.

Pour les notaires.

Un cadran à tout stile, avec ces mots : LEX EST QVODCVMQVE NOTAMVS, et dans l'exergue : *Conseillers-Notaires, Gardenotes du Roy, 1680.*

IX.

Deux mains qui se joignent en signe de foy sont dans le revers, et tout autour : PER NOS TVTA FIDES. Cette devise a esté choisie par les notaires. Elle leur convient très-bien, puisque leurs actes sont autant de loix, et que c'est par eux que la fidélité publique est conservée.

X.

Les armes de M. le Grand-Prévost font la face droite, avec ces mots tout autour : I. DV BOVCHET, MARQVIS DE SOVRCHES, GRAND-PREVOST DE FRANCE.

XI.

Un rocher que batent les vents et le tonnerre compose le revers de ces jettons. Ce seul mot est au-dessus : FRVSTRA, pour faire voir que les criminels espèrent en vain d'échaper à la justice, puisque toutes les précautions qu'ils prennent pour se mettre à couvert de la rigueur sont inutiles contre les soins de M. le Grand-Prevost.

(*Mercure galant*, année 1680, mars, t. I, p. 156-164.)

1681.

JETONS.

Au lieu d'une nouvelle énigme en figure, qui n'a pu estre preste ce mois-cy, je vous donne les nouveaux jettons de cette année dont j'ay ramassé la plus grande partie selon ma coûtume. Comme la curiosité qu'on a de voir ces jettons n'est que pour les devises, j'ay fait seulement graver les revers[1]. Ainsi la médaille du milieu ne vous fait point voir le portrait du Roy qui est d'un costé. Cette médaille a esté faite en Allemagne. Vous voyez dans son revers une épée, un bouclier et une corne d'abondance, avec ces mots : SVB CLYPEO, FERRO ET AVRO. Au-dessous est la figure de la France, qui tient d'une main celle de la justice, environnée de serpens, dont elle forge une palme sur une enclume, avec ces paroles : PACEM PRVDENTIA CVDENS. Dans le lointain, on découvre une infinité de guerriers qui se retirent, ce qui fait voir que le Roy, par la force, par l'abondance de toutes choses et par sa grande conduite, a contraint un nombre presque infiny d'ennemis à recevoir la paix qu'il nous a donnée.

Les dix médailles qui environnent celle du milieu, dans l'ordre du chiffre, sont de M⁽ʳˢ⁾ Charpentier, l'abbé Tallemant le jeune et Quinaut, tous trois de l'Académie française. M. Charpentier a fait la quatrième, M. l'abbé Tallemant la première, la troisième et la sixième, et M. Quinaut la huitième.

La première est pour le Trésor royal. On y voit un aqueduc, avec ces mots : VEHIT, NON SERVAT. L'aqueduc ne sert qu'à porter les eaux qui coulent sans cesse et ne s'y arrestent jamais. Le Trésor royal de mesme est le lieu par où passent continuellement les revenus du Roy, qui sont incessamment employez aux besoins de l'État et pour les récompenses des bons sujets de Sa Majesté.

[1] Voir la planche du *Mercure galant*.

La seconde est pour la Reyne. On y voit une couronne au-dessus du soleil, avec ces mots : HÆC E PLVRIBVS VNA. Selon Salomon, la femme, quand elle a de la sagesse, est la couronne du mary.

La troisième a esté faite pour Mme la Dauphine. Elle représente la couronne d'Ariadné telle qu'on la voit au Ciel parmy les constellations. Ces paroles sont autour : NOVVM DECVS ADDITA CŒLO. Ariadné fut aimée de Bacchus, fils de Jupiter, qui l'épousa et qui fit mettre sa couronne au nombre des constellations. Cela convient admirablement à Mme la Dauphine qui a épousé le digne fils de Louis le Grand et qui, par sa naissance et ses rares qualitez, a mérité de se voir placée dans la plus auguste Famille du monde.

La quatrième est pour la marine. Elle nous fait voir un phare que la mer entouré, avec du feu allumé en haut et ce commencement de vers : PER SCOPVLOS DAT TVTVS ITER, pour faire entendre que la prudence de Sa Majesté est un phare qui a conduit le vaisseau de l'État en seûreté au milieu des périls dont nous l'avons veu environné.

La cinquième est pour l'artillerie. Ce sont des canons démontez et qui n'ont point d'occupation, avec ce demy vers de Virgile : DEVS NOBIS HÆC OTIA FECIT. Rien ne marque mieux le bonheur dont nous jouissons par la paix que Sa Majesté nous a donnée.

La sixième est pour les bastimens. On y découvre un aigle dans son aire, avec ces paroles : DOMOS NON AD OTIA. Un aigle bâtit son nid avec soin et le rend le plus commode qu'il peut, mais ce n'est pas pour y demeurer oisif. Il s'occupe incessamment à la chasse, où il exerce sa force contre d'autres animaux. Ainsi le Roy fait bâtir de magnifiques palais pour luy et toute sa cour, mais son cœur se porte à des pensées bien plus nobles. Il est sans cesse appliqué à gouverner son État, à prévenir les desseins de ses ennemis, et il n'y a point de moment où il ne veille pour l'intérest de sa gloire et pour le bien de ses peuples.

La septième est pour l'ordinaire des guerres ; c'est un soleil dardant ses rayons sur des lys, avec ces mots : HOC LVMINE FLORENT. Tout le monde sçait que la France doit au Roy le haut point de gloire où elle est montée.

La huitième est pour les parties casuelles. C'est une ancre environnée de ces mots : SALVS PERITVRIS. De mesme qu'une ancre sert à sauver ceux qui, estant prests de donner contre un écueil, sont en danger de périr ; le droit annuel que les officiers de ce Royaume portent aux Parties Casuelles conserve les charges qu'ils perdroient sans ce secours.

La neufvième est pour les ponts et chaussées. Ce sont deux arches avec ces mots : EDVXIT ME DE LVTO FECIS, pour faire entendre que les chaussées qu'on élève dans les chemins bas et enfoncez en rendent partout le passage aisé.

La dixième est pour la Ville[1]. C'est un navire avec ces paroles : VNDE OMNIA REGIMEN. La Ville nous fournit tout ou nous fait tout fournir. On n'a pu me dire le nom de ceux qui ont inventé cinq de ces médailles. Elles ont esté gravées par MM. Chéron et Loir. Il y en a deux qui ne le sont point encore et que je vous enverray le mois prochain. Ce sont les galères et l'extraordinaire de la guerre[2].

(*Mercure galant*, année 1681, janvier, p. 309 et suiv.)

1682.

JETONS.

La surprenante diversité de jetons qu'on fait tous les ans dans le Royaume marque la

[1] M. de Pommereu était encore Prévôt des marchands.

[2] Le rédacteur du *Mercure galant* n'a pas tenu sa promesse.

puissance et la grandeur de l'État. Le seul Trésor royal en distribue vingt-six mille d'argent et sept cens d'or. On fait largesse de tous les autres à proportion; et, comme il s'en fabrique de plusieurs sortes, on peut dire que le nombre monte presque à l'infiny. La France seule est capable de soutenir une dépense si souvent réitérée, et elle est aujourd'huy la première de toutes les nations, comme son Roy en est l'admiration et l'étonnement. Je viens à une description particulière de chaque jeton, selon l'ordre de la planche que je vous envoye gravée et chiffrée à mon ordinaire. Vous n'y trouverez que les revers. Il seroit inutile de faire graver plusieurs fois le portrait du Roy, puisqu'il occupe la face droite de presque tous les jetons et que d'ailleurs j'en ay donné de beaucoup plus grands dans des médailles, et, par conséquent, plus ressemblans, ce que l'on fait graver en petit n'ayant jamais toute la ressemblance qu'il faut pour bien représenter un monarque qui n'a jamais eu d'égal.

I.

Trésor royal.

Le Roy est représenté à la face droite de ce jeton, et au revers on voit un palmier et ces mots autour : COLITVR IN TRIVMPHOS, pour marquer que ce grand amas de finances ne se fait que pour la grandeur de Sa Majesté. On lit dans l'exergue : *Ærarium Regium*, M DC LXXXII. Cette devise est de M. Charpentier, de l'Académie françoise, et la graveure de M. Rottier.

II.

Maison de la Reyne.

Le portrait de la Reyne occupe la face droite. On voit au revers un autel avec un sacrifice. Ces mots sont autour : HÆC ILLIVS ARMA, 1682, pour faire connoistre que, lorsque le Roy combat, cette princesse implore les grâces du Ciel au pied des autels. M. Chéron a gravé cette devise, qui est de M. de la Périère [1].

III.

Maison de Madame la Dauphine.

Cette princesse se voit d'un costé, et un oranger est représenté de l'autre. Ces paroles sont autour : AVREA DABIT, 1682. On a voulu faire voir par là que, comme cet oranger promet des fruits, on espère que, la grossesse de Mme la Dauphine continuant, elle donnera d'heureux fruits de son mariage.

IV.

Pour les bastimens.

On voit au revers du portrait du Roy le soleil avec ses douze maisons, et ces mots autour : DECVS ADJICIT HOSPES.
Celuy qui les occupe en fait toute la gloire.
On lit sous l'exergue : *Ædif. Regia.*

---

[1] Les devises des jetons n'étaient pas exclusivement composées par l'Académie des inscriptions.

V.

POUR LES PARTIES CASUELLES.

Plusieurs pavots sont au revers, et les paroles suivantes sont autour : PLACIDOS DAT DVCERE SOMNOS, ce qui marque que, comme les pavots donnent un sommeil tranquille à ceux qui en prennent, on peut de mesme dormir en repos après qu'on s'est acquitté du droit annuel pour la conservation des charges qui sont obligées de le payer. L'exergue est remply des mots suivans : *Jus annuæ pensionis concessum*, M DC LXXXII. La devise est de M. Charpentier et la graveure de M. le Ferme.

VI.

POUR LA CHAMBRE AUX DENIERS.

Le revers représente un soleil qui pénètre de ses rayons un verre taillé à facetes. Ces paroles sont autour : ORDINE DISPENSAT DIVERSO, pour faire voir qu'encor que le soleil répande de ses rayons en plusieurs endroits de ce verre à cause de ses facetes, il ne laisse pas de le pénétrer avec une égalité remarquable, ce qui se pratique ordinairement en la distribution des deniers des menus. On lit dans l'exergue : *Chambre aux deniers, 1682*. Ce jeton est gravé par M. Loire.

VII.

POUR L'EXTRAORDINAIRE DES GUERRES.

On voit au revers un soleil brillant et sans nuages, et autour : ET FVLMEN SINE NVBE PARAT. pour faire connoistre que le Roy estant au milieu de sa Cour et luy faisant préparer de nouveaux divertissemens, se rend de Fontainebleau à Strasbourg. On lit sous l'exergue : *Extraordinaire des guerres, 1682*. Cette devise est de M. de Santeüil[1] et la graveure de M. Germain.

VIII.

POUR L'ORDINAIRE DES GUERRES.

Ce revers fait voir un soleil qui forme en mesme temps deux nuages, dont l'un produit des foudres et l'autre de la rosée. Les paroles sont : ROREM ET FVLMINA MITTIT. Il est aisé d'en faire l'application, et de voir que, comme le soleil fournit les foudres et la rosée, le Roy peut aussi donner la paix et la guerre. Ces mots sont sous l'exergue : *Ordinaire des guerres, Paparel. Pres. 1682*. Ce jeton a esté gravé par M. Chéron.

IX.

POUR L'AMIRAUTÉ.

La face droite représente M. le comte de Vermandois, amiral de France, et le revers un gou-

---

[1] Santeuil ou Santeul (J.-B.), célèbre poëte latin, né à Paris en 1630 et mort en 1697. Le nom de Santeuil ne pouvait manquer de figurer parmi ceux qui furent chargés de composer les devises des jetons. Un grand nombre d'inscriptions figurant encore sur plusieurs de nos monuments sont dues à Santeuil.

vernail, avec ces mots : LEGEM PONIT AQVIS, 1682, qui fait connoistre que, comme le gouvernail règle le vaisseau, l'amiral est celuy qui, en donnant l'ordre, semble donner des loix à la mer. La devise est de M. Quinaut et la graveure de M. Loire.

X.

Pour les galères.

Les armes de M. le maréchal duc de Vivonne, général des galères de France, sont d'un costé, et de l'autre on voit un aigle en l'air prest à fondre, avec ces mots : TOVT ME CEDE OV ME FVIT, 1682, pour marquer qu'il faut céder aux galères du Roy ou fuir devant elles. La devise est de M. Charpentier et elle a esté gravée par M. Chéron.

XI.

Pour l'artillerie.

On voit d'un costé les armes de M. le duc du Lude avec deux canons pour supports et autour : ARTILLERIE DE FRANCE. Le revers est remply d'un trophée d'armes, avec ces mots : FAMA EST OBSCVRIOR ARMIS, 1682, qui marquent que ce qu'on publie de ce grand ministre est beaucoup moindre que ses actions. M. Ory a gravé ce jeton.

XII.

Pour la ville de Paris.

La face droite représente les armes de M. le Prevost des marchands. On lit autour : TROISIEME PREVOSTÉ DE M. DE POMEREV, CONSEILLER D'ÉTAT ORDINAIRE, 1682. La Ville de Paris est au revers du costé du Louvre, où l'on voit le Pont-Neuf, l'isle du palais et l'église Nostre-Dame. Le soleil est au-dessus dardant ses rayons. Les paroles sont : VIVIMVS ASPECTV, ce qui marque que Paris tient du Roy sa grandeur et sa richesse. Cette devise a esté gravée par M. Ory.

XIII.

Pour les ponts et chaussées.

. . . .

(*Mercure galant*, 1682, janvier, p. 53-71.)

1683.

JETONS.

Je viens à l'article des jetons que l'on fait batre pour estre distribuez le premier jour de l'an, et dont je vous envoye toujours une planche gravée dans ma lettre de janvier.

I.

LE TRÉSOR ROYAL.

Cette devise représente une urne sur laquelle un dieu de fleuve est appuyé et d'où sortent des eaux en abondance, qui forment une rivière, avec ces mots de Virgile :

SEMPERQVE RECENTES.

Cette urne est l'image du Trésor royal d'où les finances de Sa Majesté, toujours inépuisables et toujours nouvelles, coulent incessamment pour porter l'abondance dans le royaume. Le dieu du fleuve appuyé sur l'urne marque qu'il y a quelque chose de plus qu'humain dans l'ordre merveilleux qui est étably dans les finances. Cette devise est de M. Quinaut et du nombre de cinq que M. Colbert choisit et qu'il distribuë aux graveurs qu'il juge les plus habiles. M. Chéron a eu cette année le Trésor royal. Il a pour son droit deux mille cinq cens livres. Les cinq devises que M. Colbert prend soin de choisir tous les ans entre plusieurs que l'on luy présente, sont :

Le trésor royal;
Les batimens;
Les revenus casuels;
L'admirauté;
Et les galères.

Il faut pour le Trésor royal huit cens jetons d'or et deux mille six cens d'argent [1]. Ces jetons sont distribuez par le garde du Trésor royal en année. Vous sçavez, Madame, que ce grand employ est remply par deux personnes qui servent alternativement, qui sont MM. de Bertillac et du Metz. M. du Metz est entré en exercice cette année. Cet employ n'est pas le seul dans lequel il sert le Roy avec un zèle et une fidélité éprouvées (sic) depuis fort longtemps.

II.

Ce jeton est pour la Reyne. Il en faut six mille cent d'argent. M. du Vaux, qui les distribuë, est trésorier de la maison de cette princesse.

La devise est un lys épanouy, sur lequel des goutes de lait tombent du Ciel. Elle a esté trouvée par M. Vielle, premier commis de M. Berrier.

Les poëtes disent que Junon ayant épanché quelques goutes de lait de ses mamelles, des lys en sortirent. Ce jeton a esté gravé par M. Chéron.

III.

LES REVENUS CASUELS.

C'est un port de mer où l'on voit quelques vaisseaux, avec ces mots :

TVTI QVOS RECIPIT.

Un port de mer est une image parfaite des parties casuelles, où les officiers sont dans une

---

[1] Au lieu de 2,600, il faut lire 26,000. L'auteur du *Mercure* rectifie lui-même ce nombre dans son numéro de février.

entière seûreté et cessent d'estre exposez au péril de perdre leurs charges. La devise est de M. Quinaut. Ce jeton a esté gravé par M. de la Ferme. Il en faut cent d'or et trois mille cinq cens d'argent. M. Testu est trésorier.

IV.

L'Admirauté.

Une bombe et un port de mer. Cette devise est de M. Charpentier, de l'Académie françoise, et a esté gravée par M. Rottier. Il faut quatre mille cinq cens jetons d'argent. M. Lubert est trésorier de la marine.

V.

Les galères.

La foudre, avec ces mots :

OBLVCTANTIA QVÆRIT.

Comme c'est le propre de la foudre de chercher de la résistance, c'est aussi ce que le Roy veut que ses galères entreprennent en attaquant tout ce qu'il y a de plus redoutable et de plus grand. La devise est de M. Quinaut, et le jeton gravé par M. Loir. Il en faut deux mille huit cens d'argent. M. Henry est trésorier des galères.

VI.

L'artillerie.

Ce jeton est gravé par M. Aury.

VII.

Les bâtimens.

Un Apollon debout, appuyant sa lyre sur un pilastre pendant qu'il ordonne à des ouvriers d'élever un palais :

NEC CESSAT LVSTRARE ORBEM.

Quoy que le soleil ou Apollon, qui représente le Roy, donne ses soins à faire bâtir, il ne laisse pas d'éclairer le monde. On croit que cette belle devise a esté faite par M. Colbert. Elle a esté gravée par M. Bernard. Il faut seize cens jetons d'argent pour les bâtimens. M. de la Planche en estoit trésorier, mais il a depuis peu vendu sa charge à M. Manessier, qui entre cette année en exercice.

Voicy des vers qui ont esté faits pour la devise des bâtimens de cette année :

> Dans le temps qu'il construit de pompeux bastimens,
> De son noble loisir légers amusemens,
> Mais chefs-d'œuvre parfaits d'éternelle mémoire,
> Il ne cesse, occupé de mille emplois divers,
> De porter ses soins et sa gloire
> Dans tous les coins de l'un vers.

VIII.

ORDINAIRE DES GUERRES.

Cette devise représente un grenadier :

DAT FRVCTVS, DATQVE CORONAS.

Rien n'est plus intelligible. M. Paparel en est trésorier. Le jeton a esté gravé par M. Chéron.

IX.

EXTRAORDINAIRE DES GUERRES.

Un trophée d'armes gravé par le mesme M. Chéron.
Devise : NVNC ALIÆ ARMORVM LEGES.
Et en bas : *Extraordinaire des guerres, 1683.*

X.

LA CHAMBRE AUX DENIERS.

Un autel sur lequel il y a des épis de bled, des fruits et des raisins.

PRIMITIÆ SVPERIS.

Cette devise est du Père Ménestrier[1], jésuite. Le jeton est encore gravé par M. Chéron, ainsi que celuy qui suit.

XI.

LES PONTS ET CHAUSSÉES.

La devise a ces paroles pour âme :

VICIT ITER DVRVM.

XII.

LA VILLE DE PARIS.

Un lis avec deux rejetons.

ET AB VNO FLORE QVID AMBO !

Cette devise est de M. de Santeuil. Elle est gravée par M. Aury.

---

[1] Menestrier (Cl.-François), savant jésuite, né à Lyon en 1631, mort à Paris en 1705, professa les humanités et la rhétorique dans plusieurs collèges de son ordre. Parmi les nombreux ouvrages qu'on lui doit, il en est un qui rentre complétement dans le cadre de celui-ci : c'est l'*Histoire du règne de Louis le Grand par les médailles, emblêmes, devises, jetons, etc.* (1695).

XIII.

Pour les notaires.

Cette devise est sur le sujet de la naissance de Mgr le duc de Bourgogne.

QVIETA TEMPORA DAMVS.

Elle est gravée par M. Rottier.

XIV.

Pour les gardes et marchands de vins.

Sept vaisseaux et une grappe de raisin qui sont les armes de la Compagnie; avec une coupe sur un autel.

REGVM MENSIS, ARISQVE DEORVM.

La devise est de M. de Santeuil et le jeton gravé par M. Rottier.

XV.

Huissiers du conseil.

. . . .

XVI.

Pour les États de Bourgogne.

Le signe du Bélier sur le Zodiaque, avec ces mots :

NOSTRVM VNI EX SVPERIS NOMEN.

Le bélier, qui portait une toison d'or, donna le nom à la première maison du Soleil. Ainsi le duché de Bourgogne, où l'ordre de la Toison a esté institué, a eu l'honneur de voir donner son nom au petit-fils de Louis le Grand, dont le soleil est le symbole. Cette devise est de l'abbé Tallemant, intendant des devises. Elle est gravée par M. Chéron.

J'ay receu si tard le jeton de Mme la Dauphine, que je suis obligé de le réserver pour le mois prochain.

(*Mercure galant*, 1683, janvier, pages 258 et suiv.)

Le jeton de la maison de Mme la Dauphine m'ayant esté donné trop tard le mois passé, je ne puis le mettre dans son rang parmy les autres. C'est ce qui m'a obligé à le faire graver seul. Le portrait de cette princesse est à la face droite. On voit au revers une aigle sur son aire avec son aiglon, et ces paroles :

PROLEM DAT JOVE DIGNAM.

Comme on peut dire que l'aigle fait des petits dignes de Jupiter, qui est le plus grand des dieux, puisque nous apprenons de la fable que cet oiseau a esté choisy pour le servir, l'accompagner et porter la foudre, de mesme Mme la Dauphine, en donnant naissance à Mgr le duc de Bourgogne, donne au plus grand roy du monde un fils qui sera un jour digne de l'accompagner dans toutes ses entreprises et digne enfin de porter partout la terreur de ses armes. On a trouvé cette devise très-belle. Elle est de M. l'abbé Tallemant le jeune.

La ville de Rouen ayant changé ses armes, et pris un navire au lieu du manteau qu'elle portoit, a fait aussi battre des jetons. Ils ont esté gravez par M. Loire.

Il me reste à vous parler des jetons que les agens de change et Banque de Paris ont fait graver cette année pour leur communauté. On y voit d'un costé la Bonne-Foy, ayant à ses costez la Renommée et l'Abondance. Ces paroles sont autour :

VTRVMQVE TVETVR IN VNA,

pour faire connoistre que, par le moyen de la bonne foy qui règne dans le commerce, on conserve l'abondance et la réputation. La Prudence est sur le revers, avec des perles, pierreries et autres richesses auprès d'elle, et ces paroles : ET SERVAT ET AVGET. L'application en est aisée. (*Détails sur la Compagnie des agents de change.*)

Je vous ay dit la dernière fois, en vous parlant des jetons du Trésor royal, qu'il en falloit deux mille six cens d'argent, j'ay dû vous dire vingt six mille.

(*Mercure galant*, février 1683, page 163.)

1684.

J'ay accoutumé de vous envoyer dans ma lettre de janvier une planche des jettons de chaque année. Comme je les ay eus fort tard celle-cy, j'ay esté contraint de la reculer d'un mois.

I.

Le Trésor royal.

Le soleil qui éleve des nuées, qu'il répand en pluyes sur la terre, avec ces mots :

INTACTAS REDDIT.

Les nüées sont la matiere des pluyes, et les pluyes qui rendent la terre féconde, en peuvent estre nommées les richesses. Ainsi, comme le soleil amasse les nuées et les rend à la terre sans en rien retenir, et sans y toucher, pour ainsi dire, ces mesmes paroles peuvent s'appliquer à l'illustre magistrat, à qui le Roy a confié le soin de ses finances, et qui les administre avec une intégrité et un desinteressement qui ont peu d'exemples. Ce jetton, et les quatre suivans ont esté gravez par Mr Rottier. Ces paroles sont au bas dans l'exergue, ÆRARII REGII CALCULUS.

II.

L'extraordinaire des guerres.

Un nuage épais d'où il sort des éclairs, et qui enferme une tempeste avec ces mots :

VÆ, CUI IRATUS JUPITER.

Malheur à ceux sur qui la colère du ciel fera éclater cette tempeste; malheur aux ennemis contre lesquels le Roy, dans son indignation, tournera ses armes victorieuses. Cette devise est de M. l'abbé Tallemant le jeune, aussi bien que celles de la marine et des galeres.

III.

L'ORDINAIRE DES GUERRES.

Un porc-epy, et ces mots :

SEMPER CONSPECTUS IN ARMIS.

IV.

LES BASTIMENS.

La machine de Marly, avec ces paroles :

VICTIS HOSTIBUS VICIT NATURAM.

Cette devise est du sçavant M. de la Chapelle[1], qui a aujourd'huy l'inspection sur tous les bastimens de Paris, et sur l'Académie de peinture et de sculpture. Elle fait voir que le Roy a vaincu la nature, comme il a vaincu les ennemis.

V.

LES PARTIES CASÜELLES.

Un caducée et ces mots :

OBSISTIT FATO.

Le caducée de Mercure avoit une puissance admirable. Virgile en fait une excellente description dans ces vers :

> Tum virgam capit; hac animas ille evocat orco
> Pallentes, alias sub tristia Tartara mittit,
> Dat somnos adimitque, et lumina morte resignat.

Il en est de même de la grâce du droit annuel que le Roy accorde à ses officiers. C'est cette grâce qui conserve leurs charges. C'est la privation de cette grâce qui les leur fait perdre. Ainsi l'on peut dire que le droit annuel s'oppose à la mort, puisqu'il fait que la charge d'un officier qui n'est plus subsiste en la personne des héritiers. Cette devise est de M. Charpentier. Il y a dans l'exergue ERARII ADVENTITIORUM CALCULUS.

VI.

POUR MADAME LA DAUPHINE.

Un diamant, avec ces paroles :

DITAT ET ORNAT.

L'application en est facile. Ce jeton a esté gravé par M. Chéron.

---

[1] Membre de l'Académie des inscriptions, il en fut le premier secrétaire.

VII.

La marine.

Le signe des Gemeaux, et la mer au bas, avec ces paroles :

FELIX LUX ALTERA NAUTIS.

Cette constellation est telle, que lorsqu'une des deux principales étoiles disparoist, l'autre commence à briller ; et, comme la Fable dit que ces deux étoiles sont Castor et Pollux, fils de Jupiter, qui estoient estimez sur tous les Dieux, protecteurs des nautonniers, il semble que cela se puisse appliquer heureusement en cette rencontre à M^r le comte de Toulouse, qui a la royale naissance pareille à celle de M^r le comte de Vermandois, dont il vient occuper la place, avec l'applaudissement de toute la marine, qui, dans une si grande perte, retrouve le sang de Loüis, sous les auspices duquel la victoire est toujours seûre.

VIII.

Les galères.

Des vents qui soufflent sur la mer.

HINC PELAGI FRAGOR.

Les vents soulèvent les flots, brisent les navires, et sont, pour ainsi dire, les maistres de la mer. De mesme, les galeres du Roy portent la terreur dans toute la Méditerranée, et donnent la joy à toutes les nations.

IX.

Avocats au conseil.

Une aigle qui expose ses petits aux rayons du soleil.

ADMITTIT QUOS SOLE PROBAT.

X.

L'hostel de ville.

Le soleil qui illumine la terre.

DAT VIRES LUSTRANDO NOVAS.

Lorsque le soleil parcourt la terre, il donne de nouvelles forces à tout ce qu'il regarde. Ces paroles ont un raport fort heureux au Roy, qui a visité les forteresses. Cette devise est de Mr de Santeüil, ch. de S. Victor.

XI.

LA VILLE DE CAMBRAY.

Une ville, et ces paroles :

DULCIUS VIVIMUS.

Nous vivons sous un règne plus doux. Le Sr Mavelot, graveur de S. A. R. Mademoiselle, a gravé ce dernier jeton.

(*Mercure galant*, février 1684, p. 362 et suiv.)

1686.

Je vous envoie les nouveaux jettons que j'ay accoustumé de faire graver au commencement de chaque année. Je ne vous en donne point d'explication. Leurs devises les font assez connoistre, et il suffit mesme, pour cela, de ce qui est marqué dans l'exergue de la plus grande partie. D'ailleurs, l'habitude que vous avez à les voir depuis *dix ans* que je vous les envoye vous fait entendre aisément ce que je me dispense aujourd'huy de vous en dire. Ainsi je ne vous parleray que d'un seul de ces jettons. C'est le dernier de l'estampe. Les confrères porteurs de la châsse de Sainte-Geneviève-du-Mont l'ont fait faire ; et, comme je ne vous en ay point encore envoyé de ce corps-là, je croy devoir expliquer ce qu'il représente. D'un costé est la figure de cette sainte, au devant de la Ville de Paris, dont elle est la protectrice, comme les mots qui sont autour le font connoistre. On voit au revers la procession de Sainte-Geneviève, dans laquelle les porteurs paroissent avec la châsse sur leurs épaules. Plusieurs malades qui recouvrent la santé sont au devant de la châsse. La devise marque la satisfaction des porteurs de cette précieuse relique. Elle est exprimée par ces paroles qu'a fournies M. de Santeuil, chanoine régulier de Saint-Victor :

NEC NOS LABOR ISTE GRAVABIT.

Ce jetton a esté fait par M. Rottier, si connu dans toute l'Europe par tant de belles médailles qu'il a fait frapper en Angleterre et en France. Le jetton du Trésor royal, qui est à la teste de ceux que je vous envoye, est aussi de luy.

(*Mercure galant*, février 1686, p. 188 et suiv.)

Voici les devises des jetons de cette année. Le *Mercure* n'en donne pas l'explication.

1. REDDIT OPES SUPERIS. En bas : ÆRARIUM REGIUM. 1686. (Trésor royal.)
2. DIVES OPUM VARIARUM. En bas : 1686. (Trésor royal.)
3. HÆRES PLURA DATIS CAPIET. (Revenus casuels.)
4. JUNCTAQUE GRATIA DONIS. (Chambre aux deniers.)
5. QUIS SUSCITABIT? (*Ærarium milit. extr.*)
6. AUT FOVET AUT URIT. (*Ærarium ordinar.*)
7. MEDIIS LETHALIS IN UNDIS. (Galères[1].)
8. Armes de de Vivonne, général des galères de France. (Galères.)
9. EN CREVANT JE TRIOMPHE. (Marine.)
10. Armes de L. de Crevant, marquis de Rumière. (Marine.)
11. DULCIUS VIVIMUS (États de Cambray.)
12. ?
13. ?
14. URBIS PRÆSIDIUM.
15. ?

[1] Les n°s 7 et 8 représentent la face et le revers du jeton des Galères, et les n°s 9 et 10 la face et le revers du jeton de la Marine.

APPENDICES ET PIÈCES JUSTIFICATIVES.

1687.

Je vous envoye à mon ordinaire les jettons qu'on a fait fraper pour estre distribuez au commencement de cette année. Le premier est pour le Tresor royal; le second pour la maison de Madame la Dauphine; le troisième pour l'Amirauté; le quatrième pour les Galères; le cinquième pour les Revenus casuels; le sixième pour l'Extraordinaire des guerres; le septième pour l'Ordinaire des guerres et le dernier pour la Ville. Ces jettons se doivent connoistre par leurs devises, qui ne manquent jamais de convenir à ce qu'ils représentent.

(*Mercure galant*, mars 1687, p. 267 et 268.)

Le *Mercure* de 1687 ne donne pas la description des jetons dont il est question ici; il n'en publie que le dessin. Voici les devises :

1. REGE INCOLUMI NON DEERIT COPIA.
2. NOVAM LUCEM EXTULIT ORBI.
3. TOTA FACIT NUTU.
4. FRUSTRA MORANTUR EUNTEM.
5. EX JACTURA LUCRUM.
6. NEC TIMET NEC PROVOCAT.
7. DOMITIS AGIT OTIA MONSTRIS.
8. JAM REDDITUR INTEGER ORBI [1].

1688.

Ayant fait graver depuis plusieurs années les jettons qui se frappent tous les ans, j'ay cru devoir prendre encore le mesme soin celle-cy, et je vous les envoye à mon ordinaire. La planche que je joins à cette lettre vous les fera voir. Comme on connoist presque tous ces jettons par les explications qui sont au bas, il n'est pas besoin que je vous donne beaucoup d'éclaircissement là-dessus. Je vous dyrai seulement que le premier est pour la maison de Madame la Dauphine, et le dernier pour la Troupe italienne.

(*Mercure galant*, février 1688, p. 146 et 147.)

Le *Mercure* de 1688 ne donne que le dessin des jetons; en voici les légendes :

1. INSIGNIS PROPRIO DECORE. (A l'exergue : *1688*.)
2. TOTUS MIHI PERVIUS ORBIS. (Exergue : *1688*.)
3. CUNCTA HOC AUSPICE TUTA. (Exergue : *1688*.)
4. TERRENT ET IN OTIO. (Exergue : *Artillerie, 1688*.)
5. AD NUTUM ASSURGUNT. (Exergue : *Bastimens du Roy, 1688*.)
6. OCULIS DORMITAT APERTIS. (Exergue : *Ærarium milit. extr. 1688*.)
7. ET METUENDA QUIES. (Exergue : *Ordinaire des guerres, 1688*.)
8. TANTUS AMOR PROLIS. (Exergue : *Parties casuelles, 1688*.)
9. QUAS NON PRÆBET OPES. (Exergue : *Chambre aux deniers, 1688*.)
10. ADMITTIT QUOS SOLE PROBAT. (Exergue : *Soc^{tas} adv. um. regiis cons^{us} 1688*.)
11. CASTIGAT RIDENDO MORES. (Exergue : *Comici italiani del Re, 1687*.)

1689.

Comme je vous envoye tous les ans les jettons nouveaux, voicy ceux qui ont esté frapez cette

---

[1] Voir les jetons de la Ville frappés sous la Prévôté de M. de Fourcy.

année. Je n'ay fait graver que les devises. Vous n'ignorez pas que la face droite represente ceux que ces jettons regardent.

(*Mercure galant*, février 1689, p. 125 et 126.)

Le *Mercure* publie seulement le dessin ; voici les devises :

1. Tonantem credidimus jovem. (Exergue : *Ærarium regium*, *1689*.)
2. Chara jovi natoque jovis. (Exergue : *1689*.)
3. Obstantia solvet. (Exergue : *1689*.)
4. Terris lucet et imperat undis. (Exergue : *Galères*, *1689*.)
5. Dignos jove concipit ignes. (Exergue : G^d *maistre de l'artillerie*, *1689*.)
6. Jubetque exposcere pacem. (Exergue : *Ærarium milit. extr. 1689.*)
7. Excitat patrius vigor. (Exergue : *Ordinaire des guerres*, *1689*.)
8. Recipit servatque volentes. (Exergue : *Revenus casuels*, *1689*.)
9. Acrius hinc ad bella. (Exergue : *Chambre aux deniers*, *1689*.)
10. Celeritate ac magnificentia. (Exergue : *Trianon*, *1689*.)
11. Uni credidit arma[1]. (Exergue : *1689*.)

1690.

Je vous ay promis de vous faire graver les jettons qui ont esté frapez cette année. Je vous tiens parole, et je vous en envoye une estampe, mais il y a une circonstance à remarquer, qui est qu'on n'employe presque plus de devises sur les matières épuisées, parce qu'elles font souvent tomber dans des redites dont le public ne laisse pas de s'appercevoir, quoy qu'elles soient en d'autres termes. Ainsi la pluspart de ceux qui ont esté choisis pour faire ces devises ont résolu de se servir de ce qui sera arrivé de plus considérable et de plus glorieux au Roy dans l'année. M' de Santeüil, chanoine regulier de S. Victor, dont le merveilleux genie est connu pour tout ce qui regarde les inscriptions, les himnes et les devises, a travaillé cette année pour celles des jettons du Trésor royal et de la Ville. Il s'est servi, pour celle du Tresor royal, du mont Olimpe dont les poëtes ont tant parlé, qui porte sa teste au dessus des nuées, et d'où l'on voit des foudres se former plus bas. Jamais le sommet de cette montagne n'est troublé, et c'est cela que les poëtes ont feint qu'on y voyoit encore des victimes qu'on y a immolées; et, comme sa tranquillité n'est jamais sujette à estre altérée par le moindre vent, quelques orages, qui paroissent au-dessous de ce sommet, le Roy a la mesme tranquillité au milieu des ennemis qui l'environnent. On voit dans le revers du jetton, pour marquer cette tranquillité, une montagne dont la teste est hors des nuées ; et des foudres au-dessous, avec ces mots alentour, tirez de Lucain :

PACEM SUMMA TENENT.

A l'égard de la devise de l'Hostel de Ville[2], le mesme M' de Santeüil a voulu montrer qu'il n'y a rien de plus glorieux pour le Roy que de voir un nombre infiny de souverains liguez contre la gloire de ce monarque, et qui ne peuvent en souffrir l'éclat.

Les Medes estoient ennemis des Parthes. Ces derniers adoroient le soleil, et les Medes, pour insulter leurs ennemis, tirerent des fleches contre cet astre, et souvent le dépit de ne le pouvoir atteindre leur en faisoit décocher dans l'eau, où l'image du soleil estoit representée. M' de Santeüil a pris le corps de sa devise sur la folie de ces peuples, qu'il a fait voir dans le revers du jetton, avec ces mots :

SECURUS AB ALTO.

Rien n'est mieux imaginé, ne marque mieux la grandeur du Roy, et ne peut faire voir plus

---

[1] Voir les jetons de la Ville de Paris sous la Prévôté de M. de Fourcy. — [2] *Idem.*

clairement que les traits que ses ennemis décochent contre luy feront aussi peu d'effet que ceux que les Medes dardoient contre le soleil, et contre son image.

J'ajouteray icy l'explication du jetton des galeres, dont la devise a esté faite par Mr Gauthier. C'est un aiglon qui porte la foudre avec les mots d'Ovide :

QUO POSTULAT USUS.

Ils sont tirez de la harangue d'Ulisse contre Ajax, où cet adroit capitaine, voulant faire voir aux Grecs de quelle utilité il avoit esté parmy eux, soit pour le conseil, soit pour l'expédition, leur disoit : MITTOR QUO POSTULAT USUS. Rien ne fait mieux voir la situation de Monsieur le duc du Mayne, qui se trouve en estat de servir également sur terre et sur mer ; sur terre, comme colonel general des Suisses ; sur mer, comme general des galeres. On a représenté, pour marquer cette grande charge, le détroit de Gibraltar, avec une galere sur la Mediterranée, et une autre sur l'Ocean, où elles seront desormais en usage. Voicy quatre vers qui expliquent en quelque façon cette devise :

> Tremblez, mortels audacieux,
> Toujours prests à voler sur la terre et sur l'onde
> Contre les ennemys du plus grand Roy du monde,
> Je porte sous ses loix la terreur en tous lieux.

On peut ajouter à cela que l'esprit de Monsieur le Duc du Maine a brillé de si bonne heure, qu'il y a lieu de croire qu'il sera comme Ulisse aussi capable de servir dans le conseil que dans les armées, où il a deja fait paroistre beaucoup d'intrepidité, ayant cherché, pendant la derniere campagne, à se trouver dans toutes les occasions les plus perilleuses.

Je laisse à vos amis à vous expliquer les devises des autres jettons. Je scay qu'ils s'en font un plaisir, et que chacun en prend à deviner le veritable sens des auteurs.

(Mercure galant, février 1690, p. 151 et suiv.)

Devises :

1. PACEM SUMMA TENENT. (Exergue : *Ærarium regium*, *1690*.)
2. LUX UNA TRIBUS. (Exergue : *1690*.)
3. MIHI IMPERIUM PELAGI. (Exergue : *1690*.)
4. QUO POSTULAT USUS. (Exergue : *Galères*, *1690*.)
5. INGENIO CEDIT PONDUS. (Exergue : *Ædificia regia*, *1690*.)
6. NEC JUNCTA RESISTENT. (Exergue : *1690*.)
7. UNDIQUE TUTUM INVENIENTE. (Exergue : *Extraordinaire des guerres*, *1690*.)
8. PROPRIIS INVICTUS IN ARMIS. (Exergue : *Ordinaire des guerres*, *1690*.)
9. INVIGILANT VICTU JOVIS. (Exergue : *Chambre aux deniers*, *1690*.)
10. ET CASU ET SPONTE TRIBUTIS. (Exergue : *Revenuz casuels*, *1690*.)
11. SECURUS AB ALTO. (Exergue : *De la 3ᵉ Prevᵗᵉ de Mr de Fourcy*, *1690*.)

1691.

Je vous tiens parole et vous envoye les jettons qui ont paru au commencement de cette année. Le premier est celuy du Tresor royal, et les autres sont ceux de l'Amirauté, des Galeres, des Bastimens, de l'Artillerie, de l'Extraordinaire et de l'Ordinaire des guerres, de la Chambre aux deniers, des Menus plaisirs, des Revenus casuels et de la Ville de Paris.

(Mercure galant, mars 1691, p. 131 et 132.)

Voici les légendes :

1. Nova tela ministrat. (Exergue : *Ærarium regium*, 1691.)
2. Frangit tumidos sternit que rebelles. (Exergue : *1691*.)
3. Qua pelagi patet imperium. (Exergue : *Galères*, 1691.)
4. Æquat pietate triumphos. (Exergue : *Ædificia publica*, 1691.)
5. Inverso ex hoste trophæa. (Exergue : *Artillerie*, 1691.)
6. Manus unica torquet. (Exergue : *Extraord.* *des guerres*, 1691.)
7. Quot sustinet una labores. (Exergue : *Ord.* *des guerres*, 1691.)
8. Spem copia vincit. (Exergue : *Chambre aux deniers*, 1691.)
9. Fulmen merueri secundum. (Exergue : *Menus plaisirs*, 1691.)
10. Dat cura quietem. (*Revenuz casuels*, 1691.)
11. Terror ubique 1691 [1].

1697.

La Commission de Conseiller Directeur general pour la fabrique des jettons et medailles d'or de Sa Majesté, établie aux Galeries du Louvre, a presque toujours esté confiée à des personnes distinguées par une parfaite connaissance dans les arts. Feu M. Varin, si connu de ce côté-là dans toute l'Europe, et au mérite duquel la fortune avoit rendu justice, l'a exercée pendant plusieurs années à la gloire de la France, et avec un applaudissement general ; et tout ce qui a esté frapé de son temps est aujourd'huy recherché par les curieux de toute l'Europe. Feu M. Osalin, orfévre du Roy, dont les beaux ouvrages ont rempli tous les appartemens de Sa Majesté, et ont esté admirez de toute la France et de tous les étrangers qui les ont vus, fut pourvu de la même commission après la mort de M. Varin, et elle fut donnée ensuite à M. l'abbé Bizot. On peut dire qu'il connoissoit profondement les medailles, en ayant fait un fort grand nombre de tres-belles et tres-estimées, sur les principales actions du Roy. Aussi a-t-il donné au public l'Histoire metallique de Hollande dont on a fait plusieurs éditions, ce qui n'arrive pas quand les livres ne sont ny estimez ny recherchez. Après la mort de M. Colbert, qui avoit rempli cette place de si bons sujets, ainsi qu'on peut voir par les deux derniers, comme elle dépend de la charge de surintendant des bastimens, M. de Louvois y nomma M. Petit, qui l'avoit servi pour le Roy dans plusieurs affaires avec beaucoup de vigilance et d'exactitude, ce ministre n'ayant personne auprès de luy qui ne répondist à l'activité qu'il avoit pour le service de S. M. Enfin cette commission estant regardée comme un employ considerable, et digne d'un homme de nom et de merite, a esté érigée en charge depuis quelques mois. Comme elle est unique, de confiance et de distinction, plusieurs personnes se sont presentées pour l'acheter, et le Roy en a donné la préférence et l'agrément à M. de Launay, et, pour marquer l'estime particuliére qu'il fait de sa personne, Sa Majesté a uni à cette charge celle de contrôleur, qui avoit esté créée en même temps, et luy a donné l'agrément de l'une et de l'autre, ce qui ne se fait presque jamais, les hommes se contrôlant rarement eux-mêmes, et se pardonnant beaucoup de choses. Aussi la probité de M. de Launay est-elle connüe du Roy, à qui il a l'honneur de parler souvent, et de tout ce qu'il y a de personnes de distinction dans le royaume, qui ont la plupart affaire à luy. Il a commencé à former son goust en Italie, et l'a ensuite perfectionné en France, en sorte qu'il l'a merveilleux pour tout ce qui regarde les beaux-arts.

A peine fut-il (M. de Launay) pourvu de cette nouvelle charge, qu'il fit fraper les neuf jettons que j'ay fait graver, et dont je vous envoye l'estampe. Ils ont esté faits pour neuf tresoriers qui distribuent les finances du Roy. Les coins de toutes les testes sont de M. Rotiers ; celuy du revers

---

[1] Ville de Paris, quatrième Prévôté de M. de Fourcy.

du jetton du Tresor royal est de Mr Mauger; celuy de l'Extraordinaire des guerres, de Mr Rotiers; celuy de l'Ordinaire des guerres, de Mr Bernard; ceux de l'Artillerie et des Bastimens, de Mr Roussel; celuy de la Marine, de Mr Heupiere; celuy des Galeres, de Mr Breton, et ceux des Parties casuelles et de là Chambre aux deniers, sont de Mr Cheron.

(*Mercure galant*, janvier 1697, p. 197.)

Légendes :

1. DIVES INEXHAUSTIS OPIBUS. (*Ærarium regium*, M DC XCVII.)
2. JAM FACILES FRANGI. (*Extraordinaire des guerres*, 1697.)
3. OMNIBUS IDEM ANIMUS. (*Ordinaire des guerres*, 1697.)
4. A SOLE POTESTAS. (*Artillerie*, M.DC.XCVII.)
5. ET TOTUM TERRITAT ORBEM. (*Marine*, 1697.)
6. ET SUNT OTIA DIVIS. (*Edificia regia*, M.DC.XCVII.)
7. PRÆSTAT SECURE QUIETEM. (*Galères*, 1697.)
8. CUNCTOS HOC MUNUS IN USUS. (*Chambre aux deniers*, 1697.)
9. PARVO PRO MUNERE QUANTA. (*Parties casuelles*, 1697.)

1698.

Je vous envoye l'estampe de 11 jettons, que j'ay fait graver, et que Mr de Launay, Directeur general de la Monnoye du Roy, établie aux Galeries du Louvre pour la fabrique des jettons et des medailles d'or et d'argent, a fait fraper. Mr Cheron a fait le coin de la devise du Tresor royal. Le portrait de Madame la duchesse de Bourgogne est de Mr Roussel; la devise de l'Extraordinaire des Guerres est de Mr Rotier; celles de l'Ordinaire, de Mr Bernard; celle de l'Artillerie et des Galeres, de Mr Mauger; celle de la Marine, de Mr Heupiere; celle des Bastimens, de Mr Roussel; celle des Parties casuelles, de Mr Bernard; celle de la Chambre aux deniers, de Mr Breton, et le jetton de la Ville, de Mr Rotier.

(*Mercure galant*, janvier 1698, p. 120 et suiv.)

1. LOCUPLES CONTINENTE RIPA. (*Trésor royal*, 1698.)
2. MARIA . ADELAIS . DUCISSA . BURGUND . (Roussel.)
3. CRESCENT CRESCETIS AMORES. (1698.)
4. VICTOR FULMINA PONTI. (*Extraordinaire des guerres*, 1698.)
5. CUNCTÆ FRONDI PRÆPONIT OLIVAM. (*Ordinaire des guerres*, 1698.)
6. FŒDERA FULMINE SANCIT. (*Artillerie*, 1698.)
7. PATET ULTIMA TERRA TRIUMPHIS. (*Marine*, 1698.)
8. HOC PACES HABUERE DONÆ. (*Ædificia regia*, 1698.)
9. JUVAT ANNUA CURA. (*Parties casuelles*, 1698.)
10. QUAS FERT NON SIBI SERVAT OPES. (*Chambre aux deniers*, 1698.)
11. DAT TERRIS NEPTUNUS OPES. (*Galères*, 1698.)
12. SÆVAS HIEMES SOL AUREUS EGIT. (*La Ville de Paris*, 1698[1].)

1699.

Je vous envoye les jettons qui ont esté faits pour le commencement de cette année au Balancier royal de la Monnoie des medailles dont vous sçavez que Mr de Launay est Directeur. Ainsi l'on ne doit pas estre surpris s'ils sont si bien frapez. La teste du Roy dans tous ces jettons est de Mr Bernard. Il a fait aussi le revers de celuy des Parties casuelles. Mr Roussel a fait la teste

---

[1] Prévôté de Messire Claude Bosc.

des jettons de Madame la duchesse de Bourgogne, avec le revers de ceux de l'Artillerie et de ceux des Bâtimens. Mʳ Rostier a fait les revers de ceux du Tresor royal et des Galeres; Mʳ Mauger, de ceux de l'Extraordinaire des Guerres et de la Chambre aux deniers; Mʳ Heupiere celuy du jetton de la Marine, et Mʳ Le Breton ceux de l'Ordinaire des Guerres et de la Ville.

(*Mercure galant*, janvier 1699, p. 177 et suiv.)

Légendes :

1. NON SPEM DELUSIT. (*Trésor royal*, R 1699.)
2. FIRMAT ET ORNAT. (R 1699.)
3. NEC PACE MINOR. (*Extraordinaire des guerres*, 1699.)
4. POSITI SED TIMENDI. (*Ordinaire des guerres*, 1699.)
5. FATALIS MACHINA MUROS. (*Artillerie*, 1699.)
6. NOVA IN COMMERCIA. (*Marine*, 1699.)
7. TERRORI SUCCEDIT AMOR. (*Galères*, 1699.)
8. VETERES REVOCABIT ARTES. (*Ædificia regia*, 1699.)
9. QUI CUNCTOS ALIT HINC ALITUR. (*Cha. aux. den.* 1699.)
10. SERVANDÆ PROLIS AMORE. (*Parties casuelles*, 1699.)
11. VENTOSQUE ASPIRAT EUNTI. (*La Ville de Paris*, 1699⁽¹⁾.)

1700.

Je vous envoye les jettons qui ont esté frapez cette année au Balancier des médailles, dont Mʳ de Launay est Directeur general. Je voudrois que la graveure eust pu répondre à la beauté de ces jettons.

(*Mercure galant*, janvier 1700, p. 163, 164.)

Voici les devises :

1. ARMA PRIUS NUNC DONA. (*Trésor royal*, 1700.)
2. MARIA ADELAIS DUCESSA BURGUND. H. R. F.
3. FAUSTO FOEDERE JUNGIT. (1700. R.)
4. ET PACE ARMA GERIT. (*Ordinaire des guerres*, 1700.)
5. SUA INNIXUS VIRTUTE QUIESCIT. (*Extraordinaire des guerres*, 1700.)
6. DONEC NOVAS EXCITAT HOSTIS. (*Artillerie*, 1700.)
7. PLACIDO JAM LUMINE FULGET. (*Marine*, 1700.)
8. CURA LEVIS DABIT ESSE PERENNEM. (*Parties casuelles*, 1700.)
9. UT PROSINT EFFUNDIT. (*Chambre aux deniers*, 1700.)
10. ÆQUORA LUSTRANDO PACAT. (*Galères*, 1700.)
11. PIETAS ET MAGNIFICENTIA. (*Regiæ Versal. Sacellum*, 1700.)
12. TUETUR ET ORNAT. T B T⁽²⁾.

1701.

Je vous envoye les jettons qui ont esté frappez cette année. Si la gravure pouvoit répondre à la beauté de ces jettons, vous verriez qu'il ne sort rien que d'achevé de la Monnoye des médailles dont M. Delaunay est Directeur général.

(*Mercure galant*, février 1701, p. 127.)

---

[1] Prévôté de Messire Claude Bosc.
[2] Ce jeton est celui de la Ville de Paris. Messire Claude Bosc est toujours Prévôt des Marchands. Le Roi y est représenté à cheval.

APPENDICES ET PIÈCES JUSTIFICATIVES.

Voici les devises :

1. Tot æraria quot cives. (En bas : *Ærarium regium*, *1701*.)
2. Face : (Portrait) maria adelais ducissa burgund.
   Revers : reddit et auget. 1701.
3. Terror hosti gaudium amico. (*Artillerie*, *1701*.)
4. Tollere seu ponere vult preta. (*Marine*, *1701*.)
5. Alarum fremitu fugat. (*Galères*, *1701*.)
6. Placida hic laboribus utilibus. (*Ædif. reg. 1701*.)
7. Quot apta coronis. (*Extraordinaire des guerres*, *1701*.)
8. Viribus confidens suis. (*Ordinaire des guerres*, *1701*.)
9. Cum fœnore perdit. (*Revenus casuels*, *1701*.)
10. Etiam utilis arvis. (*Chambre aux deniers*, *1701*.)
11. Amica fulgent sydera. (Navire.) (*La Ville de Paris*, *1701*[1].)

Janvier 1702.

Je vous envoye les jettons qui ont esté frappez cette année. Le portrait de Madame la duchesse de Bourgogne devoit estre à l'endroit où vous trouverez une place vuide. Mais le graveur n'ayant pu faire ressembler assez bien cette princesse, et le temps pressant beaucoup, j'ay cru que je devois le faire effacer plutost que de vous en envoyer un qui ne luy ressemble pas. La devise qui suit la place vuide est au revers du portrait de cette princesse.

(*Mercure galant*, janvier 1702.)

1. Ut vincat dispergit opes. (*Trésor public*, *1702*.)
2. Progenies et cura solis. (Duchesse de Bourgogne.)
3. Custodit et arcet. (*Artillerie*, *1702*.)
4. Aquilonum despicit iras. (*Marine*, *1702*.)
5. Votis assuesco vocari. (Un phare.) (*Galères*, *1702*.)
6. Sic solvit vota parentis. (*Ædif. Reg. 1702*.)
7. Properata tonantis arma. (*Extraordinaire des guerres*, *1702*.)
8. Virtusque fidesque. (Un éléphant.) (*Ordinaire des guerres*, *1702*.)
9. Ditat rescissa quotannis. (*Parties casuelles*, *1702*.)
10. Cisoque excelsa tonantis. (*Chambre aux deniers*, *1702*.)
11. Securi hoc sospite cives. (*La Ville de Paris*, *1702*[2].) (Abeilles suivant leur roi.)

1703.

Je vous envoye les derniers jettons qui ont esté frappez à la Monnoye des medailles. Je ne vous dis rien de ce lieu, qui attire la curiosité de tous les étrangers de bon goust, et de tout ce que Paris a de plus distingué. Les devises de ces nouveaux jettons ont esté faites par Messieurs de l'Académie des medailles et des inscriptions, à l'exception de quelques-unes. La devise qui regarde Madame la duchesse de Bourgogne a esté faite par M. de Bellocq, celles des deux années precedentes qui sont aussi pour cette princesse sont du mesme auteur. Je ne vous en dis rien, ces devises, qui sont fort estimées, parlent assez.

(*Mercure galant*, janvier 1703, p. 241 et 242.)

[1] Prévôté de Charles Boucher, seigneur d'Orsay. — [2] Même Prévôt.

Voici les devises :

1. AMOR DABIT ISTE PERENNES. (*Ærarium regium*, M.DCC.III.)
2. { MARIA ADELAIS DUCISSA BURGUND. M. R. F.
   { PRÆPARAT ARMA JOVI. (1703.)
3. REGALIA JURA TUENTUR. (*Artillerie*, 1707.)
4. SUO VIM SUMET AB IGNE. (*Marine*, 1703.)
5. HINC PAVOR ET FUGA. (*Galères*, 1703.)
6. PIETATIS INCREMENTUM. (*Sacell. mend.* M.DCCC.III.)
7. INTER NUBILA TUA. (*Extraordinaire des guerres*, 1703.)
8. QUIS IMPUNE LACESSET. (*Ordinaire des guerres*, 1703. R.)
9. ANNUA VOTA. (*Parties casuelles*, 1703.)
10. TULIT ET FERET OMNIBUS ANNIS. (*Chambre aux deniers*, 1703.)
11. SERVAT AMOREM. (*La Ville de Paris*, 1703 [1].)

1704.

Je vous envoye les jettons de cette année; je les ay fait graver à mon ordinaire pour satisfaire votre curiosité; ils ont esté frapez à la Monoye des Médailles, dont M. de Launay est Directeur. Il n'en faut pas davantage pour vous faire juger de leur beauté.

(*Mercure galant*, janvier 1704, p. 215, 216.)

Légendes :

1. NON DEFLUET. (*Ærarium regium*, 1704.)
2. SOLES PARITURA SERENOS. (1704.)
3. COMPESCENT IGNIBUS IGNES. (*Artillerie*, 1704.)
4. TERRET HIANTES. (*Marine*, 1704.)
5. TEMNIT TRANQUILLA FREMENTES. (*Galères*, 1704.)
6. NEC CRESCERE PROFUIT. (*Extraordinaire des guerres*, 1704.)
7. STUDIIS ASPERRIMA BELLI. (*Ordinaire des guerres*, 1704.)
8. CADUNT REDIVIVA QUOTANNIS. (*Parties casuelles*, 1704.)
9. AB IPSO DUCIT OPES. (*Chambre aux deniers*, 1704.)
10. ET BELLANS ALIT ARTES. (*Ædificia regia*, M DCCI V.)
11. DESIDERIIS ICTA FIDELIBUS. (*La Ville de Paris*, 1704 [2].)

1705.

Je vous envoye, à mon ordinaire, les 11 jettons de cette année qui ont esté frappez à la Monnoye des Médailles, dont M. de Launay est le Directeur. Vous savez qu'il ne sort rien de chez luy que d'achevé : ainsi je ne vous diray rien de la beauté de ces jettons, dont les devises, à l'exception de quelques-unes, ont esté faites par M^{rs} de l'Académie des médailles et des inscriptions. Celle que vous trouverez la seconde dans l'estampe que je vous envoye regarde Mme la duchesse de Bourgogne et a esté faite par feu M. de Bellocq, quelques jours avant sa mort, et celle des bâtimens est de M. Oudinet, garde du cabinet des médailles du Roy. Je ne sais si quelques autres particuliers ont part aux onze devises que je vous envoye.

(*Mercure galant*, janvier 1705, p. 166 et suiv.)

---

[1] M. Charles Boucher, seigneur d'Orsay, était toujours Prévôt des Marchands. — [2] *Idem*.

APPENDICES ET PIÈCES JUSTIFICATIVES.

Voici les légendes :

1. SISTUNT NUBILA CURSUM. (*Trésor royal*, 1705.)
2. LUCIDIOR DUM CRESCIT. (M DCC V.)
3. NON SATIS EST TONCISSE SEMEL. (*Artillerie*, M DCC V.)
4. PELAGO SENSERE TONANTEM. (*Marine*, 1705.)
5. NON FLUCTUS IGNESQUE MORANTUR. (*Galères*, 1705.)
6. NEC FREGERE LABORES. (*Extraordinaire des guerres*, 1705.)
7. QUAM FORTI PECTORE ET ARMIS. (*Ordinaire des guerres*, 1705.)
8. MUNERA NON PEREUNT. (*Parties casuelles*, 1705.)
9. REDDIT UT ACCIPIT. (*Chambre aux deniers*, 1705.)
10. ET COELUM ET TERRAS SPECTAT. (*Bastimens du Roy*, 1705.)
11. LÆTOR DUM RESPICIS. (*La Ville de Paris*, 1705.)

1706.

Je vous envoye les devises des jettons nouvellement frappez et qui ont esté distribuez le premier jour de cette année; je ne vous en dis rien davantage, vous aurez le plaisir de les examiner avec vos amis. Vous sçavez que la seconde devise regarde toujours Mme la duchesse de Bourgogne.

(*Mercure galant*, janvier 1706, p. 313.)

Devises :

1. ALIT VIRESQUE MINISTRAT. (*Trésor royal*, 1706.)
2. GRATIOR IN DIES. (1706.)
3. GEMINANT OBSTACULA VIRES. (*Artillerie*, 1706.)
4. SERVAT MENS CAUTA FUTURI. (*Marine*, 1706.)
5. EXITIUM SI QUISQUAM ADEAT. (*Galères*, 1706.)
6. FREMENTES DEMOROR AUSTROS. (*Extraordinaire des guerres*, 1706.)
7. DANT ULTRO PRO REGE ANIMAS. (*Ordinaire des guerres*, 1706.)
8. CADUCA RESURGUNT. (*Parties casuelles*, 1706.)
9. INARATA QUOTANNIS REDDIT. (*Chambre aux deniers*, M DCC VI R.)
10. SERVAT ET ORNAT. (*Ædif. reg.*, 1706.)
11. INTER FIDISSIMA CUNCTAS. (*La Ville de Paris*, 1706[1].)

1707.

On a frappé cette année à la Monnoye des Médailles les onze jettons que l'on a coûtume d'y fraper tous les ans et dont plusieurs tresoriers distribuent le premier jour de l'année des bourses remplies de cent jettons chacune, d'or ou d'argent, selon le rang et le droit de ceux à qui ces jettons sont donnez. Les devises ont esté faites par MM. de l'Académie royale des médailles et inscriptions, à l'exception de trois qui sont celles de Mme la duchesse de Bourgogne, de l'artillerie et des bâtimens. Celles de Mme la duchesse de Bourgogne et des Bâtimens, sont de M. Oudinet, garde du cabinet des médailles de Sa Majesté, et celle de l'artillerie a esté faite par M. Moreau de Mantour, qui est de l'Académie des inscriptions. A l'égard des autres devises, comme elles ont esté faites par la mesme Académie en corps, personne ne peut se les attribuer en particulier, pas même ceux qui donnent les premieres idées des devises, puisque, chacun disant son sentiment, on y change, on y augmente ou l'on y retranche quelque chose, selon les

---

[1] Prévôté de M. Boucher.

avis de tous les académiciens. Je crois que vous remarquerez aisément que le jetton qui suit celuy du Trésor royal dans l'estampe que je vous envoye regarde Mme la duchesse de Bourgogne. Je ne vous donne point l'explication de ces devises, l'application en doit estre aisée lorsque les devises sont justes. Cependant rien n'est si difficile, et les inventeurs se forment souvent des idées qui ne tombent pas toujours dans l'imagination de ceux qui cherchent à les expliquer, et ces derniers y donnent quelquefois un sens plus beau et plus naturel que les inventeurs mêmes. Il se trouve quelquefois des situations d'affaires qui rendent ces devises difficiles à trouver, et c'est alors que l'esprit ayant beaucoup plus à travailler, ceux qui ont l'avantage de réussir acquierent beaucoup plus de gloire. Comme je ne vous envoye point d'explication des devises, à cause des raisons que vous venez de lire, je ne vous dis point ce que chaque jetton represente, puisque, si le graveur a bien réüssi, et que si son travail est bon et net, vous le remarquerez aisément. Vous sçavez que la face droite des jettons ne contient que des portraits.

(*Mercure galant*, janvier 1707, p. 162 et suiv.)

Voici les devises :

1. FIDISSE JUVAT. (*Trésor royal*, 1707.)
2. SPES NOVA. (1707.)
3. JOVIS DENUNCIAT IRAS. (*Artillerie*, 1707.)
4. VIRTUS NOTA UTROQUE SUB AXE. (*Marine*, 1707.)
5. URGET AMOR PUGNÆ. (*Galères*, 1707.)
6. JOVI DEO EXERCITUUM. (*Ædif. reg.*, 1707.)
7. TERRITAT ET LÆSUS. (*Extraordinaire des guerres*, 1707.)
8. MANET INTEGRA VIRTUS. (*Ordinaire des guerres*, 1707.)
9. PARVI STAT GRATIA DONI. (*Parties casuelles*, 1707.)
10. SUFFICIT OMNIBUS UNA. (*Chambre aux deniers*, 1707.)
11. CARA JOVI. (*La Ville de Paris*, 1707 [1].)

1708.

Je vous envoye à l'ordinaire une estampe des jettons qui ont esté frapez à la fin de l'année derniere et qui ont esté distribuez, suivant qu'il se pratique tous les ans, au commencement de l'année où nous venons d'entrer. Je ne vous dis rien des devises, dont je ne crois pas vous devoir donner d'explication, puisque, si elles sont naturelles et convenables aux sujets pour lesquels elles ont esté faites, elles seront faciles à expliquer, et que toutes les beautez en seront d'abord connuës; et que si, au contraire, il se trouve de l'obscurité dans quelques-unes et qu'elles n'ayent pas assez de rapport avec les sujets qui en ont esté l'objet, je pourrois me tromper en voulant les expliquer.

L'Académie des inscriptions a fait les devises des jettons qui regardent : le Trésor royal, l'Extraordinaire des guerres, l'Ordinaire des guerres, la Marine, les Galères, les Parties casuelles et la Ville de Paris. La devise qui regarde Mme la duchesse de Bourgogne, et qui se trouve la deuxième, et celle des bastimens, sont de M. Oudinet, garde du cabinet du roy, appellé *Cabinet des Curiositez*; celle de l'artillerie, dont M. le duc du Maine est grand maistre, a esté faite par M. Moreau de Mautour, et celle de la Chambre aux Deniers est de M. l'abbé Arrangé. Voilà de quoy exercer l'esprit des speculatifs.

(*Mercure galant*, janvier 1708, p. 144.)

[1] Même Prévôté que l'année précédente.

APPENDICES ET PIÈCES JUSTIFICATIVES.   321

Devises :
1. Pars non temnenda laborum. (*Trésor royal*, *1708*.)
2. Quid non pro munere tanto. (*1708*.)
3. Sonitus imitatus olympi. (*Artillerie*, *1708*.)
4. Hisc perit inde arcet. (*Marine*, *1708*.)
5. Ardent dum reddat habenas. (*Galères*, *1708*.)
6. Tutela et ornamentum. (*Ædif. reg.*, *1708*.)
7. Nova suscitat arma. (*Extraordinaire des guerres*, *1708*.)
8. Non impune movetur. (*Ordinaire des guerres*, *1708*.)
9. Crescit per varios casus. (*Parties casuelles*, *1708*.)
10. Solvo jovi dapem. (*Chambre aux deniers*, *1708*.)
11. Novum emicat orsa laborem. (*La Ville de Paris*, *1708*[1].)

1709.

Je vous envoye les jettons de cette année; ils ont esté frapez à la Monnoye des Médailles, dont il ne sort rien que d'achevé, nonobstant le peü de temps que l'on a souvent pour le perfectionner. On attend toujours à la fin de l'année pour fournir les devises, afin d'en voir les évenements sur lesquels les devises roulent ordinairement; ainsi ce travail est toujours precipité.

(*Mercure galant*, janvier 1709, page 306.)

Devises :
1. Huc meat inde oritur. (*Trésor royal*, *1709*.)
2. Non deerunt. (*1709*.)
3. Ruet omnia late. (*Artillerie*, *1709*.)
4. Extremo advexit ab orbe. (*Marine*, *1709*.)
5. Servat terretque vicissim. (*Galères*, *1709*.)
6. Tali auspice gaudent. (*Bastimens du Roy*, *1709*.)
7. Ultricia tela. (*Extraordinaire des guerres*, *1709*.)
8. Suo stat robore. (*Ordinaire des guerres*, *1709*.)
9. Dat somnos adimitque. (*Parties casuelles*, *1709*.)
10. Omnibus una. (*Chambre aux deniers*, *1709*.)
11. Artet uno. (*La Ville de Paris*, *1709*[2].) [Dans cette dernière devise, il devrait y avoir *ardet*.]

1710.

Je vous envoye l'estampe des jettons de cette année que vous auriez trouvée dans ma lettre du mois de janvier, si la maladie de mon graveur ne m'eust point empêché de vous l'envoyer. Les devises sont presque toutes de Messieurs de l'Académie royale des medailles et inscriptions et meritent l'attention de ceux qui les verront. Ces jettons ont esté frappez à l'ordinaire à la Monnoye des Medailles. Vous aurez dû remarquer que tous les corps qui ont accoutumé d'en donner tous les ans n'ont pas cessé d'en faire frapper cette année, malgré la calamité publique causée par la forte et longue gelée de l'année dernière, que la France seule a éprouvée, parce que, dans les climats plus froids, la nége n'ayant point fondu, en avoit conservé les bleds, au lieu que le froid ayant repris en France avant que l'eau de cette nége eust pénétré dans la terre, la glace avoit coupé tous les grains. C'est un avantage que nos ennemis ont eu et que l'on ne doit attribuer ny à leurs forces ny à leur valeur, qu'ils n'auront pas toujours et dont ils doivent

---

[1] Prévôté de M. Boucher. — [2] Prévôté de Jérôme Bignon.

se tenir heureux sans s'en glorifier; c'est un avantage que, selon toutes les apparences, ils n'auront pas cette année.

Vous aurez peut-estre remarqué que la Ville n'a point fait frapper de jettons cette année; mais, comme elle s'est fort appliquée au soulagement des pauvres, le Roy a trouvé bon qu'elle employast à cet usage le fond qu'elle auroit employé à faire frapper des jettons.

(*Mercure galant*, février 1710, page 197.)

Devises :

1. Nec aspera sistunt. (*Trésor royal*, 1710.)
2. Spes altera surgit. (1710.)
3. Produet integrum. (*Artillerie*, 1710.)
4. Immota procellis. (*Marine*, 1710.)
5. Nil perit decoris. (*Galères*, 1710.)
6. Quod respicit ornat. (*Bastimens du Roy*, 1710.)
7. Non hac sub mole fatiscit. (*Extraordinaire des guerres*, 1710.)
8. Nunquam degeneres. (*Ordinaire des guerres*, 1710.)
9. Vita perennis. (*Parties casuelles*, 1710.)
10. Decus est aluisse jovem. (*Chambre aux deniers*, 1710.)

1714.

DEVISES DES JETTONS [1].

Trésor royal.

Un fleuve qui, après plusieurs cascades entre des rochers, prend un cours tranquille et coule en plein canal.

PACATO PLENIVS ALVEO.

Parties casuelles.

La constellation du navire Argo.

NON JAM FATALIA TERRENT.

Ordinaire des guerres.

La massue d'Hercule.

DIGNVM HERCVLE ROBVR.

Extraordinaire des guerres.

Minerve tenant d'une main sa pique, dans laquelle sont passées deux couronnes murales, et de l'autre une branche d'olivier.

VTRAQVE TRIVMPHAS.

[1] Le recueil ne donne pas le dessin des jetons mentionnés.

MARINE.

Neptune qui calme les flots d'une mer agitée.

PRŒSTAT COMPONERE FLVCTVS.

GALÈRES.

Des Sirennes et des Néréïdes tranquilles au bord d'une mer calme.

DAT SEDES HABITARE QVIETAS.

BASTIMENS.

Le Soleil parcourant les signes du Zodiaque.

ILLVSTRAT SVPERVM DOMOS.

CHAMBRE AUX DENIERS.

Une colombe.

AMBROSIAM DIVIS HÆC SOLA MINISTRAT.

ARTILLERIE.

PRISTINVS EST OLLIS VIGOR.

(*Mercure galant*, février 1714, p. 243 et suiv.)

1722.

Depuis le nouveau regne on avoit été peu exact à frapper au commencement de l'année les jettons accoutumez. Ils furent rétablis en 1720, à l'exception de ceux de l'Artillerie et de la Ville. Nous ne remonterons pas plus haut que l'année 1720, qui fait à cet égard une espèce d'époque. On suivra le même usage déjà établi pour les médailles, qui est de donner l'explication des types et des légendes en latin et en françois. Nous reprendrons dans les mois suivants la suite des médailles.

JETTONS FRAPPEZ À LA MONNOYE DES MÉDAILLES AU PREMIER JANVIER 1722.

I.

La tête du Roy Louis XV avec l'inscription ordinaire. Revers : Une corne d'abondance. Legende : COPIA NON DEERIT : *L'abondance ne manquera pas.* Exergue : *Trésor royal*, 1722.

II.

Une cassolette fumante. Legende : MERITOS DIFFVNDIT HONORES : *Elle répand des honneurs meritez.* Exergue : *Parties casuelles,* 1722.

III.

La chèvre Amalthée avec une corne sur sa tête et l'autre à terre, changée en corne d'abondance. Legende : EX DAMNO COPIA : *Sa perte produit l'abondance.* Exergue : *Chambre aux deniers*, 1722.

IV.

Un beau laurier. Legende : NATA TRIVMPHIS : *Il est fait pour les triomphes.* Exergue : *Ordinaire des guerres*, 1722.

V.

Hercule dormant et desarmé. Legende : NON MINOR EST VIRTVS : *Sa vertu n'est pas moins grande.* Exergue : *Extraordinaire des guerres*, 1722.

VI.

Minerve tenant une équerre; on voit à côté d'elle quelques instruments d'architecture. Legende : SIC PACEM IMPENDISSE JVVAT : *Fruits heureux de la paix.* Exergue : *Bâtimens du Roy*, 1722.

VII.

La tête du comte Toulouze, grand amiral de France. Revers : La lune couronnée de nuages, au-dessus d'une mer agitée. Legende : MANET INTEGRA VIRTVS : *Sa puissance est la même.* Exergue : *Marine*, 1722.

VIII.

Les armes du chevalier d'Orleans, grand prieur de France. Revers : Hercule couché sur ses armes et endormi. Legende : NEC SOPOR EXTINXIT VIRES : *Le sommeil ne lui ôte pas sa force.* Exergue : *Galères*, 1722.

(*Mercure de France*, mars 1722, p. 104.)

1722.

Nous esperons que l'article suivant fera plaisir à nos lecteurs. Ce sont les médailles du Roy, promises dans le dernier *Mercure* que nous avons fait graver par les meilleurs maîtres. Elles ont été dessinées avec grand soin sur les originaux frappez en or, en argent ou en bronze, et copiées si fidelement et avec tant d'exactitude, qu'on ose dire qu'il n'y a rien d'altéré dans les copies, qui sont de la même grandeur que les originaux.

Nous mettons ici une petite explication des sujets avec les legendes en françois, en faveur des dames. On les lira en latin dans la planche ci contre.

Suit la description de deux médailles.

1. Louis XIV et Louis XV.
2. Louis XV.

(*Mercure de France*, janvier 1722, p. 73.)

APPENDICES ET PIÈCES JUSTIFICATIVES.

Nous avons omis d'avertir nos lecteurs, en donnant le mois passé les deux premieres medailles frappées pour le Roy, qu'il ne faut pas confondre la Monnoye des Medailles avec les autres Hôtels des Monnoyes de France. La Monnoye des Medailles est très-ancienne et la seule où il soit permis de fabriquer des medailles, des jettons et autres pieces de curiosité. Elle tient lieu de celle qui étoit autrefois dans le Palais du Roy. Elle fut transférée en 1639 du jardin des Etuves dans l'isle du Palais, aux galleries du Louvre, par le Roy Louis XIII, qui en donna la conduite au fameux Warin, le plus habile graveur de son tems. La direction de cette Monnoye est presentement une charge qui est exercée depuis sa creation par M. de Launay, Conseiller et Secrétaire du Roy, qui a aussi la direction de l'orfevrerie de Sa Majesté; c'est lui qui a décoré ce beau lieu de la maniere qu'il est aujourd'hui, et qui a formé ce rare cabinet, qui expose à la vuë les poinçons et les quarrés du Roy, qui sont sans nombre; en sorte que c'est une des plus singulieres curiosités de Paris.

C'est sous cet habile directeur et par ses soins qu'a été frappée cette magnifique et nombreuse suite des medailles de LOUIS LE GRAND, ainsi que celle des portraits de tous les rois de France, depuis l'établissement de la monarchie, dont les revers donnent les dattes de leur naissance et de leur mort, avec les principales époques de notre histoire.

Voicy la suite des médailles du Roy, avec l'explication des types et des légendes.

Suit la description de deux médailles.

1. Tête de Louis XV.
2. Tête du Régent.

(*Mercure de France*, février 1722, p. 116.)

1723.

EXPLICATION DES TYPES ET LEGENDES DES JETTONS FRAPEZ LE 1er JANVIER 1723.

TRESOR ROYAL.

Un petit bois de laurier. Légende : STABIT HONOR ET GRATIA VIVAX : *L'honneur et la grâce y sont toujours attachez.*

PARTIES CASUELLES.

Une pluye qui tombe sur un champ couvert d'épis. Légende : CASU FIT DITIOR : *Sa chute le rend plus abondant.*

CHAMBRE AUX DENIERS.

Le jardin des Hesperides avec quelques arbres chargez de fruits et un dragon qui en défend l'entrée. Légende : AURUMQVE DAPESQUE : *C'est de l'or et des mets délicieux.*

BASTIMENS DU ROY.

Le château de Versailles. Légende : NUNC QUOQUE REGIA SOLIS : *C'est aussi presentement le palais du soleil.*

Ordinaire des guerres.

Un lyon couché. Légende : CONTINET ASPECTU : *Son aspect le fait craindre.*

Extraordinaire des guerres.

Un laurier. Légende : HONOR BELLI PACISQUE : *Honneur de la guerre et de la paix.*

Marine.

Un arbre, du pied duquel sortent plusieurs rejettons. Légende : CRESCIT PROLE NOVA : *De nouveaux rejettons l'augmentent.*

Galères.

Les vaisseaux d'Enée changez en nimphes de la mer. Légende : DEUS DEDIT IRE SOLUTAS : *Un Dieu leur a permis d'aller librement partout.*

Nota. Le mois de février 1723 reproduit, à la page 314, un médaillon représentant Louis XV et l'Infante, avec un revers dont la légende rappelle la fête donnée à l'Hôtel de Ville le 10 mars 1722 en mentionnant les noms du Prévôt et des Échevins en exercice.

(*Mercure de France*, janvier 1723, p. 132.)

1724.

EXPLICATION DES TYPES ET LEGENDES DES JETTONS FRAPPEZ POUR LE 1ᵉʳ JANVIER 1724, DONT LA PLANCHE EST CI À CÔTÉ.

Tresor royal.

La figure d'un fleuve, qui avec son urne répand des eaux dans un grand bassin. Légende : RECIPITQUE REFERTQUE : *Il rend ce qu'il reçoit.*

Parties casuelles.

Un grand chesne qui laisse tomber beaucoup de glands. Légende : SIC MANET IMMORTALE GENUS : *C'est ainsi que sa race s'immortalise.*

Chambre aux deniers.

Un arrosoir répandu sur de jeunes lauriers. Légende : CERTIOR IMBRE : *Cette pluye arrose leur vie.*

Bastimens du roy.

Apollon bâtissant les murailles de Thebes en jouant de la lyre. Légende : SAXA AURITA MOVENTUR : *Les pierres entendent, et se meuvent d'elles-mêmes.*

Ordinaire des guerres.

La tête de Méduse représentée sur un bouclier. Légende : CONTRA QUID POSSENT MENTES! *Que pourroient contre elles les efforts ennemis.*

Extraordinaire des guerres.

La massue d'Hercule. Légende : ETIAMQUE PER OTIA TERRET : *Elle inspire la crainte, même dans son repos.*

Marine.

Un vaisseau en plaine mer conduit par les étoiles de Castor et Pollux. Légende : SUB AMICO SIDERE TUTA : *Je vogue en sûreté sous cet astre protecteur.*

Galeres.

Des oiseaux de proye qui semblent s'égayer en volant sur une mer calme. Légende : DISCUNTQUE PER OTIA BELLUM : *Ils apprennent la guerre dans le calme même.*

(*Mercure de France*, janvier 1724, p. 118.)

1725.

EXPLICATION DES TYPES ET LEGENDES DES JETTONS FRAPPEZ POUR LE 1ᵉʳ JANVIER 1725.

Trésor royal.

Le Nil appuyé sur une urne, dont les eaux se répandent dans une verte campagne. Légende : LATE SUA DONA REPENDIT : *Il répand ses dons abondamment.*

Parties casuelles.

Un serpent qui vient de quitter sa vieille peau. Légende : ÆTERNA JUVENTUS : *Sa jeunesse ne cesse point.*

Chambre aux deniers.

Un champ rempli d'épis. Légende : ACCEPTA REPENDIT : *Il donne ce qu'il a reçu.*

Bastimens du roi.

La règle, le compas et l'équerre artistement posez. Légende : MUTANT FACIES SEMPERQUE DECENTER : *Ils changent de formes, mais toujours avec grâce.*

Ordinaire des guerres.

Une troupe de lions. Légende : NESCIA VINCI PECTORA : *Leur courage est invincible.*

Extraordinaire des guerres.

Un cheval de bataille retenu à la barrière. Légende : COHIBERE LABOR : *La peine est de le retenir.*

Marine.

Des tritons sonnans de la trompette sur une mer calme. Légende : ÆQUORA TUTA SILENT : *Le bruit des vagues a cessé.*

Galeres.

Des aigles qui prennent leur essort. Légende, ces deux mots de Virgile : REMIGIO ALARUM : *Les rames leur servent d'ailes.* A la premiere face, on voit les armes du chevalier d'Orleans, general des galeres.

On donnera le mois prochain la nouvelle médaille du Roi du jour de l'an 1725, où l'on trouvera un portrait de Sa Majesté parfaitement ressemblant.

(*Mercure de France*, janvier 1725, p. 133.)

1727.

I.

Tresor royal.

Une vigne qu'on taille. Légende : DABIT ESSE FERACEM : *Il la rendra fertile.*

II.

Parties casuelles.

Un jeune oranger qu'on arrose dans sa caisse. Légende : EXIGUUM COLITO : *Donnez-lui un peu de culture pour le conserver.*

III.

Chambre aux deniers.

Une cassolette fumante sur l'autel des Parfums. Légende : SUPERIS PLACET, ET IMIS : *L'odeur en est agréable aux Dieux et aux hommes.*

IV.

Ordinaire des guerres.

Un aigle qui plane dans les airs et qui tient dans ses serres les foudres du maître des Dieux. Légende : EXPERTUS FIDELEM JUPITER : *Jupiter a éprouvé sa fidélité.*

V.

EXTRAORDINAIRE DES GUERRES.

Hercule armé de sa massuë, et couvert de la peau du lion de Neméé. Légende : NIL ARDUUM : *Rien n'est difficile pour lui.*

VI.

BASTIMENS DU ROY.

Une ruche, au-dessus de laquelle est le roi des abeilles, tandis que les unes sont répandues sur les fleurs d'alentour, et les autres occupées à faire le miel. Légende : INSTANT OPERI : *Elles travaillent avec empressement.*

VII.

MARINE.

Des oiseaux de proye, retenus par leur longe. Légende : NEC SPONTE QUIESCUNT : *Ce n'est pas volontiers qu'ils se reposent.*

VIII.

GALÈRES.

Des ancres. Légende : IN ALTO ET LITTORE PROSUNT : *Elles sont utiles en pleine mer et dans le port.*

IX.

MAISON DE LA REINE.

Un oranger exposé aux rayons du soleil levant. Légende : DABIT ADOLESCERE FRUCTUS : *Il fera parvenir leurs fruits à maturité.*

N. B. Les trois devises qui suivent n'ont pas été données par l'Académie royale des inscriptions et belles-lettres.

X.

LE CLERGÉ.

Le Roi debout, tenant d'une main le gouvernail, ayant l'autre étenduë et avancée vers la Religion, sous le signe de la Balance. Légende : IMMUNITATES ASSERTÆ : *Ses exemptions confirmées.* Revers. Un autel antique, un feu sacré dessus, qu'un souffle léger entretient. Légende : LENIS ALIT FLAMMAS : *Une douce haleine entretient le feu.* Exergue : *Convent. cleri Gallicani, 1727. Assemblée du clergé de France.*

XI.

États de Languedoc.

Un gouvernail appuyé sur le globe de la France. Légende : REGNAT ET IPSE REGIT : *Il règne et gouverne par lui-même*. Exergue : *Com. Occit. 1727*. États de Languedoc.

XII.

Artillerie.

Un fort assiégé par plusieurs bataillons, soutenus du canon, et sur le devant des mortiers, boulets, affûts, etc. Légende : NON PASSUS INERTES : *On ne peut les laisser oisifs*. Exergue : *Ecole d'artillerie*.

(*Mercure de France*, janvier 1727, p. 129.)

1726.

EXPLICATION DES TYPES ET LÉGENDES DES JETTONS FRAPPEZ POUR LE 1ᵉʳ JANVIER 1726.

I.

Trésor royal.

Une fontaine dont le réservoir se répand par plusieurs robinets. Légende : QUO POSTULAT USUS : *Où l'usage (la) demande*.

II.

Parties casuelles.

Un lys sur lequel tombe la rosée du matin. Légende : SERVATUR RORE LEVI : *Il est conservé par une légère rosée*.

III.

Chambre aux Deniers.

Une boussole. Légende : NUSQUAM DEVIA : *Jamais détournée*.

IV.

Ordinaire des Guerres.

L'oriflamme ou drapeau semé de fleurs de lys. Légende : BELLI ET PACIS HONOR : *L'honneur de la paix et de la guerre*.

V.

Extraordinaire des Guerres.

Un éléphant armé en guerre, avec la tour garnie de soldats. Légende : QUANTUS IN ARMIS : *Qu'il est puissant dans les armées.*

VI.

Bastimens du Roy.

Minerve assise entre des presses et autres instruments propres à l'impression. Légende : COLIT QUAS EXCITAT ARTES : *Elle cultive les arts qu'elle excite.*

VII.

Marine.

La lune en forme de croissant au-dessus de la mer. Légende : TU VARIIS CONSTANS VICIBUS : *Constante dans les divers changements.*

VIII.

Galères.

Un faisceau de flèches dans un carquois. Légende : AD OBSEQUIUM CELERES : *Agiles à l'obéissance.*

IX.

Maison de la Reine.

L'étoile du matin jointe au soleil. Légende : LÆTIOR AFFULGET POPULUS : *Plus éclatante et plus gaye, elle brille aux peuples.*

X.

La Ville.

D'un côté, les armes de la Ville de Paris, avec ces mots au-dessous : *La Ville de Paris, 1725*, et, de l'autre, les armes du président Lambert, Prévôt des Marchands. On lit ces mots autour : *De la Prévôté de mess. Nicolas Lambert, président aux Requêtes du Palais.*

(*Mercure de France*, janvier, 1726, p. 159.)

1728.

EXPLICATION DES TYPES ET LEGENDES DES JETTONS FRAPPEZ POUR LE 1ᵉʳ JANVIER 1728.

I.

Trésor royal.

Vulcain, qui, après avoir forgé la foudre et l'égide, que l'on voit à ses pieds, tient un caducée sur l'enclume. Légende : BELLO PACIQUE LABORAT : *Il travaille pour la guerre et pour la paix.*

II.

Parties casuelles.

Un if que l'on taille dans une forme agréable. Légende : DAMNUM PENSATUR HONORE : *L'ornement dédommage de la perte.*

III.

Chambre aux Deniers.

Le fleuve du Nil désigné par le sphinx et la corne d'abondance. Légende : INNUMERI QUOS RORE BEAT : *Il rend heureux par sa rosée des peuples innombrables.*

IV.

Extraordinaire des Guerres.

Hercules tenant d'une main sa massue et de l'autre une branche de laurier. Légende : ORBEM PACARE TRIUMPHUS : *Son triomphe est de mettre en paix l'univers.*

V.

Ordinaire des Guerres.

Un essaim d'abeilles qui accompagnent leur Roy. Légende : NOTA DOMI BELLOQUE FIDES : *Leur fidélité est connue en paix et en guerre.*

VI.

Marine.

Le vaisseau des Argonautes. Légende : PRISCI NON OBLITA DECORIS : *Sans dégénérer de son ancienne gloire.*

VII.

Galères.

Des néréides en pleine mer, à la vue des écueils de Scylla et de Charybde. Légende : QUAS NON AUDENT IRE VIAS? *Où n'osent-elles pas aller?*

VIII.

Artillerie.

Des canons, mortiers et affûts démontez. Légende : AD NUTUM EXSURGENT : *Au premier signal ils se dresseront.*

IX.

Bastimens.

Une espèce de trophée formé d'un amas d'instruments qu'employent l'architecture, la peinture et la sculpture. Légende : NON DESUNT DONA MINERVÆ : *Tous les beaux-arts sont en état de produire des ouvrages.*

X.

Maison de la Reine.

Deux branches d'olivier. Légende : IN FŒDERA NATÆ : *Elles sont nées pour les alliances.*

(*Mercure de France*, février 1728, p. 359.)

1729.

JETTONS FRAPPEZ POUR LE 1ᵉʳ JANVIER 1729, AVEC L'EXPLICATION DES TYPES, ETC.

I.

Trésor royal.

Un champ couvert d'arbres et d'épics. Légende : RETTULIT IN MELIUS LABOR.

II.

Parties casuelles.

L'attelier d'un lapidaire. Légende : EST LUCRO QUODCUMQUE PERIT.

III.

Chambre aux Deniers.

Un soleil au milieu du ciel, et au-dessous les campagnes couvertes de moissons et de fruits et une ville dans le lointain. Légende : OMNES MAGNUS ALIT.

IV.

Extraordinaire des Guerres.

Les armes d'Hercule suspendues à un olivier. Légende : HIC POSUISSE JUVAT.

V.

Ordinaire des Guerres.

Des éléphants armés en guerre. Légende : MAGNI QUISQUE AGMINIS INSTAR.

VI.

Marine.

Le trident de Neptune. Légende : REGIT PLACIDOS FRENATQUE REBELLES.

VII.

Galères.

Une néréide au bord de la mer, qui montre des perles qu'elle vient de tirer de l'eau. Légende : PRETIUM INDICAT USUS.

VIII.

Artillerie.

Des canons, des mortiers qui tirent à un but, des ponts de bateau, des instruments de mathématiques et d'artillerie, un bout de fortification, une mine qui saute. Légende : NUNC BELLI SIMUL ACTA CIENT.

IX.

Bastimens.

Une règle, un compas. Légende : NUNTIA RECTI.

X.

Maison de la Reine.

Un autel où brûle de l'encens, et sur le devant duquel paroît en relief un dauphin couronné. Légende : VOCABITUR HIS QUOQUE VOTIS.

(*Mercure de France*, janvier 1729, p. 142.)

1730.

JETTONS FRAPPÉS POUR LE PREMIER JOUR DE JANVIER 1730, AVEC L'EXPLICATION DES TYPES, ETC.

I.

Trésor royal.

Le soleil parcourant les signes du zodiaque. Légende : ORDINE CUIQUE SUO.

II.

Parties casuelles.

Un laurier et la foudre qui tombent dans le lointain. Légende : SOLVIT FORMIDINE CASUS.

III.

Chambre aux Deniers.

Une Fortune avec un bandeau ôté de dessus ses yeux et pendant, lequel répand des pièces d'argent. Légende : NEC INSCIA.

IV.

Extraordinaire des Guerres.

Des trompettes ornées de leurs banderolles. Légende : PACEM NON BELLA CIENT.

V.

Ordinaire des Guerres.

Un essain d'abeilles, qui environnent leur Roi. Légende : MAJOR MOLE ANIMUS.

VI.

Bastimens du Roy.

Un diamant taillé en brillant et richement monté. Légende : NATURA MICAT ET ARTE.

VII.

Artillerie.

La Renommée tenant une trompette, d'où pend une banderole aux armes du Dauphin : plus, des feux et des ancres. Légende : REGALIS NUNCIA PARTUS.

VIII.

Marine.

Une aigle qui donne la chasse à des oiseaux de proye. Légende : MAJORIBUS APTA.

IX.

Galères.

Des syrènes à la tête d'un promontoire. Légende : DELECTANT ATQUE TIMENTUR.

X.

Maison de la Reine.

Une vigne chargée de quatre grappes, dont une très-remarquable. Légende : NEC VOTA FEFELLIT.

(Mercure de France, janvier 1730.)

1731.

JETTONS FRAPPÉS POUR LE PREMIER JOUR DE JANVIER 1731, AVEC L'EXPLICATION DES TYPES, ETC.

I.

Trésor royal.

Astrée descendant sur la terre avec les attributs de la paix et de l'abondance. Légende : PROPERAT SUCURRERE TERRIS.

II.

Parties casuelles.

L'arbrisseau qui porte la mirrhe, et qui la distile sans le secours d'aucune incision. Légende : SOLVERE SPONTE JUVAT.

III.

Chambre aux Deniers.

La louve allaitant Rémus et Romulus. Légende : PROLEM ALIT ILLA DEORUM.

IV.

Extraordinaire des Guerres.

Le dieu Mars qui repose à l'ombre d'un laurier, au milieu des armes. Légende : NON IGNAVA QUIES.

V.

Ordinaire des Guerres.

Des lions couchés. Légende : DONEC SUSCITET HOSTIS.

VI.

Bastimens du Roy.

Une ruche à découvert, où l'on voit les cellules des abeilles. Légende : NATURÆ ARS ÆMULA.

VII.

ARTILLERIE.

Des canons, bombes, etc. Légende : ET MUTA MINANTUR.

VIII.

MARINE.

Un aigle prêt à prendre la foudre dans ses serres. Légende : EXSPECTAT JOVIS IM-
PERIUM.

IX.

GALÈRES.

Des arbres dépouillés de leurs feuilles. Légende : VER REDDET HONORES.

X.

MAISON DE LA REINE.

Un lys élevé sur sa tige d'où sortent deux rejetons. Légende : PROLES GEMINAVIT
ODOREM.

(*Mercure de France*, janvier 1731, p. 139.)

1732.

JETTONS FRAPPEZ POUR LE PREMIER JOUR DE JANVIER 1732,
AVEC L'EXPLICATION DES TYPES, ETC.

I.

TRÉSOR ROYAL.

Une mine qu'on creuse et dont on enlève les matières métalliques. Légende : INEXHAUSTIS
GENEROSA METALLIS.

II.

PARTIES CASUELLES.

Des orangers dans une serre. Légende : TUTIUS UT VIVANT.

III.

CHAMBRE AUX DENIERS.

Deux cornes d'abondance, de l'une desquelles il sort des fleurs et des fruits, et de l'autre des
pièces de monnoye. Légende : DAPES ET MUNERA DIVUM.

IV.

Ordinaire des guerres.

Pallas assise au pied d'un olivier, tenant la pique d'une main, s'appuyant de l'autre sur son égide. Légende : FIDISSIMA CUSTOS.

V.

Extraordinaire des guerres.

Une couronne de laurier jointe à une couronne d'olivier. Légende : AMBÆ SPLENDIDIUS NITENT.

VI.

Bastimens du roy.

Le génie des arts, assis sur la base d'une colonne contre laquelle il est appuyé, étend la main droite, et montre les principaux instrumens de l'architecture, qui sont appendus à un olivier. Légende : NON INDECORA QUIES.

VII.

Artillerie.

Des canons et autres attributs autour d'un piédestal sur lequel est posée une main de justice. Légende : SILENT SUB LEGIBUS ARMA.

VIII.

Marine.

Neptune qui lance un trident à pointes de feu sur des monstres qui infectent le rivage. Légende : NEC DESUNT FULMINA PONTO.

IX.

Galères.

Des flèches dans un carquois posé sur un arc bandé. Légende : EMISSÆ VOLANT.

X.

La ville de Paris.

Les armes de la Ville d'un côté; celles de Michel-Étienne Turgot, Prévôt des marchands, de l'autre. Légende : *Son nom et ses qualitez.*

XI.

Les États de Languedoc.

La province représentée sous la figure de Pallas. Légende : NEC ARTES NEC MUNERA DESUNT.

XII.

Maison de la reine.

Un soleil levant et l'étoile du matin au-dessus. Légende : FŒCUNDA IMPLEBIT LUMINE TERRAS.

(Mercure de France, janvier 1732, p. 132.)

1733.

JETTONS FRAPPEZ POUR LE PREMIER JOUR DE JANVIER 1733, AVEC L'EXPLICATION DES TYPES, ETC.

I.

Trésor royal.

Un fleuve qui forme plusieurs ruisseaux. Légende : EX UNO OMNES.

II.

Parties casuelles.

Dédale traversant les airs avec le secours des ailes qu'il s'est faites. Légende : VITAT PRUDENTIA CASUM.

III.

Chambre aux deniers.

La déesse de la Terre couchée et entourée de pampres et de gerbes. Légende : THURA JOVI NECTARQUE FERO.

IV.

Ordinaire des guerres.

L'égide de Pallas couverte de son casque. Légende : PRÆSIDIUM ET DECUS.

V.

Extraordinaire des guerres.

Un oiseau de proye qui voudroit prendre l'essor, mais qui est retenu par ses longes. Légende : IMPATIENS PUGNÆ.

VI.

Bastimens du roy.

Une lyre. Légende : LENIMEN DULCE LABORUM.

VII.

Artillerie.

La foudre suspendue sur un globe terrestre. Légende : JOVIS QUO JUSSERIT IRA.

VIII.

Marine.

Mercure traversant les airs, son caducée à la main. Légende : MIHI PERVIUS ORBIS.

IX.

Galères.

Des aigles qui, après avoir quitté la foudre, se reposent fièrement sur leurs aires. Légende : NEC VILES CUM FULMINA CESSANT.

X.

La ville de Paris.

Les armes de la Ville d'un côté; celles de Michel-Étienne Turgot, Prévôt des marchands, de l'autre. Légende : *Son nom et ses qualitez.*

XI.

Maison de la reine.

Une grenade couronnée entr'ouverte et pleine de grains. Légende : QUOT FŒTA CORONIS !

(*Mercure de France*, janvier 1733, p. 125.)

1736.

JETTONS FRAPÉS (sic) POUR LE PREMIER JOUR DE JANVIER M.DCC.XXXVI., AVEC L'EXPLICATION DES TYPES, ETC.

I.

Trésor royal.

Des abeilles qui apportent à la ruche le suc qu'elles ont tiré des fleurs. Le Roy des abeilles au-dessus. Légende : PRINCIPIS ÆRARIUM, ÆRARIUM POPULI.

II.

Parties casuelles.

Une vestale qui entretient le feu sacré. Légende : CUSTODE PERENNIS.

III.

Chambre aux deniers.

Pallas ou Minerve, qui tient en ses mains une corne d'abondance, laquelle répand des fruits sur la terre. Légende : REGI ET REGIS AULÆ.

IV.

Ordinaire des guerres.

Le dieu Mars assis sur un morceau d'armes entre un laurier et un olivier. Légende : AD UTRUMQUE PARATUS.

V.

Extraordinaire des guerres.

Des lévriers à l'attache. Légende : NEC VIRTUS ÆMULA CESSAT.

VI.

Bastimens du roy.

Un miroir qui renvoye l'image et les rayons du soleil. Légende : SPLENDORIS IMAGO.

VII.

Artillerie.

Jupiter qui étend la main sur le mont Etna pour lui défendre de vomir ses flammes. Légende : FRENAVIT JUPITER ÆTNAM.

VIII.

Marine.

Une bombe dont le mortier est sur son affût. Légende : STRAGEM EMISSA DEDISSET.

IX.

Galères.

Des abeilles empressées autour de leurs ruches. Légende : NOTO JUVAT INDULGERE LABORI.

X.

Maison de la reine.

Un laurier en pied. Légende : GRATISSIMA PHŒBO.
La tête du Roy nouvellement gravée est l'ouvrage du sieur Du Vivier, qui a été fort approuvé.
(*Mercure de France*, février 1736, p. 322.)

1737.

JETTONS FRAPPEZ POUR LE PREMIER JOUR DE JANVIER 1738, AVEC L'EXPLICATION DES TYPES, ETC.

I.

Trésor royal.

Des abeilles qui apportent à la ruche le suc qu'elles ont tiré des fleurs. Le Roy des abeilles dessus. Légende : PRINCIPIS ÆRARIUM, ÆRARIUM POPULI.

II.

Parties casuelles.

Des vaisseaux dans le port. Légende : HIC SECURA QUIES.

III.

Chambre aux deniers.

Un prêtre faisant brûler de l'encens sur un autel. Légende : DIVIS MINISTRAT MUNERA DIVUM.

IV.

Ordinaire des guerres.

Un essaim d'abeilles qui accompagnent leur Roy. Légende : NOTA DOMI BELLOQUE FIDES.

V.

Extraordinaire des guerres.

Vulcain forgeant des traits. Légende : ULTRICIA TELA.

VI.

Bastimens du roy.

Le soleil parcourant les signes du Zodiaque, appelés les Maisons du soleil. Légende : ILLUSTRAT SUPERUM DOMUS.

VII.

ARTILLERIE.

Un grand aigle qui s'envole au plus haut du ciel; plus bas, un jeune aiglon tenant la foudre qui lui a été résignée. Légende : VICTORE PATRIO FULMINA MITTIT.

VIII.

MARINE.

Une boussole. Légende : IMMOTA PROCELLIS.

IX.

GALÈRES.

Des flèches dans un carquois. Légende : AD OBSEQUIUM CELERES.

X.

MAISON DE LA REINE.

Un sep (sic) de vigne attaché à un grand orme. Légende : MAJOR QUO FIRMIUS HÆRET.

(*Mercure de France*, janvier 1737, p. 124.)

1738.

JETTONS FRAPPEZ POUR LE PREMIER JOUR DE JANVIER 1738, AVEC L'EXPLICATION DES TYPES, ETC.

I.

TRÉSOR ROYAL.

Le Dieu d'un grand fleuve assis, tenant de la main droite un gouvernail, et appuyé de l'autre sur son urne, d'où coule sans cesse une grande quantité d'eau. Légende : DECET ESSE PERENNEM.

II.

PARTIES CASUELLES.

Un phare allumé au haut d'un promontoire, pour servir de signal aux vaisseaux pendant la nuit. Légende : TUTUM SIGNAT ITER.

III.

Chambre aux deniers.

Un autel, sur lequel il y a une partie de la victime qui doit être consumée par le feu, et, autour, le reste de la victime destinée au festin des prêtres. Légende : ALIT HOMINESQUE DEOSQUE.

IV.

Ordinaire des guerres.

Les satellites de Jupiter autour de cette planette. Légende : EXCUBIÆ ILLUSTRES.

V.

Extraordinaire des guerres.

Un palmier dont on vient de couper quelques branches. Légende : NON ADIMUNT DETRACTA DECUS.

VI.

Bastimens du roy.

Apollon tenant une équerre d'une main et sa lyre de l'autre ; ayant à ses pieds les autres instrumens des arts. Légende : IDEM RERUM MODERANTUR HABENAS.

VII.

Artillerie.

Un dragon endormi. Légende : SOMNO CONCIPIT IGNES.

VIII.

Marine.

Un aigle planant sous un ciel calme. Légende : NUNQUAM INERMIS.

IX.

Galères.

Des néréides à cheveux tressés, chargées de perles et d'autres ornemens. Légende : PAR DECORI VIRTUS.

X.

Maison de la reine.

Un champ couvert d'épis. Légende : HINC SUMIT OPES ANIMUMQUE.

APPENDICES ET PIÈCES JUSTIFICATIVES. 345

XI.

LA VILLE DE PARIS.

Les armes de la Ville d'un côté; celles de Michel-Étienne Turgot, Prévôt des marchands, de l'autre. Légende : *Son nom et ses qualités.*

(*Mercure de France*, janvier 1738, p. 126.)

1739.

JETTONS FRAPPEZ POUR LE PREMIER JOUR DE JANVIER 1739, AVEC L'EXPLICATION DES TYPES, ETC.

I.

TRÉSOR ROYAL.

Le soleil dardant ses rayons, d'un côté, sur des oliviers, de l'autre, sur des palmiers. Légende : CRESCENT HOC SIDERE FRUCTUS.

II.

PARTIES CASUELLES.

Une boussole. Légende : MITTIT DE PECTORE CURAS.

III.

CHAMBRE AUX DENIERS.

Un palmier chargé de fruits, le soleil en plein midi, qui le frappe de ses rayons. Légende : IPSO FŒCUNDA QUOTANNIS.

IV.

ORDINAIRE DES GUERRES.

Le dieu Mars reposant sur un palmier (il est dessous). Légende : FELICI IN SEDE QUIESCIT.

V.

EXTRAORDINAIRE DES GUERRES.

Apollon, qui, après la défaite du serpent Python, remet ses flèches dans son carquois. Légende : EDUCET, QUUM FATA VOLENT.

VI.

BASTIMENS DU ROY.

Une ruche d'abeilles dans le travail, leur roy au-dessus. Légende : URGET PRÆSENTIA REGIS.

VII.

ARTILLERIE.

Un puissant dogue, enchaîné au tronc d'un olivier et couché, portant ses regards sur une vaste campagne. Légende : DUM MITTAR IN HOSTEM.

VIII.

MARINE.

Neptune sur une mer calme, montrant de la pointe de son trident des nuages dans le lointain. Légende : RECEDERE JUSSIT.

IX.

GALÈRES.

Les étoiles de Castor et de Pollux, qui annoncent le calme de la mer. Légende : OPTATA DUCUNT PIGNORA PACIS.

X.

MAISON DE LA REINE.

L'étoile du matin, jointe au soleil. Légende : COMES FIDISSIMA SOLIS.

(*Mercure de France*, janvier 1739, p. 110.)

1740.

JETTONS FRAPPEZ POUR LE PREMIER JOUR DE JANVIER 1740,
AVEC L'EXPLICATION DES TYPES, ETC.

I.

TRÉSOR ROYAL.

La Sibylle qui présente à Énée le rameau d'or. Légende : AURI CERTA SEGES.

II.

PARTIES CASUELLES.

Un pélican qui nourrit ses petits de sa propre substance. Légende : URGET PROLIS AMOR.

III.

CHAMBRE AUX DENIERS.

Des bourses pleines d'argent, quelques-unes ouvertes et répandues sur une table. Légende : SICUT ROS SUPER HERBAM.

APPENDICES ET PIÈCES JUSTIFICATIVES. 347

IV.

Ordinaire des guerres.

Un Mars françois, tenant d'une main sa pique, et de l'autre un bouclier aux armes de France. Légende : VERÆ VIRTUTIS CUSTOS.

V.

Extraordinaire des guerres.

Éole retenant avec peine les vents dans leur antre. Légende : CIRCUM CLAUSTRA FREMUNT.

VI.

Artillerie.

Un coq. Légende : PACIS AMANS, NEC BELLA TIMENS.

VII.

Bastimens du roy.

Minerve assise et quittant son égide pour prendre un compas; d'autres instrumens des arts à ses pieds. Légende : PLACIDAS UT REVOCET ARTES.

VIII.

Marine.

Le char de Neptune, tout attelé, son trident dessus. Légende : NI STARET PACIS AMOR.

IX.

Galères.

Des tritons jouant sur les flots. Légende : IRATIS PLACIDISQUE FRUUNTUR.

X.

Maison de la reine.

L'Aurore sur son char, ouvrant la barrière du jour et répandant ses fleurs sur la terre. Légende : TOTA SPARGET IN ORBE.

(*Mercure de France*, janvier 1740, p. 113.)

1741.

I.

Trésor royal.

Atlas soutenant le globe des cieux. Légende : TANTA NEGOTIA SOLUS.

II.

PARTIES CASUELLES.

La Prudence représentée avec ses attributs, sacrifiant sur un autel. Légende : VINCUNTUR MUNERE FATA.

III.

CHAMBRE AUX DENIERS.

Une source d'eau tombant d'un rocher. Légende : NUNQUAM DEFICIET.

IV.

ORDINAIRE DES GUERRES.

Un chêne vert que les plus rudes saisons ne dépouillent jamais de ses feuilles. Légende : DURANDO SÆCULA VINCIT.

V.

EXTRAORDINAIRE DES GUERRES.

Un torrent qui passe par dessus une digue. Légende : AB OBICE MAJOR.

VI.

BASTIMENS DU ROY.

Le génie de l'architecture, avec ses attributs, entre des bastimens de différentes formes. Légende : IDEM SEMPER HONOR.

VII.

ARTILLERIE.

Des roches ou des montagnes fort élevées, sur lesquelles tombent la foudre, etc. Légende : INVIA FULMINIBUS NULLA EST VIA.

VIII.

MARINE.

Un lion, qui, sans paroître ému, repousse les attaques de plusieurs panthères. Légende : NON IMPAR NUMERO VIRTUS.

IX.

GALÈRES.

Des étoiles au-dessus de quelques nuages qui couvrent la mer. Légende : OCCULTIS EADEM VIRTUS.

APPENDICES ET PIÈCES JUSTIFICATIVES.

X.

MAISON DE LA REINE.

Le croissant de la lune, au milieu d'un grand nombre d'étoiles. Légende : MICAT INTER OMNES.

(Mercure de France, janvier 1741, p. 147.)

1742.

I.

TRÉSOR ROYAL.

L'arche au milieu des eaux, avec la colombe au-dessus, tenant une branche d'olivier. Légende : IMMERSABILIS UNDIS.

II.

PARTIES CASUELLES.

Argus qui s'endort en gardant la vache Io, que Junon avait confiée à ses soins. Légende : FATALIS SOPOR.

III.

CHAMBRE AUX DENIERS.

Plusieurs bateaux chargés sur une rivière. Légende : FRUGES ET CEREREM FERUNT.

IV.

ORDINAIRE DES GUERRES.

L'aigle de Jupiter, avec un foudre dans chacune de ses serres. Légende : VEL NON EMISSA TIMENTUR.

V.

EXTRAORDINAIRE DES GUERRES.

Le soleil commençant à percer un nuage, d'où sortent de la grêle et des foudres. Légende : PARAT OTIA TERRIS.

VI.

BASTIMENS DU ROY.

Des blocs de marbre que l'on taille en colonnes, chapiteaux, etc. et, d'un autre côté, une figure équestre et divers ouvrages de bronze ébauchés. Légende : LABOR OMNIA VINCIT.

VII.

Artillerie.

Un lion en fureur. Légende : ET JAM RUGITU TERRITAT ORBEM.

VIII.

Marine.

Le Dauphin qui porte Arion sur une mer agitée et le rend au rivage. Légeude : INIMICA PER ÆQUORA SERVAT.

IX.

Galères.

Des anchres. Légende : AFFIXA IN LITTORE SERVANT.

X.

Maison de la reine.

La constellation du Dauphin, déjà fort élevée sur l'horizon. Légende : POPULIS GRATISSIMA SURGIT.

(*Mercure de France*, janvier 1742, p. 156.)

1743.

I.

Trésor royal.

Triptolème, monté sur le char de Cérès, et répandant au loin des graines sur la terre. Légende : QUO NON FUNDIT OPES ?

II.

Parties casuelles.

Un vaisseau, dont on jette quelques ballots à la mer, pour le soulager dans la tempête. Légende : NE TOTUM PEREAT.

III.

Chambre aux deniers.

Un char attelé, rempli de gerbes, qui marche vers un palais. Légende : PRO DOMO REGIA.

IV.

Ordinaire des guerres.

Un porc-épic dont tous les traits sont hérissés. Légende : AB OMNI PARTE TUETUR.

V.

Extraordinaire des guerres.

Un foudre ailé avec ces mots d'Horace : QUID NON DILUERE EFFICAX?

VI.

Bastimens du roy.

Circé tenant sa baguette et montrant dans le lointain des bâtimens de différentes structures. Légende : IN QUASCUMQUE VOLET FORMAS.

VII.

Artillerie.

Une trompette. Légende : ET LOQUOR ET SILEO PRO TEMPORE.

VIII.

Marine.

Neptune, s'élevant sur une mer agitée pour en calmer les flots, tient d'une main son trident et s'appuie de l'autre sur un caducée. Légende : UT TOTO SERVET COMMERCIA MUNDO.

IX.

Galères.

Les dauphins bondissant pendant la tempête. Légende : SONITU HAUD TERRENTUR INANI.

X.

Maison de la reine.

Latone placée entre ses enfants. Légende : FELIX PROLE SUA.

XI.

La ville de Paris.

Les armes de la Ville d'un côté; celles de M. Fel. Aubery de Vastan, Prévôt des marchands, de l'autre. Légende : *Son nom et ses qualités.*

(*Mercure de France*, janvier 1743, p. 164.)

1744.

I.
Trésor royal.

Un Palmier dont les branches sont chargées de casques, de boucliers et autres armes : VALENT IN PONDERE VIRES.

II.
Parties casuelles.

Le bouclier que les Romains nommaient *ancile* : VITANDIS FVNERIBVS.

III.
Chambre aux deniers.

Une couronne soutenue par l'Abondance d'un côté, et de l'autre par Minerve : DIVITIIS ET SAPIENTIA.

IV.
Ordinaire des guerres.

Pallas debout, tenant sa pique d'une main et s'appuyant de l'autre sur son égide : PROPRIIS CONFIDIT IN ARMIS.

V.
Extraordinaire des guerres.

Hercule couvert de la peau de lion de Némée et montrant sa massue : NOVIS SVPPETET LABORIBVS.

VI.
Bâtimens du roi.

Un niveau : FORTIOR QVO RECTIOR.

VII.
Artillerie.

Le Dragon à la porte du jardin des Hespérides : NON IMPVNE TENTATVR ADITVS.

VIII.
Marine.

Thétis, qui repose tranquillement sur le rivage d'une mer agitée : DVM PELAGO DESŒVIT HIEMS.

IX.

Galères.

Deux Syrennes rangées le long d'une côte : DOCTÆ FALLERE FLVCTVS.

X.

Maison de la reine.

Une pierre d'aiman armée : EX VIRTVTE DECVS.

XI.

La ville de Paris.

Les armes de la Ville d'un côté, celles de M. Louis Bazile de Bernage, Prévôt des Marchands, de l'autre, son nom et ses qualités autour.

(*Mercure de France*, janvier 1744, p. 136.)

1745.

I.

Trésor royal.

Un fleuve qui porte le tribut de ses eaux à la mer, dont il les a reçues, et pour âme ces mots : VT ITERVM FLVANT.

II.

Parties casuelles.

Un oiseau qui s'arrache des plumes pour construire et accommoder son nid; pour âme ces mots : DECET ESSE PARENTEM.

III.

Marine.

La mer agitée par des vents impétueux, avec ces mots pour âme : MOVENT, NON MINVVNT.

IV.

Galères.

Neptune, qui contient les vents près de leur antre, avec ces mots pour âme : AD NVTVM SPIRATA ALACRES.

V.

Maison de la reine.

Un sep de vigne chargé de grapes et soutenue (*sic*) par un laurier auquel elle s'est attachée; pour âme ces mots : SECVRA HOC SOSPITE.

VI.

Bâtimens du roi.

Minerve armée et ayant auprès d'elle divers matériaux et un édifice qui s'élève, avec ces mots pour âme : ET BELLANS COLIT ARTES.

VII.

Ordinaire des guerres.

Le roi des abeilles qui, suivi de son essain, va se placer sur la branche d'un chêne, et pour âme ces mots : VITAM PRO REGE PACISCI.

VIII.

Extraordinaire des guerres.

Jupiter descendant du Ciel sur un nuage enflâmé et lançant la foudre sur une ville, qui paraît déjà toute en feu; pour âme ces mots : FVLMINAT INVITVS.

IX.

Artillerie.

La foudre qui, tombant sur des rochers escarpés, les entrouvre et les abbat; pour âme ces mots : IRATO JOVE NIL TVTVM.

X.

Chambre aux deniers.

Des danses et autres réjouissances autour d'un feu de joye; pour âme ces mots : INCOLVMI REGE LÆTITIA POPVLI.

(*Mercure de France*, février 1745.)

1746.

I.

Trésor royal.

Le soleil au centre du tourbillon entouré des orbites des planettes, avec ces mots pour âme : AB VNO OMNES : *Elles dépendent toutes d'un seul.*

II.

Parties casuelles.

Une grue sur un rocher où elle paroît reposer, ayant une patte levée dans laquelle elle tient une pierre, avec ces mots : PLACIDAM DAT CVRA QVIETEM : *Le soin qu'elle prend assure le repos des autres.*

III.

Maison de la reine.

Un palmier du pied duquel sort un rejetton. SPEM JAM CERTA FVTVRI : *Elle donne de nouvelles espérances pour l'avenir.*

IV.

Maison de madame la dauphine.

Deux jeunes lys éclairés des rayons du soleil. PATRIO SVB SYDERE CRESCVNT : *Ils s'élèvent sous un astre favorable.*

V.

Chambre aux deniers.

Jupiter sur son aigle, la foudre en main. FIDES ASSEQVA JOVIS : *La fidélité suit toujours le maître des dieux.*

VI.

Ordinaire des guerres.

La foudre de Jupiter : ATTERIT OBVIA : *Il abat tout ce qui lui résiste.*

VII.

Extraordinaire des guerres.

Un lion, devant lequel fuyent plusieurs animaux. HOSTILI REGNAT IN ARVO : *Il est le maître chez ses ennemis.*

VIII.

Marine.

Le vaisseau des Argonautes qui rapporte la Toison d'or. SERVASSE TRIVMPHVS : *Sa conservation est un triomphe.*

IX.

Galères.

Une flèche traversant les airs. OCIOR EVRO : *Plus vite que le vent.*

X.

Bâtimens du roi.

Une colonne élevée sur sa base. PONDERE TVTA SVO STAT : *Elle subsiste par son propre poids.*

XI.

Artillerie.

Jupiter sur des nuages d'où partent des foudres. CONTRA HÆC TELA QVID ARCES ! *Quelles forteresses peuvent lui résister ?*

XII.

Médaille sur la campagne du roi.

La Victoire assise, à l'ombre d'un palmier, sur un grand nombre de boucliers aux armes des villes que S. M. a conquises, écrit sur le sien, avec la pointe de son dard, ces mots : DE ANGLIS, AVSTRIACIS ET....; pour légende : VICTORIS CELERITAS ET CONSTANTIA : *L'activité et la constance du vainqueur.* Exergue : PRÆCIPVÆ BELGII AVSTRIACI VRBES SVBACTÆ M·DCC·XLV : *Conquête des principales villes de la Flandre autrichienne.*

(*Mercure de France*, janvier 1746.)

1747.

I.

Trésor royal.

Le soleil élevant des vapeurs qui forment des nuages.
Légende : TERRIS, NON SIBI : *Ce n'est point pour lui, mais pour le bien de la terre.*
Exergue : *Trésor royal*, 1747.

II.

Parties casuelles.

Un arbre fruitier que l'on taille.
Légende : JVVAT ANNVA CVRA : *Tous les ans il demande de nouveaux soins.*
Exergue : *Parties casuelles*, 1747.

III.

Maison de la reine.

Une grenade.
Légende : NON EX CORONA PRETIVM : *Sa couronne n'en fait pas tout le prix.*
Exergue : *Maison de la reine*, 1747.

IV.

Chambre aux deniers.

Le Nil appuyé sur son urne, qui répand une eau féconde dans les campagnes.
Légende : NVNQVAM SICCABITVR ÆSTV : *Elle ne tarira jamais.*
Exergue : *Chambre aux deniers, 1747.*

V.

Extraordinaire des guerres.

Jupiter sur un nuage, la foudre à la main.
Légende : PARATVS PONERE : *Il est prêt à la poser.*
Exergue : *Extraordinaire des guerres, 1747.*

VI.

Ordinaire des guerres.

Des éléphans armés en guerre.
Légende : TOT ACIES : *Chacun d'eux est une armée.*
Exergue : *Ordinaire des guerres, 1747.*

VII.

Marine.

Une boussole de mer montée sur ses pivots.
Légende : DVBIIS SECVNDISQVE REBVS RECTA : *Elle est juste dans les temps orageux comme dans les temps favorables.*
Exergue : *Marine, 1747.*

VIII.

Galères.

Un oiseau de proie encapuchonné sur sa perche.
Légende : IMPATIENS PVGNÆ : *Le moment du combat tarde à son impatience.*
Exergue : *Galères, 1747.*

IX.

Bâtimens du roi.

Minerve appuyée d'une main sur sa lance, avec son casque et son ægide, tenant de l'autre main un niveau.
Légende : CONSOCIARE AMAT : *Elle sait concilier la guerre et les arts.*
Exergue : *Bâtimens du roi, 1747.*

X.

Artillerie.

Trois lys défendus par un dragon vomissant des tourbillons de feu et mettant en fuite un aigle, un léopard et un lion.
Légende : TVTATVR SIC LILIA FVLMEN : *C'est ainsi que la foudre met les lys à couvert.*
Exergue : *Artillerie, 1747.*

XI.

(Ici se trouve dessiné un jeton qui n'est pas expliqué suffisamment dans le *Mercure* et dont l'exergue est illisible; il y a une erreur d'impression, sans doute, et le jeton est gravé de façon qu'on ne voit pas, même avec la loupe, les caractères du bas.)

Voici ce que dit le *Mercure* :

Exergue : Les trois déesses du théâtre : Melpomène, Thalie et Terpsichore.
On lit comme légende : VICTORIS OTIA FALLVNT.
En bas se trouvent peut-être ces mots : MON PLAIS. ET M. N. DE LA CH. DV ROI?

(*Mercure de France*, février 1747, p. 153.)

1748.

I.

Trésor royal.

Le fleuve du Nil, dont les eaux se répandent sur les terres et y portent l'abondance.
Légende : SERVATO FŒDERE SEMPER.
Exergue : *Trésor royal, 1748.*

II.

Parties casuelles.

Une citerne qui reçoit des eaux de pluye tombant sur divers bâtimens et qui forme un réservoir et une fontaine.
Légende : CASV COLLECTA REFVNDIT.
Exergue : *Parties casuelles, 1748.*

III.

Maison de la reine.

Une cassolette fumante sur une table à l'antique.
Légende : IMIS ET SVMMIS GRATA.
Exergue : *Maison de la reine, 1748.*

IV.

Maison de madame la dauphine.

Deux jeunes palmiers penchés l'un vers l'autre.
Légende : FAVSTO FŒDERE JUNCTI.
Exergue : *Maison de Mme la dauphine, 1748.*

V.

Chambre aux deniers.

Un beau jardin, à la porte duquel il y a un dieu Terme.
Légende : CVSTODIT NON CARPIT.
Exergue : *Chambre aux deniers, 1748.*

VI.

Extraordinaire des guerres.

Un torrent qui, après avoir renversé une digue, inonde des campagnes.
Légende : OPPOSITAS EVICIT MOLES.
Exergue : *Extraordinaire des guerres, 1748.*

VII.

Ordinaire des guerres.

Plusieurs foudres en l'air qui se dirigent vers différents côtés.
Légende : QVO JUSSA TIMENTVR.
Exergue : *Ordinaire des guerres, 1748.*

VIII.

Marine.

Un lion.
Légende : PERICVLA NESCIT.
Exergue : *Marine, 1748.*

IX.

Galères.

Des syrènes entre des écueils.
Légende : HAVD ACCEDERE TVTVM.
Exergue : *Galères, 1748.*

X.

Bâtimens du roi.

Amphion, qui élève les murs de Thèbes au son de la lyre.
Légende : MOVET ARTE MAGISTRA.
Exergue : *Bâtimens du roi, 1748.*

XI.

Artillerie.

Une tour à l'antique, bâtie sur un rocher au bord de la mer, frappé d'un coup de tonnerre.
Légende : HVMANAS MOTVRA TONITRVA MENTES.
Exergue : *Artillerie, 1748.*

(*Mercure de France*, février 1748.)

1749.

I.

Trésor royal.

Un champ couvert d'une moisson.
Pour légende : SIBI CREDITA REDDIT : *Il rend ce qu'on lui a confié.*
Exergue : *Trésor royal.*

II.

Parties casuelles.

Un serpent qui quitte sa vieille peau.
Légende : JVVAT POSVISSE QVOT ANNIS : *Chaque année il se réjouit de l'avoir quittée.*
Exergue : *Parties casuelles.*

III.

Maison de la reine.

L'étoile du soir, visible, quoique le soleil soit encore sur l'horizon.
Légende : QVAMVIS VICINO SOLE REFVLGET : *Elle brille, quoique près du soleil.*
Exergue : *Maison de la reine.*

IV.

Maison de Madame la Dauphine.

Un arbre fruitier en fleurs et seul au milieu d'un champ.
Légende : MAGNI SPES VNICA RVRIS : *La seule espérance d'une vaste campagne.*
Exergue : *Maison de Mme la dauphine.*

V.

Chambre aux deniers.

La Justice tenant la balance à la main; dans l'un des bassins le Sceptre, dans l'autre la main de la justice.
Légende : PAX IN VIRTVTE TVA : *La paix se trouve dans votre équité.*
Exergue : *Chambre aux deniers.*

VI.

EXTRAORDINAIRE DES GUERRES.

Mars armé et debout au devant du temple de Janus fermé.
Légende : CLAVSIT ET SERVAT : *Il le garde après l'avoir fermé.*
Exergue : *Extraordinaire des guerres.*

VII.

ORDINAIRE DES GUERRES.

Hercule debout, appuyé sur sa massue, ses armes à ses pieds.
Légende : PACATO ORBE QVIESCIT : *Il se repose, après avoir pacifié l'univers.*
Exergue : *Ordinaire des guerres.*

VIII.

MARINE.

Un chêne agité par les vents, qui en font tomber les glands.
Légende : CONCVSSV SILVA RESVRGET : *De ces secousses, il renaîtra une forêt.*
Exergue : *Marine.*

IX.

BÂTIMENS DU ROI.

La paix et la déesse des arts s'avançant l'une vers l'autre pour se donner la main.
Légende : AVIDA CONJVNGERE DEXTRAS : *Elles sont empressées de se donner la main.*
Exergue : *Bâtimens du roi.*

X.

ARTILLERIE.

Un aigle tenant une branche d'olivier et au-dessus le globe de la terre.
Légende : MVTAT JOVIS ALES FVLMEN OLIVA : *L'oiseau de Jupiter dépose la foudre pour prendre l'olivier.*
Exergue : *Artillerie.*

(*Mercure de France*, février 1749, p. 188.)

1750.

I.

TRÉSOR ROYAL.

Une machine hydraulique sur une rivière : HAVRIT VT SPARGAT : *Elle ne puise que pour répandre.*

II.

Parties casuelles.

Un fleuve grossi par les eaux de la plage : CRESCITQVE CADENTIBVS VNDIS : *Il grossit des eaux qui tombent de toutes parts.*

III.

Chambre aux deniers.

Le rameau d'or : REGALI SPLENDET VSV : *Il tire son éclat de l'usage qui s'en fait pour le prince.*

IV.

Ordinaire des guerres.

Jupiter tenant sa foudre en bas : JAM SATIS TERRVIT : *Elle a assez épouvanté la terre.*

V.

Extraordinaire des guerres.

Un olivier auquel sont attachées la massue, les flèches et la peau du lion d'Hercule : HIC POSVISSE JVVAT : *Il est satisfait de les y avoir déposées.*

VI.

Bâtimens.

Un aigle établissant son aire au haut d'un rocher : PLACIDA POST FVLMINA CVRA : *Après avoir porté la foudre, elle s'occupe de soins plus paisibles.*

VII.

Artillerie.

Un bélier : LVDENS VERBERAT AVRAS : *C'est en se jouant qu'il frappe les airs.*

VIII.

Marine.

L'étoile de Castor et de Pollux s'élevant au-dessus d'une mer agitée : VNDA RECVMBIT : *Elle calme la tempête.*

IX.

Maison de la reine.

Un rosier chargé de fleurs : AVGET FÆCVNDA DECOREM.

APPENDICES ET PIÈCES JUSTIFICATIVES.

X.

MAISON DE MADAME LA DAUPHINE.

Une aurore sur son char : SPERATÆ NVNCIA LVCIS.

(*Mercure de France*, mars 1750, p. 199.)

1751.

DEVISES POUR LES JETTONS DU PREMIER JANVIER 1751.

I.

TRÉSOR ROYAL.

Le soleil au-dessus du globe terrestre.
Légende : NON SIBI SED ORBI : *Il ne luit pas pour lui, mais pour le monde.*
Exergue : *Trésor royal, 1751.*

II.

PARTIES CASUELLES.

L'arc-en-ciel.
Légende : FŒDERE TVTI : *Ce pact* (sic) *fait leur sûreté.*
Exergue : *Parties casuelles, 1751.*

III.

MAISON DE LA REINE.

Un laurier, d'où sortent plusieurs rejettons.
Légende : NATA CORONIS PROGENIES : *Ses rejettons sont nés pour des couronnes.*
Exergue : *Maison de la reine, 1751.*

IV.

MAISON DE MADAME LA DAUPHINE.

L'aurore ouvrant la barrière du jour.
Légende : IT PRÆVIA PHŒBO : *Elle devance le soleil.*
Exergue : *Maison de Mme la dauphine, 1751.*

V.

CHAMBRE AUX DENIERS.

Une fleur d'immortelle.
Légende : NVLLO CONTVSVS ARATRO.....
Exergue : *Chambre aux deniers, 1751.*

VI.

Extraordinaire des guerres.

Les Cyclopes assis à l'entrée de leur caverne dans l'attitude de gens oisifs.
Légende : DEVS OTIA FECIT : *Un Dieu nous a procuré ce repos.*
Exergue : *Extraordinaire des guerres, 1751.*

VII.

Ordinaire des guerres.

Des bombes d'artifice, de fusées, etc.
Légende : LÆTITIÆ VERTVNTVR IN VSVM : *On les a convertis en instrumens d'allégresse.*
Exergue : *Ordinaire des guerres, 1751.*

VIII.

Marine.

Un nid d'alcions sur une mer calme.
Légende : FECVNDA QVIES : *Ce calme enfante l'abondance.*
Exergue : *Marine, 1751.*

IX.

Colonies.

Un sauvage et des lys plantés près de lui.
Légende : SVB OMNI SIDERE CRESCVNT : *Ils croissent dans tous les climats.*
Exergue : *Colonies françoises de la Martinique, 1751.*

X.

Bâtimens du roi.

Un compas sur un bloc de marbre.
Légende : DECVS ADDITVR ARTE : *L'art y donne les grâces, 1751.*

XI.

Artillerie.

Un soleil répandant ses rayons de toutes parts.
Légende : VT RADIOS SIC FVLGVRA SPARGERE PROMPTVM EST : *La foudre part aussi promptement que ses rayons.*
Exergue : *Artillerie, 1751.*

(*Mercure de France*, avril 1751.)

1752.

— I.

TRÉSOR ROYAL.

Une fontaine dont l'eau découle.
Légende : FLVIT ETERNVMQVE MINISTRAT : *Elle coule sans se tarir.*
Exergue : *Trésor royal*, 1752.

II.

PARTIES CASUELLES.

Une rivière formée par des torrents.
Légende : EX FORTVITIS CRESCIT : *Elle se forme par les hasards.*
Exergue : *Parties casuelles*, 1752.

III.

MAISON DE LA REINE.

L'étoile polaire.
Légende : CŒLIS HŒRET TERRIS LVCET : *Fixée au ciel, elle brille sur la terre.*
Exergue : *Maison de la reine*, 1752.

IV.

MAISON DE MADAME LA DAUPHINE.

Un grenadier en fleur cultivé par un Amour.
Légende : NEC VOTA FEFELLIT : *Il n'a point trompé nos vœux.*
Exergue : *Maison de Mme la dauphine*, 1752.

V.

CHAMBRE AUX DENIERS.

Un soleil sortant de l'horizon.
Légende : VRBIS ET ORBIS LÆTITIA : *Il fait la joie de la ville et du monde entier.*
Exergue : *Chambre aux deniers*, 1752.

VI.

EXTRAORDINAIRE DES GUERRES.

Le dieu Mars, qui marche à grands pas, guidé par un génie qui l'éclaire de son flambeau.
Légende : DOCTVS ITER MELIVS : *Il lui montre la meilleure route.*
Exergue : *Extraordinaire des guerres*, 1752.

VII.

Ordinaire des guerres.

La déesse de la Paix, appuyée sur Mars.
Légende : SIC FVLTA PERENNIS : *Elle est plus stable avec un tel appui.*
Exergue : *Ordinaire des guerres, 1752.*

VIII.

Marine.

Un nid d'alcion sur une mer calme; au-dessus, une troupe de jeunes alcyons prenant l'essor avec leur mère.
Légende : GAVDET PROLE NOVA : *Elle se réjouit de voir sa nouvelle race.*
Exergue : *Marine, 1752.*

IX.

Les colonies.

Mercure, dieu du Commerce, avec son caducée orné de fleurs de lys, volant au-dessus de l'Océan.
Légende : VTRIQVE FACIT COMMERCIA MVNDO : *Il unit le commerce des Deux-Mondes.*
Exergue : *Colonies, 1752.*

X.

Bâtimens du roi.

Minerve dans l'attitude d'une personne qui pense, le coude appuyé sur une table où sont quelques instrumens d'architecture.
Légende : MOLITVR GRANDIA : *Elle projette de grandes choses.*
Exergue : *Bâtimens du roi, 1752.*

XI.

Artillerie.

Le soleil sortant de l'horizon, et sur la gauche un nuage d'où part la foudre, ce qui étoit d'un heureux présage chez les Romains.
Légende : HVJVS IN ORTV INTONVIT LÆVVM : *A son lever, il a tonné à gauche.*
Exergue : *Artillerie, 1752.*

(*Mercure de France*, mai 1752.)

1754.

DEVISES POUR LES JETTONS DE L'ANNÉE 1754.

I.

Trésor royal.

Le soleil environné de la terre et des autres planètes, auxquelles il donne la chaleur et le mouvement.
Légende : DAT CVNCTA MOVERI.
Exergue : *Trésor royal, 1754.*

II.

Parties casuelles.

Un arbre chargé de fruits; un Génie ramasse dans une corbeille ceux qui sont tombés.
Légende : QVÆ CECIDERE LEGIT.
Exergue : *Parties casuelles, 1754.*

III.

Maison de la reine.

Un grand lys environné d'autres lys plus petits.
Légende : TOT LILIA AB VNO.
Exergue : *Maison de la reine, 1754.*

IV.

Maison de madame la dauphine.

Un miroir ardent de réflection.
Légende : QVANTVS CVM SOLE NITOR.
Exergue : *Maison de Mme la dauphine, 1754.*

V.

Bâtimens.

La Muse de l'architecture tenant d'une main une équerre et un compas et, de l'autre, présentant au dieu Mars le plan de l'École militaire, avec ces mots :
Légende : EN TIBI.
Exergue : *Bâtimens, 1754.*

VI.

Extraordinaire des guerres.

Deux athlètes lutans.
Légende : EXERCENT AD PRÆLIA VIRES.
Exergue : *Extraordinaire des guerres*, 1754.

VII.

Ordinaire des guerres.

Un tournesol qui suit les mouvemens du soleil.
Légende : FVLGET AB ASPECTV.
Exergue : *Ordinaire des guerres*, 1754.

VIII.

Chambre aux deniers.

Un soleil qui darde ses rayons sur des montagnes riches d'arbres au sommet et qui, à leurs pieds, découvrent des mines.
Légende : OPES FRVGESQVE LARGITVR.
Exergue : *Chambre aux deniers*, 1754.

IX.

Marine.

Un cheval marin qui se repose.
Légende : DANT OTIA VIRES.
Exergue : *Marine*, 1754.

X.

Artillerie.

La machine électrique.
Légende : INTONAT, EMICAT, ARDET.
Exergue : *Artillerie*, 1754.

XI.

Colonies.

D'un côté un champ planté de cannes de sucre, de l'autre des castors qui travaillent.
Légende : NON INFERIORA METALLIS.
Exergue : *Colonies*, 1754.

Les devises données par l'Académie des belles-lettres sont celles du Trésor royal, des Parties casuelles, de la Maison de la Reine, de la Maison de Mme la Dauphine, de l'Ordinaire et de l'Extraordinaire des guerres.

(*Mercure de France*, avril 1754.)

1755.

I.

TRÉSOR ROYAL.

Un grand fleuve qui se divise en plusieurs canaux.
Légende : DIVISVS PRODEST.
Exergue : *Trésor royal, 1755.*

II.

PARTIES CASUELLES.

Des greffes qu'on ente sur un arbre essepé.
Légende : CARPENT TVA POMA NEPOTES.
Exergue : *Parties casuelles, 1755.*

III.

MAISON DE LA REINE.

Des lys plantés dans un parterre avec symétrie.
Légende : NOVVM EX SERIE DECVS.
Exergue : *Maison de la reine, 1755.*

IV.

MAISON DE MADAME LA DAUPHINE.

Un soleil, dont la lumière pénètre dans des nuées voisines, forme trois autres soleils ou parhélies qui sont les emblêmes de Mgr le Dauphin et de M^grs les ducs de Bourgogne et de Berri.
Légende : CŒLI DECVS.
Exergue : *Maison de Mme la dauphine, 1755.*

V.

CHAMBRE AUX DENIERS.

Une chambre au milieu de laquelle il y a une table avec plusieurs sacs d'argent dessus, et quelques-uns de ces sacs d'argent monnoyé répandus sur la table.
Légende : REGALI SVPPETIT VSV.
Exergue : *Chambre aux deniers, 1755.*

VI.

EXTRAORDINAIRE DES GUERRES.

Deux chevaliers armés joûtant dans une lice.
Légende: ET LVDVS IN ARMIS.
Exergue : *Extraordinaire des guerres*, 1755.

VII.

ORDINAIRE DES GUERRES.

Un cheval couché levant fièrement la tête.
Légende: DVM AD PRÆLIA SVRGAT.
Exergue : *Ordinaire des guerres*, 1755.

VIII.

MARINE.

Jason rapportant la Toison d'or.
Légende : JVVAT NVNC PARTA TVERI.
Exergue : *Marine*, 1755.

IX.

COLONIES FRANÇOISES EN AMÉRIQUE.

Le navire Argo, avec des peaux de castor suspendues à la place de la Toison d'or.
Légende : NON VILIVS AVRO.
Exergue : *Colonies françoises en Amérique*, 1755.

X.

BÂTIMENS DU ROI.

Minerve avec l'égide et la cuirasse, tenant d'une main des instrumens d'architecture; dans le lointain un bâtiment commence à s'élever.
Légende: CONDIT QVAS INCOLET ÆDES.
Exergue : *Bâtimens du roi*, 1755.

XI.

ARTILLERIE.

Des canons sur leurs affûts, liés ensemble et enchaînés par des branches d'olivier, qui serpentent à l'entour.
Légende : VÆ QVIBVS HAS RVPISSE CATENAS CONTIGERIT.
Exergue : *Artillerie*, 1755.

XII.

Menus plaisirs et affaires de la chambre.

Therpsicore, Melpomène et Thalie.
Légende : LÆTITIÆ LACRYMÆQVE DECORÆ.
Exergue : *Argenterie et menus plaisirs, 1755.*

(*Mercure de France*, avril 1755.)

1756.

I.

Trésor royal.

Une corne d'abondance au milieu d'un cercle, symbole de l'éternité.
Légende : ÆTERNITAS.
Exergue : *Trésor royal, 1756.*

II.

Parties casuelles.

Une ancre.
Légende : SPES CERTA SALVTIS.
Exergue : *Parties casuelles, 1756.*

III.º

Maison de la reine.

Un arbre qui s'élève au-dessus de plusieurs autres; il est orné de guirlandes et de couronnes.
Légende : DIGNIOR VNA CŒLI.
Exergue : *Maison de la reine, 1756.*

IV.

Maison de madame la dauphine.

Une aigle dans son aire et deux aiglons, dont l'un, plus fort que l'autre, parait en sortir davantage.
Légende : LAVDATVR SIMILI PROLE.
Exergue : *Maison de Mme la dauphine, 1756.*

V.

Extraordinaire des guerres.

Un cheval ailé prenant l'essor.
Légende : VELOX ARTE NOVA.
Exergue : *Extraordinaire des guerres, 1756.*

VI.

ORDINAIRE DES GUERRES.

L'aigle fixant ses regards sur le soleil.
Légende : HINC FORTIS IN HOSTEM.
Exergue : *Ordinaire des guerres, 1756.*

VII.

CHAMBRE AUX DENIERS.

Un gros chêne au milieu de deux vents qui soufflent pour l'abattre.
Légende : SEMPER INCONCVSSA VIDEBIT.
Exergue : *Chambre aux deniers, 1756.*

VIII.

MARINE.

Un aigle s'élevant dans les airs, malgré les vents et l'orage.
Légende : VIS INSITA MAJOR.
Exergue : *Marine, 1756.*

IX.

BÂTIMENS DU ROI.

La façade du Louvre que l'on répare.
Légende : MOX HOSPITE DIGNA.
Exergue : *Bâtimens du roi, 1756.*

X.

MENUS PLAISIRS.

Des Génies qui se jouent avec des instrumens de musique et des habillemens de bal.
Légende : CONCESSA VOLVPTAS.
Exergue : *Menus plaisirs, 1756.*

XI.

ARTILLERIE.

Un foudre et une épée croisés.
Légende : MEDITAMVR CERTIVS ICTVM.
Exergue : *Artillerie, 1756.*

XII.

Colonies.

Un essaim qui sort d'une ruche pour en aller peupler une autre plus éloignée.
Légende : SEDEM NON ANIMVM MVTANT.
Exergue : *Colonies*, 1756.

(*Mercure de France*, mars 1756.)

1757.

I.

Trésor royal.

Une nuée que le soleil attire.
Légende : INDE ROS ET FULMEN.
Exergue : *Trésor royal*, 1757.

II.

Parties casuelles.

Un semeur.
Légende : DAT SEGETEM JACTURA LEVIS.
Exergue : *Parties casuelles*, 1757.

III.

Maison de la reine.

Cibelle assise au milieu des Déesses.
Légende : LÆTA NEPOTIBUS.
Exergue : *Maison de la reine*, 1757.

IV.

Maison de Madame la dauphine.

Un laurier avec trois rejettons.
Légende : NOVUM EX PROLE DECUS.
Exergue : *Maison de Madame la dauphine*, 1757.

V.

Extraordinaire des guerres.

Un Hercule qui a terrassé un ennemi : il le foule aux pieds et lève sa massue.
Légende : HERCULES BALEARICUS.
Exergue : *Extraordinaire des guerres*, 1757.

VI.

Ordinaire des guerres.

Jupiter foudroyant les Géants.
Légende : DISCITE JUSTITIAM.
Exergue : *Ordinaire des guerres*, 1757.

VII.

Chambre aux deniers.

Une tige de lys à trois branches, et un jardinier qui arrose cette tige.
Légende : GLORIA STUDIUMQUE RIGANTIS.
Exergue : *Chambre aux deniers*, 1757.

VIII.

Marine.

Une lionne assaillant des léopards qui emportent ses lionceaux.
Légende : RAPTORIBUS INGRUIT ULTRIX.
Exergue : *Marine*, 1757.

IX.

Bâtimens du roi.

Minerve au pied d'un palais qui s'élève, tenant d'une main sa lance, et de l'autre son équerre.
Légende : UTRIQUE INTENTA.
Exergue : *Bâtimens du roi*, 1757.

X.

Menus plaisirs.

Un Génie tenant de la main droite une couronne de myrthe, et de l'autre une couronne de laurier.
Légende : LUDOS ET SERIA CURAT.
Exergue : *Menus plaisirs du roi*, 1757.

XI.

Artillerie et génie réunis.

Deux Génies se tenant par la main : l'un tient un plan, et l'autre un foudre.
Légende : NOVO FŒDERE LÆTI.
Exergue : *Artillerie*, 1757.

XII.

Colonies.

Neptune conduisant Mars dans son char.
Légende : PARAT ULTIMA TERRA TRIUMPHOS.
Exergue : *Colonies.*

(*Mercure de France*, avril 1757, p. 141.)

1758.

DEVISES POUR LES JETTONS DU 1ᵉʳ JANVIER 1758.

I.

Trésor royal.

Neptune environné de fleuves qui lui présentent leurs urnes.
Légende : DANT ACCIPIUNTQUE VICISSIM.
Exergue : *Trésor royal, 1758.*

II.

Parties casuelles.

Un oiseau détachant quelques-unes de ses plumes pour garnir son nid.
Légende : SOBOLEM PIA CURA JUVABIT.
Exergue : *Parties casuelles, 1758.*

III.

Maison de la reine.

Un crystal taillé à facettes, rendant plusieurs images du soleil.
Légende : QUOT AB UNO LUMINE SOLES.
Exergue : *Maison de la reine, 1758.*

IV.

Maison de Madame la dauphine.

La planette de Jupiter avec ses quatre lunes.
Légende : QUATERNO SIDERE FELIX.
Exergue : *Maison de Madame la dauphine, 1758.*

V.

Extraordinaire des guerres.

Hercules, allié de Pirithoüs, abattant les Centaures à coups de massue.

Légende : SIC FŒDERA SANCIT.
Exergue : *Extraordinaire des Guerres, 1758.*

VI.

Ordinaire des guerres.

Un cheval armé en guerre, retenu à la barrière.
Légende : IMPATIENS PUGNÆ.
Exergue : *Ordinaire des Guerres, 1758.*

VII.

Marine.

Deux Argonautes ailés poursuivent les Harpies.
Légende : FERRO ET PERNICIBUS ALIS.
Exergue : *Marine, 1758.*

VIII.

Colonies.

Des aigles qui passent la mer.
Légende : EADEM TRANS ÆQUORA VIRTUTE.
Exergue : *Colonies, 1758.*

IX.

Bâtimens du roi.

Un trophée composé des instrumens des trois arts, architecture, peinture et sculpture.
Légende : ET HIS QUOQUE VINCIMUS ARMIS.
Exergue : *Bâtimens du roi, 1758.*

X.

Menus plaisirs.

Des Génies avec des lauriers et des guirlandes.
Légende : PLACET EMPTA LABORE VOLUPTAS.
Exergue : *Menus plaisirs, 1758.*

XI.

Artillerie et Génie.

Pallas tenant d'une main la foudre, et de l'autre un plan de fortifications qu'elle considère attentivement.
Légende : NOVOS MEDITATA TRIUMPHOS.
Exergue : *Corps royal d'artillerie et du génie, 1758.*

APPENDICES ET PIÈCES JUSTIFICATIVES. 377

XII.

Chambre aux deniers.

Une plante de laurier.
Légende : NULLA TEMPESTATE MUTATUR.
Exergue : *Chambre aux deniers*, 1758.

(*Mercure de France*, avril 1758, p. 148.)

N. B. De 1759 à 1791, dernière année de la publication du *Mercure*, il n'est plus fait aucune mention des jetons frappés à Paris. La *Gazette de Hollande*, le *Journal de Verdun*, sont également muets sur ce point. Seul, le recueil des *Mémoires de l'Académie des inscriptions* donne quelques renseignements généraux sur les devises et légendes dont on demandait le texte à l'Académie pour les édifices, médailles et autres monuments. Cependant, nous avons rencontré, au mois de mai 1765, une dernière mention dans le *Mercure*, et nous la transcrivons ici. — L. M. T.

ACADÉMIE DE PEINTURE ET DE SCULPTURE.

MÉDAILLE.

LETTRE À L'AUTEUR DU *MERCURE*.

C'est avec regret que j'annonce aussi tard un fait intéressant pour les arts, et faisant même une époque flatteuse pour l'Académie royale de peinture et de sculpture; la modestie de ceux qui y ont eu part a sans doute empêché qu'il ne soit parvenu plus tôt à ma connoissance.

A la dernière assemblée de 1764 de l'Académie royale de peinture et de sculpture, on fit la première distribution de jettons fondés peu de temps avant par M. de Jullienne, l'un de ses membres, chevalier de l'ordre de Saint-Michel, et l'un de ses amateurs ordinaires.

Son projet avoit été approuvé dès le premier moment par Sa Majesté; et M. le marquis de Marigny, dont on connoît l'amour pour les arts, avoit joint à cette approbation les termes les plus flatteurs pour l'Académie et pour M. de Jullienne, dont le goût et la collection sont connus depuis longtemps de toute l'Europe.

J'ai pensé que le public verroit avec satisfaction la gravure de cette médaille, dont le coin a été donné à l'Académie par M. Rottiers fils, qui avoit priée de vouloir bien l'accepter, sans qu'il se crût dispensé par là de son morceau de réception.

La devise et le sujet avoient été proposés par M. de Montalle, à qui cette Académie s'est empressée d'offrir une place d'amateur, comme une justice rendue à son goût pour les arts, et comme une marque de sa reconnoissance des soins qu'ils s'étoient donnés pour l'exécution de ce projet, dont la conduite lui avoit été confiée par M. de Julienne, son parent et son ami.

(*Mercure de France*, mai 1765, p. 186, 187.)

La face représente Louis XV. Le revers offre deux figures, la Peinture et la Sculpture (?) assises l'une près de l'autre. Elles sont éclairées en face par les rayons du soleil.
Légende : AMICÆ QUAMVIS ÆMULÆ.
Exergue : *Acad. royale de peinture et de sculpture*, 1765.

EXTRAIT DU *JOURNAL DE VERDUN*

(N° de décembre 1742, p. 462 et 463).

COLLECTION DE JETONS À VENDRE [1].

Le sieur de Blégny, bourgeois de Paris, donne avis au public qu'il s'est attaché depuis plusieurs années, avec beaucoup de soins et de recherches, à faire une collection d'environ 3,500 jettons de cuivre, fort curieuse, dont la plus grande partie sont à fleur de coin.

Sçavoir, ceux qui concernent l'Église et le clergé, ceux des Rois, Reines, Princes et Princesses de France, depuis près de 400 ans; des Rois, Reines, Princes et Princesses étrangers; ceux des Officiers de la maison du Roi et de la Reine; des Ducs et Pairs et Maréchaux de France, et des Chanceliers, Gardes des Sceaux et Ministres d'État, du Trésor royal, de l'Ordinaire et Extraordinaire des Guerres; de la Marine, des Galères, de la Chambre aux Deniers du Roi, des Parties casuelles et de tous les domaines du Roi; de l'Artillerie de France; de toutes les Cours souveraines et autres; des Prévôts des Marchands et Échevins de la Ville de Paris et de Lyon, et ceux des pays d'États et des Maires des villes du Royaume; des Intendans et Maîtres des requêtes, Trésoriers et Contrôleurs; une très-grande quantité de jettons armoriés de toutes les grandes, anciennes et illustres Maisons et Familles de France et autres; jettons de l'Université, Faculté de médecine et des arts et métiers; autres sur un grand nombre d'événemens singuliers de l'Espagne et de la Hollande; des portraits de vénérables personnages, bien ressemblans, en jettons; et quantité d'autres très-curieux, dont on ne peut faire le détail.

Le sieur de Blégny y a ajouté une suite de tous les Rois de France, depuis Pharamond, jusques et y compris le règne de Louis XIV; sur les revers se trouvent le commencement du règne de chaque Roi, ses actions les plus remarquables, leur race et la durée de leurs règnes. Les curieux qui voudront acquérir cette suite de jettons, s'adresseront au sieur de Blégny, qui demeure en la maison faisant le coin des rues des Nonnains d'Hières et de Joui, près l'hôtel d'Aumont.

(*Journal de Verdun*, décembre 1742, p. 462, 463.)

1663.

..... Le Roy regarda..... comme un avantage pour la nation, l'establissement d'une Académie qui travailleroit aux Inscriptions, aux Devises, aux Médailles, et qui répandroit sur tous ces monumens le bon goust et la noble simplicité qui en font le véritable prix.....

..... On commença à faire des devises pour les jettons du Trésor royal, des Parties casuelles, des Bastimens et de la Marine; et tous les ans on en donne de nouvelles..... (P. 2.)

1682.

..... La Compagnie commença aussi à faire des devises pour les jettons de l'Ordinaire et de l'Extraordinaire des Guerres, sur lesquels elle n'avoit pas encore esté consultée. (P. 6.)

[1] Le *Mercure de France* annonça aussi la vente de cette collection (voir notre Introduction, p. III).

EXTRAIT DU RÈGLEMENT

ORDONNÉ PAR LE ROY POUR L'ACADÉMIE ROYALE DES INSCRIPTIONS ET MÉDAILLES.

(16 juillet 1701.)

....

ART. XX. Ladite Académie estant principalement establie pour travailler aux Inscriptions et autres monumens qui ont esté faits, ou que l'on pourra faire, pour conserver la mémoire des hommes célèbres et de leurs belles actions, elle continuera de travailler à tout ce qui regarde lesdits ouvrages : tels que sont les statuës, les mausolées, les épitaphes, les médailles, les *jettons*, les inscriptions d'édifices publics et tous autres ouvrages de pareille nature..... (P. 13.)

ART. XLI. .....Le Trésorier aura en sa garde tous les livres, meubles, médailles, marbres, *jettons* ou autres curiositez, appartenant à l'Académie : lorsqu'il entrera en charge, le Président les luy remettra par inventaire, et, au mois de décembre de chaque année, ledit Président recolera ledit inventaire pour l'augmenter de tout ce qui aura esté ajouté toute l'année. (P. 18.)

(*Histoire de l'Académie des inscriptions et belles-lettres*, t. I.)

DEVISES, INSCRIPTIONS ET MÉDAILLES FAITES PAR L'ACADÉMIE.

On a veu, au commencement de cette Histoire, qu'avant le renouvellement de 1701, lorsque l'Académie n'estoit encore composée que de sept ou huit personnes, il n'y avoit, pour ainsi dire, qu'un travail commun, et qu'une grande partie de ce travail consistoit à fournir chaque année les devises qu'on demandoit pour les jettons du Trésor royal, des Parties casuelles, de l'Ordinaire et de l'Extraordinaire des Guerres, des Bastimens, de la Marine et des Galères; à faire des inscriptions pour les édifices publics que le Roy faisoit construire, ou pour les monumens que les peuples élevoient à l'honneur du prince; à faire des médailles sur les principaux événemens de son règne; des descriptions historiques de ces mêmes événemens, etc.

Quand la compagnie eut été augmentée jusqu'au nombre de quarante Académiciens; que la littérature grecque et romaine, l'histoire ancienne et moderne fut devenue le principal objet de l'application de l'Académie et des travaux particuliers de chaque Académicien, le travail commun des devises, des inscriptions et des médailles, loin de cesser, devint au contraire plus estendu qu'il ne l'estoit auparavant; parce que la Compagnie estant plus connue, plus nombreuse et surtout plus autorisée, on continua à luy demander, non-seulement toutes les choses de ce genre qui avoient rapport au Roy ou au public, mais qu'elle fut encore consultée du fonds des provinces par les villes et par les particuliers qui avoient quelque goust, souvent même par les estrangers.

Ainsi, depuis le renouvellement de 1701, l'histoire du Roy par médailles, qui estoit très-avancée, fut suivie et imprimée à la fin de la même année; et depuis cette impression, on a fait de semblables médailles sur les autres événemens mémorables du règne de Louis le Grand jusqu'à la mort de ce prince, et l'on espère donner bientôt au public une édition nouvelle et complette de cette histoire.

Outre les jettons du Trésor royal, des Parties casuelles, de l'Ordinaire et de l'Extraordinaire des Guerres, des Bastimens, de la Marine et des Galères, il s'est passé peu d'années où l'on ait encore demandé à la Compagnie des devises pour ceux de Madame la duchesse de Bourgogne, dauphine, pour ceux de la Ville de Paris, de l'Artillerie, de la Chambre aux Deniers, des Menus plaisirs, de l'Argenterie, etc.

En 1701, l'Académie donna une inscription qui lui fut demandée par M. Le Peletier de Souzy, pour la grande porte de Bayonne que l'on construisoit à neuf, et que l'on élevoit en manière d'arc de triomphe.....

(Ici se trouvent mentionnées les demandes diverses des provinces et de l'étranger à l'Académie des inscriptions et belles-lettres.....)

..... On pourra quelque jour donner au public un recueil de toutes ces devises, inscriptions et médailles arrestées dans l'Académie, mesme de celles qui y ont esté faites avant le renouvellement de 1701; et de ce seul amas pourront naistre à cet égard des règles plus seûres que la pluspart de celles qu'on a veuës jusqu'icy dans différens ouvrages particuliers sur cette matière.

Il suffit, quant à présent, pour la fidélité de l'histoire, d'avoir indiqué d'une manière un peu circonstanciée, cette partie du travail commun de l'Académie, afin qu'on ne luy impute pas quelques traductions de la même espèce, qu'elle est bien persuadée que les connoisseurs n'auront pas confonduës avec ses ouvrages. Ce doit estre aussi un agrément et une satisfaction particulière pour bien des gens, de voir, par ce détail, que, pour peu que les choses qu'ils auroient à demander vaillent la peine d'estre travaillées ou examinées par les Compagnies, elle se fait toujours un devoir et un plaisir d'y donner des soins.

(*Histoire de l'Académie des inscriptions et belles-lettres*, t. Ier, imprimé en 1717, p. 324-328.)

En l'année 1711....., la Compagnie a travaillé, de mesme que dans les années suivantes, aux devis des jettons du Trésor royal, des Parties casuelles, de l'Ordinaire et de l'Extraordinaire des Guerres, de la Marine, des Galères, etc. (P. 310.)

..... En 1714, on ne fit guère, en ce genre, que les devises ordinaires des jettons, et quelques épitaphes. (P. 311.)

..... En 1716, on fit, outre les jettons ordinaires, de nouvelles devises pour ceux de l'Argenterie, des Menus plaisirs et des Écuries de Sa Majesté. (P. 311, 312.)

(*Histoire de l'Académie des inscriptions et belles-lettres*, t. III.)

..... Dans le cours des années dont nous donnons l'histoire, l'Académie a continué de travailler régulièrement aux devises des jettons du Thresor royal, des Parties casuelles, de l'Ordinaire et de l'Extraordinaire des Guerres, de la Marine et des Galères..... (P. 361.)

(*Histoire de l'Académie des inscriptions et belles-lettres*, t. V.)

On a vu, par les volumes précédents, et il sera désormais inutile de le répéter, que l'Académie fournit tous les ans de nouveaux sujets de jettons pour le Thresor royal, les Parties casuelles et les Bastimens du Roy, de mesme que pour ceux de l'Ordinaire et de l'Extraordinaire des Guerres, de la Marine et des Galères. On commença, en 1726, à en fournir pour les jettons de la Maison de la Reine, qui, ne devant être distribués que dans les premiers jours de l'année suivante, 1727, en portent la date.

..... L'espérance que l'on conçut en 1728 de la naissance d'un Dauphin engagea MM. les Prévost des Marchands et Échevins de la Ville de Paris à demander d'avance à l'Académie le projet d'un feu d'artifice, avec toutes les inscriptions, devises, emblèmes et médailles dont ils souhaitoient l'accompagner, et l'Académie y travailla..... (P. 359.)

(*Histoire de l'Académie des inscriptions et belles-lettres*, t. VII.)

APPENDICES ET PIÈCES JUSTIFICATIVES.

Le public est suffisamment prévenu que l'Académie fournit tous les ans de nouveaux sujets de jettons pour la Maison de la Reine, pour les Départemens de l'Ordinaire et de l'Extraordinaire des Guerres, de la Marine et des Galères, du Trésor royal, des Parties casuelles et des Bastimens du Roy.

..... On fournit encore des devises à diverses Compagnies et Communautez, qui depuis que le goût et la connaissance, peut-estre aussi le luxe de l'esprit se sont multipliez, veulent avoir des jettons particuliers, pour leur servir d'honoraire ou de droit de présence, aux réceptions, aux changemens d'officiers et autres occasions semblables. Les Huissiers priseurs, les Officiers de ports et quelques autres en demandèrent..... (P. 243.)

(Histoire de l'Académie des inscriptions et belles-lettres, t. IX.)

..... En 1733, on donna de nouveaux sujets de jettons pour quelques Compagnies, entre autres pour les Officiers du guet à cheval, dont les commissions venoient d'estre mises en charge. (P. 244.)

(Histoire de l'Académie des inscriptions et belles-lettres, t. XI.)

TABLE DES MATIÈRES.

TABLE ALPHABÉTIQUE

DES MATIÈRES[1].

A

ABOT DE BASINGHEN, auteur du *Traité des monnoies*. Citations ou mentions de son ouvrage, XIII, XIV, XV.

ACADÉMIE DE CHIRURGIE. Usage des jetons dans cette assemblée, XXVI.

ACADÉMIE FRANÇAISE. Usage des jetons dans cette assemblée, XXVI. — Description d'un jeton frappé pour cette assemblée, 296, 297.

ACADÉMIE DES INSCRIPTIONS ET BELLES-LETTRES. Son origine, X. — Ses premiers administrateurs, 277. — Devises composées par ce corps savant pour divers jetons, 317 à 322, 367, 368, 369. — But de son institution, 378. — Extrait de ses règlements, 379. — Résumé de ses travaux, 379, 380, 381.

ACADÉMIE DE PEINTURE ET DE SCULPTURE. Fondation d'une distribution de jetons dans cette assemblée; médaille frappée en cette circonstance, 377.

ACADÉMIE DES SCIENCES. Usage des jetons dans cette assemblée, XXVI.

ADMINISTRATIONS OU SERVICES dont les jetons sont décrits ou mentionnés : Amirauté ou Marine, Artillerie, Bâtiments du Roi, Chambre aux deniers, Colonies, Extraordinaire des guerres, Galères, Génie, Menus plaisirs, Ordinaire des guerres, Parties casuelles ou Revenus casuels, Ponts et chaussées, Secrétaires du Roi, Trésor royal. (Voir à la table chacun de ces noms.)

AGENTS DE CHANGE. Description d'un jeton frappé pour leur compagnie, 307.

AMANTON. Sa collection numismatique, IV.

AMIRAUTÉ. Description de plusieurs jetons frappés pour cette administration, 301, 302, 304. — Devises d'autres jetons frappés pour la même administration, 311, 313, 314. — Voir aussi MARINE.

ANDRÉ, auditeur des comptes, reçoit du Bureau de la Ville une bourse de jetons, 283.

ANDRENAS (Antoine), quartinier, 219.

ANJOU (Philippe, duc d'), petit-fils de Louis XIV. Jeton faisant allusion à ce prince, 34.

ANNE D'AUTRICHE, mère de Louis XIV. Jeton reproduisant son effigie, 29.

ANSELME (Le P.), auteur de l'*Histoire généalogique et chronologique de la maison royale de France*. Citations ou mentions de son ouvrage, 76, 101.

ARCHE-MARION (Abreuvoir de l'), réparé sous la prévôté de François Miron, 61.

ARCUEIL (Aqueduc d'), commencé sous la prévôté de Gaston de Grieu, 65. — Médaille rappelant cette entreprise, 65, 66. — Achèvement des travaux sous la prévôté de Nicolas de Bailleul, 76.

ARGELATI, numismate, IV.

ARMOIRIES de prévôts des marchands, reproduites et blasonnées : Aubery (Félix), 156. — Bailleul (Nicolas de), 76. — Bernage (Louis-Basile de), 158. — Bignon (Armand-Jérôme), 164. — Bignon (Jérôme), 148. — Bosc (Claude), 141, 142. — Boucher (Charles Ier), 53. — Boucher (Charles II), 145. — Bragelongne (Martin de), 58. — Camus de Pontcarré (Jean-Baptiste-Élie), 161, 162. — Castagnère (Pierre-Antoine de), 150. — Fourcy (Henri de), 136. — Guiot (Antoine), 57. — Hector (Nicolas), 46. — Lam-

---

[1] La préparation de cette table est due aux soins de M. Auguste Petit, aide-paléographe du Service des travaux historiques. Les chiffres romains se rapportent à l'introduction, et les chiffres arabes au texte ainsi qu'aux pièces justificatives.

bert (Nicolas), 151. — La Michodière (Jean-Baptiste-François de), 167; Langlois (Martin), 55. — Le Boulanger (Macé), 88 — Le Febvre (Antoine), 95, 96. — Le Féron (Jérôme), 85, 93. — Le Féron (Oudart), 85. — Le Fèvre de Caumartin (Antoine-Louis-François), 169. — Le Peletier (Claude), 122. — Le Peletier (Louis), 171. — Mesmes (Henri de), 70, 71. — Moreau (Michel), 82. — Nully (Étienne de), 43. — Pomereu (Auguste-Robert de), 130. — Sanguin (Christophe), 81. — Scaron (Jean), 90. — Sève (Alexandre de), 100. — Trudaine (Charles), 149. — Turgot (Michel-Étienne), 152. — Voysin (Daniel), 113, 114.

Armoiries d'échevins, reproduites et blasonnées : Bourges (Claude de), 91, 92. — Bourges (Jean Ier de), 195. — Chuppin (Jean Ier), 197. — Cramoisy (Sébastien), 90. — Damours (Louis), 73. — Faverolles (Jean de), 110 — Faverolles (Laurent de), 120. — Gaigny (Jean), 92. — Galland (Claude), 87. — Gamare (Michel), 135. — Garnier (Jean), 195. — Gedoyn (Hector), 44. — Gervais (Julien), 105. — Goujon (Pierre), 74. — Guillois (Michel), 98. — Hélissant (Jean-Baptiste), 113. — Héron (Vincent), 105. — Laballe (Jean de), 120. — La Court (Pamphile de), 194. — La Mouche (Pierre de), 112. — Lamy (Guillaume), 73. — La Porte (Antoine de), 109. — Le Breton (Jean), 46. — Le Conte (Jean), 41. — Le Foing (François), 121. — Le Goix (Pierre), 45. — Le Prestre (Jean), 74, 75. — Lévesque (Philippe), 134, 135. — Le Vieulx (André), 99, 100. — Le Vieulx (Jean), 99, 100, 111. — Loynes (Jean de), 44. — Lugolly (Pierre), 50. Mouhers (Jean de), 118. — Parfaict (Pierre), 193. — Périchon (Étienne), 147. Phelippes (Nicolas), 99. — Picques (Nicolas), 128. — Poussepin (Nicolas), 66. — Prévost (Claude), 111. — Roland (Nicolas), 51. — Rousseau (Jean), 107. — Saintyon (Louis de), 49, 50. — Santeul (Claude de), 108. — Santeul (Henri de), 108, 129.

——— d'officiers de la Ville, reproduites et blasonnées : Bachelier (Jean), 200. — Ballard (Robert), 205. — Beauvais (Robert de), 189. — Béguin (Denis), 200. — Bourges (Jean Ier de), 195. — Bray (Jean de), 191. — Chaillou (Philippe de), 193. — Chauvin (B.), 205. — (Chuppin Jean Ier), 197. — Clément (François), 174. — Clément (Guillaume), 174. — Du Rosnel (Henri), 178, 179 — Faverolles (Eustache de), 196, 203. — Faverolles (Jean de), 196. — Faverolles (Nicolas de), 196, 202. — Garnier (Jean), 195. — Gellain (Louis), 204. — Harlay (Achille III de), 206. — Hélissant (Jean-Baptiste), 113. — Hélyot (Pierre), 198. — Laballe (Jean de), 120, 176. — La Court (Pamphile de), 194. — Le Conte (Jean), 41, 177. — Le Droict (Étienne), 187. — Legrand (Nicolas), 179, 180. — Lescot (Raymond), 199. — Le Vieulx (Jean), 192, 193, 204. — Maillet (C.), 197. — Maillet (Christophe), 201. — Paignon (Nicolas), 179. — Parfaict (Pierre), 193. — Périchon (Guillaume), 196. — Perrot (Pierre), 173. — Pocquelin (Louis), 202, 203. — Simonet (Claude), 198. — Vigny (François de), 180. — Vinx (Jean de), 178.

Arrangé (L'abbé), auteur de la devise d'un jeton frappé pour la Chambre aux deniers, 320.

Artillerie. Description de plusieurs jetons frappés pour cette administration, 297, 299, 302, 304, 330, 332, 334, 335, 337, 338, 340, 341, 343, 344, 346, 347, 348, 350, 351, 352, 354, 356, 358, 360, 361, 362, 364, 366, 368, 370, 372. — Devises d'autres jetons frappés pour la même administration, 311, 312, 314 à 323. — Jetons frappés pour cette administration réunie à celle du Génie, 374, 376.

Assemblées politiques dont les jetons sont décrits ou mentionnés : États de Bourgogne, 297, 306. — États de Cambrai, 310. — États de Languedoc, 330, 339.

Aubery (Félix), marquis de Vastan, prévôt des marchands. Reproduction et description de deux jetons rappelant sa prévôté, 156, 157. — Détails concernant ce magistrat, 157. — Description d'un jeton de la Ville frappé sous son administration, 351.

Aumale (Le duc d'), proclamé gouverneur de Paris par l'échevin Nicolas Roland, 53.

Auny, graveur. Reproduction de deux jetons exécutés par cet artiste, 30, 133. — Mentionné dans les comptes de la Ville pour des travaux du même genre, 262, 263, 264, 266 à 270. — Description de plusieurs jetons gravés par cet artiste, 302, 304, 305.

Auteurs cités ou mentionnés : Abot de Basinghen, Anselme (le P.), Barbier, Bazin, Beaumont, Bic (Jacques de), Blanchard, Bonamy, Borel d'Hauterive, Brice (Germain), Chevillard, Cons-

TABLE ALPHABÉTIQUE DES MATIERES. 387

tans, Dauban (M.), Delamare, Denys (M¹¹ˢ), D'Hozier, Douet d'Arcq, Du Breul (J.), Dubuisson, Duchalais, Duleau, Durey de Noinville, Félibien (D.), Guichon de Grand-Pont (M.), Hénaut (le président), Horace, Hucher, Hugo (le P.), Jaillot, Jobert (le P.), La Bastie (Bimard de), Laborde (le comte de), Lafolie, La Grange (le marquis de), Lainé, La Marche (Olivier de), La Roche-Tilbac (Poncelin de), Lebeuf (l'abbé), Le Bouvier (Gilles), Legendre (F.), Le Grand d'Auxy, Leroux de Lincy, Le Roy, Lucain, Mariette, Ménestrier (le P.), Moreri, Mory d'Elvange (de), Ovide, Patin (Charles), Pausanias, Petit de Julleville, Piganiol de la Force, Poirson, Robert, Rossignol, Rouyier, Saint-Simon (le duc de), Sauval, Sévigné (Mᵐᵉ de), Suétone, Tessereau, Vallet de Viriville (M.), Vanhende, Van Loon, Virgile. (Voir à la table chacun de ces noms.)

AVOCATS AU CONSEIL. Jetons frappés pour leur compagnie, 309, 311.

B

BACHELIER (François), échevin. Extraits des comptes de la Ville rédigés pendant son exercice, 260 à 263.

BACHELIER (Jean), receveur général des pauvres. Jetons rappelant ses fonctions, 200, 201. — Détails qui le concernent, 201.

BAILLET (Jehan), prévôt des marchands. Extraits des comptes de la Ville mentionnant des sommes ordonnancées par ce magistrat pour exécution ou distribution de jetons, 211, 212.

BAILLEUL (Nicolas DE), seigneur de Valletot, prévôt des marchands. Reproduction et description de plusieurs jetons et d'une médaille rappelant sa prévôté, 75 à 79. — Détails concernant ce magistrat et les travaux entrepris sous son administration, 75, 76. — Extraits des comptes de la Ville mentionnant des sommes ordonnancées par ce magistrat pour exécution ou distribution de jetons, 229 à 232.

BAILLON (Guillaume), échevin. Extraits des comptes de la Ville rédigés pendant son exercice, 241, 242.

BAILLY (Nicaise DE), échevin. Extraits des comptes de la Ville rédigés pendant son exercice, 213.

BALIN (Claude), graveur, XII.

BALLARD (Robert), receveur général des pauvres. Jeton rappelant ses fonctions; détails qui le concernent, 205.

BARBIER. Citations ou mentions de ses *Mémoires*, XVII, 151.

BARROY (Mathurin), échevin. Extraits des comptes de la Ville rédigés pendant son exercice, 274, 275, 276.

BARTET reçoit du bureau de la Ville une bourse de jetons, 285.

BARTHÉLEMY (Denis), échevin, signataire d'un document relatif aux livraisons de jetons, 218.

BÂTIMENTS DU ROI. Description de plusieurs jetons frappés pour cette administration, 293, 299, 300, 304, 308, 323 à 327, 329, 331, 333 à 336, 338, 340, 341, 342, 344, 345, 347, 348, 349, 351, 352, 354, 356, 357, 359, 361, 362, 364, 366, 367, 370, 372, 374, 376. — Devises d'autres jetons frappés pour la même administration, 311, 313 à 322.

BAUDEQUIN (Nicolas), échevin. Extraits des comptes de la Ville rédigés pendant son exercice, 251, 252, 253.

BAUDETAR (Pierre DE), ou VAUDETARE, échevin. Extraits des comptes de la Ville rédigés pendant son exercice, 211, 212.

BAUDIN (Antoine), échevin. Extraits des comptes de la Ville rédigés pendant son exercice, 279, 280.

BAYONNE. Une devise pour la grande porte de cette ville est demandée à l'Académie des inscriptions, 380.

BAZIN, auteur de l'*Histoire de Louis XIII*. Citations ou mentions de son ouvrage, 25, 26, 27, 29, 67, 68, 72, 96, 98, 103, 109.

BAZIN (Jean), échevin. Extraits des comptes de la Ville rédigés pendant son exercice, 232, 233.

BEAUMONT, auteur de l'*Armorial de la ville de Paris*. Citations ou mentions de son ouvrage, 45, 46, 47, 55, 58, 59, 65, 66, 74, 77, 80, 86, 87, 90, 92, 100, 105, 106, 107, 108, 109, 110, 111, 113, 118, 120, 122, 128, 129, 130, 135, 136, 147, 151, 152, 153, 162, 191, 193, 194, 195, 196, 199, 201, 204.

BEAUVAIS (Robert DE), contrôleur des deniers de la Ville. Jetons rappelant ses fonctions, 189, 190. — Détails qui le concernent, 189.

BÉGUIN (Denis), receveur général des pauvres. Je-

49.

ton rappelant ses fonctions; détails qui le concernent, 200.

Bellavoine (Louis), receveur général des pauvres. Jeton rappelant ses fonctions, 203.

Belleville (Regard des eaux de), commencé sous la prévôté d'Étienne de Nully, 43.

Bellier (Martin), échevin. Extrait des comptes de la Ville rédigés pendant son exercice, 259 à 262.

Bellier (Martin-Joseph), échevin. Extraits des comptes de la Ville rédigés pendant son exercice, 279, 280.

Bellocq (De), auteur de devises pour les jetons de la duchesse de Bourgogne, 317, 318.

Belut (Nicolas), échevin. Extrait des comptes de la Ville rédigés pendant son exercice, 223.

Benest (Jean), mentionné dans les comptes de la Ville pour fourniture de jetons, 265.

Bernage (Louis-Basile de), seigneur de Saint-Maurice, prévôt des marchands. Reproduction et description de plusieurs jetons rappelant sa prévôté, 158 à 161. — Détails concernant ce magistrat et les mesures prises sous son administration, 158, 159. — Description d'un jeton de la Ville frappé sous son administration, 353.

Bernard (Thomas), graveur. Reproduction de plusieurs jetons municipaux gravés par cet artiste, 32, 34, 144. — Détails qui le concernent, 33. — Description d'autres jetons gravés par cet artiste pour diverses administrations, 304, 315.

Berry (Charles, duc de), petit-fils de Louis XIV. Jeton faisant allusion à ce prince, 34.

Bertillac (De), garde du Trésor royal, 303.

Beyne (Pierre de), échevin. Extraits des comptes de la Ville rédigés pendant son exercice, 263, 264.

Bibliothèque de la Ville, ouverte au public sous la prévôté de Jean-Baptiste-Élie Camus de Pontcarré, 162.

Bie (Jacques de), auteur de la *France métallique*. Observations relatives aux jetons reproduits dans cet ouvrage, iv, v. — Extrait de son ouvrage intitulé : *Les familles de France illustrées par les médailles*, 22.

Bignon (Armand-Jérôme), seigneur de la Meaufle, prévôt des marchands. Reproduction et description de plusieurs jetons rappelant sa prévôté, 164, 165, 166. — Détails concernant ce magistrat et les travaux entrepris sous son administration, 165.

Bignon (Jérôme), prévôt des marchands. Reproduction et description d'un jeton rappelant sa prévôté; détails concernant ce magistrat, 148. — Extraits des comptes de la Ville mentionnant des sommes ordonnancées par ce magistrat pour exécution ou distribution de jetons, 281 à 286. — Devise d'un jeton de la Ville frappé sous son administration, 321.

Bizot (L'abbé), numismate, iv. — Il est nommé directeur général de la fabrique des jetons et médailles du Roi; son éloge, 314.

Blanchard, auteur de l'*Histoire des conseillers au Parlement de Paris*. Citations ou mentions de son ouvrage, 60, 63, 65, 67, 69, 70, 76, 80, 86, 88, 91, 93, 96, 203.

Blégny (De), bourgeois de Paris, rassemble une collection numismatique, iii. — La vente de sa collection est annoncée par les recueils périodiques du temps, iii, 378.

Blésois. Observation concernant les jetons de ce pays, xviii.

Blouin (René-Michel), échevin. Extraits des comptes de la Ville rédigés pendant son exercice, 281, 282.

Bonamy, historiographe de la Ville. Citation de son *Mémoire sur l'inondation de 1740*, 2. — Rédacteur du *Journal de Verdun*, 291.

Bordellier. Signataire d'une quittance relative aux fournitures de jetons, 218.

Borel d'Hauterive, auteur de l'*Annuaire de la noblesse de France*. Citations ou mentions de ce recueil (année 1859, noms et blasons des prévôts et échevins), 42, 46, 55, 57, 58, 66, 74, 77, 85, 87, 90, 92, 98, 99, 100, 105, 107, 109, 122, 128, 135, 136, 147, 193, 198, 199.

Bosc (Claude), seigneur d'Ivry-sur-Seine, prévôt des marchands. Reproduction et description de plusieurs jetons rappelant sa prévôté, 141 à 144. — Détails concernant ce magistrat et les travaux entrepris sous son administration, 142, 275. — Extraits des comptes de la Ville mentionnant des sommes ordonnancées par ce magistrat pour exécution ou distribution de jetons, 274 à 277. — Devises de plusieurs jetons de la Ville frappés sous son administration, 315, 316.

Boucher (Charles Ier), sieur d'Orsay, prévôt des marchands. Reproduction et description d'un jeton rappelant sa prévôté; détails concernant ce magistrat, 53.

Boucher (Charles II), seigneur d'Orsay, prévôt des

marchands. Reproduction et description de plusieurs jetons rappelant sa prévôté, 145, 146, 147. — Détails concernant ce magistrat et les travaux entrepris sous son administration, 145. — Extraits des comptes de la Ville mentionnant des sommes ordonnancées par ce magistrat pour exécution ou distribution de jetons, 279, 280, 281. — Devises de plusieurs jetons de la Ville frappés sous son administration, 317 à 321.

BOUCHET (Antoine), prévôt des marchands. Reproduction et description de deux jetons rappelant sa prévôté, 68, 69. — Détails concernant ce magistrat et les travaux entrepris sous son administration, 69.

BOUCHET (Marie), désignée nominativement dans les comptes de la Ville pour fourniture de bourses destinées à contenir les jetons, 289.

BOUCOT (Claude), échevin. Extraits des comptes de la Ville rédigés pendant son exercice, 247, 248, 249.

BOUCOT (Nicolas I*er*), receveur de la Ville, désigné, soit nominativement, soit par son titre, dans les comptes municipaux, 235, 236, 240, 242, 243, 260.

BOUCOT (Nicolas II), receveur de la Ville, 263.

BOUCOT (Nicolas III), receveur de la Ville, 276, 278, 282.

BOUÉ (Claude), échevin. Extraits des comptes de la Ville rédigés pendant son exercice, 236, 237, 238.

BOURGES (Claude DE), échevin. Jeton rappelant ses fonctions, 91, 92. — Détails qui le concernent, 92.

BOURGES (Jean I*er* DE), échevin et receveur général des pauvres. Jeton rappelant ses deux fonctions, 195. — Extrait des comptes de la Ville rédigés pendant son échevinage, 235.

BOURGES (Jean II DE), échevin. Extraits des comptes de la Ville rédigés pendant son exercice, 244; 245, 246.

BOURGOGNE (Adélaïde, duchesse DE). Détails sur plusieurs jetons frappés pour cette princesse, 315 à 321.

BOURGOGNE (Charles le Téméraire, duc DE). Voir CHARLES LE TÉMÉRAIRE.

BOURGOGNE (Louis, duc DE), petit-fils de Louis XIV, visite la collection Gaignières, III. — Jetons faisant allusion à ce prince, 34, 306, 307.

BOURSES destinées à contenir les jetons. Personnes mentionnées comme ayant fourni ces objets au Bureau de la Ville : Bouchet (Marie), Duchemin (Suzanne), Fontaine (Antoine), Fontaine (Jean I*er*), Fontaine (Jean II), Fontaine (Jehan), Guineau (Catherine), Lallemande (Catherine), Lefebvre (Pierre-Alexandre), Menard (Jacques), Taillebois (Robert), Vanier (Catherine). (Voir à la table chacun de ces noms.)

BOUTET (Henri), échevin. Extraits des comptes de la Ville rédigés pendant son exercice, 279, 280.

BOUTET (Michel), échevin. Extraits des comptes de la Ville rédigés pendant son exercice, 278, 279.

BRAGELONGNE (Martin DE), seigneur de Charonne, prévôt des marchands. Jeton rappelant sa prévôté, 58. — Détails concernant ce magistrat et sa famille, 58, 221, 222. — Extraits des comptes de la Ville mentionnant des sommes ordonnancées par ce magistrat pour exécution ou distribution de jetons, 221, 222, 223.

BRAQUE (Germain), échevin. Extraits des comptes de la Ville rédigés pendant son exercice, 212, 213, 214. — Détails qui le concernent, 212.

BRAY (Jean DE), receveur général des pauvres. Jeton rappelant ses fonctions; détails qui le concernent, 191.

BRICE (Germain), auteur de la *Description de la ville de Paris*. Citations ou mentions de son ouvrage, 2, 35, 59, 60, 67, 80, 101, 114, 136, 145.

BRIGALLIER (Pierre), échevin. Extraits des comptes de la Ville rédigés pendant son exercice, 255.

BRILLON (Pierre-Jacques), échevin. Extraits des comptes de la Ville rédigés pendant son exercice, 282, 283, 284.

BRIOT (Nicolas), graveur, XII. — Reproduction d'un jeton exécuté par cet artiste, 23.

BRISSAC, gouverneur de Paris, assisté du prévôt des marchands Jean Luillier, ouvre à l'armée royale les portes de la Ville, 54.

BROUSSEL, conseiller au Parlement, élu prévôt des marchands contrairement aux ordres de la Cour, 248.

BRUISSAY (Claude DE), échevin. Extraits des comptes de la Ville rédigés pendant son exercice, 235, 236.

BUDÉ (Dreux), prévôt des marchands. Extraits de comptes de la Ville mentionnant des sommes ordonnancées par ce magistrat pour exécution ou distribution de jetons, 213, 214. — Détails concernant ce magistrat, 213.

BUREAU (Jehan), prévôt des marchands. Extraits des comptes de la Ville mentionnant des sommes ordonnancées par ce magistrat pour exécution ou distribution de jetons; détails qui le concernent, 213.

BUREAU DE LA VILLE. Son droit de jetons, XIX, XXI. — Il envoie une bourse de jetons à l'évêque de Callinique, bienfaiteur de la bibliothèque de la Ville, XXIV. — Fournitures d'hypocras auxquelles il avait droit, XXV. — Jeton exprimant son incertitude dans la querelle des Armagnacs et des Bourguignons, 1, 2. — Ses membres sont dépossédés de leurs fonctions en 1588, 47, 52. — Intervention de Henri IV dans la nomination de trois de ses membres, 56. — Il règle les armoiries de divers corps marchands, 80. — Il fonde un panégyrique du Roi, 130, 131. — Mesures qu'il prend à l'occasion de la naissance du duc de Bourgogne, 159. — Extraits de ses comptes relatifs aux fournitures et aux distributions de jetons, 209 à 290. — Description de plusieurs jetons frappés par ses ordres, 295, 299, 302, 305, 309, 312, 313, 331, 338, 340, 345, 351, 353. — Devises d'autres jetons frappés également par ses ordres, 311, 312, 314 à 321. — Au 1ᵉʳ janvier il complimente le Roi et offre des présents à la famille royale, 296. — Raisons pour lesquelles il ne fait pas frapper de jetons en 1710, 322. — Demande qu'il adresse à l'Académie des inscriptions, en prévision de la naissance du dauphin, fils de Louis XV, 380.

C

CALAIS (Jean DE), échevin. Extraits des comptes de la Ville rédigés pendant son exercice, 209, 210.

CALVAIRE de la place de Grève. Représentation de ce monument sur un jeton; détails relatifs à ce sujet, 1, 2.

CAMBRAI. Description d'un jeton frappé pour cette ville, 310.

CAMBRAY (Arnauld DE), échevin. Extrait des comptes de la Ville rédigés pendant son exercice, 216.

CAMUS DE PONTCARRÉ (Jean-Baptiste-Élie), seigneur de Viarme, prévôt des marchands. Reproduction et description de plusieurs jetons rappelant sa prévôté, 161 à 164. — Détails concernant ce magistrat et les travaux entrepris sous son administration, 162.

CARREL (Jean), quartinier, 219.

CASTAGNÈRE (Pierre-Antoine DE), marquis de Châteauneuf, prévôt des marchands. Reproduction et description d'un jeton rappelant sa prévôté, 150. — Détails concernant ce magistrat et les travaux entrepris sous son administration, 150, 151. — Désigné par le nom de son marquisat dans un des comptes de la Ville, 290.

CATHERINE DE MÉDICIS, reine de France. Jetons rappelant cette princesse, 189, 190.

CAULERS (Charles DE), échevin, remplissant par intérim les fonctions de clerc-receveur. Comptes de la Ville rédigés soit par lui, soit par le receveur titulaire pendant son échevinage, 211, 212.

CERISY (Jehan DE), monnayeur, mentionné dans les comptes de la Ville pour exécution de jetons, 210, 211.

CHAILLOU (Philippe DE), receveur général des pauvres. Jeton rappelant ses fonctions, 193.

CHAMBRE AUX DENIERS. Description de plusieurs jetons frappés pour cette administration, 295, 301, 305, 323 à 328, 330, 332, 333, 335, 336, 337, 339, 341, 342, 344, 345, 346, 348, 349, 350, 352, 354, 355, 357, 359, 360, 362, 363, 365, 368, 369, 372, 374, 377. — Devises d'autres jetons frappés pour la même administration, 310 à 322.

CHAMBRE DES ASSURANCES. Description d'un jeton frappé pour cet établissement, 297.

CHAMBRE DES COMPTES. Son ordonnance attribuant à la Cour des monnaies le droit de jetons, XIX.

CHAMPIN (Jean-Baptiste), échevin. Extraits des comptes de la Ville rédigés pendant son exercice, 220 à 223.

CHANCELIER DE FRANCE. Son droit de jetons, XXV.

CHANGE (Pont au), reconstruit sous la prévôté d'Oudart le Féron, 86.

CHANTEPRIME (Jehan DE), échevin. Extraits des comptes de la ville rédigés pendant son exercice, 211, 212.

CHARBONNIÈRES (Charles DE), échevin. Extraits des comptes de la Ville rédigés pendant son exercice, 224, 225.

CHARLES VI, roi de France. Détails fournis par les comptes de sa maison, XX. — Jetons frappés sous son règne, 1, 2, 3.

CHARLES VII, roi de France. Observations relatives aux jetons frappés par ses ordres, XVI. — Détails fournis par les comptes de sa maison, XX. — Jeton frappé sous son règne, 3. — Extraits des comptes de la Ville rédigés sous son règne et concernant l'exécution ou la distribution des jetons municipaux, 209 à 216.

CHARLES IX, roi de France. Observations relatives aux jetons frappés sous son règne, XIV. — Jetons frappés sous son règne, 11 à 15. — Sa devise, composée par le chancelier de l'Hôpital, 13.

CHARLES LE TÉMÉRAIRE, duc de Bourgogne, fait ses comptes avec des jetons d'or, XVI. — Observations relatives à l'usage des jetons dans sa cour, XXI.

CHARLOT, procureur du Roi et de la Ville, désigné par son titre dans les comptes municipaux, 227.

CHARLOT (Joseph), échevin. Extrait des comptes de la ville rédigés pendant son exercice, 235.

CHARLOT (Pierre), échevin. Extraits des comptes de la Ville rédigés pendant son exercice, 255, 256.

CHARPENTIER, membre de l'Académie française et de celle des inscriptions, inventeur de plusieurs des médailles frappées pour le Roi; détails qui le concernent, 292. — Devises dont il est l'auteur, 298, 300, 301, 302, 304, 308.

CHASTILLON (Claude), architecte; auteur d'un dessin représentant l'Hôtel de Ville, 2..

CHAUVIN (B.), receveur général des pauvres. Jeton rappelant ses fonctions, 205.

CHAUVIN (Léonard), échevin. Extraits des comptes de la Ville rédigés pendant son exercice, 277, 278.

CHAUVIN (Michel), échevin. Extraits des comptes de la Ville rédigés pendant son exercice, 268, 269.

CHAUVIN (Pierre), échevin. Extraits des comptes de la Ville rédigés pendant son exercice, 282, 283, 284.

CHENART (Jehan), échevin. Extraits des comptes de la Ville rédigés pendant son exercice, 213.

CHÉRON (François), graveur, XII. — Mentionné dans les comptes de la Ville pour exécution de jetons, 264. — Jetons ou médailles exécutés par cet artiste, 292, 295, 299, 301, 303, 305, 306, 308, 315.

CHEVILLARD, auteur du *Grand Armorial*. Citations ou mentions de son ouvrage, 45, 46, 55, 57, 66, 74, 77, 87, 100, 105, 107, 109, 122, 128, 135, 136, 193.

CHIVERNY (Le comte DE), chancelier de France, reçoit une gratification annuelle de jetons, XXIII.

CHOILLY (Claude DE), échevin. Jeton rappelant ses fonctions, 58, 59. — Détails qui le concernent, 59. — Extraits des comptes de la Ville rédigés pendant son exercice, 220 à 223.

CHOPIN (Jean), échevin, signataire d'un document relatif aux livraisons de jetons, 218.

CHRISTINE, reine de Suède, reçue à l'entrée de Paris par le prévôt des marchands Alexandre de Sève, 250.

CHUPPIN (Jean Ier), échevin et receveur général des pauvres. Jeton rappelant ses deux fonctions, 197, 198. — Détails qui le concernent, 198. — Extraits des comptes de la Ville rédigés pendant son échevinage, 237, 238, 239.

CHUPPIN (Jean II), échevin. Extraits des comptes de la Ville rédigés pendant son exercice, 268, 269, 270.

CLAPISSON, contrôleur général de l'artillerie, collectionneur de jetons, II.

CLÉMENT (François), greffier de la Ville. Jeton rappelant ses fonctions, 174. — Détails qui le concernent, 175. — Extraits des comptes de la Ville dans lesquels il est désigné par son titre, 225, 227.

CLÉMENT (Guillaume), greffier de la Ville. Jeton rappelant ses fonctions, 174.

CLEREBOUST (Jehan), échevin. Extraits des comptes de la Ville rédigés pendant son exercice; il est maintenu dans ses fonctions après leur expiration légale, 215, 216.

CLEREMBAULT (Charles), échevin. Extraits des comptes de la Ville rédigés pendant son exercice, 260 à 263.

CLERGÉ. Le Bureau de la Ville fait distribuer des jetons aux membres de ce corps, 283. — Description d'un jeton frappé pour ce corps, 239.

COIFFIER (Charles), échevin. Extraits des comptes de la Ville rédigés pendant son exercice, 239, 240, 241.

COLBERT, ministre, fonde l'Académie des inscriptions, X. — Il fait partie d'une commission chargée d'étudier les questions relatives à la sécurité et à la propreté des rues de Paris, 116. — Il charge le peintre Le Brun de dessiner une médaille en l'honneur du Roi, 292. — Il choisit des devises pour les jetons, 303. — Il compose des devises dans la même intention, 304. — Éloge des personnes choisies par ce ministre pour diriger la fabrique des jetons et médailles du Roi, 314.

COLLÉGE DE FRANCE. Pose de la première pierre des nouveaux bâtiments de cet édifice sous la prévôté de Jacques Sanguin, 63.

COLLETIER (Jehan), échevin. Extrait des comptes de la Ville rédigés pendant son exercice, 217.

COLLOT (Étienne), quartinier, 219.

COLOMBE (Michel), auteur du dessin des jetons offerts à Louis XII par la ville de Tours, XII.

COLONIES. Description de plusieurs jetons frappés pour cette administration, 364, 366, 368, 370, 373, 375, 376.

COMÉDIENS ITALIENS. Devise d'un jeton frappé pour leur troupe, 311.

COMPAGNIES dont les jetons sont décrits ou mentionnés : Agents de change, 307. — Avocats au Conseil, 309, 311. — Comédiens italiens, 311. — Notaires, 297, 298, 306.

COMPANS (Jean), nommé échevin par ordre du duc de Guise, 52.

CONDÉ (Henri II, prince DE). Dispositions testamentaires du président Perraut qui le concernent, XXIV.

CONSEILLERS DE LA VILLE. Leur droit de jetons, XX, XXI. — Leurs diverses livraisons sont remplacées par une distribution de jetons, XXIV, XXV. — Jetons rappelant leurs fonctions, 175, 176.

CONSTANS, auteur du *Traité de la Cour des monnoyes.* Citations ou mentions de son ouvrage, XIII, XIX, 53.

CONTRÔLEURS DES DENIERS. Jetons rappelant leurs fonctions, 189, 190.

CONTRÔLEURS GÉNÉRAUX DES RENTES. Jetons rappelant leurs fonctions, 183, 184, 185.

CORPORATIONS. Usage des jetons dans ces communautés, XXVI, XXVII. — Jetons frappés pour ces communautés. Voir MARCHANDS DE VIN, SAINTE-GENEVIÈVE (Porteurs de la châsse de).

CORPS MARCHANDS. Décision du Bureau de la Ville qui règle leurs armoiries, 80.

COTTE (MM. DE). Leur collection numismatique, IV.

COTTEBLANCHE (François), nommé échevin par ordre du duc de Guise, 52.

COUR DES MONNAIES. Arrêts de cette assemblée réglant la fabrication des médailles et jetons, XIII. — Une ordonnance de la Chambre des comptes lui attribue le droit de jetons, XIX. — Distribution de jetons faite aux membres de cette assemblée, XXVI.

COURTIN (François), greffier de la Ville, désigné par son titre dans les comptes municipaux, 222.

CRAMOISY (Sébastien), échevin. Jetons rappelant ses fonctions, 90. — Détails qui le concernent, 90, 239. — Extraits des comptes de la Ville rédigés pendant son exercice, 239 à 242.

CREIL (Nicolas DE), échevin. Extraits des comptes de la Ville rédigés pendant son exercice, 233, 234.

CREVANT (L. DE). Devise d'un jeton portant ses armes, 310.

CREYON (François), échevin. Extraits des comptes de la Ville rédigés pendant son exercice, 277, 278, 279.

CROISSY (Antoine DE), échevin, se rend à Saint-Germain avec les autres membres du Bureau de la Ville, pour saluer le Roi et la famille royale, 296.

CROIX-DU-TRAHOIR (Fontaine de la), rétablie sous la prévôté de François Miron, 61.

CULDOË (Charles), garde de la prévôté, puis prévôt des marchands, 210.

CULDOË (Michel), échevin. Extraits des comptes de la Ville rédigés pendant son exercice, 209, 210, 212. — Détails qui le concernent, 209, 210.

CYGNES (Île des), donnée à la ville de Paris sous la prévôté de Pierre-Antoine de Castagnère, 150, 151.

D

DAMOURS (Louis), échevin. Jeton rappelant ses fonctions; détails qui le concernent, 73.

DAUBAN (M.), auteur d'un article publié dans la *Revue numismatique*, XII.

DAUPHIN (Le), fils du roi Jean. Endroit où il harangua la population parisienne en 1357, 2.

DAUPHIN (Le), fils de Louis XIV. Jeton faisant allusion à ce prince et à sa postérité, 34.

DAUPHIN (Le), fils de Louis XV, reçoit de l'ordre de Saint-Louis une bourse de jetons, XXV. — Jeton faisant allusion à la naissance de ce prince, 152. — Demande adressée, en prévision de sa naissance, à l'Académie des inscriptions, 380.

DAUPHINE (La), belle-fille de Louis XIV. Description de plusieurs jetons frappés pour la maison de cette princesse, 299, 300, 306, 307, 308, 311.

TABLE ALPHABÉTIQUE DES MATIÈRES. 393

DAUPHINE (La), belle-fille de Louis XV. Description de plusieurs jetons frappés pour la maison de cette princesse, 355, 359, 360, 363, 365, 367, 369, 371, 373, 375.

DAUPHINE (Rue), ouverte sous la prévôté de Jacques Sanguin, 63.

DAVIAU (Louis), échevin. Extraits des comptes de la Ville rédigés pendant son exercice, 229, 230, 231.

DELAMARE, auteur du *Traité de la police*. Citations ou mentions de son ouvrage, XXIII, XXVII, 42, 117, 195.

DELAMER reçoit du Bureau de la Ville une bourse de jetons, 285.

DELAUNAY (Louis), directeur de la fabrique des médailles et jetons du Roi, fournit des jetons à la Ville, 283.

DELAUNAY (Nicolas), directeur général de la fabrique des jetons et médailles du Roi, fournit des jetons à la Ville, 275 à 290. — Autres jetons qu'il fournit à diverses administrations, 314 à 318, 325. — Son éloge, 314, 316, 325.

DELIVRES (Henri), prévôt des marchands. Extrait des comptes de la Ville mentionnant des sommes ordonnancées par ce magistrat pour exécution ou distribution de jetons, 216.

DELIVRES (Jehan), échevin. Extraits des comptes de la Ville rédigés pendant son exercice, 210.

DENIS (Nicolas), échevin. Extraits des comptes de la Ville rédigés pendant son exercice, 280, 281.

DENISON (Pierre), échevin. Détails concernant ce personnage, 248. — Extrait des comptes de la Ville rédigés pendant son exercice, 249, 250.

DENYS (Mˡˡᵉ), auteur de l'*Armorial de la Chambre des comptes*. Citations ou mentions de son ouvrage, 55, 57, 87.

DES AVAUX, numismate, IV.

DESGRANGES, maître des cérémonies et secrétaire du comte de Pontchartrain, reçoit du Bureau de la Ville plusieurs bourses de jetons en considération de ses bons offices, 277 à 283.

DESGRANGES, fils du précédent, aide des cérémonies, reçoit du Bureau de la Ville une bourse de jetons, 279.

DES JARDINS (Jacques), échevin. Extraits des comptes de la Ville rédigés pendant son exercice, 218 à 221.

DES LANDES (Pierre), prévôt des marchands. Extraits des comptes de la Ville mentionnant des sommes ordonnancées par ce magistrat pour exécution ou fourniture de jetons, 209, 210.

DESMARETS (Catherine), femme de l'échevin Jean Le Conte, 42.

DESNOTZ (Hugues), échevin. Extraits des comptes de la Ville rédigés pendant son exercice, 278, 279.

DES PRÉS (Robert), échevin. Extraits des comptes de la Ville rédigés pendant son exercice, 227, 228, 229.

DES PREZ (Robert), nommé échevin par ordre du duc de Guise, 52. — Il s'empare des portes de Paris, 53.

DESPY (Jacques), ou DEUPY, échevin. Extraits des comptes de la Ville rédigés pendant son exercice, 215.

DEVISES. Personnages mentionnés comme auteurs de ces compositions : Arrangé (l'abbé), 320. — Bellocq (de), 317, 318. — Charpentier, 292, 298, 300, 301, 302, 304, 308. — Gauthier, 313. — La Chapelle, 308. — La Périère, 300. — L'Hôpital (le chancelier de), 13. — Marcassus (Pierre de), 83, 84, 232, 234. — Ménestrier (le P.), 305. — Montmaur (Pierre de), 243. — Moreau de Mautour, 319, 320. — Oudinet, 318, 319, 320. — Perrault (Charles), 293, 294. — Quinault (Philippe), 293, 298, 302, 303, 304. — Santeul (J. B.), 134, 140, 301, 305, 306, 309, 310, 312. — Tallemant (Paul), 293, 298, 306, 307, 308. — Vielle, 303.

D'HOZIER, généalogiste. Citations ou mentions de son manuscrit, 42, 91.

DIJON. Les jetons municipaux de cette ville contiennent le nom de son majeur, IX.

DIONIS (François-Jean), échevin. Extraits des comptes de la Ville rédigés pendant son exercice, 276, 277.

DOLET (Charles), échevin. Extraits des comptes de la Ville rédigés pendant son exercice, 231, 232.

DORIVAL, agent municipal, remboursé de ses avances par la Ville, 259.

DORIVAL (Nicolas), agent municipal, remboursé de ses avances par la Ville, 277, 278.

DOUET D'ARCQ, éditeur des *Comptes de l'hôtel des rois de France aux XIVᵉ et XVᵉ siècles*, XX.

DOUJAT (Jacques), échevin. Extraits des comptes de la Ville rédigés pendant son exercice, 232, 233, 234.

DROZ (J. P.), graveur, XII.

394 LES JETONS DE L'ÉCHEVINAGE PARISIEN.

Dubos, secrétaire de l'Académie des inscriptions, reçoit du Bureau de la Ville une bourse de jetons, 286.

Du Breul (J.), auteur du *Théâtre des antiquités de Paris*. Citations ou mentions de son ouvrage, xxi, xxv, 42, 43, 45, 46, 50, 52, 53, 55, 56, 57, 58, 59, 60, 65, 66, 67, 68, 191.

Dubuisson, auteur de l'*Armorial des principales maisons et familles du royaume*, 198.

Duchalais, auteur de travaux numismatiques, xviii.

Duchemin (Suzanne), veuve de Jehan Fontaine, fournit à la Ville des bourses destinées à contenir des jetons, 225, 226, 227, 229.

Dufour (Jean-Baptiste), graveur, xii. — Mentionné dans les comptes de la Ville pour fourniture de jetons, 259.

Dufour (M. l'abbé). Ce qu'il dit au sujet de la devise de la Ville de Paris, 21.

Du Fresnoy (Martin), échevin. Extraits des comptes de la Ville rédigés pendant son exercice, 242, 243, 244.

Dugué, auditeur des comptes, reçoit du Bureau de la Ville des bourses de jetons, 279, 285.

Du Jour (Charles), échevin. Extraits des comptes de la Ville rédigés pendant son exercice, 252, 253, 254.

Duleau, auteur des *Portraits des membres du Parlement de Paris*, 93.

Du Metz, garde du Trésor royal, distribue les jetons frappés pour son administration, 303.

Duplessis (Jean-Baptiste), agent municipal, remboursé de ses avances par la Ville, 285, 288.

Dupré (Guillaume), graveur. Médaille exécutée par cet artiste, 57.

Durand (Gilles), échevin. Extraits des comptes de la Ville rédigés pendant son exercice, 221, 222, 223.

Durey de Noinville, auteur des *Recherches sur les fleurs de lys*, attribue à la Ville de Paris une devise permanente, 21.

Du Rosnel (Henri), quartinier. Jeton rappelant ses fonctions, 178, 179. — Détails qui le concernent, 179.

Du Vaux, trésorier de Marie-Thérèse, distribue les jetons frappés pour la maison de cette princesse, 303.

Duvivier (Jean), graveur, xii. — Jetons exécutés par cet artiste, 154, 156, 157, 158, 161 à 164, 185. — Détails qui le concernent, 154.

Duvivier (Pierre-Simon-Benjamin), graveur, xii. — Jetons exécutés par cet artiste, 39, 40. — Détails qui le concernent, 39.

E

Échevins. Leur droit de jetons, xix, xxi. — Fournitures d'hypocras auxquelles ils avaient droit, xxv. — Reproduction et description des jetons ou médailles rappelant leurs fonctions, 41, 42, 44, 45, 46, 49 à 52, 56, 66, 73, 74, 87, 90, 91, 92, 95, 98, 99, 100, 105 à 113, 118 à 121, 128, 129, 134, 135, 147. — Extraits des comptes de la Ville rédigés en vertu de leurs ordonnances et concernant l'exécution ou la distribution des jetons, 209 à 290.

Échevins mentionnés à un titre quelconque : Bachelier (François), Baillon (Guillaume) Bailly (Nicaise de), Barroy (Mathurin), Barthélemy (Denis), Baudequin (Nicolas), Baudetar (Pierre de), Baudin (Antoine), Bazin (Jean), Bellier (Martin), Bellier (Martin-Joseph), Belut (Nicolas), Beyne (Pierre de), Blouin (René-Michel), Boucot (Claude), Boué (Claude), Bourges (Claude de), Bourges (Jean Ier de), Bourges (Jean II de), Boutet (Henri), Boutet (Michel), Braque (Germain), Brigallier (Pierre), Brillon (Pierre-Jacques), Bruissay (Claude de), Calais (Jean de), Cambray (Arnauld de), Caulers (Charles de), Champin (Jean-Baptiste), Chanteprime (Jehan de), Charbonnières (Charles de), Charlot (Joseph), Charlot (Pierre), Chauvin (Léonard), Chauvin (Michel), Chauvin (Pierre), Chenart (Jehan), Choilly (Claude de), Chopin (Jean), Chuppin (Jean Ier), Chuppin (Jean II), Clereboust (Jehan), Clerembault (Charles), Coiffier (Charles), Colletier (Jehan), Compans (Jean), Cotteblanche (François), Cramoisy (Sébastien), Creil (Nicolas de), Crevon (François), Croissy (Antoine de), Culdoë (Michel), Damours (Louis), Daviau (Louis), Delivres (Jehan), Denis (Nicolas), Denison (Pierre), Des Jardins (Jacques), Desnotz (Hugues), Des Prés (Robert), Des Prez (Robert), Despy (Jacques), Dionis (François-Jean), Dolet (Charles), Doujat Jacques), Du Fresnoy (Martin), Du Jour

TABLE ALPHABÉTIQUE DES MATIÈRES. 395

(Charles), Durand (Gilles), Eustache (Pierre), Faverolles (Eustache de), Faverolles (Jean de), Faverolles (Laurent de), Feret (Hugues), Flecelles (Gabriel de), Fontaine (Jean), Fournier (Gabriel), Gaigny (Jean), Gaillard (Jean), Galland (Claude), Galye (Pierre), Gamare (Michel), Garnier (Jean Ier), Garnier (Jean II), Gedoyn (Hector), Geoffroy (Étienne), Gervais (Julien), Gervais (Philippe), Gilot (Simon), Gouffé (Germain), Goujon (Pierre), Gregy (Henri de), Gregy (Simon de), Guillebon (Claude), Guillois (Michel), Hachette (Pierre), Hacqueville (Jacques de), Hallé (Jean), Hamonin (Robert), Harlay (Jehan de), Hazon (Michel-Louis), Hebert (Guillaume-André), Hélissant (Jean-Baptiste), Hesme (Guillaume), Horly (François), Laballe (Jean de), La Cloche (Henri de), La Court (Pamphile de), La Fontaine (Jacques de), La Grange (Michel de), La Haye (René de), Laisie (Michel), Lallement (Philippe), La Loire (Antoine de), Lambert (Jean), La Motte (Prosper de), La Mouche (Pierre de), Lamy (Guillaume), Langlois (Gabriel), La Noue (Jean de), La Porte (Antoine de), La Porte (Jean de), La Tour (Pierre de), Lay (Marc-Antoine), Le Breton (Jean), Le Breton (Jehan), Le Conte (Jean), Le Foing (François), Le Gendre (Claude), Le Goix (Pierre), Le Maçon (Guillaume), Lemère (Jacques), Le Prestre (Jean), Le Riche (Jean), Le Roy (Claude), Lescot (Raymond), Lévesque (Philippe), Le Vieulx (André), Le Vieulx (Jean), Louviers (Nicolas de), Loynes (Jean de), Lugolly (Pierre), Luillier (Jehan), Magneux (Antoine), Marcez (Hilaire), Marcez (Simon), Marle (Jehan de), Mélin (Antoine), Menart (Pierre), Merault (Claude), Montrouge (Jacques de), Mouhers (Jacques de), Mouhers (Jean de), Neufville (Nicolas de), Nicolas (Guillaume), Parfaict (Pierre), Parfait (Pierre), Parques (Pierre), Pasquier (Louis), Périchon (Étienne), Perrier (Pierre), Perrot (Jean), Phélippes (Nicolas), Picques (Nicolas), Pietre (Germain), Poussepin (Nicolas), Pousset de Montauban (Jacques), Prévost (Claude), Pyart (Jacques), Quetin (Nicolas), Regnard (Denis-François), Regnard (Jacques Ier), Regnard (Jacques II), Regnault (François), Regnauld (Philippe), Richer (Pierre), Robineau (Guillaume), Roland (Nicolas), Rousseau (Denis), Rousseau (Jean), Saint-Germain (Jean de), Saintyon (Louis de), Santeul (Claude Ier de), Santeul (Claude II de), Santeul (Henri de), Sautereau (Jean-François), Scourjon (Guillaume), Seguier (Pierre), Sequeville (Robert de), Souplet (Nicolas), Tartarin (Jacques), Thévenot (Jean), Toncquoy (Jean), Troisdames (Jacques), Tronchot (Remy), Vailly (Jean de), Vauboulon (Antoine de), Vinx (Alexandre de), Vivien (Louis), Yon (Geoffroy). (Voir à la table chacun de ces noms.)

ÉCLAIRAGE PUBLIC. Mesures prises pour en assurer la régularité, 117.

ÉCOLE (Quai de l'). La reconstruction de cette voie est ordonnée sous la prévôté de Charles Trudaine, 149.

ÉCOLE MILITAIRE. Pose de la première pierre de la chapelle de cet édifice sous la prévôté d'Armand-Jérôme Bignon, 165.

ÉCURIES DU ROI. Établissement d'une distribution de jetons pour ce service, 380.

ESTRÉES (Le maréchal d'). Sa collection numismatique, III, IV.

ÉTATS DE BOURGOGNE. Description de deux jetons frappés pour cette assemblée, 297, 306.

ÉTATS DE CAMBRAI. Devise d'un jeton frappé pour cette assemblée, 310.

ÉTATS DE LANGUEDOC. Description de deux jetons frappés pour cette assemblée, 330, 339.

ÉTIENNE, auditeur des comptes, reçoit du Bureau de la Ville une bourse de jetons, 280.

EUSTACHE (Pierre), échevin. Extraits des comptes de la Ville rédigés pendant son exercice, 239, 240, 241.

EXTRAORDINAIRE DES GUERRES. Description de plusieurs jetons frappés pour cette administration, 294, 301, 305, 307, 308, 322, 324, 326 à 329, 331, 332, 333, 335, 336, 338, 339, 341, 342, 344, 345, 347, 348, 349, 351, 352, 354, 355, 357, 359, 361, 362, 364, 365, 368, 370, 371, 373, 375. — Devises d'autres jetons frappés pour la même administration, 310 à 322.

F

FAMILLE ROYALE. Visite faite à ses membres par le Bureau de la Ville, 296. — Noms de ceux de ses membres dont les jetons sont décrits ou mentionnés dans le *Mercure* : Bourgogne (Adélaïde, duchesse de); Dauphine (la), belle-fille de Louis XIV; Dauphine (la), belle-fille de Louis XV; Marie Leczinska, Marie-Thérèse. (Voir à la table chacun de ces noms.)

FAURIS DE SAINT-VINCENT, numismate, IV.

FAVEROLLES (Eustache DE), échevin et receveur général des pauvres. Jeton rappelant la seconde de ses fonctions; détails qui le concernent, 203. — Extraits des comptes de la Ville rédigés pendant son échevinage, 254, 255.

FAVEROLLES (Jean DE), échevin et receveur général des pauvres. Jetons rappelant la première de ses fonctions, 110. — Détails qui le concernent, 110, 196. — Jeton rappelant la seconde de ses fonctions, 196. — Extraits des comptes de la Ville rédigés pendant son échevinage, 250, 251, 252.

FAVEROLLES (Laurent DE), échevin. — Jeton rappelant ses fonctions; détails qui le concernent, 120. — Extraits des comptes de la Ville rédigés pendant son échevinage, 256.

FAVEROLLES (Nicolas DE), receveur général des pauvres. Jeton rappelant ses fonctions; détails qui le concernent, 202.

FAYET, signataire d'un arrêt du Conseil prescrivant une remise de jetons, XXIV.

FÉLIBIEN (D.), auteur de l'*Histoire de la Ville de Paris*. Citations ou mentions de son ouvrage, 1, 2, 9, 11, 18, 31, 32, 42, 43, 46, 47, 52, 53, 65, 67, 69, 76, 80, 82, 86, 88, 117, 131, 136, 142, 145, 148, 149, 151, 194.

FERET (Hugues), échevin. Extraits des comptes de la Ville rédigés pendant son exercice, 213, 214, 216.

FLECELLES (Gabriel DE), échevin. Extrait des comptes de la Ville rédigés pendant son exercice, 223.

FLEUR DE LYS. Observations concernant la présence de cet emblème sur les jetons municipaux, 4, 5.

FONTAINE (Antoine), mentionné dans les comptes de la Ville pour fourniture de bourses destinées à contenir les jetons, 231 à 235.

FONTAINE (Jean), échevin. Extraits des comptes de la Ville rédigés pendant son exercice, 226 à 229.

FONTAINE (Jean I), mentionné dans les comptes de la Ville pour fourniture de bourses destinées à contenir les jetons, 235, 236.

FONTAINE (Jean II), mentionné dans les comptes de la Ville pour fourniture de bourses destinées à contenir les jetons, 237, 238, 240, 241, 243 à 247, 249, 250, 251, 253 à 259, 262, 264.

FONTAINE (Jehan), mentionné dans les comptes de la Ville pour fournitures de bourses destinées à contenir les jetons, 225, 226, 227, 229.

FOURCY (Henri DE), comte de Chessy, prévôt des marchands. Reproduction et description de plusieurs jetons rappelant ses fonctions, 136 à 141. — Détails concernant ce magistrat et les travaux entrepris sous son administration, 136. — Extraits des comptes de la Ville mentionnant des sommes ordonnancées par ce magistrat pour exécution ou distribution de jetons, 268 à 274. — Description des jetons de la Ville frappés sous son administration, 311 à 314.

FOURNIER (Gabriel), échevin. Extraits des comptes de la Ville rédigés pendant son exercice, 245, 246, 247.

FRAMERY, rédacteur du *Mercure*, 291.

FRANÇOIS Ier, roi de France. Jetons paraissant avoir été frappés sous son règne, 7. — Extrait des registres de la Ville rédigé sous son règne et concernant l'exécution et la distribution des jetons municipaux, 217, 218.

FRANÇOIS II, roi de France. Observations relatives aux jetons frappés sous son règne, XIV. — Jeton frappé sous son règne, 11.

FRENICLE (Léon), receveur de la Ville, désigné nominativement dans un des comptes municipaux, 221.

FRONDE. Jetons municipaux contemporains de ces troubles, 26, 27, 28, 97.

FRUITIERS. Marques par lesquelles ils étaient obligés de désigner les denrées achetées par eux dans les halles d'approvisionnement, XXVII.

G

GADEBOIS (Marie), veuve de Jean Ier Fontaine, reçoit le payement d'une fourniture de bourses faite à la Ville par son mari, 236.

GAIGNIÈRES (DE), antiquaire, rassemble une collection de jetons, II, III.

GAIGNY (Jean), échevin. Jetons rappelant ses fonctions, 92, 95. — Détails qui le concernent, 92. Extraits des comptes de la Ville rédigés pendant son échevinage, 242 à 245.

GAILLARD (Jean), échevin. Extraits des comptes de la Ville rédigés pendant son exercice, 255.

GALÈRES. Description de plusieurs jetons frappés

TABLE ALPHABÉTIQUE DES MATIÈRES.

pour cette administration, 294, 302, 304, 309, 313, 323, 324, 326, 327, 328, 329, 331, 332, 334, 337, 338, 340, 341, 343, 344, 346, 347, 348, 350, 351, 353, 355, 357, 359. — Devises d'autres jetons frappés pour la même administration, 310 à 322.

GALLAND (Claude), échevin. Jeton rappelant ses fonctions; détails qui le concernent, 87. — Extraits des comptes de la Ville rédigés pendant son exercice, 236, 237, 238.

GALLERAN (Émery), commissaire enquêteur au Châtelet, mentionné dans les comptes de la Ville, 261.

GALYE (Pierre), échevin. Extraits des comptes de la Ville rédigés pendant son exercice, 214, 215.

GAMARE (Michel), échevin. Jeton rappelant ses fonctions; détails qui le concernent, 135.

GAMOT (H. J.), graveur, XII.

GAMOT (Joseph), graveur. Reproduction et description de plusieurs jetons exécutés par cet artiste, 154, 155, 156. — Détails qui le concernent, 155.

GARNIER (Jean Ier), échevin. Extraits des comptes de la Ville rédigés pendant son exercice, 218 à 221.

GARNIER (Jean II), échevin et receveur général des pauvres. Jeton rappelant ses deux fonctions; détails qui le concernent, 195. — Extraits des comptes de la Ville rédigés pendant son échevinage, 232, 233, 234.

GATTEAUX (Nicolas-Marie), graveur, XII.

GAUTHIER, auteur de la devise d'un jeton frappé pour l'administration des galères, 313.

GEDOYN (Hector), échevin. Jeton rappelant ses fonctions, 44, 45. — Détails qui le concernent, 45.

GELLAIN (Louis), receveur général des pauvres. Jeton rappelant ses fonctions; détails qui le concernent, 204.

GÉNIE. Description de deux jetons frappés pour cette administration réunie à celle de l'Artillerie, 374, 376.

GEOFFROY (Étienne), échevin. Extraits des comptes de la Ville rédigés pendant son exercice, 235, 236.

GÉRARD, graveur, désigné nominativement dans les comptes de la Ville pour livraison de jetons, 262, 263.

GERMAIN, graveur. Description d'un jeton exécuté par cet artiste, 301.

GERVAIS (Julien), échevin. Jetons rappelant ses fonctions, 105, 106. — Détails qui le concernent, 105, 248.

GERVAIS (Philippe), échevin. Extraits des comptes de la ville rédigés pendant son exercice, 250, 251.

GESVRES (Quai de), commencé sous la prévôté de Macé Le Boulanger, 88.

GILOT (Simon), échevin, se rend à Saint-Germain, avec les autres membres du Bureau de la Ville, pour saluer le Roi et la famille royale, 296.

GIRARDON, sculpteur, auteur de la statue érigée à Louis XIV sur la place Vendôme, 33.

GOUFFÉ (Germain), échevin. Extraits des comptes de la Ville rédigés pendant son exercice, 223, 224.

GOUJON (Pierre), échevin. Jetons rappelant ses fonctions, 74, 79. — Détails qui le concernent, 74.

GRAND CONSEIL. Description d'un jeton frappé à son type, 14.

GRAND PRÉVÔT DE FRANCE. Description d'un jeton frappé pour cet officier, 298.

GRAVEURS. Érection de leur métier en maîtrise et jurande; priviléges des maîtres de leur corporation, XIII. — Personnages mentionnés comme exerçant cette profession : Aury, Balin, Bernard (Thomas), Briot (Nicolas), Chéron (François), Droz (J. P.), Dufour (Jean-Baptiste), Dupré (Guillaume), Duvivier (Jean), Duvivier (Pierre-Simon-Benjamin), Gamot (H. J.), Gamot (Joseph), Gatteaux (Nicolas-Marie), Gérard, Germain, Heupière, Lauffers (Lazare-Gottlieb), Laulne (Étienne de), Le Blanc (Jean), Lebreton (Hercule), Leferme, Loir, Lorthier, Louis, May (Guillaume de), Mauger (Jean), Mavelot, Mérian, Potart (Pierre), Roettiers (Jacques), Roettiers (Joseph), Roussel (Hiérome), Varin (Jean). (Voir à la table chacun de ces noms.)

GREFFIERS DE LA VILLE. Leur droit de jetons, XXI. — Jetons rappelant les fonctions de ces officiers municipaux, 174.

GREGY (Henri DE), échevin. Extrait des comptes de la Ville rédigés pendant son exercice, 216.

GREGY (Simon DE), échevin. Extrait des comptes de la Ville rédigés pendant son exercice, 216.

GRENELLE (Fontaine de), construite sous la prévôté de Michel-Étienne Turgot, 153.

GRÈVE (Place de). Jeton représentant le calvaire qui s'élevait en cet endroit, 1. — Observations relatives à ce monument, 1, 2.

GRIEU (Gaston DE), seigneur de Saint-Aubin, prévôt des marchands. Reproduction et description de deux jetons et d'une médaille rappelant sa prévôté, 64, 65, 66. — Détails concernant ce magistrat et les travaux entrepris sous son administration, 64, 65, 227. — Extraits des comptes de la Ville mentionnant des sommes ordonnancées par ce magistrat pour exécution ou distribution de jetons, 227, 228, 229.

Grolier (Jean), trésorier de France, fait frapper des jetons, xii.

Guet à cheval. Les officiers de cette milice reçoivent, de l'Académie des inscriptions, de nouveaux sujets pour leurs jetons, 381.

Guichon de Grand-Pont (M.), auteur d'un article publié dans les *Nouvelles Annales de la marine*, x.

Guillebon (Claude), échevin. Extraits des comptes de la Ville rédigés pendant son exercice, 278, 279.

Guillois (Michel), échevin. Jeton rappelant ses fonctions, 98. — Détails qui le concernent, 99, 248. — Extraits des comptes de la Ville rédigés pendant son échevinage, 248, 249, 250.

Guineau (Catherine), veuve du boursier Jean II Fontaine, désignée nominativement dans les comptes de la Ville pour fourniture de bourses faite au Bureau, 265.

Guiot (Antoine), sieur de Charmeau et d'Ansac, prévôt des marchands. Médaille rappelant sa prévôté; détails concernant ce magistrat, 57. — Extraits des comptes de la Ville mentionnant des sommes ordonnancées par ce magistrat pour exécution ou distribution de jetons, 218 à 221.

Guise (Le duc de), chef de la Ligue, ordonne le remplacement des membres du Bureau de la Ville, 52.

H

Hachette (Pierre), échevin. Extraits des comptes de la Ville rédigés pendant son exercice, 246, 247, 248.

Hacqueville (Jacques de), échevin. Extraits des comptes de la Ville rédigés pendant son exercice, 214, 215. — Détails qui le concernent, 214.

Hallé (Jean), échevin. Extraits des comptes de la Ville rédigés pendant son exercice, 277, 278.

Halle au blé, commencée sous la prévôté de Jean-Baptiste-Élie Camus de Pontcarré, 162.

Halles (Fontaine des), rétablie sous la prévôté de François Miron, 61.

Hamonin (Robert), échevin. Extrait des comptes de la Ville rédigés pendant son exercice, 256.

Harlay (Achille III de), procureur général au Parlement, membre du bureau des pauvres. Jeton rappelant ses fonctions; détails qui le concernent 206.

Harlay (Jehan de), échevin. Extrait des comptes de la Ville rédigés pendant son exercice, 216.

Hazon (Michel-Louis), échevin. Extraits des comptes de la Ville rédigés pendant son exercice, 282, 283, 284.

Hébert (Guillaume-André), échevin. Extraits des comptes de la Ville rédigés pendant son exercice, 277, 278, 279.

Hector (Nicolas), sieur de Pereuse, prévôt des marchands. Reproduction et description de plusieurs jetons rappelant sa prévôté, 46 à 49. — Détails concernant ce magistrat, 47.

Hélissant (Jean-Baptiste), échevin et conseiller de Ville, Jetons rappelant ses deux fonctions; détails qui le concernent, 113, 119. — Extraits des comptes de la Ville rédigés pendant son échevinage, 253, 254, 255.

Hélyot (Pierre), échevin et receveur général des pauvres. Jeton rappelant la seconde de ses fonctions, 198. — Détails qui le concernent, 199. — Extraits des comptes de la Ville rédigés pendant son échevinage, 245, 246, 247.

Hénaut (Le président), auteur de l'*Abrégé chronologique de l'histoire de France*. Citations ou mentions de son ouvrage, 77, 94, 103, 104, 108, 114, 116, 117, 122, 131, 136, 141, 142, 143, 145.

Henri II, roi de France. Observations relatives aux jetons frappés sous son règne, xiv. — Ses lettres ordonnant la remise d'une bourse de jetons à chacun des conseillers de la Ville, xxi. — Jetons frappés sous son règne, 8, 9, 10, 189, 190, 191. — Jeton rappelant son avénement, 8. — Jeton rappelant son entrée solennelle à Paris, 8, 9. — Épisode de son entrée, 11.

Henri III, roi de France. Jetons frappés sous son règne, 16 à 23, 41 à 52, 177, 180, 192. — Jeton rappelant une prière insérée en sa faveur dans quelques rituels, 20. — Jeton faisant allusion aux victoires remportées par ses armées, 22, 23. — Il se fait livrer par le receveur municipal une contribution levée sur la Ville, 181.

Henri IV, roi de France, se préoccupe du sens des devises inscrites sur les jetons de chaque année,

x. — Jetons et médailles frappés sous son règne, 23, 24, 54 à 63, 173, 174. — Médaille rappelant la reddition de Paris sous l'obéissance de ce prince, 54. — Jeton et médaille rappelant les travaux de construction entrepris sous son règne, 59, 61. — Extraits des comptes de la Ville rédigés sous son règne et concernant l'exécution ou la distribution des jetons municipaux, 218 à 225.

HENRI VI, roi d'Angleterre. Épisode de son entrée à Paris, 4.

HENRIETTE DE FRANCE, reine d'Angleterre, haranguée par le prévôt des marchands au nom de la Ville, 242.

HENRY, trésorier des galères, 304.

HÉRON (Vincent), échevin. Jetons rappelant ses fonctions, 105, 106, 107. — Détails qui le concernent, 106.

HESME (Guillaume), échevin. Extraits des comptes de la Ville rédigés pendant son exercice, 274, 275, 276.

HESSELIN (Denis), prévôt des marchands. Extraits des comptes de la Ville mentionnant des sommes ordonnancées par ce magistrat pour exécution ou distribution de jetons, 216, 217. — Détails concernant ce magistrat, 216.

HEUPIÈRE, graveur. Jetons exécutés par cet artiste pour l'administration de la Marine, 315, 316.

HORACE, poëte latin. Légendes de jetons tirées de ses écrits, 124, 126.

HORLOGE (Quai de l'), achevé sous la prévôté de Jacques Sanguin, 63.

HORLY (François), choisi comme échevin pendant la Fronde, contrairement aux ordres de la Cour, 248.

HÔTEL DE VILLE. Détails concernant le calvaire qui s'élevait devant cet édifice, 1, 2. — Observations relatives à la devise de Paris inscrite sur la porte principale, 21. — Reprise des travaux de construction, 63. — Travaux intérieurs sous la prévôté d'Antoine Bouchet et sous celle de Henri de Fourcy, 69, 136. — Achèvement de l'édifice sous la prévôté de Christophe Sanguin, 80. — Attaque de l'édifice pendant la Fronde, 97, 98. — Jeton rappelant la réception de Louis XIV dans l'édifice, 138.

HÔTEL DE VILLE (Fontaine de l'), construite sous la prévôté de Nicolas de Bailleul, 76.

HUCHER, un des auteurs de l'*Histoire du jeton au moyen âge*. Citations ou mentions de son ouvrage, II, IV.

HUGO (Le P.), auteur du *Traité historique et critique sur l'origine et la généalogie de la maison de Lorraine*, v.

HUISSIERS PRISEURS. Leur compagnie demande à l'Académie des inscriptions les devises qui doivent figurer sur ses jetons, 381.

HULLOUE, notaire au Châtelet, mentionné dans les comptes de la Ville, 232.

I

ISABEAU DE BAVIÈRE, reine de France. Détails fournis par les comptes de sa maison, xx.

J

JAILLOT, auteur des *Recherches critiques, historiques et topographiques sur la ville de Paris*. Citations ou mentions de son ouvrage, 35, 59, 60, 63, 67, 69, 76, 80, 82, 86, 88, 91, 96, 101, 114, 123, 136, 142, 145, 149, 162.

JARDIN DES PLANTES. Lettres patentes qui en ordonnent l'établissement, 76.

JEANNE D'ÉVREUX, reine de France. Détails fournis par les comptes de son testament, XVIII.

JETONS. Leur utilité, I. — Principales collections, II, III, IV. — Leur usage dans les calculs, v à VIII. — Développement de leur fabrication, VIII, x, x. — Renseignements sur les devises qui y figurent, x, XI. — Graveurs chargés de les exécuter, XI, XII. — Règlements se rapportant à leur fabrication, XII, XIII, XIV. — Observations relatives à ceux dont l'origine est étrangère, XIV, XV. — Leurs dimensions, XV, XVI. — Métaux dont ils sont composés, XVI, XVII, XVIII. — Leur distribution, XVIII, XIX. — Personnages qui y avaient droit, XIX à XXIII. — Concédés comme gratification ou rémunération de services, XXIII, XXIV. — Substitués à des distributions en nature, XXIV, XXV. — Offerts comme un hommage,

xxv. — Leur délivrance constituant un droit de bienvenue, xxv, xxvi. — Leur usage dans les sociétés savantes et les corporations, xxvi, xxvii. — Marques rentrant dans la même catégorie, xxvii. — Observation concernant la position relative des empreintes, xxvii, xxviii. — Reproduction et description d'un grand nombre de ces pièces d'origine municipale, 1 à 206. — Extraits des comptes de la Ville relatifs à leur exécution et à leur distribution, 209 à 290. — Extraits du *Mercure* renfermant la description d'un grand nombre de ces pièces frappées pour les membres de la famille royale, les assemblées, les compagnies et les diverses administrations, 291 à 377. — Détails puisés dans d'autres recueils et relatifs à ces pièces, 378 à 381.

Jetons de prévôts des marchands : Aubery (Félix), 156, 157. — Bailleul (Nicolas de), 75 à 79. — Bernage (Louis-Basile de), 158 à 161. — Bignon (Armand-Jérôme), 164, 165, 166. — Bignon (Jérôme), 148. — Bosc (Claude), 141 à 144. — Boucher (Charles I"), 53. — Boucher (Charles II), 145, 146, 147. — Bouchet (Antoine), 68, 69. — Bragelongne (Martin de), 58. — Camus de Pontcarré (Jean-Baptiste-Élie), 161 à 164. — Castagnère (Pierre-Antoine de), 150. — Fourcy (Henri de), 136 à 141. — Grieu (Gaston de), 64, 65. — Guiot (Antoine), 57. — Hector (Nicolas), 46 à 49. — Lambert (Nicolas), 151. — La Michodière (Jean-Baptiste-François de), 167, 168. — Langlois (Martin), 55. — Le Boulanger (Macé), 88, 89. — Le Febvre (Antoine), 95 à 98. — Le Féron (Jérôme), 93, 94. — Le Féron (Oudart), 85, 86, 87. — Le Fèvre de Caumartin (Antoine-Louis-François), 169, 170. — Le Peletier (Claude), 122 à 128. — Le Peletier (Louis), 171, 172. — Luillier (Jean), 54. — Mesmes (Henri de), 70, 71, 72. — Miron (François), 59. — Miron (Robert), 66, 67, 68. — Moreau (Michel), 82 à 85. — Nully (Étienne de), 43. — Pomereu (Auguste-Robert de), 130 à 134. — Sanguin (Christophe), 79, 80, 81. — Sanguin (Jacques), 62, 63, 64. — Scaron (Jean), 90, 91. — Sève (Alexandre de), 100 à 104, 106. — Trudaine (Charles), 149, 150. — Turgot (Michel-Étienne), 152 à 156. — Voysin (Daniel), 113 à 117.

Jetons d'échevins : Bourges (Claude de), 91, 92. — Bourges (Jean I" de), 195. — Choilly (Claude de), 58, 59. — Chuppin (Jean I"), 197. — Cramoisy (Sébastien), 90. — Damours (Louis), 73. — Faverolles (Jean de), 110. — Faverolles (Laurent de), 120. — Gaigny (Jean), 92, 95. — Galland (Claude), 87. — Gamare (Michel), 135. — Garnier (Jean II), 195. — Gedoyn (Hector), 44, 45. — Gervais (Julien), 105, 106; Goujon (Pierre), 74, 79. — Guillois (Michel), 98. — Hélissant (Jean-Baptiste), 113, 119. — Héron (Vincent), 105, 106, 107. — Laballe (Jean de), 120, 121. — La Court (Pamphile de), 194. — La Mouche (Pierre de), 112. — Lamy (Guillaume), 74. — La Porte (Antoine de), 109. — Le Breton (Jean), 46. Le Conte (Jean), 41, 42. — Le Foing (François), 121. — Le Goix (Pierre), 45. — Le Prestre (Jean), 74, 75. — Lévesque (Philippe), 134, 135. — Le Vieulx (André), 99, 100. — Le Vieulx (Jean), 111, 204. — Loynes (Jean de), 44. — Lugolly (Pierre), 50. — Mouhers (Jean de), 118. — Parfaict (Pierre), 193, 194. — Périchon (Étienne), 147. — Phelippes (Nicolas), 99. — Picques (Nicolas), 128. — Poussepin (Nicolas), 66. — Prévost (Claude), 111, 112, 119. — Roland (Nicolas), 51, 52. — Rousseau (Jean), 107, 108. — Saintyon (Louis de), 49, 50, 51. — Santeul (Claude de), 106 à 109. — Santeul (Henri de), 129. — Troisdames (Jacques), 129.

Jetons d'officiers de la Ville : Bachelier (Jean), 200, 201. — Ballard (Robert), 205. — Beauvais (Robert de), 189, 190. — Béguin (Denis), 200. — Bellavoine (Louis), 203. — Bourges (Jean I" de), 195. — Bray (Jean de), 191 — Chaillou (Philippe de), 193. — Chauvin (B.), 205. — Chuppin (Jean I"), 197. — Clément (François), 174. — Clément (Guillaume), 174. — Du Rosnel (Henri), 178, 179. — Faverolles (Eustache de), 203. — Faverolles (Jean de), 196. — Faverolles (Nicolas de), 202. — Garnier (Jean II), 195. — Gellain (Louis), 204. — Harlay (Achille III de), 206. — Hélyot (Pierre), 198. — Laballe (Jean de), 176. — La Court (Pamphile de), 194. — Le Conte (Jean), 177. — Le Droict (Étienne), 187. — Legrand (Nicolas), 179, 180. — Lescot (Raymond), 199, 200. — Le Vieulx (Jean), 204. — Maillet (C.), 197. — Maillet (Christophe), 201. — Paignon (Nicolas), 179. — Parfaict (Pierre), 193, 194. — Périchon (Guillaume), 196. — Perrot (Pierre), 173. — Pocquelin (Louis), 202, 203. — Simonet (Claude), 198. — Vigny

(François de), 180. — Vinx (Jean de), 178.

JETONS de la Ville, décrits ou mentionnés dans le *Mercure*, 295, 299, 302, 305, 309 à 321, 331, 338, 340, 345, 351, 353.

JETONS de personnes appartenant à la cour, décrits ou mentionnés dans le *Mercure* : Bourgogne (Adélaïde, duchesse de), 315 à 321. — Dauphine (La), belle-fille de Louis XIV, 299, 300, 306, 307, 308, 311. — Dauphine (La), belle-fille de Louis XV, 355, 359, 360, 363, 365, 367, 369, 371, 373, 375. — Marie Leczinska, 329, 333, 334, 336, 337, 339, 342, 343, 344, 346, 347, 349, 350, 351, 353 à 356, 358, 360, 362, 363, 365, 367, 369, 371, 373, 375. — Marie-Thérèse, 295, 296, 299, 300, 303.

JETONS d'administrations, d'assemblées, de compagnies, de sociétés littéraires ou artistiques, décrits ou mentionnés dans le *Mercure* : Académie française, Académie de peinture et de sculpture, Agents de change, Amirauté ou Marine, Artillerie, Bâtiments du Roi, Chambre des assurances, Chambre aux deniers, Clergé, Colonies, Comédiens italiens, États de Bourgogne, États de Cambrai, États de Languedoc, Extraordinaire des guerres, Galères, Génie, Menus plaisirs, Notaires, Ordinaire des guerres, Parties casuelles ou Revenus casuels, Ponts et chaussées, Secrétaires du Roi, Trésor royal, Avocats au Conseil. (Voir à la table chacun de ces noms.)

JETONS de corporations, décrits ou mentionnés dans le *Mercure* : Marchands de vin, 306. — Sainte-Geneviève (Porteurs de la châsse de), 310.

JETONS de villes, décrits ou mentionnés dans le *Mercure* : Cambrai, 310. — Rouen, 307.

JETONS concédés à titre de gratification, de rémunération ou d'hommage; noms des bénéficiaires de cette mesure : André, Bartet, Chiverny (le comte de), Dauphin (le), fils de Louis XV; Delamer, Desgranges, Desgranges fils, Dubos, Dugué, Étienne, Le Maréchal (Jacques), Livry (Nicolas de la Pinte de), Louis XII, Louis XV, Renaudot (l'abbé), Rousseau, Thomassin, Vigneron. (Voir à la table chacun de ces noms.)

JETONS fournis au Bureau de la Ville; personnes mentionnées dans les comptes municipaux comme auteurs ou intermédiaires des livraisons : Aury, Berest (Jean), Cerisy (Jehan de), Chéron (François), Delaunay (Louis), Delaunay (Nicolas), Dufour (Jean-Baptiste), Gérard, Lebreton (Hercule), Le Roy (François), Louis, Olivier (Alexandre), Olivier (Gilbert), Perdrier (François), Petit, Regnier (Pierre), Roetiers (Joseph), Varin (François), Varin (Jean). (Voir à la table chacun de ces noms.)

JOBERT (Le P.), auteur de la *Science des médailles*. Citations ou mentions de son ouvrage, II, III.

JOURNAL DE VERDUN. Extrait de ce recueil relatif à la vente de la collection numismatique du sieur de Blégny, 378.

JULLIENNE (DE), membre de l'Académie de peinture et de sculpture, fondateur de la distribution des jetons instituée dans cette assemblée, 377.

L

LABALLE (Jean DE), échevin. Jetons rappelant ses fonctions, 120, 121. — Détails qui le concernent, 120. — Jetons rappelant ses fonctions de conseiller de Ville, 176. — Extraits des comptes de la Ville rédigés pendant son échevinage, 256.

LA BASTIE (Bimard DE), éditeur de la *Science des médailles* du P. Jobert, II.

LABORDE (Le comte DE), auteur de la *Notice des émaux du Louvre*. Citations ou mentions de son ouvrage, IX, XVIII.

LA CHAPELLE, inspecteur des Bâtiments de Paris, compose la devise d'un jeton frappé pour les Bâtiments du Roi, 308.

LA CLOCHE (Henri DE), échevin. Extraits des comptes de la Ville rédigés pendant son exercice, 213, 214.

LA COURT (Pamphile DE), échevin et receveur général des pauvres. Jeton rappelant ses deux fonctions; détails qui le concernent, 194.

LAFOLIE, auteur des *Mémoires historiques relatifs à la statue équestre de Henri IV*, 67.

LA FONTAINE (Jacques DE), échevin. Extraits des comptes de la Ville rédigés pendant son exercice, 211, 212, 216. — Détails qui le concernent, 211.

LA GRANGE (Le marquis DE), auteur d'un article publié dans la *Revue numismatique*, XVII.

La Grange (Michel de), échevin. Extraits des comptes de la Ville rédigés pendant son exercice, 214, 215. — Détails qui le concernent, 214.

La Harpe, rédacteur du *Mercure*, 291.

La Haye (René de), échevin. Extraits des comptes de la Ville rédigés pendant son exercice, 242 à 245.

Lainé, auteur des *Archives de la noblesse*, 194.

Laisie (Michel), échevin. Extraits des comptes de la Ville rédigés pendant son exercice, 215.

Lallemande (Catherine), mentionnée dans les comptes de la Ville pour diverses fournitures de bourses, 282, 284, 287, 288.

Lallemant (Philippe), échevin. Extraits des comptes de la Ville rédigés pendant son exercice, 214.

La Loire (Antoine de), échevin. Extraits des comptes de la Ville rédigés pendant son exercice, 275, 276, 277.

La Marche (Olivier de). Extraits de son *Estat de la maison du duc Charles de Bourgogne*, xvi, xxi.

Lambert (Jean), échevin. Extraits des comptes de la Ville rédigés pendant son exercice, 224, 225. — Détails qui le concernent, 225.

Lambert (Nicolas), seigneur de Vermont, prévôt des marchands. Reproduction et description d'un jeton rappelant sa prévôté, 151. — Détails concernant ce magistrat et les mesures prises sous son administration, 151, 152. — Description d'un jeton de la Ville frappé sous son administration, 331.

La Michodière (Jean-Baptiste-François de), prévôt des marchands. Reproduction et description de plusieurs jetons rappelant sa prévôté, 167, 168. — Détails concernant ce magistrat, 167.

La Motte (Prosper de), échevin. Extraits des comptes de la Ville rédigés pendant son exercice, 229 à 232.

La Mouche (Pierre de), échevin. Jeton rappelant ses fonctions; détails qui le concernent, 112. — Extraits des comptes de la Ville rédigés pendant son exercice, 253, 254, 255.

Lamy (Guillaume), échevin. Jeton rappelant ses fonctions, 73. — Détails qui le concernent, 73, 74.

Langlois (Gabriel), échevin. Extraits des comptes de la Ville rédigés pendant son exercice, 242, 243, 244.

Langlois (Jean-Baptiste), greffier de la Ville, désigné par son titre dans les comptes municipaux, 260.

Langlois (Martin), seigneur de Beaurepaire, prévôt des marchands. Reproduction et description des jetons rappelant sa prévôté, 55. — Détails concernant ce magistrat, 56.

La Noue (Jean de), échevin. Extraits des comptes de la Ville rédigés pendant son exercice, 225, 226, 227.

La Périère (De), inventeur de la devise d'un jeton frappé pour la maison de la Reine, 300.

La Planche (De), trésorier des Bâtiments, 304.

La Planche (Martin de), désigné nominativement dans les comptes de la Ville comme distributeur de jetons, 216.

La Porte (Antoine de), échevin. Jeton rappelant ses fonctions, 109. — Détails qui le concernent, 109, 250. — Extrait des comptes de la Ville rédigés pendant son exercice, 250.

La Porte (Jean de), échevin. Extraits des comptes de la Ville rédigés pendant son exercice, 263, 264.

La Reynie (De), lieutenant général de police, fait établir dans les rues un éclairage régulier, 117.

La Roche-Tilhac (Poncelin de), auteur du *Mémorial de l'Europe*, xxv.

La Tour (Pierre de), échevin. Extraits des comptes de la Ville rédigés pendant son exercice, 237, 238, 239.

Lauffers (Lazare-Gottlieb), graveur. Observation relative aux jetons exécutés par cet artiste, xv.

Laulne (Étienne de), graveur, xii. — Observations relatives aux jetons gravés par cet artiste, xiv. — Jeton exécuté par cet artiste; détails qui le concernent, 9.

Laurens (Jehan), bourgeois de Paris, remboursé d'une avance qu'il a faite à la Ville, 227.

Lay (Marc-François), échevin. Extraits des comptes de la Ville rédigés pendant son exercice, 279.

Lebeuf (L'abbé), auteur de l'*Histoire de la Ville et du diocèse de Paris*. Citations ou mentions de son ouvrage, 42, 44, 59, 92, 189, 197, 202.

Le Blanc (Jean), graveur. Jeton exécuté par cet artiste; détails qui le concernent, 37.

Le Boulanger (Macé), seigneur de Viarmes, prévôt des marchands. Reproduction et description de plusieurs jetons rappelant sa prévôté, 88, 89. — Détails concernant ce magistrat et les travaux entrepris sous son administration, 88. — Extraits des comptes de la Ville mentionnant des sommes ordonnancées par ce magistrat, pour exécution ou distribution de jetons, 239 à 242.

TABLE ALPHABÉTIQUE DES MATIÈRES. 403

Le Bouvier (Gilles), dit *Berry*, auteur d'un armorial. Disposition qu'il donne aux fleurs de lys dans le blason de Paris, 4.

Lebreton (Hercule), graveur, xii.—Jetons exécutés par cet artiste, 144, 315, 316. — Désigné nominativement dans les comptes de la Ville pour exécution de jetons, 276.

Le Breton (Jean), échevin. Jetons rappelant ses fonctions; détails qui le concernent, 46.

Le Breton (Jehan), échevin. Extrait des comptes de la Ville rédigés pendant son exercice, 216.

Le Brun, peintre, chargé du dessin d'une médaille en l'honneur de Louis XIV, 292.

Le Cointe (Marie), femme de l'échevin Guillaume Lamy. Ses armoiries, 73.

Le Conte (Jean), échevin. Jetons rappelant ses fonctions, 41, 42, 56. — Détails qui le concernent, 42. — Jeton rappelant ses fonctions de quartinier, 177.

Le Droict (Étienne), payeur des rentes. Jeton rappelant ses fonctions; détails qui le concernent, 187.

Le Febvre (Antoine), ou Le Fèvre, seigneur de la Barre, prévôt des marchands. Reproduction et description de plusieurs jetons rappelant sa prévôté, 95 à 98. — Détails concernant ce magistrat, 96, 248. — Attaque de l'Hôtel de Ville sous sa prévôté, 97, 98. — Extraits des comptes de la Ville mentionnant des sommes ordonnancées par ce magistrat pour exécution ou distribution de jetons, 248, 249, 250.

Lefebvre (Pierre), maître d'hôtel de la Ville, chargé de distribuer à domicile les divers présents offerts par le Bureau, 249, 250, 252, 254, 256, 260.

Lefebvre (Pierre-Alexandre), mentionné dans les comptes de la Ville pour fourniture de bourses destinées à contenir les jetons, 265 à 268.

Leferme, graveur, xii. — Description de plusieurs jetons exécutés par cet artiste, 294, 301, 304.

Le Féron (Jérôme), seigneur d'Orville, prévôt des marchands. Reproduction et description de plusieurs jetons rappelant sa prévôté, 93, 94. — Détails concernant ce magistrat, 93, 246. — Extraits des comptes de la Ville mentionnant des sommes ordonnancées par ce magistrat pour exécution ou distribution de jetons, 243 à 248.

Le Féron (Oudart), seigneur d'Orville, prévôt des marchands. Reproduction et description de plusieurs jetons rappelant sa prévôté, 85, 86, 87.

— Détails concernant ce magistrat, 85, 86. — Extraits des comptes de la Ville mentionnant des sommes ordonnancées par ce magistrat pour exécution ou distribution de jetons, 236 à 239.

Le Fèvre de Caumartin (Antoine-Louis-François), prévôt des marchands. Reproduction et description de plusieurs jetons rappelant sa prévôté, 169, 170. — Détails concernant ce magistrat et les travaux entrepris sous son administration, 169.

Le Foing (François), échevin. Jeton rappelant ses fonctions, 121. — Détails qui le concernent, 122. — Extrait des comptes de la Ville rédigés pendant son exercice, 256.

Le Gendre (Claude), échevin. Extraits des comptes de la Ville rédigés pendant son exercice, 259, 260.

Legendre (F.), auteur de *l'Arithmétique en sa perfection*, vii, viii.

Le Goix (Pierre), échevin. Jeton rappelant ses fonctions; détails qui le concernent, 45.

Legrand (Nicolas), quartinier. Jeton rappelant ses fonctions, 179, 180.

Le Grand d'Aussy, auteur de la *Vie privée des Français*, xxv.

Le Maçon (Guillaume), échevin. Extraits des comptes de la Ville rédigés pendant son exercice, 215.

Le Maréchal (Jacques), avocat de la Ville au Conseil du Roi, reçoit du Bureau une bourse de jetons en récompense de ses services, 230.

Lemère (Jacques), ou Lemaire, échevin. Extrait des comptes de la Ville rédigés pendant son exercice, 217.

Le Peletier (Claude), seigneur d'Ablon, prévôt des marchands. Reproduction et description de plusieurs jetons rappelant sa prévôté, 122 à 128. — Détails concernant ce magistrat et les travaux entrepris sous son administration, 122, 123. — Extraits des comptes de la Ville mentionnant des sommes ordonnancées par ce magistrat pour exécution ou distribution de jetons, 259 à 263.

Le Peletier (Louis), marquis de Montméliant, prévôt des marchands. Reproduction et description de plusieurs jetons rappelant sa prévôté, 171, 172. — Détails concernant ce magistrat, 171.

Le Peletier (Quai), ouvert sous la prévôté de Claude le Peletier, 123.

Le Peletier de Souzy demande à l'Académie des inscriptions une devise pour la grande porte de Bayonne, 380.

Le Prestre (Jean), échevin. Jeton rappelant ses fonctions, 74, 75. — Détails qui le concernent, 75.

Le Riche (Jean), échevin. Extrait des comptes de la Ville rédigés pendant son exercice, 213, 214.

Leroux-de Lincy, auteur des *Recherches sur Louis Grolier*. Citation de cet ouvrage, xii. — Citations ou mentions de son *Histoire de l'Hôtel de Ville de Paris*, xix, xxi, xxv, xxvi, 2, 21, 43, 44, 53, 55, 56, 63, 67, 69, 70, 189, 203. — Citations ou mentions de ses *Registres de l'Hôtel de Ville pendant la Fronde*, 93, 96, 98.

Le Roy, auteur de la *Dissertation sur l'origine de l'Hôtel de Ville*. Citations ou mentions de son ouvrage, 1, 2.

Leroy (Alexandre), clerc du diocèse de Paris, collectionneur de médailles et de jetons, iii.

Le Roy (Claude), échevin. Extraits des comptes de la Ville rédigés pendant son exercice, 282, 283, 284.

Le Roy (François), commis du directeur général de la monnaie, mentionné dans les comptes de la Ville pour fourniture de jetons, 272, 273, 274.

Lescot (Raymond), échevin et receveur général des pauvres. Jetons rappelant la seconde de ses fonctions, 199, 200. — Détails qui le concernent, 199. — Extraits des comptes de la Ville rédigés pendant son échevinage, 246, 247, 248.

Letourneau (Claude), receveur de la Ville, 227.

Lévesque (Philippe), échevin. Jeton rappelant ses fonctions, 134, 135. — Détails qui le concernent, 135. — Il se rend à Saint-Germain, avec les autres membres du Bureau de la Ville, pour saluer le Roi et la famille royale, 296.

Le Vieulx (André), échevin. Jeton rappelant ses fonctions, 99, 100. — Détails qui le concernent, 100, 248. — Extraits des comptes de la Ville rédigés pendant son échevinage, 249, 250.

Le Vieulx (Jean), échevin et receveur général des pauvres. Jeton rappelant la première de ses fonctions, 111. — Détails qui le concernent, 111, 204. — Jeton rappelant ses deux fonctions, 204. — Extraits des comptes de la Ville rédigés pendant son échevinage, 251, 252, 253.

L'Hôpital (Le chancelier de), auteur de la devise adoptée par Charles IX, 13.

Ligue. Jetons contemporains de cette confédération, 16 à 23, 42 à 53.

Livry (Nicolas de la Pinte de), évêque de Callinique, bienfaiteur de la bibliothèque de la Ville, reçoit de la Municipalité une bourse de jetons, xxiv.

Lobineau (D.), un des auteurs de l'*Histoire de la Ville de Paris*. Voir Félibien (D.).

Loir, graveur. Jetons exécutés, en totalité ou en partie, par cet artiste, 293, 299, 301, 302, 304, 307.

Longueville (La duchesse de), retenue en otage à l'Hôtel de Ville, accouche dans cet édifice, 246.

Lorthier, graveur, xii.

Louis, graveur, mentionné dans les comptes de la Ville pour fourniture de jetons, 263.

Louis XI, roi de France. Jeton paraissant appartenir à son règne, 4, 5. — Extraits des comptes de la Ville rédigés sous son règne et concernant l'exécution ou la distribution des jetons municipaux, 216, 217.

Louis XII, roi de France. Jetons offerts à ce prince par la ville de Tours, xi, xii, xvi. — Jeton paraissant avoir été frappé sous son règne, 5, 6.

Louis XIII, roi de France. Règlements édictés sous son règne et concernant la fabrication des jetons et médailles, xiii. — Jetons et médailles frappés sous son règne, 24, 25, 64 à 89, 174, 192 à 198. — Reproduction et description des jetons municipaux rappelant: son avénement au trône et la régence de sa mère, 24; — ses victoires sur les réformés, 25, 77, 79, 80; — les travaux de construction entrepris sous son règne, 65, 66; — les troubles sous son règne, 66, 68, 69, 71, 72; — son surnom, 69. — Extraits des comptes de la Ville rédigés sous son règne et concernant l'exécution ou la distribution des jetons municipaux, 225 à 242. — Il transfère au Louvre l'atelier des jetons et médailles, 325.

Louis XIV, roi de France. Observations concernant les jetons et médailles frappés sous son règne, ix, x, xii, xiv, xv, 10, 379, 380. — Jetons et médailles frappés sous son règne, 26 à 36, 89 à 149, 175, 176, 178 à 186, 198 à 206, 291 à 323. — Reproduction et description des jetons municipaux rappelant : les troubles du commencement de son règne, 26, 27, 28, 97, 98, 101; — son séjour à Paris après son retour de Flandre, 29; — son mariage, 29, 30, 103,

176; — son entrée à Paris après la guerre de Hollande, 30; — ses mesures pour le soulagement de la population parisienne, 31, 32; — l'érection de sa statue sur la place Vendôme, 32; — sa postérité, 34, 104, 133, 134; — les travaux de construction entrepris sous son règne, 35; — son avénement et la régence de sa mère, 90, 91; — ses maladies, 93, 94, 138; — ses victoires, 95, 122, 125, 126, 127, 130, 131, 139 à 142; — les traités de paix conclus sous son règne, 103, 124, 128, 131, 132, 136, 143; — sa visite aux villes frontières de Bourgogne et d'Alsace, 134; — son ordonnance portant révocation de l'édit de Nantes, 137; — sa réception à l'Hôtel de Ville, 138, 139; — le choix d'un de ses petits-fils comme héritier de la couronne d'Espagne, 145. — Extraits des comptes de la Ville rédigés sous son règne et concernant l'exécution ou la distribution des jetons municipaux, 242 à 286. — Extraits du *Mercure* contenant la description d'un grand nombre de jetons et médailles frappés en son honneur, ou pour les membres de sa famille, ou pour les divers services de son gouvernement, 291 à 323.

Louis XV, roi de France. Observations concernant les jetons et médailles frappés sous son règne, xi, xv, 380, 381. — Pendant qu'il tient les sceaux, il reçoit des jetons attribués au chancelier, xxv. — Jetons et médailles frappés sous son règne, 36 à 39, 149 à 167, 184 à 189, 323 à 377. — Extraits des comptes de la Ville rédigés sous son règne et concernant l'exécution ou la distribution des jetons municipaux, 286 à 290. — Extraits du *Mercure* contenant la description d'un grand nombre de jetons frappés en son honneur, ou pour les membres de sa famille, ou pour les divers services de son gouvernement, 323 à 377.

Louis XVI, roi de France. Observations relatives aux jetons frappés sous son règne, xi. — Jetons frappés sous son règne, 39, 40, 167 à 172.

Louvel (Robert), clerc-receveur de la Ville. Extraits des comptes dont il est l'auteur, 209 à 212. — Détails qui le concernent, 212.

Louviers (Nicolas de), échevin et plus tard prévôt des marchands. Comptes de la Ville rédigés pendant son échevinage, 211, 212, 213.

Louvois, secrétaire d'État, nomme un directeur de la fabrique des jetons et médailles du Roi, 314.

Louvre. Fabrique de médailles et jetons établie dans cet édifice, xiv, 325. — Commencement des travaux de la colonnade de cet édifice, sous la prévôté de Daniel Voysin, 114.

Louvre (Abreuvoir du), réparé sous la prévôté de François Miron, 61.

Louvre (Quai du), élargi sous la prévôté de Nicolas de Bailleul, 76. — La reconstruction en est ordonnée sous la prévôté de Charles Trudaine, 149.

Loynes (Jean de), échevin. Jeton rappelant ses fonctions; détails qui le concernent, 44.

Lubert, trésorier de la Marine, 304.

Lucain, poëte latin. Légende de jeton tirée de ses écrits, 312.

Lude (Le duc du), grand maître de l'Artillerie. Ses armes gravées sur les jetons de son administration, 302.

Lugolly (Pierre), échevin. Jeton rappelant ses fonctions; détails qui le concernent, 50.

Luillier (Jean), prévôt des marchands. Reproduction et description d'une médaille rappelant sa prévôté, 54. — Détails concernant ce magistrat, 54, 55, 56.

Luillier (Jehan), ou Lhuillier, échevin. Comptes de la Ville rédigés pendant son exercice, 211, 212. — Détails qui le concernent, 211. — Il est nommé clerc-receveur de la Ville, 212, 213.

Luxembourg (Palais du), commencé sous la prévôté de Robert Miron, 67. — Louis XV y fait placer des tableaux que le public est admis à visiter, 158, 159.

M

Macé (Philippe), receveur de la Ville, désigné nominativement dans un extrait des registres du Bureau, 217, 218.

Magneux (Antoine), échevin. Extraits des comptes de la Ville rédigés pendant son exercice, 263, 264, 265.

Maillet (C.), receveur général des pauvres. Jeton rappelant ses fonctions, 197.

Maillet (Christophe), receveur général des pauvres. Jeton rappelant ses fonctions, 201. — Détails qui le concernent, 202.

Maine (Le duc du), colonel des Suisses et général

des Galères. Jeton faisant allusion à cette dernière charge, 313. — Jeton frappé pour l'Artillerie pendant qu'il était grand maître de cette arme, 320.

MALLET DU PAN, rédacteur du *Mercure*, 291.

MANESSIER, trésorier des Bâtiments, 304.

MARCASSUS. (Pierre DE). Devises composées par cet écrivain pour les jetons municipaux, 83, 84. — Désigné nominativement dans les comptes de la Ville, à l'occasion de ce travail, 232, 234.

MARCEZ (Hilaire), échevin. Extraits des comptes de la Ville rédigés pendant son exercice, 232, 233.

MARCEZ (Simon), quartinier, puis échevin, 219. — Extraits des comptes de la Ville rédigés pendant son échevinage, 231, 232.

MARCHANDS DE VIN. Description d'un jeton frappé pour leur corporation, 306.

MARIE D'ANJOU, reine de France. Détails fournis par les comptes de sa maison, XI, XX, XXI.

MARIE LECZINSKA, reine de France. Description de plusieurs jetons frappés pour sa maison, 329, 333, 334, 336, 337, 339, 342, 343, 344, 346, 347, 349, 350, 351, 353 à 356, 358, 360, 362, 363, 365, 367, 369, 371, 373, 375.

MARIE DE MÉDICIS, reine de France. Jeton faisant allusion à la régence de cette princesse, 24. — Contribution levée pour subvenir aux frais de l'entrée solennelle de cette princesse, 227.

MARIE-THÉRÈSE, reine de France. Jeton rappelant son mariage avec Louis XIV et reproduisant son effigie affrontée à celle du Roi, 29, 30. — Description de plusieurs jetons frappés pour la maison de cette princesse, 295, 296, 299, 300, 303.

MARIETTE, auteur de l'*Abecedario*. Citations ou mentions de son ouvrage, XII, XV.

MARIGNY (Le marquis DE), directeur général des Bâtiments, communique à l'Académie de peinture et de sculpture l'approbation du Roi pour la fondation d'une distribution de jetons dans cette assemblée, 377.

MARINE. Description de plusieurs jetons frappés pour cette administration, 294, 299, 309, 323, 324, 326, 327, 328, 329, 331, 332, 334, 335, 337, 338, 340, 341, 343, 344, 346, 347, 348, 350, 351, 352, 353, 355, 357, 359, 361, 362, 364, 366, 368, 370, 372, 374, 376. — Devises d'autres jetons frappés pour la même administration, 310, 315 à 322.

MARION, notaire au Châtelet, mentionné dans les comptes de la Ville, 232.

MARLE (Jehan DE), échevin. Extraits des comptes de la Ville rédigés pendant son exercice, 210 à 213.

MARMONTEL, rédacteur du *Mercure*, 291.

MARNE. Représentation symbolique de cette rivière sur les jetons municipaux, 11 à 14.

MARTEAU (Michel), nommé prévôt des marchands par ordre du duc de Guise, 52.

MAUBERT (Place). On y transporte la fontaine de la Grève, 2.

MAVELOT, graveur. Jeton exécuté par cet artiste, 310.

MAY (Guillaume DE), graveur, mentionné dans les comptes de la Ville pour fourniture d'un sceau neuf, 214.

MAUGER (Jean), graveur, XII. — Jetons exécutés, en totalité ou en partie, par cet artiste, 33, 315, 316. — Détails qui le concernent, 34, 154.

MÉDAILLES. Règlements auxquels était assujettie la fabrication de ces pièces, XII, XIII. — Atelier destiné à leur fabrication, XIV, 325. — Voir aussi JETONS.

MÉLIN (Antoine), échevin. Extraits des comptes de la Ville rédigés pendant son exercice, 279, 280.

MENARD (Jacques), marchand, désigné nominativement dans les comptes de la Ville pour fourniture de bourses, 289.

MENART (Pierre), échevin. Extraits des comptes de la Ville rédigés pendant son exercice, 215, 216.

MÉNESTRIER (Le P.), auteur de travaux numismatiques, IV. — Citation de son ouvrage intitulé : *La science et l'art des devises*, x. — Citations ou mentions de son *Histoire de Louis le Grand par les médailles*, 131, 133. — Devise composée par cet écrivain pour la Chambre aux deniers ; détails qui le concernent, 305.

MENUS PLAISIRS. Devise d'un jeton frappé pour cette administration, 314. — Description de plusieurs jetons frappés pour la même administration, 371, 372, 374, 376.

MERAULT (Claude), échevin. Extraits des comptes de la Ville rédigés pendant son exercice, 227, 228, 229.

MERCURE. Citations ou mentions de ce recueil, III, XVI, XXIV, XXV, 131, 135, 142, 148, 149, 151, 152, 153, 157, 159, 162, 167, 187, 206,

TABLE ALPHABÉTIQUE DES MATIÈRES. 407

264.— Observations concernant ce recueil, 291.
— Extraits de ce recueil relatifs aux jetons de chaque année, 291 à 377.

MÉRIAN, graveur, reproduit un dessin de Claude Chastillon représentant l'Hôtel de Ville, 2.

MESMES (Henri DE), seigneur de Roissy, prévôt des marchands. Reproduction et description de plusieurs jetons rappelant sa prévôté, 70, 71, 72.
— Détails concernant ce magistrat, 70.

METEREN, numismate, IV.

METZ. Usage relatif aux jetons municipaux frappés dans cette ville, XX.

MIRON (François), prévôt des marchands. Stances présentées à ce magistrat à l'occasion de son élection, 22. — Reproduction et description d'un jeton et de plusieurs médailles rappelant sa prévôté, 59 à 62. — Détails concernant ce magistrat et les travaux entrepris sous son administration, 59, 60, 61.

MIRON (Robert), seigneur du Tremblay, prévôt des marchands. Reproduction et description de deux jetons rappelant sa prévôté, 66, 67, 68. — Détails concernant ce magistrat et les travaux entrepris sous son administration, 67.

MITANTIER (Jean-Baptiste-Martin), greffier de la Ville, désigné par son titre dans les comptes municipaux, 275, 276.

MONTALLE (DE), inventeur d'une médaille frappée pour l'Académie de peinture et de sculpture, 377.

MONTMAUR (Pierre DE), professeur au collége de France, chargé de composer des devises pour la Ville, reçoit le payement de ce dernier travail; détails concernant ce personnage, 243.

MONTROUGE (Jacques DE), échevin. Extraits des comptes de la Ville rédigés pendant son exercice, 229, 230, 231.

MOREAU (Michel), ou MAUREAU, prévôt des marchands. Reproduction et description de plusieurs jetons rappelant ses fonctions, 82 à 85. — Détails concernant ce magistrat, 82, 233. — Extraits des comptes de la Ville mentionnant des sommes ordonnancées par ce magistrat pour exécution ou distribution de jetons, 232 à 235.

MOREAU DE MAUTOUR, membre de l'Académie des inscriptions, compose des devises pour les jetons de l'Artillerie, 319, 320.

MORERI, auteur du *Dictionnaire historique et géographique*. Citations ou mentions de son ouvrage, 58, 67, 70, 86, 91, 93, 112.

MORIAU (Antoine), procureur du Roi et de la Ville. Sa collection numismatique, III. — Sa bibliothèque léguée à la Ville, 162. — Il fait copier les registres des comptes de la Ville, 209. — Désigné par son titre dans les comptes de la Ville, 282.

MORIAU (Nicolas-Guillaume), procureur du Roi et de la Ville, désigné par son titre dans les comptes municipaux, 278.

MORTELLERIE (Rue de la), élargie sous la prévôté de François Miron, 61.

MORY D'ELVANGE (DE), auteur du *Recueil pour servir à l'histoire métallique des duchés de Lorraine et de Bar*, V.

MOUHERS (Jacques DE), échevin. Extraits des comptes de la Ville rédigés pendant son exercice, 239 à 242.

MOUHERS (Jean DE), échevin. Jeton rappelant ses fonctions; détails qui le concernent, 118. — Extraits des comptes de la Ville rédigés pendant son exercice, 254, 255.

N

NANTERRE (Mathieu DE), prévôt des marchands. Extraits des comptes de la Ville mentionnant des sommes ordonnancées par ce magistrat, pour exécution ou distribution de jetons, 214, 215, 216. — Détails concernant ce magistrat, 214.

NANTES. Usage relatif aux jetons municipaux frappés dans cette ville, XX.

NAVIRE, emblème de Paris. Reproduction et description d'un grand nombre de jetons municipaux sur lesquels il figure, 1 à 206, *passim*.

NESLE (Quai de), commencé sous la prévôté d'Alexandre de Sève, 101.

NEUF (Pont-). Érection de la statue de Henri IV en cet endroit, sous la prévôté de Robert Miron, 67.

NEUFVILLE (Nicolas DE), échevin. Extraits des comptes de la Ville rédigés pendant son exercice, 210, 211.

NEUVE (Porte-), ouverte à l'armée royale par le prévôt des marchands Jean Luillier, 54.

NICOLAS (Guillaume), échevin. Extraits des comptes

de la Ville rédigés pendant son exercice, 210.

NOTAIRES. Jetons frappés pour leur compagnie, 297, 298, 306.

NOTRE-DAME (Pont), réparé sous la prévôté d'Alexandre de Sève, 101.

NULLY (Étienne DE), prévôt des marchands. Reproduction et description d'un jeton rappelant sa prévôté; détails concernant ce magistrat, 43.

NUREMBERG. Les jetons se fabriquaient à bas prix dans cette ville, xiv. — Spécimens de jetons fabriqués dans cette ville, 24, 25.

O

OBSERVATOIRE, commencé sous la prévôté de Daniel Voysin, 114.

OFFICIERS DE PORT. Leur compagnie demande à l'Académie des inscriptions les devises qui doivent figurer sur ses jetons, 381.

OFFICIERS DE LA VILLE. Leur droit de jetons, XIX, XX, XXI. — Fournitures auxquelles ils avaient droit, XXIV, XXV. — Droit de bienvenue imposé à certains d'entre eux, XXV, XXVI. — Reproduction et description de plusieurs jetons rappelant leurs fonctions, 173 à 206.

OFFICIERS DE LA VILLE mentionnés à un titre quelconque : Andrenas (Antoine), Bachelier (Jean), Ballard (Robert), Beauvais (Robert de), Béguin (Denis), Bellavoine (Louis), Boucot (Nicolas I), Boucot (Nicolas II), Boucot (Nicolas III), Bourges (Jean Ier de), Bray (Jean de), Carrel (Jean), Caulers (Charles de), Chaillou (Philippe de), Charlet, Chauvin (B.), Chuppin (Jean), Clément (François), Clément (Guillaume), Collot (Étienne), Courtin (François), Du Rosnel (Henri), Faverolles (Eustache de), Faverolles (Jean de), Faverolles (Nicolas de), Frenicle (Léon), Garnier (Jean II), Gellain (Louis), Harlay (Achille III de), Hélyot (Pierre), Laballe (Jean de), La Court (Pamphile de), Langlois (Jean-Baptiste), Le Conte (Jean), Le Droict (Étienne), Legrand (Nicolas), Lescot (Raymond), Letourneau (Claude), Le Vieulx (Jean), Louvel (Robert), Luillier (Jehan), Macé (Philippe), Maillet (C.), Maillet (Christophe), Marcez (Simon), Mitantier (Jean-Baptiste-Martin), Moriau (Antoine), Moriau (Nicolas-Guillaume), Paignon (Nicolas), Parfaict (Pierre), Perdrier (Pierre), Périchon (Guillaume), Perrot (Pierre), Poart (Antoine), Pocquelin (Louis), Santeul (Claude II de), Simonet (Claude), Taitbout (Jean-Baptiste); Titon (Maximilien), Truc (Jérôme), Vigny (François de), Vinx (Jean de). (Voir à la table chacun de ces noms.)

OLIVIER (Alexandre), conducteur des engins de la Monnaie, fournit des jetons à la Ville, 219, 221.

OLIVIER (Gilbert), conducteur des engins de la Monnaie, fournit des jetons à la Ville, 223.

OPÉRA. Le prévôt des marchands prend possession officielle du service de cet établissement, 158.

ORDINAIRE DES GUERRES. Description de plusieurs jetons frappés pour cette administration, 299, 301, 305, 308, 322, 324, 326, 327, 328, 330, 332, 333, 335, 336, 338, 339, 341, 342, 344, 345, 347, 348, 349, 351, 352, 354, 355, 357, 359, 361, 362, 364, 366, 368, 370, 372, 374, 376. — Devises d'autres jetons frappés pour la même administration, 310 à 322.

ORFÈVRES (Quai des), achevé sous la prévôté de Macé Le Boulanger, 88.

ORLÉANS (Gaston, duc D'), lieutenant général du royaume pendant la Fronde, intervient dans les élections du Bureau de la Ville, 348.

ORLÉANS (Le chevalier D'), grand prieur de France. Jeton portant ses armoiries, 324.

ORLÉANS (Philippe, duc D'), régent du royaume. Médaille portant son effigie, 325.

ORSAY (Quai d'), commencé sous la prévôté de Charles II Boucher, 35, 145.

OSALIN, orfèvre du Roi, directeur de la fabrique royale des jetons et médailles. Son éloge, 314.

OUDINET, garde du cabinet des médailles, compose des devises pour plusieurs jetons, 318, 319, 320.

OVIDE, poëte latin. Citation d'un passage de cet auteur, 125. — Légende de jeton tirée de ses écrits, 313.

P

Paignon (Nicolas), quartinier. Jeton rappelant ses fonctions; détails qui le concernent, 179.

Palais (Fontaine du), rétablie sous la prévôté de François Miron, 61.

Palais-Royal, commencé sous la prévôté de Christophe Sanguin, 80.

Paparel, trésorier de l'Ordinaire des guerres, 305.

Papillon (Jean), orfévre, exécute les jetons offerts à Louis XII par la ville de Tours, xi.

Parfaict (Pierre), ou Parfait, échevin et procureur général des pauvres. Jeton rappelant ses deux fonctions, 193, 194. — Détails qui le concernent, 194.

Parfait (Pierre), échevin. Extraits des comptes de la Ville rédigés pendant son exercice, 224, 225.

Parques (Pierre), échevin. Extraits des comptes de la Ville rédigés pendant son exercice, 268, 269.

Parties casuelles. Description de plusieurs jetons frappés pour cette administration, 293, 299, 300, 301, 308, 322, 323, 325 à 328, 330, 332, 333, 335, 336, 337, 339, 341, 342, 343, 345, 346, 348, 349, 350, 352, 353, 355, 356, 358, 360, 362, 363, 365, 367, 369, 371, 373, 375. — Devises d'autres jetons frappés pour la même administration, 311, 315 à 322.

Pasquier (Louis), échevin. Extraits des comptes de la Ville rédigés pendant son exercice, 259, 260.

Patin (Charles), auteur de l'*Introduction à la science des médailles*. Détails qu'il donne sur les jetons, ii, x.

Paulmier (Clarin de), clerc des comptes. Observation concernant un jeton frappé à son nom, xvii.

Pausanias, historien grec. Citation de ses *Corinthiaques*, 128.

Pauvres de la Ville (Administration des). Détails sur son organisation et son fonctionnement, 190, 191. — Jetons rappelant les fonctions de ses receveurs généraux, 191 à 206.

Pays-Bas. Observations relatives aux jetons distribués dans cette contrée, xviii.

Perdrier (François), prévôt de la Monnaie de Paris, fournit des jetons à la Ville, 217, 218.

Perdrier (Pierre), greffier de la Ville, désigné nominativement dans un des comptes municipaux, signataire de ce même document, 218.

Périchon (Étienne), échevin. Jeton rappelant ses fonctions; détails qui le concernent, 147. — — Extraits des comptes de la Ville rédigés pendant son exercice, 280, 281, 282.

Périchon (Guillaume), receveur général des pauvres. Jeton rappelant ses fonctions, 196. — Détails qui le concernent, 196, 197.

Perrault (Charles), membre de l'Académie française et de l'Académie des inscriptions. Devises dont il est l'auteur; détails qui le concernent, 293, 294.

Perraut, président à la Chambre des comptes, lègue les fonds nécessaires pour une fourniture annuelle de jetons, xxiv.

Perrier (Pierre), échevin. Extraits des comptes de la Ville rédigés pendant son exercice, 229 à 232.

Perrot, prévôt des marchands. Détails concernant ce magistrat, 239.

Perrot (Jean), échevin. Extraits des comptes de la Ville rédigés pendant son exercice, 225, 226, 227.

Perrot (Pierre), procureur du Roi et de la Ville. Jeton rappelant ses fonctions; détails qui le concernent, 173.

Petit, directeur général de la fabrique des jetons et médailles du Roi, mentionné dans les comptes de la Ville pour fourniture de jetons, 270 à 274. — Son éloge, 314.

Petit-Châtelet, démoli sous la prévôté de Louis-François Le Fèvre de Caumartin, 169.

Petit de Julleville (M.), archéologue. Son opinion sur l'antiquité de la devise de Paris, 21.

Petit-Pont, réparé sous la prévôté d'Alexandre de Sève, 101.

Phélippes (Nicolas), échevin. Jeton rappelant ses fonctions, 99. — Détails qui le concernent, 99, 248. — Extraits des comptes de la Ville rédigés pendant son exercice, 248, 249, 250.

Philippe IV, roi d'Espagne. Jeton faisant allusion aux prétentions de ce monarque, x. — Sa mort; mesures prises par Louis XIV à la suite de cet événement, 117.

Picques (Nicolas), échevin. Jeton rappelant ses fonctions, 128. — Détails qui le concernent, 129.

PIETRE (Germain), échevin. Extraits des comptes de la Ville rédigés pendant son exercice, 235, 236, 237.

PIGANIOL DE LA FORCE, auteur de la *Description de Paris*. Détails qu'il donne sur la fontaine de la place de Grève, 2.

POART (Antoine), procureur du Roi et de la Ville, désigné nominativement dans un des comptes municipaux, signataire d'une quittance relative à ce même compte, 218.

POCQUELIN (Louis), receveur général des pauvres. Jeton rappelant ses fonctions, 202, 203. — Détails qui le concernent, 203.

POIRSON, auteur de l'*Histoire du règne de Henri IV*. Citations ou mentions de son ouvrage, 43, 50, 55, 56, 60, 65.

POITEVIN établit, pendant la prévôté de Jean-Baptiste-Élie Camus de Pontcarré, les premiers bains chauds sur la Seine, 162.

POMEREU (Auguste-Robert DE), seigneur de la Bretèche-Saint-Nom, prévôt des marchands. Reproduction et description de plusieurs jetons rappelant sa prévôté, 130 à 134. — Détails concernant ce magistrat, 130, 131, 296. — Extraits des comptes de la Ville mentionnant des sommes ordonnancées par ce magistrat pour exécution ou distribution de jetons, 263 à 268. — Description de plusieurs jetons de la Ville frappés sous son administration, 295, 299, 302, 305, 309.

POMPES À INCENDIE. Date de leur emploi, 148.

PONCEAU (Fontaine du), rétablie sous la prévôté de François Miron, 61.

PONCEAU (Rue du), ouverte sous la prévôté de François Miron, 61.

PONTCHARTRAIN (Jérôme, comte DE), fils de Louis de Pontchartrain, remplace son père dans l'administration de l'Académie des inscriptions et médailles, 277.

PONTCHARTRAIN (Louis, comte DE), contrôleur général, rétablit l'usage de distribuer des jetons aux membres de l'Académie française, x.

PONTS ET CHAUSSÉES. Description de deux jetons frappés pour cette administration, 299, 305.

POPIN (Abreuvoir). Commencé sous la prévôté de François Miron, 61.

POTART (Pierre), graveur, exécute les jetons de Jean Grolier, trésorier de France, XII.

POULHARIÈS (Collection). Son origine, III, IV.

POUSSEPIN (Nicolas), échevin. Jeton rappelant ses fonctions; détails qui le concernent, 66. — Extraits des comptes de la Ville rédigés pendant son exercice, 226 à 229.

POUSSET DE MONTAUBAN (Jacques), échevin, se rend à Saint-Germain, avec les autres membres du Bureau de la Ville, pour saluer le Roi et la famille royale, 296.

PRÉVOST (Claude), échevin. Jetons rappelant ses fonctions, 111, 112, 119. — Détails qui le concernent, 112. — Extraits des comptes de la Ville rédigés pendant son exercice, 252, 253, 254.

PRÉVÔTS DES MARCHANDS. Observation concernant les jetons frappés pour ces magistrats, XVII. — Leur droit de jetons, XIX. — Fournitures d'hypocras auxquelles ils avaient droit, XXV. — Reproduction et description des jetons ou médailles rappelant leurs fonctions, 43, 46 à 49, 53, 54, 55, 57 à 72, 75 à 91, 93 à 98, 100 à 104, 113 à 117, 122 à 128, 130 à 134, 136 à 172. — Extraits des comptes de la Ville mentionnant les sommes ordonnancées par ces magistrats pour exécution ou fourniture de jetons, 209 à 290. — Description de plusieurs jetons de la Ville mentionnés comme portant le nom ou les armoiries de ces magistrats, 295, 302, 331, 338, 340, 345, 351, 353.

PRÉVÔTS DES MARCHANDS mentionnés à un titre quelconque : Aubery (Félix), Baillet (Jehan), Bailleul (Nicolas de), Bernage (Louis-Basile de), Bignon (Armand-Jérôme), Bignon (Jérôme), Bosc (Claude), Boucher (Charles I), Boucher (Charles II), Bouchet (Antoine), Bragelongne (Martin de), Broussel, Budé (Dreux), Bureau (Jehan), Camus de Pontcarré (Jean-Baptiste-Élie), Castagnère (Pierre-Antoine de), Culdoë (Charles), Delivres (Henri), Des Landes (Pierre), Fourcy (Henri de), Grieu (Gaston de), Guiot (Antoine), Hector (Nicolas), Hesselin (Denis), Lambert (Nicolas), La Michodière (Jean-Baptiste-François de), Langlois (Martin), Le Boulanger (Macé), Le Febvre (Antoine), Le Féron (Jérôme), Le Féron (Oudart), Le Fèvre de Caumartin (Antoine-Louis-François), Le Peletier (Claude), Le Peletier (Louis), Luillier (Jean), Marteau (Michel), Mesmes (Henri de), Miron (François), Miron (Robert), Moreau (Michel), Nanterre (Mathieu de), Nully (Étienne de), Perrot, Pomereu (Auguste-Robert de), Sanguin (Christophe), Sanguin (Jacques), Scaron (Jean), Sève (Alexandre de), Trudaine (Charles), Turgot (Michel-Étienne), Voysin (Daniel). (Voir à la table chacun de ces noms.)

TABLE ALPHABÉTIQUE DES MATIÈRES. 411

Procureurs de la Ville. Leur droit de jetons, xxi. — Jeton rappelant les fonctions d'un de ces officiers municipaux, 173.

Pyart (Jacques), échevin. Extraits des comptes de la Ville rédigés pendant son exercice, 280, 281, 282.

Q

Quartiers. Modification dans le nombre de ces divisions, 145.

Quartiniers. Leur droit de jetons, xx, xxi. — Fournitures d'hypocras auxquelles ils avaient droit, xxv. — Usage suivi lors de leur entrée en exercice, xxv, xxvi. — Reproduction et description de plusieurs jetons rappelant leurs fonctions, 177 à 180.

Quetin (Nicolas), échevin. Extraits des comptes de la Ville rédigés pendant son exercice, 221, 222, 223.

Quinault (Philippe), poëte, membre de l'Académie française. Devises dont il est l'auteur, 293, 298, 302, 303, 304. — Détails qui le concernent, 293.

R

Read (M. Charles). Remarque qu'il a faite au sujet de la devise de la Ville, 21.

Receveurs de la Ville. Leur droit de jetons, xxi. — Jeton rappelant les fonctions d'un de ces officiers municipaux, 180. — Extraits des comptes rédigés par ces officiers municipaux, 209 à 290.

Receveurs généraux des pauvres. Explications relatives à leurs attributions, 190, 191. — Jetons rappelant leurs fonctions, 191 à 206.

Receveurs payeurs des rentes. Jetons rappelant leurs fonctions, 185 à 188.

Regnard (Denis-François), échevin. Extraits des comptes de la Ville rédigés pendant son exercice, 279.

Regnard (Jacques I), échevin. Extraits des comptes de la Ville rédigés pendant son exercice, 250, 251.

Regnard (Jacques II), sieur de la Noue, échevin. Extraits des comptes de la Ville rédigés pendant son exercice, 250, 251, 252.

Regnault (François), échevin. Extraits des comptes de la Ville rédigés pendant son exercice, 275, 276, 277.

Regnault (Philippe), échevin. Extraits des comptes de la Ville rédigés pendant son exercice, 281, 282.

Regnier (Pierre), conducteur des engins de la Monnaie, fournit des jetons à la Ville, 225, 226, 228, 230, 232, 234.

Reines de France. Voir Anne d'Autriche, Catherine de Médicis, Isabeau de Bavière, Jeanne d'Évreux, Marie d'Anjou, Marie Leczinska, Marie de Médicis, Marie-Thérèse.

Remparts. Leur plantation est commencée sous la prévôté de Claude Le Peletier, 123.

Renaudot (L'abbé), directeur de la Gazette de France, reçoit du Bureau de la Ville une bourse de jetons, 286, 287. — Il reçoit une somme d'argent en remplacement des jetons, 288.

Revenus casuels. Description de plusieurs jetons frappés pour cette administration, 293, 303, 304. — Devises d'autres jetons frappés pour la même administration, 310 à 314, 317. — Voir aussi Parties casuelles.

Richer (Pierre), échevin. Extraits des comptes de la Ville rédigés pendant son exercice, 259 à 262.

Rigault. Ses vues de l'Hôtel de Ville, 2.

Robert, auteur des Recherches sur les monnaies et les jetons des maîtres échevins de Metz, xix.

Robineau (Guillaume), échevin. Extraits des comptes de la Ville rédigés pendant son exercice, 218, 219, 220.

Roettiers (Jacques), graveur, xii. — Reproduction et description d'un jeton gravé en partie par cet artiste, 38, 39. — Détails qui le concernent, 39. — Description d'une médaille gravée par cet artiste pour l'Académie de peinture et de sculpture, 377.

Roettiers (Joseph), graveur, xii. — Reproduction et description de deux jetons exécutés par cet artiste, 31, 32, 33. — Détails qui le concernent, 32. — Désigné nominativement dans les comptes de la Ville pour exécution de jetons, 274. — Description de divers jetons dus à cet artiste, 293, 300, 304, 306, 307, 310, 315, 316.

Rois de France. Voir Charles VI, Charles VII, Charles IX, François Ier, François II, Henri II, Henri III, Henri IV, Louis XI, Louis XII, Louis XIII, Louis XIV, Louis XV, Louis XVI.

Roland (Nicolas), nommé échevin par ordre du duc de Guise. Jetons rappelant ses fonctions, 51, 52. — Détails qui le concernent, 52, 53.

Rossignol, auteur de l'ouvrage intitulé : *Des libertés de la Bourgogne d'après les jetons des États*. Citations ou mentions de ce travail, ix, xvi, xx, xxiii.

Rouen. Cette ville fait frapper des jetons portant ses nouvelles armoiries, 307.

Rousseau, auditeur des comptes, reçoit du Bureau de la Ville une bourse de jetons, 282.

Rousseau (Denis), échevin. Extraits des comptes de la Ville rédigés pendant son exercice, 269, 270.

Rousseau (Jean), échevin. Jetons rappelant ses fonctions; détails qui le concernent, 107, 108.

Roussel (Hierome), graveur, xii. — Reproduction et description d'un jeton exécuté par cet artiste; détails qui le concernent, 36. — Devises de plusieurs jetons exécutés par cet artiste, 315, 316.

Rouyier, un des auteurs de l'*Histoire du jeton au moyen âge*. Citations ou mentions de son ouvrage, ii, iv.

Royal (Pont), commencé sous la prévôté de Henri de Fourcy, 136.

Rues. Mesures prises pour leur sécurité, leur propreté et leur éclairage, 116, 117, 151, 152.

Rungis (Regard des eaux de), commencé sous la prévôté de Gaston de Grieu, 65.

S

Saint-Antoine (Faubourg). Cinq fontaines nouvelles y sont construites sous la prévôté de Charles Trudaine, 149.

Saint-Benoît (Fontaine), construite sous la prévôté de Nicolas de Bailleul, 76.

Saint-Côme (Fontaine), construite sous la prévôté de Nicolas de Bailleul, 76.

Saint-Denis (Porte), construite sous la prévôté de Claude le Peletier, 123.

Saint-Étienne-du-Mont (Église). Pose de la première pierre du portail de cet édifice sous la prévôté de Jacques Sanguin, 63.

Saint-Eustache (Église). Pose de la première pierre du portail de cet édifice sous la prévôté de Louis-Basile de Bernage, 159.

Saint-Gervais (Église). Pose de la première pierre du portail de cet édifice sous la prévôté de Robert Miron, 67.

Saint-Germain (Jean de), échevin, signataire d'un document relatif aux livraisons de jetons, 218.

Saint-Jacques-du-Haut-Pas (Église). Pose de la première pierre de cet édifice sous la prévôté de Christophe Sanguin, 80.

Saint-Lazare (Fontaine), rétablie sous la prévôté de François Miron, 61.

Saint-Louis (Ordre de). Usage adopté par ses membres, xxv.

Saint-Luc, grand maître de l'artillerie, entre dans Paris avec l'aide du gouverneur et du prévôt des marchands, 54.

Saint-Martin (Porte), construite sous la prévôté de Claude Le Peletier, 123.

Saint-Michel (Pont), rebâti sous la prévôté d'Antoine Bouchet, 69.

Saint-Omer. Les jetons se fabriquaient à bas prix dans cette ville, xiv.

Saint-Pol (Le connétable de), condamné à mort, remet son testament à Denis Hesselin, ancien prévôt des marchands, 216.

Saint-Rocu (Église). Pose de la première pierre de cet édifice sous la prévôté d'Antoine Le Febvre, 96.

Saint-Séverin (Fontaine), construite sous la prévôté de Nicolas de Bailleul, 76.

Saint-Simon (La duchesse de), dame d'honneur de la duchesse de Berry, reçoit une somme fixe en remplacement des jetons qui lui étaient attribués, xxii.

Saint-Simon (Le duc de). Citations ou mentions de ses *Mémoires*, 123, 206.

Saintyon (Louis de), échevin. Jetons rappelant ses fonctions, 49, 50, 51. — Détails qui le concernent, 50.

Sainte-Catherine (Fontaine), rétablie sous la prévôté de François Miron, 61.

Sainte-Geneviève (Église). Pose de la première

pierre de cet édifice sous la prévôté d'Armand-Jérôme Bignon, 165.

SAINTE-GENEVIÈVE (Porteurs de la châsse de). Description d'un jeton frappé pour leur confrérie, 319.

SANGUIN (Christophe), seigneur de Livry, prévôt des marchands. Reproduction et description de plusieurs jetons rappelant sa prévôté, 79, 80, 81, 82. — Détails concernant ce magistrat et les travaux entrepris sous son administration, 80.

SANGUIN (Jacques), seigneur de Livry, prévôt des marchands. Reproduction et description de plusieurs jetons rappelant sa prévôté, 62, 63, 64. — Détails concernant ce magistrat et les travaux entrepris sous son administration, 62, 63, 223, 225. — Extraits des comptes de la Ville mentionnant des sommes ordonnancées par ce magistrat pour exécution ou distribution de jetons, 223 à 227.

SANTEUL (Claude Ier DE), échevin. Jetons rappelant ses fonctions, 108, 109. — Détails qui le concernent, 108, 250. — Extrait des comptes de la Ville rédigés pendant son exercice, 250.

SANTEUL (Claude II DE), conseiller de Ville et plus tard échevin, désigné sous le titre de garde-scel dans un des comptes municipaux, 278. — Extraits des comptes municipaux rédigés pendant son échevinage, 278, 279.

SANTEUL (Henri DE), échevin. Jeton rappelant ses fonctions; détails qui le concernent, 129.

SANTEUL (J. B.), ou SANTEUIL, chanoine de Saint-Victor. Devises composées par cet écrivain pour divers jetons, 134, 140, 301, 305, 306, 309, 310, 312. — Détails qui le concernent, 301.

SAULX (Jean DE), majeur de Dijon, fait placer son nom sur les jetons de cette ville, IX.

SAUTEREAU (Jean-François), échevin. Extraits des comptes de la Ville rédigés pendant son exercice, 275, 276, 277.

SAUVAL, auteur de l'ouvrage intitulé : *Histoire et recherche des antiquités de Paris*. Citations ou mentions de ce travail, II, XXI, XXV, 2, 45.

SCARON (Jean), ou SCARRON, seigneur de Maudiné, prévôt des marchands. Reproduction et description de deux jetons rappelant ses fonctions, 90, 91. — Détails concernant ce magistrat, 91, 242, 243. — Extraits des comptes de la Ville mentionnant des sommes ordonnancées par ce magistrat pour exécution ou distribution de jetons, 242, 243.

SCOURJON (Guillaume), échevin. Extraits des comptes de la ville rédigés pendant son exercice, 280, 281.

SECRÉTAIRES DU ROI. Présent qu'ils offrent chaque année au chancelier de France, XXV. — Description d'un jeton rappelant leurs fonctions, 296.

SÉGUIER (Le chancelier), membre d'une commission chargée d'étudier les questions relatives à la sécurité et à la propreté des rues de Paris, 116.

SÉGUIER (Pierre), échevin, signataire d'un document relatif aux livraisons de jetons, 218.

SEINE. Représentation symbolique de ce fleuve sur les jetons municipaux, 11 à 14.

SEQUEVILLE (Robert DE), échevin. Extraits des comptes de la Ville rédigés pendant son exercice, 247, 248, 249.

SÈVE (Alexandre DE), seigneur de Chatignonville, prévôt des marchands. Reproduction et description de plusieurs jetons et d'une médaille rappelant ses fonctions, 100 à 104, 106. — Détails concernant ce magistrat et les travaux entrepris sous son administration, 100, 101, 250. — Extraits des comptes de la Ville mentionnant des sommes ordonnancées par ce magistrat pour exécution ou distribution de jetons, 250 à 255.

SÉVIGNÉ (Mme DE). Ce qu'elle dit de l'usage des jetons considérés comme instruments de calcul; VII, VIII.

SIMONET (Claude), receveur général des pauvres. Jeton rappelant ses fonctions; détails qui le concernent, 198.

SNELLING, numismate, IV.

SOCIÉTÉ ROYALE DE MÉDECINE. Usage adopté par ce corps savant, XXV.

SOCIÉTÉS LITTÉRAIRES, ARTISTIQUES OU SAVANTES. Voir ACADÉMIE DE CHIRURGIE, ACADÉMIE FRANÇAISE, ACADÉMIE DES INSCRIPTIONS ET BELLES-LETTRES, ACADÉMIE DE PEINTURE ET DE SCULPTURE, SOCIÉTÉ ROYALE DE MÉDECINE.

SORBONNE (Église de la). Pose de la première pierre de cet édifice sous la prévôté de Michel Moreau, 82.

SOUPLET (Nicolas), échevin. Extraits des comptes de la Ville rédigés pendant son exercice, 255, 256.

SOURCHES (Du Bouchet, marquis DE), grand prévôt de France. — Description d'un jeton portant ses armes, 298.

SOUVERAINS ÉTRANGERS. Voir CHRISTINE, HENRI VI, PHILIPPE IV.

SUÉTONE, auteur des *Vies des douze Césars*, 59.

Sully, ministre de Henri IV, travaille aux devises des jetons frappés sous le règne de ce prince, x.

Syndics généraux des rentes. Jetons rappelant leurs fonctions, 181, 182, 183. — Explications sur la nature de leurs opérations, 181, 182.

Syndics des tontines. Jeton rappelant leurs fonctions, 188, 189.

T

Taillebois (Robert), boursier, fournit à la Ville des bourses destinées à contenir les jetons, 273, 275, 276.

Taitbout (Jean-Baptiste), greffier de la Ville, désigné par son titre dans les comptes municipaux, 278, 282.

Tallemant (Paul), membre de l'Académie française et de l'Académie des inscriptions. Devises dont il est l'auteur, 293, 298, 306, 307, 308. — Détails qui le concernent, 293.

Tartarin (Jacques), échevin. Extraits des comptes de la Ville rédigés pendant son exercice, 235, 236, 237.

Temple (Porte du), reconstruite sous la prévôté de François Miron, 61.

Tessereau, auteur de la *Grande chancellerie de France*, 74.

Testu, trésorier des Revenus casuels, 304.

Thevenot (Jean), échevin. Extraits des comptes de la Ville rédigés pendant son exercice, 224, 225. — Détails qui le concernent, 225.

Thomassin, secrétaire du chancelier de France, reçoit du Bureau de la Ville une bourse de jetons en considération de ses services, 230.

Titon (Maximilien), procureur du Roi et de la Ville, désigné par son titre dans les comptes municipaux, 275, 276.

Toncquoy (Jean), échevin. Extraits des comptes de la Ville rédigés pendant son exercice, 233, 234.

Toulouse (Le comte de), amiral de France. Jetons faisant allusion à sa charge ou reproduisant son effigie, 309, 324.

Tournay. Les jetons se fabriquaient à bas prix dans cette ville, xiv.

Tournehem (Le Normand de), directeur général des Bâtiments, charge les membres de l'Académie de peinture de faire un tableau pour le Roi, xxiv.

Tournelle (Pont de la), reconstruit sous la prévôté d'Alexandre de Sève, 101, 250.

Tournelle (Porte de la), reconstruite sous la prévôté de François Miron, 61.

Tours. Jetons offerts par cette ville à Louis XII en 1498, xi, xii.

Travaux d'utilité publique ou d'embellissement : Arche-Marion (Abreuvoir de l'), Arcueil (Aqueduc d'), Belleville (Regard des eaux de), Change (Pont au), Collége de France, Croix-du-Trahoir (Fontaine de la), Dauphine (Rue), École (Quai de l'), École militaire, Gesvres (Quai de), Grenelle (Fontaine de), Halle au blé, Halles (Fontaine des), Horloge (Quai de l'), Hôtel de Ville, Hôtel de Ville (Fontaine de l'), Le Peletier (Quai), Louvre, Louvre (Abreuvoir du), Louvre (Quai du), Luxembourg (Palais du), Maubert (Place), Mortellerie (Rue de la), Nesle (Quai de), Neuf (Pont), Notre-Dame (Pont), Observatoire, Orfévres (Quai des), Orsay (Quai d'), Palais (Fontaine du), Palais-Royal, Petit-Châtelet, Petit-Pont, Ponceau (Fontaine du), Ponceau (Rue du), Popin (Abreuvoir), Remparts, Royal (Pont), Rues, Rungis (Regard des eaux de), Saint-Antoine (Faubourg), Saint-Benoît (Fontaine), Saint-Côme (Fontaine), Saint-Denis (Porte), Saint-Étienne-du-Mont (Église), Saint-Eustache (Église), Saint-Gervais (Église), Saint-Jacques-du-Haut-Pas (Église), Saint-Lazare (Fontaine), Saint-Martin (Porte), Saint-Michel (Pont), Saint-Roch (Église), Saint-Séverin (Fontaine), Sainte-Catherine (Fontaine), Sainte-Geneviève (Église), Sorbonne (Église de la), Temple (Porte du), Tournelle (Pont de la), Tournelle (Porte de la), Val-de-Grâce, Vendôme (Place), Victoires (Place des). (Voir à la table chacun de ces noms.)

Trésor royal. Description de plusieurs jetons frappés pour cette administration, 293, 298, 300, 303, 307, 312, 322, 323, 325 à 328, 330 à 334, 336, 337, 339, 340, 342, 343, 345, 346, 347, 349, 350, 352, 353, 354, 356, 358, 360, 361, 363, 365, 367, 369, 371, 373, 375. — Devises d'autres jetons frappés pour la même administration, 310 à 322.

Troisdames (Jacques), échevin. Médaille rappelant ses fonctions, 129. — Détails qui le concernent, 130.

Tronchot (Remy), échevin. Extraits des comptes

de la Ville rédigés pendant son exercice, 241, 242.

TRUC (Jérôme), procureur du roi et de la Ville, désigné par son titre dans les comptes municipaux, 260, 263.

TRUDAINE (Charles), seigneur de Montigny, prévôt des marchands. Reproduction et description de deux jetons rappelant sa prévôté, 149, 150. — Détails concernant ce magistrat et les travaux entrepris sous son administration, 149.

TURGOT (Michel-Étienne), seigneur de Sousmons, prévôt des marchands. Reproduction et description de plusieurs jetons rappelant sa prévôté, 152 à 156. — Détails concernant ce magistrat et les travaux entrepris sous son administration, 152, 153. — Description de plusieurs jetons de la Ville frappés sous son administration, 338, 340, 345.

V

VAILLY (Jean DE), échevin. Extraits des comptes de la Ville rédigés pendant son exercice, 223, 224.

VAIRES (Alexandre DE), fondeur, mentionné dans les comptes de la Ville, 215.

VAL-DE-GRÂCE. Pose de la première pierre de cet édifice sous la prévôté de Jean Scaron, 91.

VALLET DE VIRIVILLE (M.). Citations de ses *Comptes de dépenses de la reine Marie d'Anjou*, XI, XX, XXI. — Citation de son *Armorial du héraut Berry*, 5.

VANHENDE, auteur de la *Numismatique lilloise*, XIX.

VANIER (Catherine), veuve du boursier Pierre-Alexandre Lefebvre, plus tard femme de Robert Taillebois, reçoit le payement de plusieurs fournitures de bourses, 269 à 276.

VAN LOON, auteur de travaux numismatiques, IV, VII.

VAN MIERIS, numismate, IV.

VARIN (François), conducteur des engins de la Monnaie, mentionné dans les comptes de la Ville à raison des sommes dues à son père Jean Varin, 261. — Mentionné dans les mêmes documents comme fournisseur de jetons, 262.

VARIN (Jean), ou WARIN, graveur, XII. — Conducteur des engins de la Monnaie, il fournit des jetons à la Ville, 236, 237, 239, 241, 242, 244, 245, 247, 248, 249, 251 à 258, 260, 261. — Son éloge, 314.

VAUBOULON (Antoine DE), échevin. Extrait des comptes de la Ville rédigés pendant son exercice, 216.

VAUDETARE (Pierre DE). Voir BAUDETAR (Pierre DE).

VENDEURS DE POISSON DE MER. Leurs attributions, 42.

VENDÔME (Place), commencée sous la prévôté de Claude Bosc, 142.

VENOIRE (Simon), orfévre, fournit un sceau neuf à la Ville, 214.

VERMANDOIS (Le comte DE), amiral de France. Jetons portant son effigie, 294, 301, 302.

VICTOIRES (Place des). Jeton rappelant l'inauguration de la statue de Louis XIV en cet endroit, 32. — Commencement de la construction de cette place sous la prévôté de Henri de Fourcy, 136.

VIELLE, auteur de la devise d'un jeton frappé pour la maison de la Reine, 303.

VIGNERON, auditeur des comptes, reçoit du Bureau de la Ville une bourse de jetons, 286.

VIGNY (François DE), receveur de la Ville. Détails fournis par ses comptes, XXI. — Jeton rappelant ses fonctions, 180. — Détails qui le concernent, 180, 181.

VILLEROY (Le maréchal DE), membre d'une commission chargée d'étudier les questions relatives à la sécurité et à la propreté des rues de Paris, 116.

VILLES mentionnées à divers titres : Bayonne, 380. — Cambrai, 310. — Dijon, IX. — Metz, XX. — Nantes, XX. — Nuremberg, XIV, 24, 25. — Rouen, 307. — Saint-Omer, XIV. — Tournay, XIV. — Tours, XI, XII.

VINX (Alexandre DE), échevin. Extraits des comptes de la Ville rédigés pendant son exercice, 263, 264, 265.

VINX (Jean DE), quartinier. Jeton rappelant ses fonctions; détails qui le concernent, 178.

VIRGILE, poëte latin. Extraits de son *Énéide*, 110, 308.

VITRY, commandant des troupes royales, est mis en possession de la porte Saint-Denis par l'échevin Martin Langlois, 56.

VIVIEN (Louis), échevin. Extraits des comptes de la Ville rédigés pendant son exercice, 218, 219, 220.

VIVONNE (Le duc DE), général des galères. Ce qu'il

dit de ses fonctions, 294. — Jetons portant ses armoiries, 294, 302, 310.

VOILLEMIER (M.), conservateur des médailles. Renseignements qui lui sont dus, XVI.

VOYSIN (Daniel), seigneur de Cerisay, prévôt des marchands. Reproduction et description de plusieurs jetons rappelant sa prévôté, 113 à 117. — Détails concernant ce magistrat et les mesures prises sous son administration, 114, 116, 117. — Extraits des comptes de la Ville mentionnant des sommes ordonnancées par ce magistrat pour exécution ou distribution de jetons, 255, 256, 257.

Y

YON (Geoffroy), échevin. Extraits des comptes de la Ville rédigés pendant son exercice, 244, 245, 246.

ADDITIONS ET CORRECTIONS.

Page 233, note 1, *au lieu de :* 1687, *lisez :* 1637.

Page 243, note 2, *remarquez* que la date assignée au commencement de la prévôté de Jérôme le Féron (5 mars 1646) diffère de celle qui a été indiquée à la page 93. La première de ces dates est fournie par Félibien; la seconde (26 février), par l'*Armorial de la ville de Paris*.

Page 299, ligne 15, *au lieu de :* OIIA, *lisez :* OTIA.

Page 315, ligne 13, *au lieu de :* SECURE, *lisez :* SECURA.

Page 316, ligne 29, *au lieu de :* NOVAS EXCITAT, *lisez :* NOVUS EXCITET.

Page 327, ligne 3, *au lieu de :* MENTES, *lisez :* RUENTES.

Pages 328 et 330, *remarquez* que les dates 1726 et 1727 ont été interverties.

Page 339, ligne 7, *au lieu de :* FŒCUNDA, *lisez :* FŒCUNDO.

Page 344, ligne 16, *au lieu de :* MODERANTUR, *lisez :* MODERATUR.